Principles of Real Estate

부동산학개론

한덕희

박영사

　인간 생활과 발전에 중요한 역할을 해온 부동산은 공간 및 자산의 역할을 제공함으로써 오늘날 경제활동의 중심에 있다. 특히 금을 제외한 모든 자산들 중에서 가장 오래된 비유동 자산군에 해당하는 부동산에 대한 우리나라 가계자산의 투자비중은 약 65%로서 부동산은 금융자산과 함께 중요한 투자대상이 되고 있다.

　또한 최근에는 글로벌 경제와 금융 패러다임의 빠른 변화와 함께 인구고령화 및 저출산, 1인 가구의 증가, 지역 불균형 등 부동산시장을 둘러싼 대내외 여건이 변화하고 있을 뿐만 아니라 금융자산과 달리 실물자산인 부동산만이 갖는 고유한 특징으로 인해 부동산을 이해하기 위한 다양한 학문적 접근과 실용적 지식이 요구되고 있다.

　이에 본서에서는 실용학문으로서 다양한 학문분야의 지식과 연관된 부동산에 대한 종합적인 이해를 목적으로 크게 부동산의 기초개념, 부동산경제, 부동산투자 및 금융, 부동산가치평가, 부동산개발이라는 5개 주제를 구성하여 설명하였다.

　첫째, 부동산의 기초개념에 대한 이해이다. 제1장에서 부동산의 개념과 부동산의 분류, 실물자산인 부동산만이 갖는 특성 등에 대해서 설명한다.

　둘째, 부동산시장 및 부동산정책을 포함한 부동산경제에 대한 이해이다. 제2장에서 부동산경제의 기초개념으로 수요와 공급, 시장가격의 결정, 탄력성에 대해서 다루고 제3장에서 지가 등의 토지경제와 도시경제이론에 대해서 살펴본다. 제4장에서는 부동산시장의 효율성 및 부동산시장의 균형이론과 부동산경기 변동에 대해서 설명하고 이러한 이론적 이해를 바탕으로 제5장에서 부동산시장이 자주 겪는 시장실패와 관련된 부동산정책에 대해서 학습한다.

셋째, 부동산투자 및 금융에 대한 이해이다. 제6장에서 자산으로서의 부동산투자를 위한 화폐의 시간가치, 수익률과 위험의 개념 및 포트폴리오이론에 대해서 다룬 후, 제7장에서 투자결정기준과 투자분석 시 중요한 현금흐름 측정 및 비율분석에 대해서 설명한다. 제8장과 제9장에서는 주택저당증권(MBS), 프로젝트 파이낸싱(PF), 부동산투자회사(REITs) 등의 부동산금융에 대해서 살펴본다.

넷째, 부동산가치평가에 대한 이해이다. 제10장에서 부동산의 경제적 가치를 판정하는 감정평가방식인 비교방식, 원가방식, 수익방식을 설명함으로써 부동산가치평가에 대한 이해를 도모한다.

다섯째, 부동산개발의 이해이다. 부동산개발의 개요 및 부동산개발의 분류와 부동산개발의 마지막 단계인 부동산마케팅에 대해서 설명한다.

본서는 부동산을 처음 접하는 초심자와 공인중개사 및 감정평가사 등 자격증 준비생 그리고 실무자들을 대상으로 여러 학문분야의 복합적인 접근이 필요한 부동산에 대해서 설명하였다. 특히 많은 공식에 대해서 이해하기 쉽도록 체계적으로 설명하고 예를 들어 심도 있는 지식이 되도록 하였다. 끝으로 사랑하는 가족들의 성원에 항상 감사하며, 이 책을 집필하는데 도움을 준 강현주 박사와 박영사의 안종만 회장, 안상준 대표, 조성호 이사, 전채린 차장 및 임직원 여러분에게 감사의 뜻을 표한다.

2024년 6월
한덕희

차 례

Chapter 01 　부동산기초의 이해

Chapter 02 부동산경제기초의 이해

Chapter 03   토지 및 도시경제의 이해

Chapter 05 부동산정책의 이해

Chapter 06 부동산투자의 이해 I

Chapter 07   부동산투자의 이해 II

Chapter 08　부동산금융의　이해 I

Chapter 09　부동산금융의　이해 II

Chapter 10   부동산감정평가의 이해

Chapter 11 부동산개발의 이해

Principles of Real Estate

부동산학개론

Chapter 01

부동산기초의
이해

제1절

부동산의 개념

1. 부동산의 개요

부동산을 지칭하는 real estate는 미국에서 그리고 property는 영국에서 파생되어 사용되고 있으며 미국식 용어인 real estate가 세계적으로 많이 사용되고 있다. property는 자산의 소유권(ownership)과는 무관한 의미로 사용되며, real estate는 물리적 토지와 부동산 소유에 관한 권리로서의 재산권 혹은 부동산 소유권을 의미한다. 미국의 많은 주(state)에서는 real estate와 real property를 같은 의미로 사용하고 있다.

우리나라는 전통적으로 토지와 가옥이라는 용어를 사용하다가 1898년 11월 5일 법률 제1호로 제정된 전당포규칙에서 부동산이라는 용어를 처음 사용[1]한 이후, 현재 「민법」에서 부동산을 토지 및 그 정착물로 규정하고 있다. 최근에는 투자대상인 실물자산으로서의 경제적 관점에서 부동산을 분류하기도 한다.

---

1) 「부동산기술론」, 윤창구 · 장동훈 · 정성조, 부연사, 2009. p. 15.

(1) 기술적 개념

기술적 개념으로서의 부동산은 부동산을 물리적인 유형별로 파악하는 것이다. 특히 토지의 경우 자연환경, 지질이나 토양으로 정의할 수 있고 지표공간과 지표의 상하인 공중공간, 지하공간이라는 공간개념으로도 볼 수도 있다. 또한 부동산을 둘러싸고 있는 주위 환경에 따라 부동산의 상대적 위치가 달라질 수도 있는바, 위치로서의 부동산으로 파악하기도 한다. 이처럼 기술적 혹은 물리적 개념은 부동산을 자연, 공간, 위치, 환경, 등의 여러 유형으로 파악하는 것을 말한다.

(2) 법적 개념

우리나라 「민법」은 부동산을 토지 및 그 정착물로 정의하고 있다(제99조). 「민법」에 정의된 토지에는 토지의 소유권까지 포함하며, 토지의 소유권은 정당한 이익이 있는 범위 내에서 토지의 상하에 미치는 것으로 규정한다(제212조). 다만, 정당한 이익의 범위는 민법에 규정되어 있지 않은 추상적 개념으로서 시대와 장소에 따라 달라질 수 있다. 토지 정착물은 토지의 일부로 보는 경우와 토지와 별개로 독립된 부동산으로 보는 경우로 구분된다.

1) 토지의 일부인 토지 정착물

토지의 정착물이지만 토지의 일부로서 토지로 보는 것으로는 ① 미분리 과실, ② 토지 위에 권원(권리의 원천) 없이 심은 수목, ③ 지하수(온천수), ④ 교량, 터널, 담장 등이 있다.

2) 토지와 별개인 토지 정착물

토지의 정착물이지만 토지와 별개의 독립된 부동산으로 것으로는 ① 명인방법을 갖춘 미분리 과실 ② 명인방법을 갖춘 수목(소유권 공시가 가능하지만 저당권 설정은 안 됨), ③ 「입목에 관한 법률」로 등기된 입목(소유권 공시가 가능하고 저당권 설정도 가능함), ④ 건물(미완성이어도 기둥, 지붕, 주벽의 3가지가 있으면 건물로 봄), ⑤ 농작물(명인방법 갖출 필요 없음)이 있다.

3) 광의의 부동산

광의의 부동산은 「민법」에서 정의된 부동산에 부동산처럼 취급하는 준부동산(의제부동산)까지 포함한 것을 말한다. 준부동산에는 등기·등록의 공시방법을 갖춘 동산(자동차, 건설기계, 20톤 이상의 선박, 항공기 등)이나 부동산과 동산의 집합물(공장재단, 광업재단 등), 무형의 권리인 어업권 등이 있다.

(3) 경제적 개념

경제적 개념으로서의 부동산은 부동산이 생산되고 소비되는 상품이자 소비재로서의 부동산, 경제적 가치가 큰 자산으로서의 부동산, 자본 및 노동과 더불어 토지는 생산요소라는 측면에서의 부동산으로 보는 관점이다.

(4) 복합개념

복합개념 부동산은 유형적 측면에서의 기술적 개념과 무형적 측면에서의 법적 개념 및 경제적 개념의 부동산이 복합된 개념으로서 종합 측면에서 파악하는 부동산을 말한다. 한편, 토지와 건물 또는 토지와 입목 등과 같이 둘 이상의 부동산은 복합부동산이라고 하고, 둘 이상의 기능을 갖는 건물은 복합건물이라고 한다.

부동산의 분류

 ## 1. 토지의 분류

　부동산은 그 특징에 따라 효율적으로 이용하기 위하여 크게 토지와 주택으로 분류할 수 있다. 토지는 「공간정보의 구축 및 관리 등에 관한 법률(이하, 공간정보관리법)」, 「국토의 계획 및 이용에 관한 법률(이하, 국토계획법)」, 그리고 감정평가상에서 용도별로 분류하고 있다.

(1) 「공간정보관리법」에 의한 분류

　국토교통부장관은 모든 토지에 대하여 필지2)별로 소재 · 지번 · 지목 · 면적 · 경계 또는 좌표 등을 조사 · 측량하여 지적공부3)에 등록하여야 한다. 여기서 지번은 토지의 특정성과 개별성을 부여하고 토지 위치를 정확하게 하기 위해서 국가가 인위적으로 구획된 1필지별로 번호를 부여하여 지적공부에 등록하는 번호로서 땅의 번지수이다. 지목은 토지의 주된 용도에 따라 토지 종류를 구분하여 지적공부에 등록한 것을 말한다.

---

2) 필지는 말 그대로 붓(펜)으로 인위적으로 기록한 토지, 즉 하나의 지번을 부여한 토지의 등록단위로서 토지소유자의 권리를 구분하기 위한 표시이다. 따라서 필지는 한 개의 토지에 대한 소유권이 미치는 범위와 한계가 된다.

3) 지적공부란 토지대장, 임야대장, 공유지연명부, 대지권등록부, 지적도, 임야도 및 경계점좌표등록부 등 지적측량 등을 통하여 조사된 토지의 표시와 해당 토지의 소유자 등을 기록한 대장 및 도면(정보처리시스템을 통하여 기록 · 저장된 것을 포함한다)을 말한다(「공간정보관리법」 제2조).

표 1-1 지목의 분류

부호	전	답	과	목	임	광	염	대	장	학	도	철	천	제
지목	전	답	과수원	목장용지	임야	광천지	염전	대	공**장**용지	학교용지	도로	철도용지	하**천**	제방

부호	주	유	창	구	체	원	종	양	수	공	차	사	묘	잡
지목	주요소용지	유지	창고용지	구거	체육용지	유**원**지	종교용지	양어장	수도용지	공원	주**차**장	사적지	묘지	잡종지

「공간정보관리법」에서는 토지의 효율성을 높이고 과세기준으로 활용하기 위하여 토지의 주된 사용 목적 또는 용도에 따라 제67조에서 토지의 종류를 28개 지목으로 구분하고 있다. 따라서 토지대장과 임야대장에는 28개 지목의 정식명칭을 기재하고 지적도 및 임야도에는 부호로 표시한다. 부호로 표시할 때 원칙적으로 지목의 첫 글자로 표시하지만 공장용지는 장, 하천은 천, 유원지는 원, 주차장은 차로 두 번째 글자로 표시한다.

〈표 1-1〉의 지목의 분류에서 대(터)는 영구적 건축물 중 주거·사무실·점포와 박물관·극장·미술관 등 문화시설과 이에 접속된 정원 및 부속 시설물의 부지와 택지조성공사가 준공된 토지를 말한다.

유지는 물이 머물러 있는 땅, 즉 물이 고이거나 상시적으로 물을 저장하고 있는 댐·저수지·소류지·호수·연못 등의 토지와 연·왕골 등이 자생하는 배수가 잘 되지 아니하는 토지를 말한다.

구거(도랑)는 용수 또는 배수를 위하여 일정한 형태를 갖춘 인공적인 수로·둑 및 그 부속 시설물의 부지와 자연의 유수가 있거나 있을 것으로 예상되는 소규모 수로부지를 말한다.

잡종지는 다른 지목에 속하지 않는 토지로서 갈대밭, 실외에 물건을 쌓아두는 곳, 돌을 캐내는 곳, 흙을 파내는 곳, 야외시장 및 공동우물, 변전소, 송신소, 수신소 및 송유시설 등의 부지, 여객자동차터미널, 자동차운전학원 및 폐차장 등 자동차와 관련된 독립적인 시설물을 갖춘 부지, 공항시설 및 항만시설 부지, 도축장, 쓰레기처리장 및 오물처리장 등의 부지 등을 말한다.

(2) 「국토계획법」에 의한 분류

「국토계획법」에서는 건축물의 규모, 용도, 건폐율, 용적률[4] 등의 제한을 통하여 토지를 합리적으로 이용하고 양호한 생활환경을 조성하기 위하여 전국의 토지를 용도지역, 용도지구, 용도구역으로 분류하고 있다.

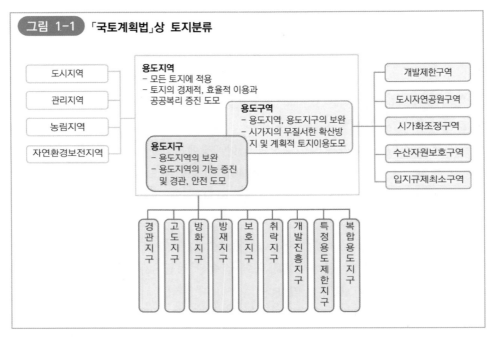

그림 1-1 「국토계획법」상 토지분류

자료: 서울도시계획포털(urban.seoul.go.kr)

1) 용도지역에 따른 분류

용도지역은 토지의 이용 및 건축물의 용도, 건폐율, 용적률, 높이 등을 제한함으로써 토지를 경제적·효율적으로 이용하고 공공복리의 증진을 도모하기 위하여전 국토를 대상으로 서로 중복되지 않게 도시·군관리계획으로 결정하는 지역을

---

4) APPENDIX 참조.

말한다. 따라서 용도지역 안에서 토지를 이용하거나 건축물을 건축하려는 때에는 법률에서 정하는 용도지역별 건폐율 및 용적률, 건축물의 용도·종류·규모 등을 따라야 한다.

표 1-2 용도지역 지정목적과 건폐율 및 용적률

용도지역	세분		지정목적	건폐율	용적률
도시지역	주거지역	전용주거지역 제1종	단독주택의 양호한 주거환경 보호	50%	50~100%
		전용주거지역 제2종	공동주택의 양호한 주거환경 보호	50%	50~150%
		일반주거지역 제1종	저층주택의 편리한 주거환경 조성	60%	100~200%
		일반주거지역 제2종	중층주택의 편리한 주거환경 조성	60%	100~250%
		일반주거지역 제3종	중·고층주택의 편리한 주거환경 조성	50%	100~300%
		준주거지역	주거기능에 일부 상업·업무기능 보완	70%	200~500%
	상업지역	중심상업지역	도심·부도심의 상업·업무기능 확충	90%	200~1,500%
		일반상업지역	일반적인 상업 및 업무기능 담당	80%	200~1,300%
		근린상업지역	근린지역에서의 일용품 및 서비스의 공급	70%	200~900%
		유통상업지역	도시 내 및 지역 간 유통기능 증진	80%	200~1,100%
	공업지역	전용공업지역	중화학공업, 공해성 공업 등 수용	70%	150~300%
		일반공업지역	환경을 저해하지 않는 공업 배치	70%	150~350%
		준공업지역	경공업 수용 및 주거·상업·업무기능 보완	70%	150~400%
	녹지지역	보전녹지지역	도시의 자연환경·경관·산림 및 녹지공간 보전	20%	50~80%
		생산녹지지역	농업적 생산을 위해 개발을 유보	20%	50~100%
		자연녹지지역	보전 필요지역으로 불가피한 경우에 한하여 제한적인 개발이 허용	20%	50~100%
관리지역		보전관리지역	보전이 필요하나 자연환경보전지역으로 지정·관리가 곤란한 지역	20%	50~80%
		생산관리지역	농·임·어업생산을 위해 관리가 필요하나 농림지역으로 지정하여 관리하기가 곤란한 지역	20%	50~80%
		계획관리지역	도시지역으로의 편입이 예상되며, 계획적·체계적인 관리가 필요한 지역	40%	50~100%
농림지역			농림업의 진흥과 산림 보전을 위해 필요한 지역	20%	50~80%
자연환경보전지역			자연환경 등의 보전과 수자원의 보호·육성	20%	50~80%

자료: 「국토계획법」 제77조, 제78조, 「국토계획법시행령」 제84조, 제85조

토지의 이용실태 및 특성, 장래의 토지이용 방향, 지역 간 균형발전 등을 고려하여 모든 토지에 대해서 행위 제한을 제시하는 용도지역은 도시지역(주거지역, 상업지역, 공업지역, 녹지지역), 관리지역(보전관리지역, 생산관리지역, 계획관리지역), 농림지역, 자연환경보전지역의 4개로 구분하여 지정하고 있다.

이 중에서 인구와 산업이 밀집되어 있거나 밀집이 예상되어 체계적인 개발·정비·관리·보전 등이 필요한 지역인 도시지역과 도시지역의 인구와 산업을 수용하기 위해 도시지역에 준하여 체계적으로 관리하거나, 농림업 진흥, 농림지역 또는 자연환경보전지역에 준하여 관리할 필요가 있는 지역인 관리지역은 「국토계획법 시행령」에 따라 더욱 세분되며, 각 지방자치단체의 조례에 의해 추가적으로 세분하여 지정할 수 있다.

한편, 지정된 용도지역에 건폐율과 용적률의 최대한도는 관할 구역의 면적과 인구 규모, 용도지역의 특성 등을 고려하여 특별시·광역시·특별자치시·특별자치도·시 또는 군의 조례로 정한다(제77조, 제78조).

2) 용도지구에 따른 분류

용도지구는 용도지역의 제한을 강화하거나 완화하여 적용함으로써 용도지역의 기능을 증진시키고 경관·안전 등을 도모하기 위하여 도시·군관리계획으로 결정하는 지역으로 9개의 지구로 구분하여 지정하고 있다. 즉, 용도지구는 용도지역만으로 달성하기 어려운 지역별 특성인 경관, 환경, 안전, 보존 등을 유지·관리할 목적으로 용도지역과 중첩하여 운영하는 지역이다.

지역여건상 필요한 경우에는 법률에서 제시된 9개의 용도지구 외의 용도지구를 지방자치단체의 조례로 추가할 수 있다. 다만, 조례를 통해 용도지구를 신설하더라도 용도지역 또는 용도구역 안에서의 행위제한을 완화하는 용도지구를 신설할 수는 없다.

표 1-3   용도지구 지정목적

용도지구		저정목적
경관 지구	자연경관지구	산지 · 구릉지 등 자연경관을 보호 · 유지
	시가지경관지구	주거지, 중심지 등 시가지의 경관을 보호 · 유지 · 형성
	특화경관지구	주요 수계의 수변, 문화적 보존가치가 큰 건축물 주변 등 특별한 경관 보호 · 유지 · 형성
고도지구		쾌적한 환경 조성, 토지의 효율적 이용을 위해 건축물 높이의 최고한도 규제
방화지구		화재위험 예방
방재 지구	시가지방재지구	건축물 · 인구가 밀집된 지역으로서 시설 개선 등 통해 재해 예방
	자연방재지구	토지이용도가 낮은 해안변, 하천변, 급경사지 주변 등을 건축 제한 등 통해 재해 예방
보호 지구	역사문화환경보호지구	문화재 · 전통사찰 등 역사 · 문화적으로 보존가치가 큰 시설 및 지역 보호 · 보존
	중요시설물보호지구	중요 시설물의 보호와 기능의 유지 · 증진 등
	생태계보호지구	야생동식물서식처 등 생태적으로 보존가치가 큰 지역의 보호 · 보존
취락 지구	자연취락지구	녹지지역 · 관리지역 · 농림지역 · 자연환경보전지역 안의 취락을 정비
	집단취락지구	개발제한구역 안의 취락을 정비
개발 진흥 지구	주거개발진흥지구	주거기능을 중심으로 개발 · 정비
	산업 · 유통개발진흥지구	공업기능 및 유통 · 물류기능을 중심으로 개발 · 정비
	관광 · 휴양개발진흥지구	관광 · 휴양기능을 중심으로 개발 · 정비
	복합개발진흥지구	주거기능, 공업기능, 유통 · 물류기능, 관광 · 휴양기능 중 2 이상의 기능을 중심으로 개발 · 정비
	특정개발진흥지구	주거기능, 공업기능, 유통 · 물류기능, 관광 · 휴양기능 외의 기능을 중심으로 특정한 목적을 위하여 개발 · 정비
특정용도제한지구		주거 및 교육 환경 보호나 청소년 보호 등의 목적으로 오염물질 배출시설, 청소년 유해시설 등 특정시설의 입지를 제한
복합용도지구		지역의 토지이용 상황, 개발 수요 및 주변 여건 등을 고려하여 효율적이고 복합적인 토지이용을 도모하기 위하여 특정시설의 입지를 완화

자료: 「국토계획법」 제37조, 「국토계획법 시행령」 제31조

3) 용도구역에 따른 분류

용도구역은 용도지역 및 용도지구의 제한을 강화하거나 완화하여 별도로 정함
으로써 시가지의 무질서한 확산방지, 계획적이고 단계적인 토지이용의 도모, 토지
이용의 종합적 조정·관리 등을 위하여 도시·군관리계획으로 결정하는 지역으로
5개 구역으로 구분하여 지정하고 있다. 용도지구와 용도구역은 중복지정이 가능하
며, 전 국토를 대상으로 지정하는 것이 아니다.

표 1-4 **용도구역 지정목적**

용도지구	지정권자	저정목적
개발제한구역	국토교통부장관	도시의 무질서한 확산 방지 및 도시주변의 자연환경 보전
도시자연공원구역	시·도지사, 대도시 시장	도시의 자연환경 및 경관 보호와 도시민에게 건전한 여가·휴식공간을 제공
시가화조정구역	시·도지사	도시지역과 그 주변지역의 무질서한 시가화를 방지하고 계획적·단계적인 개발을 도모
수산자원보호구역	해양수산부장관	수산자원 보호·육성
입지규제최소지역	도시·군관리계획의 결정권자	도시의 복합적인 토지이용을 증진시켜 도시정비를 촉진하고 지역거점을 육성

자료: 「국토계획법」 제38조-제40조의2

(3) 감정평가상의 분류

부동산 감정평가상 토지의 용도별 분류는 크게 택지지역, 농지지역, 산지지역
으로 분류하고 있다. 택지지역은 주택지역, 상업지역, 공업지역으로 분류하고, 농
지지역은 전지지역, 답지지역, 과수원지역으로 분류하며, 산지지역은 용재림지역,
신탄림지역으로 분류한다.

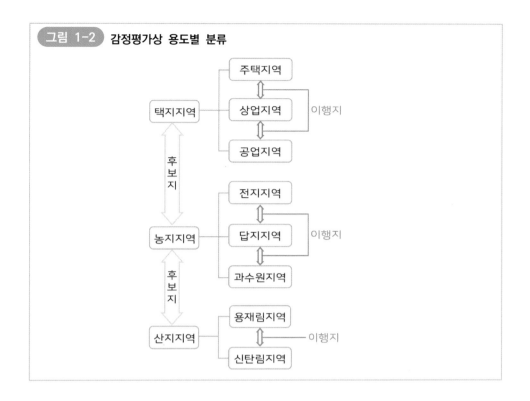

그림 1-2 감정평가상 용도별 분류

1) 후보지

택지지역, 농지지역, 산지지역은 상호 간에 서로 전환될 수 있다. 예를 들어, 산지지역이 농지지역으로 전환되거나 농지지역이 택지지역으로 전환될 수 있다. 이때 용도지역 상호 간에 전환 중인 토지를 후보지라고 한다. 예를 들어, 산지지역이 개간되어 농지지역으로 용도가 전환 중이면 농지후보지라고 하고, 농지지역이 개발되어 택지지역으로 용도가 전환 중이면 택지후보지라고 한다.

2) 이행지

이행지는 용도적 지역(택지지역, 농지지역, 산지지역) 내에서 상호 간 전환 중인 토지로서, 토지의 소분류상 전환 중인 토지를 말한다. 예를 들면, 택지지역 내의 주택지역, 상업지역, 공업지역 중에서 공업지역이 상업지역으로 용도가 전환 중이면 상업이행지라고 부른다.

이행지는 용도적 지역 내에서 세분화된 지역 상호 간에만 적용되고, 다른 용도적 지역의 세분화된 지역 상호 간에는 적용되지 않는다. 예를 들어, 주택지역에서 답지지역으로의 전환은 허용되지 않는다. 또한, 이행지는 지목이 변경되기도 하고 변경되지 않기도 하지만, 후보지의 경우에는 반드시 지목이 변경된다.

 2. 건물의 분류

(1) 건물의 분류

1) 건축물의 용도 분류

「건축법」에서는 건축물의 용도를 28개로 분류하고, 이 용도별 분류를 9개의 시설군으로 분류하고 있다.

표 1-5 「건축법」상 건축물의 용도 분류

9개 시설군	28개 용도군
① 자동차 관련 시설군	자동차 관련 시설
② 산업 등의 시설군	운수시설, 창고시설, 공장, 위험물저장 및 처리시설, 자원순환 관련 시설, 묘지 관련 시설, 장례시설
③ 전기통신시설군	방송통신시설, 발전시설
④ 문화 및 집회시설군	문화 및 집회시설, 종교시설, 위락시설, 관광휴게시설
⑤ 영업시설군	판매시설, 운동시설, 숙박시설, 제2종 근린생활시설 중 다중생활시설
⑥ 교육 및 복지시설군	의료시설, 교육연구시설, 노유자(노인 및 어린이)시설, 수련시설, 야영장 시설
⑦ 근린생활시설군	제1종 근린생활시설, 제2종 근린생활시설(다중생활시설은 제외한다)
⑧ 주거업무시설군	단독주택, 공동주택, 업무시설, 교정시설, 국방·군사시설
⑨ 그 밖의 시설군	동물 및 식물 관련 시설

자료: 「건축법」 제2조, 제19조

2) 건축물의 용도변경

〈표 1-5〉의 9개 시설군에 대한 용도변경은 변경하려는 용도의 건축기준에 맞게 하여야 하며, 건축물의 사용승인을 받은 건축물의 용도를 변경하려는 자는 특별자치시장·특별자치도지사 또는 시장·군수·구청장의 허가를 받거나 신고를 하여야 한다(제19조).

9개 시설군에 속하는 건축물의 용도를 상위군(9개 시설군의 번호순서가 용도변경하려는 건축물이 속하는 시설군보다 작은 시설군을 말한다)에 해당하는 용도로 변경하는 경우에는 허가대상이 된다. 하지만 9개 시설군에 속하는 건축물의 용도를 하위군(9개 시설군의 번호순서가 용도변경 하려는 건축물이 속하는 시설군보다 큰 시설군을 말한다)에 해당하는 용도로 변경하는 경우에는 신고대상이 된다.

예를 들어, 5번째 영업시설군인 판매시설을 4번째 문화 및 집회시설군인 관광휴게시설로 용도변경하는 것은 상위 시설군으로 용도를 변경하는 경우이므로 허가대상이다. 하지만, 6번째 교육 및 복지시설군인 교육연구시설을 8번째 주거업무시설군인 업무시설로 용도변경하는 것은 하위 시설군으로 용도를 변경하는 경우이므로 신고만 하면 된다.

또한, 9개 시설군 중 같은 시설군 안에서 용도를 변경하려는 자는 특별자치시장·특별자치도지사 또는 시장·군수·구청장에게 건축물대장 기재내용의 변경을 신청하여야 한다.

한편, 「건축법」에 의한 허가를 받지 않거나 신고 없이 용도변경을 한 위반 건축물에 대해서 허가권자(관할관청)는 허가 또는 승인을 취소하거나 그 건축물의 건축주 등(건축주·공사시공자·현장관리인·소유자·관리자 또는 점유자)에게 공사중지를 명하거나 상당한 기간을 정하여 그 건축물의 해체·개축·증축·수선·용도변경·사용금지·사용제한, 그 밖에 필요한 조치를 명할 수 있다(제79조). 시정명령을 이행하지 아니한 건축주 등에게는 이행강제금을 부과한다(제80조).

(2) 「주택법」에 의한 주택

「주택법」에서 주택은 세대의 구성원이 장기간 독립된 주거생활을 할 수 있는 구조로 된 건축물의 전부 또는 일부 및 그 부속토지를 말하며, 단독주택과 공동주택으로 구분하고 있다. 이외에도 준주택, 국민주택, 민영주택, 임대주택, 토지임대부 분양주택, 세대구분형 공동주택, 도시형 생활주택, 에너지절약형 친환경주택, 건강친화형주택, 장수명주택이 있다.

표 1-6 **주택의 분류**

「주택법」에 의한 주택	단독주택	단독주택
		다중주택
		다가구주택
	공동주택	아파트
		연립주택
		다세대주택
	준주택	기숙사
		다중생활시설
		노인복지주택
		오피스텔
	국민주택	
	민영주택	
	임대주택	
	토지임대부 분양주택	
	세대구분형 공동주택	
	도시형 생활주택	
	에너지절약형 친환경주택	
	건강친화형주택	
	장수명주택	
「공공주택특별법」에 의한 공공주택	공공임대주택	영구임대주택
		국민임대주택
		행복주택
		통합공공임대주택
		장기전세주택
		분양전환공공임대주택
		기존주택등매입임대주택
		기존주택전세임대주택
	공공분양주택	
「민간임대주택에 관한 특별법」에 의한 민간임대주택	민간임대주택	민간건설임대주택
		민간매입임대주택
	공공지원민간임대주택	
	장기일반민간임대주택	

1) 단독주택

단독주택은 1세대가 하나의 건축물 안에서 독립된 주거생활을 할 수 있는 구조의 주택을 말하며, 단독주택, 다중주택, 다가구주택이 단독주택에 해당된다(「건축법 시행령」 별표 1).

① 단독주택

단독으로 소유하고 있는 주택을 말한다.

② 다중주택

다중주택은 1개의 주택으로 1개 동의 주택으로 쓰이는 바닥면적(부설 주차장 면적은 제외)의 합계가 660m^2(199.65평) 이하이고 주택으로 쓰는 층수(지하층은 제외)가 3개 층 이하인 주택을 말한다. 다중주택은 학생 또는 직장인 등 다수인이 장기간 거주할 수 있는 구조로, 독립된 주거의 형태를 갖추지 않아야 한다. 따라서 다중주택은 각 실별로 욕실은 설치할 수 있으나, 취사시설을 설치하지 못한다.

③ 다가구주택

다가구주택은 1개 동의 주택으로 쓰이는 바닥면적의 합계가 660m^2(199.65평) 이하이고 주택으로 쓰는 층수(지하층은 제외)가 3개 층 이하인 주택을 말한다. 다가구주택은 19세대(대지 내 동별 세대수를 합한 세대를 말함) 이하가 거주해야 한다.

2) 공동주택

공동주택은 건축물의 벽·복도·계단이나 그 밖의 설비 등의 전부 또는 일부를 공동으로 사용하는 각 세대가 하나의 건축물 안에서 각각 독립된 주거생활을 할 수 있는 구조로 된 주택을 말하며, 아파트, 연립주택, 다세대주택이 해당된다.

① 아파트

주택으로 쓰는 층수가 5개 층 이상인 주택을 말한다.

② 연립주택

주택으로 쓰는 1개 동의 바닥면적(2개 이상의 동을 지하주차장으로 연결하는 경우에는 각각의 동으로 본다) 합계가 660m^2(199.65평)를 초과하고, 층수가 4개 층 이하인 주택을 연립주택이라고 한다.

③ 다세대주택

주택으로 쓰는 1개 동의 바닥면적 합계가 $660m^2$(199.65평) 이하이고, 층수가 4개 층 이하인 주택(2개 이상의 동을 지하주차장으로 연결하는 경우에는 각각의 동으로 본다)을 다세대주택이라고 한다.

3) 준주택

준주택은 주택 외의 건축물과 그 부속토지로서 주거시설로 이용가능한 시설 등을 말하며, 기숙사, 다중생활시설, 노인복지주택, 오피스텔이 여기에 해당한다.

① 기숙사

학교 또는 공장 등의 학생 또는 종업원 등을 위하여 사용하는 것으로서 해당 기숙사의 공동취사시설 이용 세대 수가 전체 세대 수의 50% 이상인 일반기숙사와 임대사업자가 임대사업에 사용하는 것으로서 임대 목적으로 제공하는 실이 20실 이상이고 해당 기숙사의 공동취사시설 이용 세대 수가 전체 세대 수의 50% 이상인 임대형기숙사가 있다.

② 다중생활시설

고시원업의 시설로서 적정한 주거환경을 조성하기 위하여 건축조례로 정하는 실별 최소 면적, 창문의 설치 및 크기 등의 기준에 적합한 것을 말한다.

③ 노인복지주택

노인에게 주거시설을 임대하여 주거의 편의·생활지도·상담 및 안전관리 등 일상생활에 필요한 편의를 제공함을 목적으로 하는 시설을 말한다.

④ 오피스텔

업무를 주로 하며, 분양하거나 임대하는 구획 중 일부 구획에서 숙식을 할 수 있도록 한 건축물이다.

4) 국민주택

국민주택은 ① 국가·지방자치단체, 한국토지주택공사 또는 주택사업을 목적으로 설립된 지방공사가 건설하는 주택과 ② 국가·지방자치단체의 재정 또는 주택도시기금으로부터 자금을 지원받아 건설되거나 개량되는 주택 중 어느 하나에 해당하는 주택으로서 국민주택규모(주거전용면적이 $85m^2$) 이하인 주택을 말한다.

5) 민영주택

국민주택을 제외한 주택을 민영주택이라고 한다.

6) 임대주택

임대주택은 임대를 목적으로 하는 주택으로서, 공공임대주택과 민간임대주택으로 구분한다.

7) 토지임대부 분양주택

토지의 소유권은 토지임대부 분양주택 건설사업을 시행하는 자가 가지고, 건축물 및 복리시설 등에 대한 소유권(건축물의 전유부분에 대한 구분소유권은 이를 분양받은 자가 가지고, 건축물의 공용부분·부속건물 및 복리시설은 분양받은 자들이 공유한다)은 주택을 분양받은 자가 가지는 주택을 말한다.

8) 세대구분형 공동주택

공동주택의 주택 내부 공간의 일부를 세대별로 구분하여 생활이 가능한 구조로 하되, 그 구분된 공간의 일부를 구분소유 할 수 없는 주택을 말한다.

9) 도시형 생활주택

300세대 미만의 국민주택규모에 해당하는 주택으로서 소형주택, 단지형 연립주택, 단지형 다세대주택이 여기에 해당한다.

소형주택은 세대별로 독립된 주거가 가능하도록 욕실 및 부엌을 설치하고, 세대별 주거전용면적은 $60m^2$ 이하이어야 한다. 주거전용면적이 $30m^2$ 미만인 경우에는 욕실 및 보일러실을 제외한 부분을 하나의 공간으로 구성해야 하고, 주거전용면적이 $30m^2$ 이상인 경우에는 욕실 및 보일러실을 제외한 부분을 세 개 이하의 침실과 그 밖의 공간으로 구성할 수 있으며, 침실이 두 개 이상인 세대수는 소형주택 전체 세대수의 3분의 1을 초과하지 않아야 한다. 그리고 지하층에는 세대를 설치하지 않아야 한다.

소형주택이 아닌 연립주택은 단지형 연립주택이라고 하고, 소형주택이 아닌 다세대주택은 단지형 다세대주택이라고 한다. 단지형 연립주택과 단지형 다세대주택은 건축위원회의 심의를 받은 경우에는 주택으로 쓰는 층수를 5개 층까지 건축할 수 있다.

10) 에너지절약형 친환경주택

저에너지 건물 조성기술 등 대통령령으로 정하는 기술을 이용하여 에너지 사용량을 절감하거나 이산화탄소 배출량을 저감할 수 있도록 건설된 주택을 에너지절약형 친환경주택이라고 한다.

11) 건강친화형주택

건강하고 쾌적한 실내환경의 조성을 위하여 실내공기의 오염물질 등을 최소화할 수 있도록 건설된 주택을 말한다.

12) 장수명주택

구조적으로 오랫동안 유지·관리될 수 있는 내구성을 갖추고, 입주자의 필요에 따라 내부구조를 쉽게 변경할 수 있는 가변성과 수리 용이성 등이 우수한 주택을 말한다.

(3) 「공공주택특별법」에 의한 공공주택

공공주택사업자가 국가 또는 지방자치단체의 재정이나 주택도시기금을 지원받아 건설, 매입 또는 임차하여 공급하는 공공임대주택과 공공분양주택을 공공주택이라고 한다.

1) 공공임대주택

임대 또는 임대한 후 분양전환을 할 목적으로 공급하는 주택을 하며, 여기에는 영구임대주택, 국민임대주택, 행복주택, 통합공공임대주택, 장기전세주택, 분양전환공공임대주택, 기존주택등매입임대주택, 기존주택전세임대주택이 있다.

① 영구임대주택

국가나 지방자치단체의 재정을 지원받아 최저소득 계층의 주거안정을 위하여 50년 이상 또는 영구적인 임대를 목적으로 공급하는 공공임대주택이다.

② 국민임대주택

국가나 지방자치단체의 재정이나 주택도시기금의 자금을 지원받아 저소득 서민의 주거안정을 위하여 30년 이상 장기간 임대를 목적으로 공급하는 공공임대주택이다.

③ 행복주택

국가나 지방자치단체의 재정이나 주택도시기금의 자금을 지원받아 대학생, 사회초년생, 신혼부부 등 젊은 층의 주거안정을 목적으로 공급하는 공공임대주택이다.

④ 통합공공임대주택

국가나 지방자치단체의 재정이나 주택도시기금의 자금을 지원받아 최저소득계층, 저소득 서민, 젊은 층 및 장애인·국가유공자 등 사회 취약계층 등의 주거안정을 목적으로 공급하는 공공임대주택이다.

⑤ 장기전세주택

국가나 지방자치단체의 재정이나 주택도시기금의 자금을 지원받아 전세계약의 방식으로 공급하는 공공임대주택이다.

⑥ 분양전환공공임대주택

일정기간 임대 후 분양전환할 목적으로 공급하는 공공임대주택이다.

⑦ 기존주택등매입임대주택

국가나 지방자치단체의 재정이나 주택도시기금의 자금을 지원받아 기존주택을 매입하여 「국민기초생활 보장법」에 따른 수급자 등 저소득층과 청년 및 신혼부부 등에게 공급하는 공공임대주택이다.

⑧ 기존주택전세임대주택

국가나 지방자치단체의 재정이나 주택도시기금의 자금을 지원받아 기존주택을 임차하여 「국민기초생활 보장법」에 따른 수급자 등 저소득층과 청년 및 신혼부부 등에게 전대하는 공공임대주택이다.

2) 공공분양주택

분양을 목적으로 공급하는 주택으로서 국민주택규모 이하의 주택을 공공분양주택이라고 한다.

(4) 「민간임대주택에 관한 특별법」에 의한 민간임대주택

1) 민간임대주택

민간임대주택이란 임대 목적으로 제공하는 주택(토지를 임차하여 건설된 주택 및 오피스텔 등의 준주택 및 일부만을 임대하는 주택 포함)으로서 임대사업자가 등록한 주택을 말하며, 민간건설임대주택과 민간매입임대주택으로 구분한다.

① 민간건설임대주택

민간건설임대주택은 임대사업자가 임대를 목적으로 건설하여 임대하는 주택 또는 주택건설사업자가 건설한 주택 중 사용검사 때까지 분양되지 아니하여 임대하는 주택을 말한다.

② 민간매입임대주택

임대사업자가 매매 등으로 소유권을 취득하여 임대하는 민간임대주택을 말한다.

2) 공공지원민간임대주택

임대사업자가 주택도시기금의 출자, 공공택지의 공급, 용적률 완화 및 공공지원민간임대주택 공급촉진지구에서 건설하는 민간임대주택을 10년 이상 임대할 목적으로 취득하여 임대료 및 임차인의 자격 제한 등을 받아 임대하는 민간임대주택을 말한다.

3) 장기일반민간임대주택

임대사업자가 공공지원민간임대주택이 아닌 주택을 10년 이상 임대할 목적으로 취득하여 임대하는 민간임대주택(아파트(도시형 생활주택이 아닌 것)를 임대하는 민간매입임대주택은 제외)을 말한다.

📖 읽을 거리

첫 자취 시작? 헷갈리는 주택 종류별 주의사항

자취를 처음 시작하면 집을 알아보는 단계에서부터 모르는 용어만 듣게 된다. 그중에서도 주택은 외관상 다르지 않지만 생각보다 부르는 명칭이 다양해 당황할 수 있다. 집 계약할 때

헷갈릴 수 있는 주택 종류별 특징과 함께 미리 알고 있으면 유용한 주의사항을 살펴보자.

다가구주택 vs 다세대주택

우선 외관상 차이가 없어 가장 헷갈리지만 법적으로 엄연하게 다른 주택으로 구분되는 것이 다세대주택과 다가구주택이다. 다가구주택은 단독주택이다. 다가구주택은 「건축법」에 따라 한 가구가 독립해 거주하는 건축물을 의미해 호별로 구분돼 있고, 실제 따로 거주한다고 해도 전체를 하나의 건물로 인정해 1주택자로 간주한다. 예를 들어, 다가구주택에 4세대가 살건 6세대가 살건 소유주는 단 한 명인 것이다. 다가구주택은 세대별로 방이나 부엌, 화장실 등 갖춘 바닥면적이 660㎡ 이하, 3층 이하(지하층 제외)의 주택이며, 거주 세대는 19세대 이하여야 한다.

반면, 다세대주택은 하나의 건물이라도 등기부등본에 호별로 구분된 주택 유형이다. 세대마다 개별 현관을 갖추고, 주택으로 쓰는 1개 동의 바닥면적합계가 660㎡ 이하 4층 이하의 주택으로 19세대까지 건축할 수 있다. 층별, 호별로 등기가 분리돼 있어 각 세대별로 매매가 가능한 특징을 가진다.

이러한 차이가 있지만 외관만으로는 구분할 수 없다. 따라서 건축물대장과 등기부등본 등을 통해 정확히 파악하는 것이 필요하다. 특히 전세로 계약하는 경우, '전세금반환보증보험'에 가입하기 전에 다가구주택인지, 다세대주택인지 꼼꼼하게 따져봐야 한다. 주택도시보증공사(HUG)에서 운영하는 전세금반환보증보험은 다가구주택의 경우 각 호수별 전세금액과 월세 보증금, 계약 시점과 기간, 임차인 이름 등을 적어서 제출해야 하기 때문에 사실상 집주인의 동의가 없으면 보증을 받기가 불가능하다.

그렇기 때문에 다가구주택 입주를 앞두고 있다면 주택의 시세와 대출 현황, 먼저 들어와 있는 임차인들의 보증금 등을 모두 따져봐야 한다. 반면, 아파트와 같이 구분 등기가 가능한 다세대주택의 경우 보험 가입이 쉽다. 이때 다가구주택과 다르게 건물 자체의 대한 보증금이 아닌 입주하려는 호실의 대출 여부와 액수를 확인해야 한다.

주상복합 vs 오피스텔

다가구주택과 다세대주택 외에도 주상복합, 오피스텔 등의 주택 종류가 더 있다. 주상복합은 주거와 상업 시설이 함께 들어선 건물로, 한 가구가 주거 및 상업 기능을 함께 갖고 있는 것이 아니라 건물의 일부 층은 아파트, 일부는 상업시설 등으로 구성된다. 오피스텔은 말 그대로 사무실과 주택 기능이 합쳐진 공간으로 사무실로 쓸 수도 있고 집으로도 사용가능하다.

이 외에도 근린생활시설도 주택 종류 중 하나인데, 전세사기가 기승인 요즘에는 특히 더 주의해야 한다. 전세자금대출이나 전세보증보험 가입이 불가능하기 때문이다. 근린생활시설은 주택가와 인접해 주민들의 생활에 편의를 주는 시설물이라고 이해하면 된다. 집을 구하기 위해 발품을 팔다 보면 주변 시세에 비해 유독 저렴한 매물이 있을 수 있는데, 이때 근린생활시설을 의심해볼 수 있다.

[출처: 데일리팝(www.dailypop.kr), 2023. 10. 4.]

제3절

부동산의 특성

1. 토지의 자연적 특성

일반 상품과 달리 토지와 건물로 대표되는 부동산은 부동산만이 갖는 독특한 특성이 있다. 일반적으로 부동산의 특성은 건물보다는 토지의 특성을 말하며, 토지의 특성은 자연적 특성과 인문적 특성으로 구분된다. 토지의 자연적 특성은 자연이 부여한 선천적이고 불변적인 성격의 물리적 특성으로 부동성(고정성, 비이동성), 부증성(비생산성), 영속성(비소모성), 개별성, 인접성을 꼽는다.

(1) 부동성

토지의 가장 본질적인 특징, 즉 움직일 수 없다는 것이 부동성이다. 이를 지리적 위치의 고정성이라고 하며, 부동성은 동산과 구별하는 대표적인 특징으로 이 특성 때문에 법적으로도 부동산과 동산을 구별하여 부동산은 등기로, 동산은 점유로 공시하는 공시방법이 달라지는 근거가 된다.

토지의 부동성이라는 특징은 시장측면, 가격측면, 활동측면에서 부동산에 대한 독특한 특징을 도출한다. 즉, 시장측면에서는 부동산시장이 국지화 또는 지역화되어 지역적으로 더욱 세분화되는 하위시장을 만들어 낸다. 또한 사람들이 모여서 거래하고자 하는 물건을 직접 가지고 거래하거나 견본거래가 불가능하기 때문에 부동산시장이 추상적인 시장이 된다. 특히, 토지이용행위로 인해 부동산시장에 외부효과가 발생된다.

가격측면에서는 부동산시장의 국지화 또는 지역화에 따른 부동산가격수준이 달라질 뿐 아니라 위치가 가격에 큰 영향을 미치므로 위치의 가치 자체가 매우 강조된다. 또한 토지를 감정평가할 때에도 지역분석과 경제적 감가의 근거가 된다. 그리고 부동산시장이 지역시장으로서 중앙정부나 지방자치단체에 의해 상이한 규제와 통제를 받기도 하지만 규제하기도 쉽다. 활동측면에서는 부동산 현상과 부동산 활동이 지역화되므로 현장활동(임장활동) 및 입지선정활동의 중요성이 강조되며 부동산 활동을 정보활동으로 만든다.

(2) 부증성

토지는 다른 일반 상품처럼 생산량을 늘릴 수 없다. 즉, 토지의 물리적인 양을 증가시킬 수 없는 특징이 부증성으로 비생산성이라고도 한다. 부증성은 토지의 지표면적 생산이 불가능하다는 의미이고, 간척, 매립이나 토지의 용도를 전환하여 토지의 이용가치를 증대시키는 용도적(경제적) 측면의 공급은 가능하다.

부증성이라는 특징도 시장측면, 가격측면, 활동측면에서 부동산에 대한 독특한 특징을 도출한다. 시장측면에서는 토지에 대한 생산에 관한 이론을 적용할 수 없고, 토지공급 부족의 근본적인 원인으로 토지공급이 불가능하여 토지에 대한 수직선 형태의 공급곡선(완전비탄력적)을 만든다.

가격측면에서는 공급이 현실적으로 불가능하기 때문에 당연히 지가 상승의 문제를 발생시키고, 지대(rent)[5]는 전적으로 수요측 요인에 의해 결정된다. 공급곡선이 비탄력적일수록 그 생산요소가 벌어들이는 수입 중에서 경제지대(economic rent)[6]가 차지하는 비중이 크기 때문에 경제지대가 발생하는 근거를 제공한다.

활동적 측면에서는 집약적인 토지이용과 고층건물의 건설을 촉진하며, 최유효이용[7]의 근거가 된다. 또한, 산업화 및 도시화 될수록 토지의 희소성이 커지고 토지이용의 사회성·공공성을 강조되어 토지공개념 도입의 원인이 된다.

---

5) 지대는 전통적으로 토지와 같이 공급이 완전히 고정된 생산요소에 대해서 지불하는 보수를 의미하였다. 하지만 현재는 토지에 사용되는 대가로 국한할 필요 없이 일상적으로 어떤 것이든지 공급량이 고정되어 있는 것에 대한 대가를 지대라고 부를 수 있다.
6) 제3장 부동산시장의 이해 제3절 토지 및 도시경제 참조.
7) 최유효이용은 객관적으로 보아 양식과 통상의 이용능력을 가진 사람이 부동산을 합법적이고 합리적이며 최고·최선의 방법으로 이용하는 것을 말한다(「감정평가 실무기준」).

(3) 영속성

토지는 일반 상품과 달리 사용하거나 시간이 흘러도 소모 혹은 마모되어 없어지지 않으므로 감가상각이 적용되지 않는다. 토지는 부증성으로 늘어나지도 않지만 영속성으로 감소되지도 않는다. 토지의 영속성으로 인해 중고시장 또는 재고시장이 형성되고 토지를 소유함으로써 발생하는 가치상승분인 자본이득(소유이익)과 장기적으로 토지를 이용(임대)함으로써 생기는 임대소득(사용이익)을 얻을 수 있게 되어 임대차시장이 발달하게 된다. 따라서 영속성을 갖는 토지는 가치보존이 우수할 뿐만 아니라 미래기대이익을 할인한 현재가치인 부동산의 가치를 산출하는 근거가 된다.

(4) 개별성

토지는 위치, 모양, 크기 등이 모두 달라서 동일한 토지가 존재하지 않다는 특징이 개별성이다. 개별성으로 인해 일반 상품에서 적용되는 일물일가의 원칙[8]이 토지에는 적용되지 않으며, 토지가치의 추계가 어렵고 토지마다 가치와 수익이 개별화된다. 또한 동일한 토지가 존재하지는 않지만 경제적 용도측면에서는 유용성이 유사한 토지가 많아 대체성이 존재하지만 물리적 측면에서는 대체관계의 성립이 어렵다.

(5) 인접성

토지는 끊어진 것이 아니고 다른 토지와 서로 연결되어 있는데 이를 인접성이라고 한다. 이 특성은 일반적으로 부동성으로부터 파생된 특성으로 본다. 인접성의 특성을 가짐으로 인해 토지이용 시 인접한 토지와 협조적인 활용이 중요해진다. 또한 인접한 어느 지역의 개발로 이익이 발생할 경우 개발이익환수의 논리적 근거가 되며 외부효과와 지역분석을 강조하는 이유가 된다. 또한 토지가 연결되어 있으므로 토지 소유주 사이에 경계문제가 발생하기도 한다.

---

8) 일물일가의 원칙이란 동일한 상품은 어떤 시장에서도 그 가격이 같아야 한다는 법칙이다. 예를 들어, 서울에서의 밀 한 포대 가격이 부산에서의 동일한 밀 한 포대 가격보다 싸다면 서울에서 밀 한 포대를 사서 부산에서 팔면 돈을 번다. 이러한 차익기회를 이용하게 되면 서울의 밀 수요는 증가하여 서울의 밀 가격은 상승하게 되고 부산의 밀 공급은 증가하여 부산의 밀 가격은 하락하게 되어 결국 서울과 부산의 밀 가격은 동일하게 된다는 것이 일물일가의 원칙이다.

2. 토지의 인문적 특성

　토지의 인문적 특성은 토지를 이용하는 인간과의 관계에서 오는 특성으로 인간이 부여한 인위적이고 가변적인 특성이라고 할 수 있다. 인문적 특성으로는 용도 다양성, 병합 및 분할 가능성, 사회·경제·행정적 위치의 가변성을 대표적으로 꼽는다.

(1) 용도 다양성

　토지는 다양한 용도로 이용할 수 있다는 것이 용도 다양성이다. 즉, 주거용, 상업용, 공업용 등 다양한 용도로 사용될 수 있고 각 용도에서 다른 용도로의 전환도 가능하다. 따라서 토지를 합법적이고 합리적이며 최고·최선의 방법으로 이용하는 최유효이용을 하여야 하고, 나아가 토지에 최적의 용도를 찾는 활동인 적지론의 근거가 된다. 또한 토지의 창조적 이용과 용도적(경제적) 공급이 가능해진다.

(2) 병합·분할 가능성

　토지는 그 이용목적이나 필요에 따라 토지를 인위적으로 분할하거나 병합하여 사용할수 있다. 토지를 분할 및 병합하는 것은 토지의 용도를 다양하게 하는 것이 된다. 하지만 분할 및 병합 시에는 토지의 가치가 변화될 수 있다.

(3) 사회·경제·행정적 위치의 가변성

　토지의 위치는 고정되어 변하지 않지만 사회가 변화함에 따라 토지의 사회적·경제적·행정적 위치는 변할 수 있다. 사회적 위치의 변화는 사회인식의 변화로 생기는데 예를 들어, 학교의 이전이나 공원의 폐지로 주거환경이 악화되는 경우를 들 수 있다. 경제적 위치의 변화는 가치의 변화로 생기는데 예를 들어, 도로나 지하철의 확장 및 신설 등 경제성장이나 소득증대 등으로 인한 토지의 가치가 변동하는 변화이다. 행정적 위치의 변화는 도시계획 등의 변화와 같이 규제나 계획의 변경, 특정지역에 대한 정책의 시행 등과 같이 행정적 위치의 변화로 토지의 이용이 바뀌게 되는 것을 말한다.

APPENDIX 용어정리

 1. 토지용어 정리

(1) 획지

권리를 구분하기 위한 법률적 개념인 필지와 대비되는 획지는 가격수준이 비슷한 일단의 토지로서 가격수준을 구분하기 위한 경제적 개념을 말한다. 따라서 토지의 이용 또는 거래활동의 단위가 된다. 획지는 건물이 깔고 앉아 있는 땅으로 생각하면 쉽다. 만약 1필지가 2개의 가격이 형성될 경우에는 1필지는 2개의 획지로 구분된다. 반대로 2필지가 가격수준이 비슷하면 1개의 획지가 된다.

(2) 택지

「택지개발촉진법」에 따라 개발 공급되어지는 주택건설용지 및 공공시설용지이다. 즉, 주거용지, 상업용지, 공업용지 등의 용도로 이용되고 있거나 이용목적으로 조성된 토지를 말한다. 한마디로 건축할 수 있는 토지(건축용지)를 말한다.

(3) 부지

부지는 건축용지뿐만 아니라 철도, 도로, 하천 등 일정한 용도로 제공되고 있는 바닥토지를 말한다.

(4) 대지

터를 의미하는 대(垈)지는 「공간정보관리법」과 「건축법」에서 각각 다르게 정의하고 있다. 「공간정보관리법」에서는 주거용, 상업용 건물을 지을 수 있는 토지로 정의하고 있고, 「건축법」에서는 「공간정보관리법」에 의하여 각 필지로 구획된 토지로 대지를 정의함으로써 두 법에서 정의된 대지의 개념이 다르다. 「건축법」에서는 1필지로 구성된 대지가 건축허가 단위이다.

(5) 대지

대(袋)지는 타인의 토지에 둘러싸여 있지만 맹지와 달리 좁은 통로를 통해 도로에 접속하여 자루 모양을 가지는 토지를 말한다.

(6) 맹지

다른 사람의 토지로 완전히 막혀서 도로와 연결되지 않은 토지로서 「건축법」에 의해 맹지에는 건물을 세울 수 없다. 다만, 맹지의 소유자는 공도를 이용하기 위해 그 주위 토지는 사용할 수 있다.

(7) 나지

토지에 건물이나 기타 정착물이 없지만 건폐율, 용적률, 층수제한 등의 공법상의 규제를 받고 그 외에는 아무런 제약이 없는 토지를 말한다. 따라서 지상권 등 토지의 사용, 수익(지상권, 저당권 등)을 제한하는 사법상의 권리가 설정되어 있지 않은 토지, 즉 사법상 제한은 받지 않는 토지이다. 나지는 최유효이용처분이 기대되기 때문에 매매가격이 건부지에 비해 바싸고 토지가격의 기준이 된다.

(8) 건부지

건물이 있는 부지(토지)이다. 건부지는 토지 위에 있는 건물 때문에 토지의 사용 및 수익에 제한, 즉 최유효이용에 제한을 받는다. 따라서 건부지의 가격이 나지 상태의 가격보다 낮게 산정되는 건부감가가 발생하는 것이 일반적이다. 하지만 개발제한구역으로 지정된 지역 안에 있는 건물이 존재할 경우에는 건부지 가격이 나지 상태의 가격보다 오히려 높게 되는 건부증가가 발생한다.

(9) 법지

도로의 가장자리, 토지의 붕괴를 박기 위해 만들어놓은 45도 경사진 옹벽형태의 경사진 토지와 같이 법으로 소유권은 인정되지만 실제 활용 실익이 거의 없는 토지를 말한다.

(10) 빈지

빈(濱)지는 물가, 즉 바닷가 땅(백사장)으로서 「공유수면관리 및 매립에 관한 법률」에서 해안선으로부터 지적공부에 등록된 지역까지의 사이를 말한다. 만조 시에 바닷물이 들어온 지점에서 육지로 일정한 거리가 떨어진 지점부터 측량을 시작하는데 바로 바닷물이 들어온 지점부터 측량 시작 지점 사이의 땅이 빈지이다. 빈지는 개인의 소유권은 인정되지 않지만 활용 실익은 있다.

(11) 유휴지

국토이용관리법에서 도입한 개념으로 이 법이 폐지되면서 법률상으로는 없어진 개념이지만, 본래의 용도로 쓰이지 않거나 방치되어 바람직하지 않게 놀리는 토지라는 의미로 사용된다.

(12) 휴한지

장기간의 농경으로 땅이 힘을 잃어 그 땅을 회복시키고자 일정 기간 정상적으로 휴경하는 토지이다.

(13) 공한지

집을 건축하지 않고 장기간 방치하고 있는 택지나 투기목적으로 지가상승만을 기대하고 장기간 방치하는 토지를 말한다.

(14) 공지

건축물의 바닥토지 가운데 「건축법」에 의한 건폐율 또는 용적률 등의 제한으로 인해 1필지 내에서 비어 있는 토지이다.

(15) 포락지

「공유수면 관리 및 매립에 관한 법률」에서 지적공부에 등록된 토지가 물에 침식되어 수면 밑으로 잠긴 토지로 정의하고 있다. 즉, 댐건설로 수몰되거나 하천이나 바닷물이 들어와 물속으로 잠긴 땅을 말한다.

(16) 선하지

송전탑 사이의 전선로 아래 면적에 3m를 더한 토지, 즉 고압선 아래의 토지를 말한다. 매매의 제한은 없지만 보통 선하지 감가를 한다.

(17) 소지

소(素)는 희다라는 뜻으로 바탕을 의미한다. 따라서 소지는 원지라고도 하며 개발되기 이전의 자연 그대로의 토지를 말한다.

2. 건축용어 정리

(1) 건축선

건축선은 대지 위에 건축물을 건축할 때 건축물을 건축할 수 있는 선이다. 즉, 도로와 접한 부분에 건축물을 건축할 수 있는 선으로 도로너비가 4m 이상인 경우에는 대지와 도로의 경계선이 건축선이 된다. 하지만 도로너비가 4m 미만인 경우에는 도로의 중심선에서 2m만큼 물러난 선이 건축선이 된다. 만약 도로너비가 4m 미만인 도로이면서 도로 반대쪽에 경사지, 하천, 철도, 선로부지, 그 밖에 이와 유사한 것이 있는 경우에는 그 경사지 등이 있는 쪽의 도로경계선에서 4m 후퇴한 선을 건축선으로 한다(「건축법」 제46조).

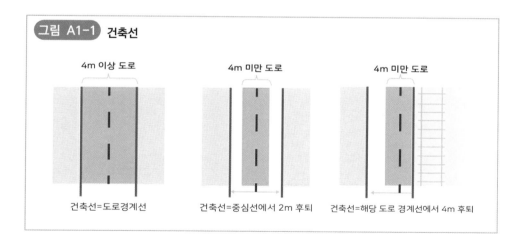

그림 A1-1 건축선

4m 이상 도로   4m 미만 도로   4m 미만 도로

건축선=도로경계선   건축선=중심선에서 2m 후퇴   건축선=해당 도로 경계선에서 4m 후퇴

(2) 대지면적

대지의 수평투영면적을 말한다. 대지 안에 건축선이 정하여진 경우 대지면적은 토지면적과 일치하며 건축선과 도로 사이의 대지면적은 대지면적에 포함하지 않는다. 또한 대지에 도시·군계획시설인 도로·공원 등이 있는 경우에도 그 도시·군계획시설에 포함되는 면적은 대지면적에서 제외한다(「건축법 시행령」제119조).

(3) 건축면적

건축면적은 건축물의 외벽(외벽이 없는 경우 외곽 부분의 기둥)의 중심선으로 둘러싸인 부분의 수평투영면적을 말한다(「건축법 시행령」제119조). 즉, 건물이 덮고 있는 땅의 면적으로서 보통 건물을 위에서 아래로 내려다볼 때 보통 1층 바닥면적이 건축면적이 되며, 건폐율 산정 시 적용되는 면적이다.

발코니는 증축하여 나중에 거실로 사용할 수 있으므로 건축면적에 모두 포함한다. 하지만, 외벽의 중심선으로부터 수평거리가 1m 이상 돌출된 처마, 차양(캐노피), 부연 등이 있는 경우는 돌출된 끝부분으로부터 1m 후퇴한 선으로 둘러싸인 부분의 수평투영면적이 건축면적이 된다. 한옥지붕과 전통사찰은 각각 처마끝부분에서 2m, 4m 후퇴한 선으로 둘러싸인 부분의 수평투영면적이 건축면적이 된다.

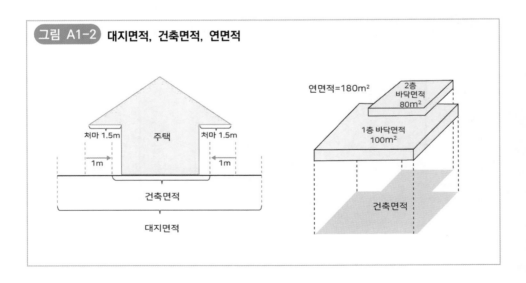

그림 A1-2 대지면적, 건축면적, 연면적

(4) 바닥면적

바닥면적은 건축물의 각 층 또는 그 일부로서 벽, 기둥, 그 밖에 이와 비슷한 구획의 중심선으로 둘러싸인 부분의 수평투영면적이다(「건축법 시행령」 제119조). 즉, 각 층의 실내면적을 말한다.

(5) 연면적

연면적은 하나의 건축물 각 층의 바닥면적의 합계를 말한다. 다만, 용적률을 산정할 때에는 지하층의 면적, 지상층의 주차용으로 쓰는 면적, 초고층 건축물과 준초고층 건축물에 설치하는 피난안전구역의 면적, 건축물의 경사지붕 아래에 설치하는 대피공간의 면적은 연면적에서 제외한다(「건축법 시행령」 제119조).

(6) 건폐율

대지면적에 대한 건축면적(대지에 건축물이 둘 이상 있는 경우에는 이들 건축면적의 합계로 한다)의 비율을 말한다. 즉, 건폐율은 건축면적을 대지면적으로 나눈 것이다.

(7) 용적률

대지면적에 대한 연면적(대지에 건축물이 둘 이상 있는 경우에는 이들 연면적의 합계)의 비율을 말한다. 즉, 용적률은 연면적을 대지면적으로 나눈 것이다.

(8) 공동주택의 분양면적

아파트와 같은 공동주택의 분양면적(공급면적)은 전용면적과 주거공용면적을 합친 면적을 말한다. 전용면적은 각 세대의 소유주가 독립적으로 사용하는 면적으로 현관 안쪽의 방, 거실, 주방, 화장실 등 실제 주거용으로 사용되는 면적을 말한다. 베란다, 발코니, 테라스 같은 경우에는 현관 안쪽에서 실제로 사용하는 면적이지만 서비스면적으로 간주되어 전용면적에 포함하지 않는다.

공용면적은 여러 세대가 공용으로 사용하는 면적으로 주거공용면적과 기타공용면적으로 구분된다. 주거공용면적은 계단, 복도, 엘리베이터 등 여러 세대가 공동으로 사용하는 건물 내부의 공용공간을 의미하고, 기타공용면적은 지하주차장, 관리사무소, 경비실, 노인정 등 건물 밖에 있는 부대시설의 면적을 말한다.

아파트 계약 시에 전용면적, 주거공용면적, 기타공용면적을 합하여 실제 계약할 때 쓰는 계약면적이 된다. 계약면적에는 발코니 등의 서비스면적은 제외된다. 한편, 대지공유지분은 전유부분(서비스면적을 제외한 주거공용면적) 건물의 대지권을 말한다.

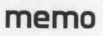

Chapter 02

부동산경제기초의 이해

수요와 공급

1. 시장경제와 경제주체

경제학의 아버지로 평가받는 Adam Smith가 1976년에 펴낸 국부론(The Wealth of Nations)에서 경제학은 여러 나라 국민의 부에 관하여 연구하는 분야라고 언급한 이후, 희소한 자원을 사용하여 여러 상품을 생산, 교환, 분배, 소비하는 과정에서 발생하는 경제문제의 연구에 초점을 두고 있다.

그러면 경제문제는 왜 발생하는가? 이는 자원의 희소성(scarcity) 즉, 사람의 욕구를 충분히 충족시켜줄 수 있는 자원이 부족하기 때문에 생긴다. 사람은 한정된 자원하에서 갖고 싶거나 하고 싶은 것을 선택해야 하는 문제에 부딪힌다. 어떤 것을 선택하게 되면 다른 것을 포기해야 하는 기회비용(opportunity cost)을 지불해야 한다. 즉, 어떤 대안에 대한 선택에 대해서 기회비용이라는 대가를 지불해야 한다.

기회비용이란 여러 상품 중에서 어느 것을 선택했을 때 포기한 것 중에서 가장 가치가 큰 것을 말한다. 예를 들어, 아르바이트 1시간 할 때 1만원을 받는다고 하자. 아르바이트를 포기하고 봉사활동을 했다면 봉사활동의 기회비용은 포기한 아르바이트로 벌 수 있었던 1만원이 된다.

한편, 경제문제에 직면하여 경제활동을 하는 행위자를 경제주체라고 하는데 여기에는 가계, 기업, 정부가 있다. 경제주체는 오늘날 시장경제체제에서 각자 일정한 목표를 달성하기 위해 경제활동을 하고 있다.

가계는 소비를 통한 욕망의 효용(만족감) 극대화를 위해 노동, 자본 그리고 토지와 같은 생산요소를 제공하고 그 대가로 획득한 소득으로 상품의 구매 및 소비활동을 한다. 기업은 가계가 제공한 생산요소를 이용하여 상품을 만들어 이윤극대화를 목표로 하는 경제주체로서 경제를 성장시키는 원동력이다. 정부는 사회 전체의 후생극대화를 목표로 가계와 기업의 경제활동에 개입하여 시장경제가 제 기능을 하도록 법규 및 정책을 만들고 세금을 거두고 가계나 기업이 생산하기 어려운 공공재와 사회간접자본 등을 생산한다.

경제주체들이 각자 자신들의 목표를 달성하기 위해 활동하는 시장은 상품의 매매가 이루어지는 장소를 넘어 거래가 이루어지는 시스템이다. 상품을 팔려는 사람(생산자)은 생산원가보다 높은 가격으로 팔아서 이윤을 얻을 수 있고, 상품을 사려는 사람(소비자)은 상품을 구매하여 소비함으로써 주관적인 만족감인 효용(utility)을 얻을 수 있기 때문에 시장에서 교환이 이루어진다.

시장에서 교환을 통해 소비자가 얻는 이익을 소비자 잉여라고 하고 생산자가 얻는 이익을 생산자 잉여라고 한다. 소비자 잉여와 생산자 잉여를 합친 사회 전체적인 관점에서의 이익은 경제적 잉여(economic surplus) 또는 사회적 잉여(social surplus)라고 한다.

소비자 잉여는 상품을 소비할 때 느끼는 만족감이 어느 정도인지를 화폐단위로 표시하고 이 금액(소비자가 어떤 상품을 소비하기 위해 지불할 용의가 있는 금액)에서 상품의 실제 구매가격을 차감한 것이다. 예를 들어, A는 시장에서 2,000원짜리 라면을 구매하여, 이 라면을 먹을 때 느끼는 만족감(효용)은 라면을 사기 위해 지불한 가격인 2,000원보다 클 것이다. 만약 라면을 먹을 때 느끼는 만족감(효용)이 2,000원보다 작다면 라면을 사지 않을 것이다.

생산자 잉여는 생산자가 상품을 판매하여 꼭 얻어야겠다고 생각하는 수입과 그 상품을 팔았을 때 들어오는 실제가격과의 차액이다. 예를 들어, 라면을 생산한 사람은 최소한 2,000원을 받고 라면을 팔려고 생각하고 있는데, 2,500원에 팔았다면 생산자는 500원의 이득을 얻게 되고, 이를 생산자 잉여라고 한다.

일반적으로 사람들이 제약 없이 자유로이 상품을 교환할 수 있는 시장경제체제 하에서 사회적 잉여가 가장 커질 수 있으며, 시장에서 자유로이 자발적으로 교환이 이루어질 때 가장 중요한 역할을 하는 것이 상품의 가격이다. 상품의 가격을 결정하는 요인은 두 가지인데 하나는 수요(demand)이고 다른 하나는 공급(supply)이다.

(1) 수요

1) 수요와 수요량

수요(demand)는 경제주체가 상품을 사고자 하는 욕구를 의미한다. 수요량 (quantity demanded)은 구입하고자 하는 상품의 수량을 말한다. 예를 들어, A는 햄버거를 좋아해서 햄버거 1개를 1만원 주고 사 먹는다. 어느 날 햄버거가 반값 할 인으로 1개에 5천원 하는 것을 알게 되어 햄버거를 2개 샀다.

여기에서 A가 마음속에 품고 있던 1만원이면 햄버거를 1개 사고 5천원이면 햄 버거를 2개 산다는 욕구를 수요라고 한다. 그리고 주어진 가격수준인 1만원, 5천 원일 때 A가 사고자 하는 햄버거 1개, 2개가 수요량이다.

그리고 가격(P)을 세로축으로 하고 수요량(Q)을 가로축으로 하는 직각좌표상에 가격과 수요량의 조합을 나타낸 것이 수요곡선(demand curve)이다. 〈그림 2-1〉의 수요곡선은 가격과 수요량이 반대 방향으로 움직인다. 이는 수요곡선의 기울기가 음(-)의 값을 가진다는 것을 나타내고 있으며, 가격이 오르면 적게 수요하고 가격 이 내리면 더 많이 수요한다는 것을 의미한다.

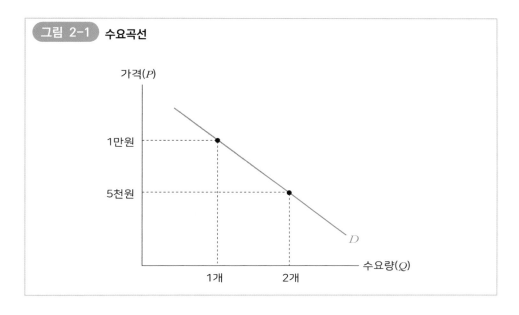

그림 2-1 수요곡선

한편, 수요량이 의미하는 것은 다음과 같다. 첫째, 수요량은 주어진 가격수준에서 사고자 의도하는 최대수량이다. A는 1만원에 최대 햄버거 1개를 사고, 5천원에는 최대 햄버거 2개를 사고자 하는 것이고 이 수량 이상은 사지 않는다는 것이다.

둘째, 수요량은 일정기간 동안의 수요량을 나타내는 유량(flow)변수이다. 유량변수는 기간을 명시하지 않으면 의미가 없다. A가 햄버거에 대한 수요량이 하루 동안인지, 일주일 동안, 한 달 동안인지 하는 수요기간을 말하지 않으면 무의미하다. 따라서 수요량은 기간을 명시해야만 그 의미가 명확하게 전달되는 유량개념[1]이다.

셋째, 수요량은 구매하고자 하는 수량이므로 과거의 개념이 아닌 미래의 사전적 개념이며, 막연히 의도된 수량이 아니라 실제로 구매력을 가지고 구입하고자 하는 수량이다. A가 햄버거 1만원할 때 1개를 사고자 함은 햄버거 1개에 대해서 1만원을 지불할 수 있음을 의미한다. 만약 1만원을 지불할 수 없다면 햄버거 1개에 대한 구매욕구는 단순히 소비자의 헛된 욕구이지 수요량이 아니다.

2) 개별수요곡선과 시장수요곡선

소비자 각자의 수요를 개별수요라고 하고, 시장 전체의 수요를 시장수요라고 한다. 사람들의 수요가 독립적이라고 가정할 경우 시장수요는 개별수요를 합하여 구한다. 예를 들어, 햄버거의 수요자가 A 외에도 B도 있는데 이 두 사람이 시장에서 수요자의 전부라고 하자. B는 햄버거가 1만원일 때는 2개, 5천원일 때는 5개 산다고 한다면 햄버거가 1만원일 때 시장수요는 3개가 되고, 햄버거가 5천원일 때에는 시장수요가 7개가 된다.

즉, 시장수요는 주어진 가격수준에서 개별수요자의 개별수요를 단순히 수평적으로 합한 것이다. 따라서 수평축을 같은 크기로 나타내어 그리면 시장수요곡선은 당연히 개별수요곡선보다 완만하게 그려진다.

만약 사람들의 수요가 독립적이지 않을 경우 예를 들어, A가 햄버거를 사면 B도 무조건 사거나 아니면 사지 않는 것과 같이 사람들의 수요가 상호의존적일 경

---

1) 일정기간을 명확하게 하여 표시하는 유량(flow)개념으로 수요량, 공급량, 신규 주택공급량(신규 부동산 공급량), 아파트 생산량, 주택거래량, 기존 임대료수입, 근로자의 임금, 지대수입, 가계소득, 수출과 수입, 투자, 국민총생산, 국민소득 등이 있다. 한편, 일정시점을 밝혀서 표시하는 것은 저량(stock)개념이다. 실물자산, 순자산, 가계의 자산, 주택재고, 부동산 자산가치, 부동산가격, 국부, 외환보유액, 통화량, 인구규모, 자산(부동산, 주식, 채권, 화폐 등)에 대한 수요는 일정시점을 밝혀서 표시하는 저량개념이다.

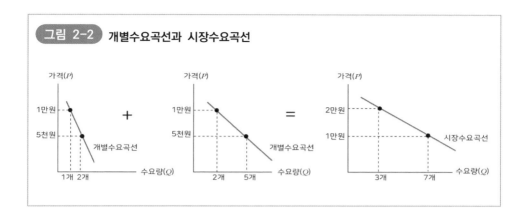

그림 2-2 개별수요곡선과 시장수요곡선

우에는 시장수요곡선은 개별수요곡선의 수평 합이 아닐 수도 있다.

3) 수요의 법칙

수요의 법칙(law of demand)은 가격이 오르면 수요량이 감소하고 가격이 내리면 수요량이 증가하는 것, 즉 가격과 수요량 간의 반비례 관계가 성립하는 것을 말한다. 수요량의 변화는 해당 상품의 가격변화에 따른 수요량의 변화가 있을 수 있고 해당 상품가격 이외 요인의 변화에 따른 수요량의 변화가 있을 수 있다.

해당 상품의 가격변화에 따른 수요량의 변화는 주어진 수요곡선상에서의 이동(move along the curve)으로 표시되고 수요량의 변화라고 부른다. 해당 상품가격 이외 요인의 변화에 따른 수요량의 변화는 수요곡선 자체의 이동(shift of the curve)으로 표시되며 수요의 변화라고 부른다.

수요의 법칙은 가격의 하락으로 상대적으로 싸졌기 때문에 수요량이 증가하는 대체효과와 실질소득이 증가하여 수요량이 증가하는 소득효과의 합인 가격효과(가격의 변화에 따른 수요량의 변화하는 효과)를 통하여 설명할 수 있다.

① 대체효과

수요에 영향을 미치는 것은 두 상품 간의 상대가격의 변화이다. 대체효과는 두 상품 간의 상대가격의 변화로 나타나는 효과, 즉 가격하락으로 상대적으로 싸진 상품의 수요가 증가하고 상대적으로 비싸진 상품의 수요가 감소하는 효과를 말한다.

예를 들어, 콜라와 사이다가 각각 한 병에 1,000원이라고 하자. 이 두 상품의 교환비율은 가격이 동일하여 1대1이다. 그런데 사이다가격만 500원으로 내리게 되면 콜라와 사이다의 교환비율은 1대2로 바뀌게 된다. 즉, 사이다가격이 내리기 전에는 콜라 한 병으로 사이다 한 병 살 수 있었는데 사이다가격이 내린 후에는 콜라 한 병으로 사이다를 두 병 살 수 있게 되었다.

따라서 다른 조건이 일정하다면 콜라에 비해서 사이다 가격이 상대적으로 싸 졌다고 느끼게 됨에 따라 상대적으로 가격이 싸진 사이다의 수요가 증가하게 되는 것이 사람들의 일반적인 소비심리이다. 이것을 대체효과라고 하고, 대체효과 때문 에 상대적으로 가격이 하락한 사이다의 수요량이 늘어나게 된다.

이처럼 대체효과는 어떤 상품의 가격이 하락할 때 상대적으로 싸진 상품의 수 요량은 언제나 증가시키고 반대로 어떤 상품의 가격이 상승할 때 상대적으로 비싸 진 상품의 수요량은 언제나 감소시킨다. 따라서 가격변화와 수요량변화를 반대 방 향으로 표시할 때 대체효과는 정상재든 열등재든 항상 음(−)으로 나타난다.

② 소득효과

소득효과는 가격의 변화로 나타나는 실질구매력의 변화, 즉 실질소득의 변화로 나타나는 효과이다. 소득이 변하지 않아도 상품가격이 하락하면 실질구매력은 증 가하게 된다. 이러한 실질구매력을 실질소득이라고 하며, 가격하락으로 인한 실질 소득의 증가는 수요량의 증가를 가져온다.

예를 들어, 10,000원으로 1,000원짜리 콜라를 10개 살 수 있는 사람을 생각해보 자. 콜라 가격이 2,000원으로 오르면 콜라를 5개 살 수 있게 된다. 즉, 실제로 소득 은 변하지 않았지만 상품의 가격이 상승하여 실질구매력이 감소하게 된 것이다.

정상재의 소득효과를 보면, 가격이 상승하면 실질구매력이 감소하는 효과가 일 어나므로 정상재의 수요량은 감소한다. 따라서 가격변화와 수요량변화가 반대방향 이기 때문에 정상재의 소득효과는 음(−)으로 나타난다. 하지만 열등재의 소득효 과를 보면, 가격이 상승하면 실질구매력이 감소하는 효과가 일어나고 이에 따라 열등재의 수요량은 증가한다. 가격변화와 수요량변화가 같은 방향이기 때문에 열 등재의 소득효과는 양(+)으로 나타난다.[2]

---

2) 19세기 아일랜드 지방에서 감자가격이 하락하여 소비자의 구매력이 증가하자 주식인 감자에 질린 사람들 이 감자 소비를 줄이고 고기 소비를 늘린 사례를 Robert Giffen이 처음 발견하였다. 이는 가격의 하락이 오히려 소비량의 하락을 가져와 수요의 법칙에 위배 되는 것으로 기펜의 역설(Giffen's paradox)이라고 부른다. 현실적으로 기펜재는 거의 존재하지 않는다.

표 2-1   대체효과+소득효과 = 가격효과

	대체효과	소득효과	가격효과
정상재의 가격과 수요량의 방향	음(−)	음(−)	음(−)
열등재의 가격과 수요량의 방향	음(−)	양(+)	음(−)

4) 수요의 변화

수요의 변화는 소득수준이나 소비자의 예상 등과 같이 해당 상품가격 이외 요인의 변화에 따른 수요량의 변화이며 수요곡선 자체가 이동한다.

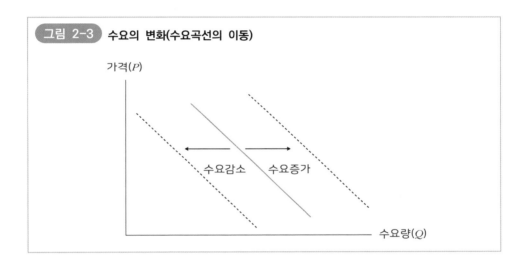

그림 2-3   수요의 변화(수요곡선의 이동)

① 소득수준

일반적으로 소비자의 소득이 증가하면 전반적으로 상품에 대한 수요가 증가한다.[3] 하지만 모든 물건에 대해서 이러한 관계가 반드시 성립하는 것은 아니다. 예를 들어, 소주를 마시던 사람이 소득이 증가하면 소주 소비를 줄이고 양주를 마시게 되면 소주에 대한 수요가 줄어들게 된다.

이렇게 소득이 증가하면서 수요가 오히려 감소하는 상품을 열등재(하급재; inferior

---

3) 소비자의 재산이나 부도 상품의 수요곡선을 변화시킬 수 있다. 부자들은 가난한 사람보다 더 많은 수요를 할 수 있는 능력이 있기 때문에 부유해지면 더 많은 수요를 하여 수요곡선을 이동시킬 수 있다.

goods)라고 한다. 열등재는 소득이 증가하면 수요가 감소하기 때문에 수요곡선이 왼쪽으로 이동한다. 반면 소득이 증가하면 수요가 증가하는 상품을 정상재(상급재, 우등재; normal goods)라고 한다. 정상재는 소득이 증가하면 수요가 증가하기 때문에 수요곡선이 오른쪽으로 이동한다.

현실적으로 대부분의 상품은 정상재이다. 하지만 소득이 일정수준 이상을 넘어서게 되면 정상재가 열등재로 바뀌는 경우도 있다. 예를 들어, 소득이 아주 낮을 때 정상재인 돼지고기의 소비가 소득이 증가해도 계속 증가하다가, 소득이 증가하여 일정 수준 이상을 넘어서게 되면 돼지고기 대신 소고기를 소비하게 되어 돼지고기 소비가 줄고 소고기 소비가 늘게 되는 경우에는 정상재인 돼지고기가 열등재로 바뀐 것이다.

② 소비자의 예상

한 상품의 가격변화에 대한 소비자의 예상은 그 상품에 대한 수요를 변화시켜 수요곡선을 이동시킨다. 미래에 가격이 오를 것이라고 예상하면 소비자는 현재의 수요를 늘린다. 예를 들어, 일본 후쿠시마 오염수 방류 등으로 소금에 대한 사재기로 수요가 폭발적으로 증가하였고 실제로 소금값이 많이 올라갔다. 소금가격이 올라가기 전에 올라갈 것이라는 예상으로 인해 수요가 증가한 것이다. 이처럼 어떤 상품의 가격이 오를 것이라고 예상되면 현재의 가격수준에는 변화가 없는데도 불구하고 그 상품에 대한 현재의 수요가 증가하여 수요곡선이 오른쪽으로 이동한다.

한편, 소득의 변화에 대한 소비자의 예상도 수요곡선을 이동시킨다. 가까운 미래에 소득이 증가할 것으로 예상되면 우등재의 경우 모든 가격수준에서 더 사려고 하므로 수요가 증가한다. 따라서 우등재의 수요곡선이 오른쪽으로 이동한다. 반면, 열등재는 모든 가격수준에서 소비를 줄이므로 수요가 감소하여 열등재의 수요곡선은 왼쪽으로 이동한다.

③ 다른 상품의 가격

한 상품에 대한 수요량은 다른 상품의 가격의 변화에 따라 변하게 된다. 이때 두 상품이 서로 어떤 관계이냐에 따라 다른 상품의 가격과 해당 상품의 수요량 간의 관계가 달라진다. 콜라와 사이다처럼 서로 용도가 비슷해서 어느 상품을 소비하더라도 만족도가 비슷한 상품을 대체재(substitute goods)라 하고, 치약과 칫솔처럼 따로 소비할 때 보다 함께 소비할 때가 더 큰 만족을 주는 상품을 보완재(complementary goods)라 한다.

대체재의 경우를 생각해보자. 콜라의 가격이 상승하면 콜라의 수요량이 감소하고 대체재인 사이다의 수요량이 증가한다. 따라서 사이다의 수요곡선이 오른쪽을 이동한다. 즉, 콜라의 가격과 사이다의 수요량 사이에는 정비례 관계가 존재한다. 따라서 대체관계에 있는 두 상품 A재와 B재의 경우 A재의 가격이 상승하면 B재의 수요가 증가한다.

보완재의 경우도 생각해보자. 칫솔의 가격이 올라가면 칫솔 수요량이 감소하므로 보완재인 치약의 수요량도 감소한다. 따라서 치약의 수요곡선이 왼쪽으로 이동한다. 즉, 칫솔과 가격과 치약의 수요량 사이에는 반비례 관계가 존재한다. 따라서 보완관계에 있는 두 상품 C재와 D재의 경우 C재의 가격이 상승하면 D재의 수요는 감소한다.

④ 소비자의 기호 및 선호

어떤 상품에 대한 소비자의 기호 및 선호가 달라지면 그 상품에 대한 수요가 달라진다. 예를 들어, 최근 BTS 등의 인기상승으로 K팝이 전 세계 팝송시장에서 인기를 끌면서 K팝에 대한 소비자의 기호 및 선호가 증가하는 변화가 일어남에 따라 K팝의 수요가 증가하여 수요곡선이 오른쪽으로 이동한다.

⑤ 인구와 가구, 세금과 규제, 이자율 등

수요곡선 자체를 이동시키는 위의 여러 요인 외에도 특히, 부동산의 수요곡선을 이동시키는 요인으로 인구와 가구, 세금과 규제, 이자율 등이 있다. 인구가 증가하거나 결혼 및 이혼, 분가 등의 이유로 가구 수가 많아지면 부동산에 대한 수요가 증가하여 수요곡선이 오른쪽으로 이동한다.

또한 부동산 관련 세금과 규제가 강화될수록 부동산에 대한 수요는 감소하여 수요곡선이 왼쪽으로 이동한다. 이자율(담보대출금리)도 부동산에 대한 수요곡선 자체를 이동시킨다. 이자율(담보대출금리)이 하락하면 부동산 구입자금의 조달비용이 감소하여 부동산에 대한 수요가 증가한다. 대출비율(LTV), 총부채상환비율(DTI)이 감소하여 대출이 어려워지면 부동산에 대한 수요가 감소하여 수요곡선이 왼쪽으로 이동한다.

5) 수요량의 변화

가격과 수요량의 대응관계를 표시한 〈그림 2-4〉의 수요곡선을 보면, 가격이

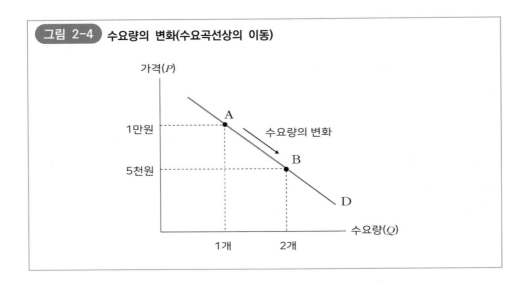

그림 2-4 수요량의 변화(수요곡선상의 이동)

가격(P)

1만원 .... A

수요량의 변화

5천원 .... B

D

수요량(Q)

1개   2개

오르면 소비자는 수요량을 줄이고 가격이 내려가면 수요량을 늘린다. 즉, 수요곡선에서 가격이 1만원에서 5천원으로 하락하면 수요량은 1개에서 2개로 변한다는 것을 나타내고 있다. 따라서 가격하락으로 인하여 나타난 수요량의 변화가 수요곡선상에서 A에서 B로 이동한 것으로 나타난 것이고 이러한 변화를 수요곡선상의 이동(move along the curve)이라고 한다.

(2) 공급

1) 공급과 공급량

공급(supply)은 생산자가 상품을 팔고자 하는 욕구를 말한다. 공급량(quantity supplied)은 판매하고자 하는 상품의 수량을 말한다. 수요량과 마찬가지로 공급량이 의미하는 것은 다음과 같다.

첫째, 공급량은 주어진 가격수준에서 팔고자 의도하는 최대수량이다. 따라서 실제 공급량과 차이가 있을 수 있다. 둘째, 공급량은 일정기간 동안의 공급량을 나타내는 유량변수이다. 셋째, 공급량은 실제로 팔 수 있는 능력을 갖춘 상태에서 판매하고자 하는 상품수량이다.

2) 개별공급곡선과 시장공급곡선

시장수요곡선이 개별소비자의 수요가 상호 독립적이라는 가정하에서 개별수요

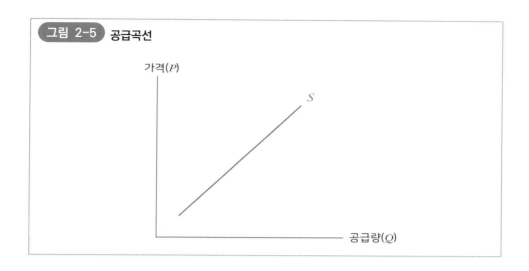

그림 2-5 공급곡선

가격(*P*)

S

공급량(*Q*)

곡선을 수평으로 합친 것과 마찬가지로 시장공급곡선도 개별공급자의 공급이 상호 독립적이라는 가정하에서 개별공급곡선을 수평으로 합친 것이 된다.

가격(P)을 세로축으로 하고 공급량(Q)을 가로축으로 하는 직각좌표상에 가격과 공급량의 조합을 나타낸 것이 공급곡선(supply curve)이다. 〈그림 2-5〉에서 공급곡선은 가격과 공급량이 같은 방향으로 움직인다. 이는 공급곡선의 기울기가 양(+)의 값을 가진다는 것을 나타내고 있으며, 가격이 오르면 공급량이 많아지고 가격이 내리면 공급량이 적어짐을 의미한다.

한편, 일반 상품과 달리 토지의 공급인 경우에는 생산비용을 투입하여도 토지의 양을 늘릴 수 없는 특성(부증성)으로 인해 토지의 물리적 공급은 완전비탄력적(수직선)[4]이다. 따라서 물리적 공급은 수요에 대응하여 토지의 양을 늘릴 수 없기 때문에 공급에 한계가 있다.

하지만 토지의 인문적 특성인 다양한 용도로 사용될 수 있다(용도다양성)는 측면에서는 용도전환[5]을 통해 다른 용도로 공급하는 경제적 공급은 가능하기 때문에 우상향의 공급곡선 형태를 가진다. 이때 단기보다 장기에 더 많이 경제적 공급을 증가시킬 수 있으므로 장기 공급곡선이 단기 공급곡선보다 완만하게 나타난다. 건물의 공급곡선은 토지의 경제적 공급과 그 성격이 같기 때문에 토지의 경제적 공급곡선과 형태가 동일하다.

---

4) 탄력성에 대해서는 본 장의 제3절에서 설명한다.
5) 용도전환을 통한 경제적 공급은 토지의 개발이나 이용의 집약화, 규제상의 용도전환 등을 통한 공급을 말한다.

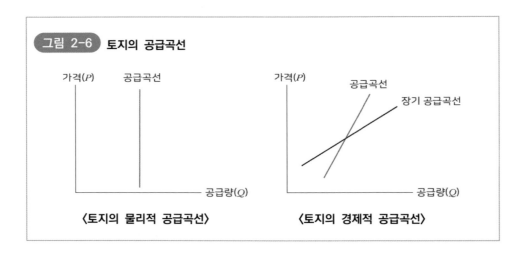

그림 2-6 토지의 공급곡선

〈토지의 물리적 공급곡선〉   〈토지의 경제적 공급곡선〉

3) 공급의 법칙

공급의 법칙(law of supply)은 가격이 오르면 공급량이 증가하고 가격이 내리면 공급량이 감소하는 것, 즉 가격과 공급량 간의 정비례 관례가 성립하는 것을 말한다. 일반적으로 생산자는 상품의 가격이 높을수록 많이 팔고자 하며, 상품의 가격이 낮을수록 적게 팔고자 한다. 따라서 일반적으로 다른 모든 조건이 일정할 때 어떤 상품의 가격이 상승하면 해당 상품에서 수익이 많이 나므로 생산자는 공급량을 증가시킨다.

가격변화에 따른 수요량의 변화와 마찬가지로 해당 상품의 가격변화에 따른 공급량의 변화는 주어진 공급곡선상에서의 이동(movement along the curve)으로 표시되고 공급량의 변화라고 부른다. 해당 상품가격 이외 요인의 변화에 따른 공급량의 변화는 공급곡선 자체의 이동(shift of the curve)으로 표시되며 공급의 변화로 부른다.

4) 공급의 변화

공급의 변화는 해당 상품가격 이외 요인의 변화에 따른 공급량의 변화이며 〈그림 2-7〉과 같이 공급곡선 자체가 이동한다.

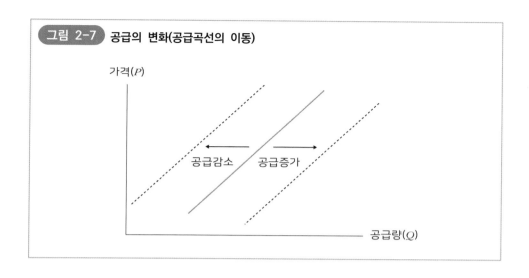

그림 2-7 공급의 변화(공급곡선의 이동)

가격(P)

공급감소 ← → 공급증가

공급량(Q)

① 기술수준

생산기술이 발전하면 생산비용이 절감되어 상품의 가격이 상승하지 않아도 보다 많은 이윤을 가져오기 때문에 생산자가 생산량을 늘려 공급량을 증가함에 따라 공급곡선이 오른쪽으로 이동한다.

② 생산요소가격

생산요소인 임금, 임대료, 원자재, 자본, 이자, 건설비용 등의 가격이 상승하면 생산비용이 올라간다. 따라서 생산비용의 증가로 생산자는 생산량을 줄이게 됨에 따라 공급곡선이 왼쪽으로 이동한다.

③ 다른 상품의 가격

생산 측면에서 대체관계 및 보완관계에 있는 다른 상품의 가격이 공급에 영향을 준다. 생산 측면에서 대체관계에 있는 예는 밭에서 생산되는 감자와 고구마 또는 다가구주택과 다세대주택 등이 있다. 예를 들어, 다가구주택 가격은 그대로인데 다세대주택 가격이 오르면, 건설사는 다가구주택의 생산량을 줄이고 상대적으로 수익성이 높은 다세대주택의 생산량을 늘린다. 따라서 다가구주택의 공급량은 줄어들고 다세대주택의 공급량은 늘어난다. 이처럼, 생산 측면에서 대체관계에 있는 두 상품 A재와 B재의 경우 A재의 가격이 상승하면 B재의 공급이 감소한다.

한편, 생산 측면에서 보완관계에 있는 예를 들면, 소고기와 우유가 있다고 하자. 소고기 가격이 오르면 소를 많이 길러 소고기의 생산량이 증가하고 우유의 생산량도 증가한다. 따라서 생산 측면에서 보완관계에 있는 두 상품 C재와 D재의 경우 C재의 가격이 상승하면 D재의 공급도 증가한다.

④ 공급자의 예상

생산자가 미래에 가격이 오를 것으로 예상하면 현재 파는 것보다 가격이 올랐을 때 파는 것이 더 높은 수익을 얻을 수 있기 때문에 오를 때 팔기 위하여 현재의 상품공급을 줄이게 된다.

⑤ 조세 및 정부보조금

건설사에게 부과되는 조세는 건설사에게는 비용에 해당된다. 비용이 증가하면 생산비가 증가하여 공급이 감소한다. 반면, 정부보조금의 지급은 생산비를 낮추어 주는 효과를 가져와 비용이 절감됨에 따라 공급이 증가하게 된다.

5) 공급량의 변화

어떤 상품의 가격이 상승하게 되면 생산자의 이윤이 증가하므로 생산자는 생산설비를 늘려서 공급량을 증가시키고, 다른 생산자도 생산에 참여하여 시장전체의 공급량이 증가하게 된다. 따라서 〈그림 2-8〉에서 보듯이 가격이 상승하면 공급곡선을 따라 공급량이 증가하는데 이를 공급곡선상의 이동이라고 한다.

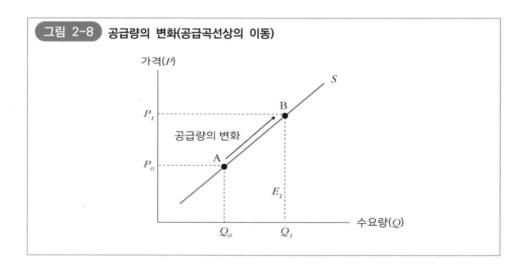

그림 2-8 공급량의 변화(공급곡선상의 이동)

제2절

시장가격의 결정

1. 시장균형

　시장은 생산자와 소비자가 만나서 상품의 매매가 이루어지는 시스템이다. 시장에서 소비자는 구매욕구인 수요를 나타내고 생산자는 판매욕구인 공급을 나타낸다. 시장에서는 소비자가 사고 싶어하는 수량인 수요량과 생산자가 팔고자 하는 수량인 공급량을 가격수준에 따라 나타낸 수요곡선과 공급곡선이 만나서 시장의 수요량과 공급량이 일치하여 모든 사람이 원하는 수량을 거래하게 될 경우에 가격과 거래량이 그대로 유지되는 균형(equilibrium)이 달성된다.

　〈그림 2-9〉는 수요곡선 D와 공급곡선 S가 만나는 점에서 시장균형 E가 형성되는 것을 보여주고 있다. 예를 들어, 일정한 가격수준에서 시장의 수요량이 공급량보다 많은 초과수요 상태에 있을 경우를 생각해보자. 주어진 가격수준에서 사람들은 원하는 물건의 수량을 모두 얻지 못한다. 따라서 사람들은 현재 주어진 가격보다 높은 가격을 주더라고 물건을 사고자 하기 때문에 가격이 올라가게 된다. 가격이 올라가면 생산자는 물건을 더 많이 공급하려고 한다. 이러한 과정은 시장의 수요량과 공급량이 일치할 때까지 계속될 것이다.

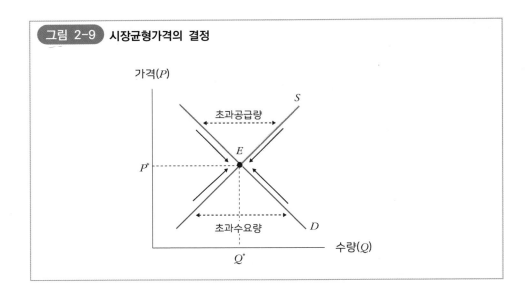

그림 2-9 시장균형가격의 결정

반대로 일정한 가격수준에서 시장의 공급량이 수요량보다 많은 초과공급 상태인 경우를 생각해보자. 초과공급 상태일 때 생산자는 주어진 가격수준에서 팔고 싶은 양만큼 팔 수 없게 된다. 따라서 생산자들은 가격을 낮추게 되고 가격이 하락하면 공급의 법칙에 따라 시장의 공급량이 줄고 수요의 법칙에 따라 시장의 수요량이 늘어난다. 이러한 과정은 시장의 수요량과 공급량이 일치할 때까지 계속될 것이다.

결국, 수요량과 공급량이 일치되는 시장균형 E점에서의 가격수준인 시장균형가격에서 소비자와 생산자의 욕구가 일치하여 소비자와 생산자 모두 만족하는 상태가 된다. 이 상태에서는 다른 상태로 변화할 유인이 없으므로 이 점을 균형상태라고 한다.

 2. 시장균형의 변동

본 절에서는 수요와 공급에 영향을 주는 가격 이외의 요인들이 변할 때 시장균형이 어떻게 될지에 대해서 살펴본다. 예를 들어, 수요곡선에 영향을 미치는 소득

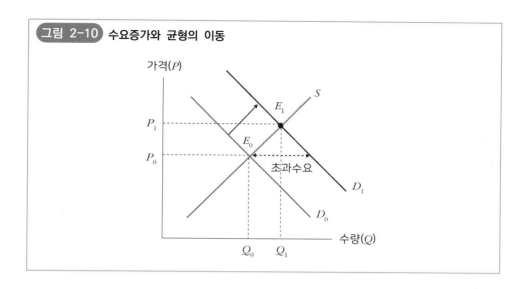

그림 2-10 수요증가와 균형의 이동

가격(P)

P_1

P_0

E_1

E_0

S

D_1

D_0

초과수요

수량(Q)

Q_0 Q_1

증가의 경우를 생각해보자.

〈그림 2-10〉에서 보듯이 소득수준의 증가는 수요곡선을 오른쪽으로 이동시킨다. 따라서 공급이 일정한 상태(공급곡선은 변화 없음)에서 초과수요가 발생한 것이므로 소비자는 현재의 가격보다 높은 가격을 주고서라도 상품을 사려고 하게 되어 시장가격이 상승한다. 가격이 올라가면 생산자는 물건을 더 많이 공급하게 되므로 수량도 증가하게 된다.

공급이 고정된 상태에서 수요를 우측으로 이동시키는 요인의 변화(소득증가 외에도 대체재 가격의 상승, 보완재 가격의 하락, 소비자 기호의 증가, 기대가격의 상승 등)는 시장가격상승과 균형수량의 증가를 가져온다. 반대로 수요를 좌측으로 이동시키는 요인의 변화는 시장가격하락과 균형수량의 감소를 가져온다.

이제 공급에 영향을 미치는 가격 이외 요인의 변화가 시장균형에 어떠한 영향을 미치는지 살펴보자. 예를 들어, 수요는 고정되어 있고 생산기술이 진보하여 공급곡선이 오른쪽으로 이동하는 경우에 시장에 초과공급이 발생하는 것과 동일한 효과가 나타난다. 초과공급이 발생하면 시장에서 살 사람이 없기 때문에 생산자는 가격을 낮추어 싼 가격을 받고서라도 팔고자 하여 가격이 하락하게 된다. 따라서 원래 시장균형가격보다 가격이 하락하고 수량은 증가한다.

즉, 수요가 고정된 상태에서 공급을 우측으로 이동시키는 요인의 변화(기술진보 외에도 생산요소가격의 하락, 대체재 가격의 하락, 보완재가격의 상승, 미래 가격이 하락할 것

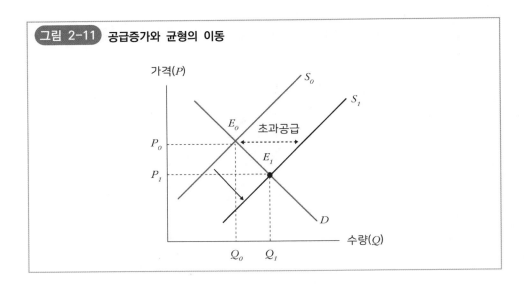

그림 2-11 공급증가와 균형의 이동

이라는 공급자의 예상, 정부보조금 지급, 조세 감면 등)는 시장가격하락과 균형수량의 증가를 가져온다. 반대로 공급을 좌측으로 이동시키는 요인의 변화는 시장가격상승과 균형수량의 감소를 가져온다.

이상의 설명을 요약하면 공급의 변화 없이 수요만 변하는 경우에는 시장균형가격과 균형수량은 같은 방향으로 변하고, 수요의 변화 없이 공급만 변하는 경우에는 시장균형가격과 균형수량이 반대방향으로 변화한다. 〈표 2-2〉에는 위의 결과를 포함하여 수요곡선과 공급곡선의 증가(오른쪽 방향으로 이동)와 감소(왼쪽 방향으로 이동)에 대한 가격과 수량의 변화를 정리하였다.

표 2-2 수요곡선과 공급곡선의 변화에 따른 가격과 수량의 변화

수요	공급		시장균형가격	균형수량
↑	일정	→	↑	↑
↓	일정	→	↓	↓
일정	↑	→	↓	↑
일정	↓	→	↑	↓
↑	↑	→	알 수 없음	↑
↑	↓	→	↑	알 수 없음
↓	↑	→	↓	알 수 없음
↓	↓	→	알 수 없음	↓

제3절

탄력성

지금까지 수요와 공급의 법칙을 통해 어떻게 시장에서 균형이 이루어지는지에 대한 설명과 함께 가격변화와 가격 이외의 요인이 변화할 때 수요와 공급이 변화함에 따라 시장균형이 어떤 방향으로 변화하는지 살펴보았다. 본 절에서는 변화의 방향뿐만 아니라 변화의 크기를 효과적으로 측정할 수 있는 탄력성이라는 개념에 대해서 설명한다.

 ## 1. 수요의 가격탄력성

(1) 기울기와 탄력성

수요의 법칙은 가격이 오르면 수요량이 감소하고 가격이 내리면 수요량이 증가하는 것을 말하고, 공급의 법칙은 가격이 오르면 공급량이 증가하고 가격이 내리면 공급량이 감소하는 것이다라는 사실은 앞에서 배웠다. 수요와 공급의 법칙에서 가격이 오르고 내린다는 것은 가격의 변화를 의미하고, 수요량(공급량)이 증가하거나 감소하는 것은 수량의 변화를 의미한다.

〈그림 2-12〉의 왼쪽 그림처럼 일반적으로 수학에서는 가로를 X축, 세로를 Y축으로 하여 직선의 기울기를 X값의 변화(ΔX)에 대한 Y값의 변화(ΔY)로 표시한다. 마찬가지로 오른쪽 그림의 수요곡선에서의 수요의 법칙을 기울기(가격의 변화 대비

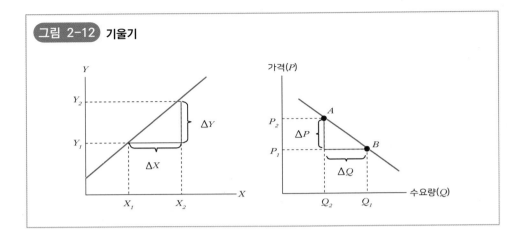

그림 2-12 기울기

수요량의 변화)로 나타낼 수 있다.[6]

$$기울기 = \frac{Y의 \ 변화(\Delta Y)}{X의 \ 변화(\Delta X)} \Leftrightarrow 수요(공급)의 \ 법칙 = \frac{수요량(공급량)의 \ 변화(\Delta Q)}{가격의 \ 변화(\Delta P)} \quad (2-1)$$

〈그림 2-13〉을 통하여 기울기의 의미를 생각해보자. 예를 들어, 가격이 P_1에서 P_2로 오르면(ΔP만큼 변화하면) 수요곡선1의 경우에는 수요량이 Q_1에서 Q_2로 감소(ΔQ만큼 변화)하고, 수요곡선2의 경우에는 수요량이 Q_1^*에서 Q_2로 감소(ΔQ*만큼 변화)하는 것을 나타낸다. 즉, 동일한 가격변화에 대해서 기울기의 절대값이 작은 상대적으로 평평한 수요곡선2에서의 수요량의 변화보다 기울기의 절대값이 큰 수요곡선1에서의 수요량의 변화가 더 작다.

따라서, 기울기의 절대값이 작은 수요곡선일수록(평평한 수요곡선일수록) 가격변화에 대하여 수요량이 크게 변하는 사실을 알 수 있다. 이러한 사실에 따라 기울기의 크기를 비교하게 되면 변화의 방향뿐만 아니라 변화의 크기도 알 수 있다. 문제는 변화의 크기를 기울기로 측정하면 같은 변화인 경우에도 기울기가 다르게 나타난다.

---

[6] 일반적으로 수학에서는 가로를 X축, 세로를 Y축으로 표현하는데, 수요곡선에서의 X축과 Y이 뒤바뀐 것으로 나타낸다. 따라서 기울기도 수학의 기울기와 반대로 표현된다. 이처럼 경제학에서는 Alfred Marshall(1842-1923) 이후에 관행적으로 가격(P)을 X축이 아닌 Y축으로 나타내고, 수요량 또는 공급량(Q)을 X축으로 나타내고 있다.

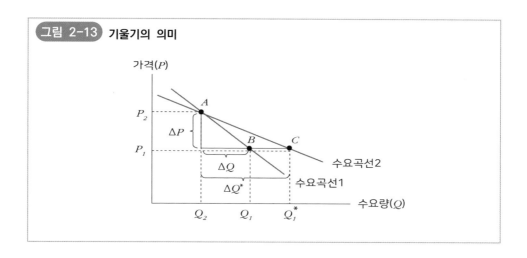

그림 2-13 기울기의 의미

예를 들어, 32평짜리 아파트가 10억원할 때 수요량은 10채(10 × 32평 = 320평)이다. 아파트가격이 15억원으로 올라가면 수요량이 8채(8 × 32평 = 256평)가 된다. 32평을 제곱미터로 환산했을 때의 수요량은 각각 1,057.8(= 10 × 105.78m²), 846.24 (= 8 × 105.78m²)이다. 아파트 가격이 10억원에서 15억원으로 변했을 때 수요량을 평단위와 제곱미터단위로 측정하여 아파트 수요량 변화의 크기를 기울기로 계산하면 각각 다음과 같다.[7]

$$아파트\ 수요의\ 기울기(평) = \frac{320 - 256}{10 - 15} = -12.8$$

$$아파트\ 수요의\ 기울기(m^2) = \frac{1,057.80 - 846.24}{10 - 15} = -42.312$$

이처럼 기울기로 변화의 크기를 측정하면 동일한 변화에 대해서도 측정단위에 따라 다른 기울기 값이 나오기 때문에 기울기가 달라진다는 문제가 발생한다. 이러한 측정단위에 따라 달라지는 기울기의 문제점을 해결하기 위한 것이 탄력성(elasticity)이다.

---

[7] 기울기 값이 음수(−)이면 수요의 법칙이 성립함(가격이 오르면 수요량 감소)을 나타내고, 양수(+)이면 공급의 법칙이 성립함(가격이 오르면 공급량 증가)을 나타낸다.

(2) 수요의 가격탄력성

탄력성은 두 변수의 백분율 비율로 정의하여 분자와 분모의 측정단위와는 무관하게 된다. 따라서 수요의 가격탄력성은 식(2-2)와 같이 가격의 %변화율[8] 대비 수요량의 %변화율로 정의함으로써 가격이 변할 때 수요량이 얼마나 변하는지를 알 수 있다.

$$수요의\ 가격탄력성 = \frac{수요량의\ \%변화율}{가격의\ \%변화율}$$

$$= \frac{\dfrac{\Delta Q}{Q} \times 100}{\dfrac{\Delta P}{P} \times 100} = \frac{\Delta Q}{\Delta P} \frac{P}{Q} \tag{2-2}$$

예를 들어, A재의 수요의 가격탄력성이 1.2라면 이는 A재의 가격이 1% 상승 (하락)할 때 A재의 수요량이 1.2% 감소(증가)한다는 뜻이다. 따라서 A재의 가격이 3% 상승하면 A재의 수요량은 3.6% 감소한다. 이처럼 수요의 가격탄력성은 가격이 올라가면 수요량이 얼마나 감소하는지를 알려준다.

식(2-2)에서 가격이 아무리 변해도 수요량의 변화율이 없으면($\Delta Q/Q = 0$) 수요의 가격탄력성이 0이 된다. 이 경우 수요는 완전비탄력적이라고 말한다.

수요량의 변화율이 가격의 변화율보다 작으면($\Delta Q/Q < \Delta P/P$) 수요의 가격탄력성은 0과 1 사이의 값을 갖는다. 이때 수요가 비탄력적이라고 한다.

수요량의 변화율과 가격의 변화율이 같으면($\Delta Q/Q = \Delta P/P$)이면 수요의 가격탄력성은 1이 된다. 이 경우를 수요가 단위탄력적이라고 한다.

수요량의 변화율이 가격의 변화율보다 크면($\Delta Q/Q > \Delta P/P$) 수요의 가격탄력성이 1보다 큰 값을 갖는다. 이 경우를 수요가 탄력적이라고 한다.

아주 미세한 가격변화, 즉 가격의 변화가 거의 0($\Delta P/P = 0$)이면 수요의 가격탄력성의 무한히 큰 값(∞)을 갖는데 이때 수요가 완전탄력적(무한탄력적)이라고 한다. 〈표 2-3〉에 수요의 가격탄력성의 크기를 구분하여 정리하였고 〈그림 2-14〉에 탄력성의 크기에 따른 수요곡선의 모양을 나타내었다.

---

[8] 가격의 %변화율이라는 것은 예를 들어, 가격이 100원에서 120원으로 오르면 20% 상승한 것을 말한다.

표 2-3　탄력성의 크기

특징	탄력성의 크기	구분
$\dfrac{\Delta Q}{Q} = 0$	탄력성 = 0	완전비탄력적
$\dfrac{\Delta Q}{Q} < \dfrac{\Delta P}{P}$	0 < 탄력성 < 1	비탄력적
$\dfrac{\Delta Q}{Q} = \dfrac{\Delta P}{P}$	탄력성 = 1	단위탄력적
$\dfrac{\Delta Q}{Q} > \dfrac{\Delta P}{P}$	탄력성 > 1	탄력적
$\dfrac{\Delta P}{P} = 0$	탄력성 = ∞	완전탄력적

그림 2-14　탄력성과 수요곡선의 모양

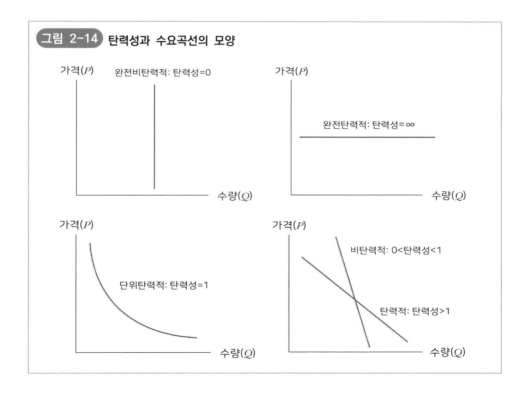

(3) 수요의 가격탄력성을 결정하는 요인

탄력성이 크다는 것은 다른 대안을 가질 수 있어 상황의 변화에 보다 융통성 있게 대응할 수 있다는 의미이다. 따라서 대체재가 존재한다면 가격탄력성에 결정적인 영향을 미친다. 일반적으로 수요의 가격탄력성을 결정하는 요인은 다음과 같다.

첫째, 대체재의 수이다. 가격이 변화할 경우 대체재의 수가 많을수록 대체재의 수요를 통하여 융통성있게 대처할 수 있기 때문에 탄력성이 커진다.

둘째, 생활에서의 중요성이다. 쌀과 같은 필수재는 가격이 변화더라도 거의 수요에 변화가 없기 때문에 수요의 가격탄력성이 작다. 하지만 사치품은 가격에 대해서 수요가 민감하게 움직이므로 수요의 가격탄력성이 크다.

셋째, 기간이다. 기간이 길수록 대체할수 있는 상품을 만들어서 소비행태를 바꿀 수 있기 때문에 장기의 가격탄력성이 단기의 가격탄력성보다 크다.

넷째, 상품의 가격이 가계의 소득에서 차지하는 비중이다. 즉, 상품의 가격이 가계의 소비지출에서 차지하는 비중이 클수록 가격탄력성이 커진다.

다섯째, 용도의 다양성이다. 상품의 용도가 다양할수록 대체재가 많다. 따라서 수요의 가격탄력성이 커진다.

여섯째, 시장의 세분화이다. 시장을 세분할수록 수요의 가격탄력성이 커진다. 예를 들어, 주거용 부동산을 세분하여 단독주택, 다중주택, 다가구주택, 아파트, 연립, 다세대주택, , 단독주택으로 분류하면 대체재가 다양해지기 때문에 수요의 가격탄력성이 커진다. 한편, 신축 부동산의 경우 수요가 공급보다 많기 때문에 수요가 공급보다 탄력적이고, 중고 부동산의 경우 공급이 수요보다 많아서 공급이 수요보다 탄력적이다.

2. 수요의 소득탄력성과 교차탄력성

수요의 소득탄력성은 식(2-3)과 같이 소득의 %변화율 대비 수요량의 %변화율로 정의함으로써 소득이 변할 때 수요량이 얼마나 변하는지를 알 수 있다.

$$\text{수요의 소득탄력성} = \frac{\text{수요량의 \%변화율}}{\text{소득의 \%변화율}}$$

$$= \frac{\frac{\Delta Q}{Q} \times 100}{\frac{\Delta I}{I} \times 100} = \frac{\Delta Q}{\Delta I} \frac{I}{Q} \tag{2-3}$$

수요의 법칙이 성립하면 수요의 가격탄력성은 항상 음(−)의 값으로 나오기 때문에 부호를 신경쓰지 않았지만, 수요의 소득탄력성은 양(+)의 값인지 음(−)의 값인지가 중요하다. 왜냐하면 정상재는 소득이 증가할 때 수요도 증가하고 이때 수요의 소득탄력성은 양(+)의 값이 나온다. 하지만 열등재는 소득이 증가할 때 수요가 감소하고 이때 수요의 소득탄력성은 음(−)의 값이 나온다.

한편, 수요의 교차탄력성은 식(2-4)와 같이 다른 상품 가격의 %변화율 대비 한 상품 수요량의 %변화율로 정의함으로써 다른 상품의 가격이 변할 때 한 상품의 수요량이 얼마나 변하는지를 알 수 있다.

$$\text{수요의 교차탄력성} = \frac{\text{수요량의 \%변화율}}{\text{다른 상품가격의 \%변화율}}$$

$$= \frac{\frac{\Delta Q_X}{Q_X} \times 100}{\frac{\Delta P_Z}{P_Z} \times 100} = \frac{\Delta Q_X}{\Delta P_Z} \frac{P_Z}{Q_X} \tag{2-4}$$

수요의 교차탄력성도 양(+)의 값인지 음(−)의 값인지가 중요하다. 왜냐하면 대체관계에 있는 어떤 상품(예: 콜라)의 가격이 상승하면 그 상품(예: 콜라)의 수요량이 감소하게 되고 대신 다른 상품(예: 사이다)의 수요량이 늘게 된다. 따라서 수요의 교차탄력성은 양(+)의 값을 갖는다. 하지만 보완관계에 있는 어떤 상품(예: 커피)의 가격이 상승하면 그 상품(예: 커피)의 수요량이 감소하고 다른 상품(예: 설탕)의 수요량도 줄게 된다. 따라서 수요의 교차탄력성은 음(−)의 값을 갖는다.

[말랑말랑 경제학] 저렇게나 집이 많은데…왜 집값은 오르나

요즘 외국인들이 우리나라를 여행하는 TV 예능 프로그램들을 쉽게 볼 수 있다. 이들은 자국에서 경험할 수 없는 한국의 독특한 음식이나 명소들을 찾아다닌다. 출연자들 가운데 많은 외국인들이 화려한 서울 야경을 감상하기 위해 남산이나 높은 건물의 전망대를 찾았다. 낯선 나라의 밤 경치를 구경하는 이방인들에게 수많은 불빛은 이국적이고 즐거운 추억이지만 서울이 생활 터전인 젊은이들은 조금 다르게 생각할 수도 있을 것이다. "서울에 집이 저렇게 많은데 왜 내 집은 없을까?" "저렇게 많은 집이 있는데 도대체 집값은 왜 그렇게 비쌀까?"

경제학적인 초과수요에 따른 결과라고 생각하기엔 마뜩잖다. 2017년 통계청이 발표한 자료로는 서울에 있는 아파트는 166만 가구가 넘는다. 나라마다 가구 구성원 수가 다르지만 우리나라 가구당 평균 인원수는 2.5명이다. 따라서 현재 서울에는 이미 400만명 넘는 사람들이 살 수 있는 아파트 물량이 확보돼 있다고 할 수 있다. 아파트뿐만 아니라 일반 주택과 다세대주택 등을 합하면 서울의 주택보급률은 98%다. 이런 숫자들만 보면 조사 때마다 매번 최고가를 경신하고 있는 최근의 주택시장 상황은 쉽게 납득이 되지 않는다.

부동산 전문가들과 투자 전문가들은 이 같은 주택시장 과열 현상을 정부의 부동산 규제나 부동산 투자심리 변화와 같은 다양한 요인으로 분석하고 있다. 그러나 장기적인 부동산시장의 변동성을 이해하기 위해서는 기본적인 경제학 모형을 살펴보는 것도 의미가 있겠다.

주택은 의식주 가운데 하나로 생존을 위해서는 꼭 필요한 재화이지만 단순히 그 보유만으로 욕구가 모두 충족되지 않는다. 대부분의 사람은 소득이 증가함에 따라 더욱 안락한 생활을 위해 더 좋은 주택으로 이전하려는 성향이 있다. 비바람을 피하고 잠만 자는 집의 기능만 생각하면 서울에 있는 주택의 질적 차이는 크지 않다고 할 수 있지만, 주변 경관이나 교통·교육과 같은 인프라스트럭처 등을 고려한다면 주택들의 질적 차이는 크다. 따라서 서울의 주택 보급률이 98%라고 하더라도 더 나은 주택을 원하는 사람들 때문에 세분된 주택시장에서는 '희소성(scarcity)' 원리가 뚜렷하게 작용된다. 즉, 서울 시내에 많은 집이 있지만 강남 주요 지역처럼 지하철을 비롯한 교통이 발달해 있고, 대기업 사옥들과 문화센터들이 밀집돼 있으며 교육 여건까지 좋아 모든 사람이 선호하는 지역의 주택은 여전히 희소하다는 뜻이다. 희소성이 높은 지역의 주택가격은 대체재인 다른 지역 주택가격 인상을 견인한다.

일반적으로 시장에서 상품의 공급량보다 수요량이 더 많아 초과수요 상태일 때는 가격이 상승할 수밖에 없다. 가격이 얼마나 가파르게 상승할지는 상품 공급의 탄력성에 영향을 받는다. 공급자들이 가격에 민감하게 반응해 생산량을 탄력적으로 조정할 수 있는 시장에서는 초과수요로 인한 가격 상승 폭이 크지 않다. 가격이 조금이라도 상승하면 공급자들이 생산량을 증가시켜 수요증가 효과를 희석하기 때문이다.

반면 부동산은 단기적으로 공급이 완전비탄력적이라고 할 수 있다. 부동산시장에서 주택 공급은 기존에 이미 완공된 주택들과 신규로 건설되는 주택으로 결정된다. 따라서 공급량 변화는 신규로 건설되는 주택에 의해 결정되는데, 시장에서 주택가격이 아무리 상승해도 주택을 추가 완성하려면 절대적 시간이 필요하다. 필수재인 부동산시장에 초과수요가 발생하면 단기적으로는 가격이 급격하게 상승할 수 있다. 이는 최근 폭염으로 농작물 작황이 좋지 않자 채소나 과일 가격이 평소보다 3~4배가량 상승한 현상이 필수재 시장에서 공급이 비탄력적인 상품의 가격이 급격히 상승한 대표적인 사례다.

필수재이면서 동시에 공급이 비탄력적인 부동산시장에서 초과수요로 인한 급격한 가격 상승은 이론적으로 설명이 가능하다. 그러나 서울의 주택시장에서 초과수요는 다소 복잡해 보인다. 인접국에서 대규모 난민이 유입되거나 자연재해로 기존 주택들이 상당수 파괴되는 아주 이례적인 사건이 갑자기 발생하지 않고서야 장기적으로 부동산 수요가 크게 변화할 요인은 흔하지 않다. 수도 이전이나 대단위 신규 사업 단지가 건설돼 특정 지역 부동산에서 수요가 급격히 증가할 수 있지만 서울에 해당되는 사례는 아니다. 지난해와 올해 주택가격은 관계당국이 우려할 만큼 급격히 상승했고, 이는 서울 주요 도심 지역에 국한해 발생한 현상이 아니라 전국적으로 나타났다. 최근 부동산시장의 과열 현상은 단순히 수요와 공급만으로는 설명할 수 없는 셈이다.

부동산가격의 급격한 상승은 비단 우리 경제에만 나타나는 특수한 상황이 아니다. 국제통화기금(IMF)이 전 세계 주택가격을 지수화해 발표한 자료에 따르면 글로벌 주택가격 수준은 이미 금융위기 이전보다 더 높고 대다수 국가에서 주택가격상승률이 물가상승률보다 높은 것을 확인할 수 있다. 우리나라 주택가격이 상승하는 요인에는 2008년 글로벌 금융위기 이후 미국을 비롯한 주요 국가 통화당국이 시행한 저금리 확장적 통화정책 영향도 크게 작용했을 것으로 추정할 수 있는 대목이다.

최근 대외경제정책연구원(KIEP)에서 발표한 자료에 따르면 서울의 근로자들이 집을 사려면 소득을 전부 저축했을 때 평균 11.2년이 필요한 것으로 나타났다. 이는 베이징 17.1년, 캐나다 12.6년보다는 낮은 수치이지만 뉴욕 5.7년과 도쿄 4.8년보다는 높은 수치다. 서울 집값은 어떤 잣대로 분석하느냐에 따라 더 상승할 가능성도 높아 보이고, 하락할 여지도 커 보인다. 지난해 서울 지역 주택거래량은 대략 28만 가구이며 주택금융공사가 발표한 '주택부담지수'에 따르면 서울시 집값의 평균 상승률은 전년 대비 14% 수준이다. 즉, 소비자물가 상승률이 1%대이며 시중금리가 2%대인 상황에서 서울에 있는 주택 가운데 10%에도 미치지 못하는 수량들이 거래되는 과정에서 14% 넘는 가격 상승이 발생했다는 것이다. 따라서 앞서 살펴본 주택보급률과 주택시장에 매년 추가되는 공급량과 수요량을 고려해보면 지금과 같은 주택의 가격 상승 추세가 지속될 것으로 전망하기는 쉽지 않다.

[출처: 매일경제(m.mk.co.kr), 2018. 11. 15.]

Chapter 03

토지 및 도시경제의 이해

토지경제

 1. 지대이론

(1) 지대 및 지가의 개념

지대(land rent)는 토지를 이용한 대가를 말하며 임대료(rent)와 사실상 동일한 개념이다. 다만, 지대는 토지만을 이용한 대가인 데 비해 임대료는 토지와 그 정착물을 이용한 대가까지 포함하는 개념이므로 임대료가 지대보다 더 넓은 개념이라고 할 수 있다.

부동산시장은 공간시장과 자산시장으로 구별되고, 토지공간시장에서 지대가 결정되면 토지자산시장에서 지가가 결정된다. 토지시장이 효율적이라면 지가는 토지의 내재가치에 수렴하게 된다. 따라서 매기간 지가 P_0이 g의 성장률로 성장하고 첫 번째 기간의 지대가 R_1일 경우 내재가치와 일치하는 지가는 식(3-1)로 산출된다.[1]

$$P_0 = \frac{R_1}{r - g} \tag{3-1}$$

식(3-1)에서 지대 R_1이 높아지면 지가 P_0이 올라가고, 할인율 r이 낮거나 지

---

1) APPENDIX 참조.

가의 성장률 g가 높아져도 지가 P_0이 올라간다. 따라서, 지가가 높기(비싸기) 때문에 지대가 높은(비싼) 것이 아님을 알 수 있다. 이는 지가가 비싸기 때문에 지대가 비싸다고 일반적으로 생각하는 사람들의 견해와 다름을 보여준다.

한편, 식(3-1)은 매기간 마다 받는 지대를 현재가치로 나타낸 것으로서 이를 토지의 근본가치(fundamental value) 또는 내재가치라고 한다. 토지를 가지고 있을 때 얻는 이익이 확실하게 지대뿐이라면 미래지대수입의 현재가치보다 비싼 값으로 토지를 사려고 하는 사람은 없을 것이다. 반대로 미래지대수입의 현재가치보다 싼 값으로 토지를 팔려는 사람도 없을 것이다.

하지만 불완전한 현실 세계에서는 토지를 비싸게 사서 싸게 팔아 자본이득을 얻을 수 있다. 자본이득을 기대하면 토지가격은 근본가치(내재가치)를 초과하여 오를 수 있고 이 차액을 거품(bubble)이라고 한다. 실제로 서울 강남 아파트 가격이 폭등하여 거품논란이 일어나기도 하였다. 이러한 관계는 부동산(실물자산)뿐만 아니라 주식, 채권 등의 금융자산에도 동일하게 발생한다.

(2) 고전학파의 지대이론

1) 차액지대론

19세기 초 지대와 관련하여 영국에서 비싼 곡물가격의 이유와 그 해결책을 두고 학자들 간에 논쟁이 붙었다. 당시 지대가 높기 때문에 곡물가격이 비싸다는 생각이 일반적이었으나, Ricardo(1817)[2]는 지대가 높기 때문에 곡물가격이 비싼 것이 아니라, 곡물가격이 비싸기 때문에 지대가 높다고 주장하였다.

Ricardo는 토양의 힘을 이용한 대가가 토지생산물이며 토지소유자에게 지불되는 것으로 지대를 이해하였다. 따라서 비옥한 토지의 희소성과 수확체감의 법칙에 의해 지대가 발생한다고 보았다. 예를 들어, 토지는 희소하기 때문에 비옥한 토지인 우등지와 곡물생산하기에 열등한 토지인 한계지가 있다. 쌀의 수요량이 100가마일 경우, 임금이 100만원인 한 사람을 투입하여 우등지에서 100가마를 생산할 수 있다고 하자. 이때 쌀 한가마 당 생산비는 1만원(= 100만원/100가마)이다.

인구증가로 수요량이 늘어서 총 260가마의 쌀이 필요하게 될 경우 우등지에 2 사람을 투입하면 총 180가마 밖에 생산하지 못한다. 왜냐하면, 한정된 농지에 노동

---

2) 18세기 후반부터 1860년대까지 영국을 지배한 경제학파인 고전학파는 Adam Smith, David Ricardo, Thomas R. Malthus, John Stuart Mill 등이 대표적이다.

자를 계속 투입하면 총생산물은 늘어나도 추가되는 노동자의 한계생산물은 줄어든다. 노동자를 계속 투입하여 너무나 많아지면 사람끼리 부딪쳐서 일을 할 수 없기 때문에 오히려 총생산물이 감소할 것이다. 이를 수확체감의 법칙이라고 한다.

만약 부족한 쌀수요량을 우등지가 아닌 비옥도가 떨어지는 한계지에 한 사람을 투입하여 나머지 80가마를 생산한다면, 쌀의 가마당 가격은 한계지에서 생산비용을 회수할 수 있는 1.25만원(= 100만원/80가마)이어야 한다. 쌀의 가마당 가격이 1.25만원이면 우등지에서 200만원(두 사람 투입)을 들여서 180가마를 생산했으므로 225만원(= 180가마×1.25만원)의 수입을 올리게 된다.

따라서 25만원(= 225만원 − 200만원)의 초과이윤을 얻게 되는데 이는 비옥도의 차이에 의해 발생한 것이기 때문에 토지소유자에게 귀속되는 지대가 되는 것이다. 즉, 우등지와 열등지 사이에 생기는 생산비의 차이가 바로 지대인 것이다. 이 때문에 Ricardo의 지대론을 차액지대론(differential rent theory)이라고 한다. 만약 우등지에서 경작한 사람이 25만원을 내지 않으면 토지소유주는 경작하지 못하게 할 것이기 때문에 어차피 초과이윤인 25만원은 경작자가 갖지 못한다.[3]

Ricardo의 차액지대론은 비옥도가 좋은 토지의 지가가 상대적으로 높은 이유와 지대가 점차 상승하는 현상을 설명해주었으나, 토지의 비옥도의 차이에만 중점을 두고 토지의 위치 문제를 경시하였으며 한계지에서의 지대 발생에 대해서는 설명하지 못하는 한계점이 있다.[4]

📚 **읽을 거리**

왜 미국은 부동산 거품이 빨리 꺼질까?

미국에서 인구 대이동이 일어나고 있다. 미국인들이 집값이 급등한 뉴욕, 샌프란시스코, 보스턴 등 대도시 지역을 탈출해 집값이 싼 곳으로 이동을 하고 있는 것이다. 미국에서는 집값이 오르면 집값이 싼 지역으로 이사 가는 것이 당연한 일이다. 그런데 한국에서는 정반대 현상이 일어나는 것이다. 부동산가격이 오르는 지역에는 오히려 집을 사려는 수요가 증가하는 것이다. 이렇게 정반대 현상이 일어나는 이유는 무엇일까?

---

3) 「부동산정책론」, 이태교·이용만·백성준, 법문사, 2023, pp. 82-84 참조.
4) Karl Marx는 차액지대론의 한계지에서 지대가 존재하지 않는다는 사실에 의문을 제기하고 비록 한계지라도 토지소유주에게 지대를 지불해야 토지를 이용할 수 있다고 주장하면서, 한계지에서 지대를 지불하는 이유는 사적으로 토지를 소유하고 있기 때문이라고 하였다. 즉, 사적 소유가 인정되는 사회에서는 모든 토지에 지대가 항상 존재한다고 하였으며 이를 절대지대론(absolute rent theory)이라고 부른다.

뉴요커들의 탈출로 뉴욕 인구 감소

뉴욕타임스는 뉴욕 메트로폴리탄 지역의 인구가 몇 년간 계속 감소하고 있으며 이는 비싼 주거비용을 감당할 수 없는 뉴요커들이 뉴욕을 떠나고 있기 때문이라고 보도했다. 이 신문은 '뉴욕 인구 감소와 주거비용 상관관계 있다'라는 제목의 기사에서 2000년부터 2004년까지 뉴저지와 펜실베니아 일부를 포함한 뉴욕 메트로폴리탄 지역에서는 이주해 들어오는 인구보다 다른 지역으로 떠나는 인구가 19만 1,000명 정도 더 많았다고 보도했다.

미 인구통계국 자료를 분석한 이 기사는 뉴욕주에서도 해마다 18만 3,000명 정도가 집값 상승을 피해 다른 지역으로 옮겨가고 있는 것으로 나타났다. 집값이 비싼 캘리포니아주의 경우도 유출인구의 증가로 한 해 동안 22만 1,000명의 인구감소가 나타났다. 월스트리트저널은 2004년의 경우 뉴요커들이 비싼 집값을 피해 마이애미, 올란도, 템파 지역으로 옮겨갔다고 보도했다. 보스턴에서는 집값이 비교적 저렴한 로드아일랜드로, 로스앤젤레스에서는 리버사이드와 샌버너디노 등으로의 인구 이동이 두드러졌다. 워싱턴 브루킹스연구소의 윌리엄 프레이 박사는 집값 급등이 인구감소의 주된 원인이라고 분석했다. 미국 내에서 주택 가격이 비싼 지역에서 낮은 지역으로의 인구 이동이 일어나고 있기 때문이라는 지적이다.

미 부동산가격 하향 안정세 전망

집값 급등을 피한 인구 대이동이 일어나면서 지난 5년간 상승세를 지속했던 미국의 부동산가격도 하향 안정세로 돌아서고 있다는 분석이 힘을 얻고 있다. 월스트리트 저널의 최근 한 여론조사에서도 미국의 부동산 거품이 앞으로 1년 안에 사라질 것이라는 의견이 71%로 나타났다. 이코노미스트 데니스 제이코브는 맨해튼, 워싱턴 D.C., 마이애미, 라스베가스, 샌프란시스코, 로스앤젤레스 등의 집값 상승이 더 이상 지속되기 어려울 것으로 전망했다.

역시장 원리로 움직이는 한국의 집값

미국의 경우 집값이 비싼 지역과 그렇지 않은 지역의 교육 여건 등 전반적인 주거여건이 별 차이가 없기 때문에 집값이 오르면 집값이 저렴한 다른 지역으로의 인구 이동이 자연스럽게 일어나게 되는 것이다. 시장원리에 따라 리카르도의 '차액지대론'에 따른 인구이동이 일어나는 것이다.

그러나 한국의 경우는 집값이 오르는 지역에 더 많은 수요가 몰리면서 빚을 내서라도 그 지역에 집을 소유하려 하는 투기성 주택수요가 증가한다. 역시장원리 현상이 일어나는 것이다. 교육여건 등과 관련된 한국 사회만의 특이한 현상들은 새삼 거론할 필요도 없을 것이다. 지난 3월에 마련된 부동산 추가대책 후속입법이 2일 국회를 통과하면서 강남의 재건축단지 등 일부에서 '지나친 재산권 침해'라는 주장을 하고 있다. 그러나 이렇게 부동산가격이 시장원리와 반대로 움직이는 한국에서 주택의 재산권적 의미를 단선적으로 규정하기 어렵다. 대다수 국민들이 바라는 집값 안정을 위해서는 시장원리를 보완할 수 있는 대책이 필요한 것이다.

[출처: 대한민국정책브리핑(korea.kr), 2006. 5. 15.]

2) 위치지대론

독일 농업학자인 Thünen(1826)은 도시로부터의 거리에 따라 농작물의 재배형태가 달라진다는 사실에 주목하여 재배형태가 다른 이유는 운송비의 차이에 기인한다고 하였다. 즉, Thünen은 고립국을 가정하여 고립국의 중앙에 유일한 시장이 존재하며 운송비가 거리에 비례한다는 가정하에 단위당 운송비가 비싼 농작물일수록 도시 근처에 재배되고, 이러한 운송비의 차이가 지대의 차이를 가져오고 지대의 차이가 농업입지의 차이를 가져온다고 하였다.

예를 들어, 밀 1kg 가격은 1,000원이고 생산비용은 600원이며 밀생산지에서 도시의 시장까지 운송하는 데 비용이 50원/km라고 하자. 이 경우 밀은 시장으로부터 8km 이내에서만 경작된다. 왜냐하면 밀 1kg 생산 시 400원(= 1,000원 − 600원)의 이익에서 운송비를 차감해야 순수한 이익이 되므로 경작지가 8km일 때에는 운송비가 400원(= 8km × 50원)이 되므로 초과이익이 없다. 만약 1km 떨어진 지역에서 경작하면 350원의 초과이익이 발생하고, 2km 떨어진 지역에서 경작하면 300원의 초과이익이 발생한다.

한편, 옥수수 1kg 가격은 700원이고 생산비용은 200원이며 옥수수생산지에서 도시의 시장까지 운송하는 데 비용이 100원/km라고 할 때에는 옥수수는 시장으로부터 5km 이내에서만 경작된다. 만약 1km 떨어진 지역에서 경작하면 400원의 초과이익이 발생하고, 2km 떨어진 지역에서 경작하면 300원의 초과이익이 발생한다.

이 초과이익은 토지의 위치가 좋기 때문에 발생하는 것이므로 토지소유자는 운송비의 차이인 초과이익을 지대로 요구한다. 만약 초과이익을 지불하지 않으면 토지소유자는 토지를 빌려주지 않으므로 도시에서 먼 곳으로 가서 경작해야 한다. 따라서 경작자는 운송비의 차이만큼 지대로 지불하지 않을 수 없으며, 토지소유주는 2km 이내에서는 초과이익(지대)을 많이 받을 수 있는 옥수수를 경작하는 농가에 토지를 빌려주는 것이 밀을 경작하는 농가에 토지를 빌려주는 것보다 유리하다.[5]

---

[5] 「부동산정책론」, 이태교·이용만·백성준, 법문사, 2023, pp. 86-87 참조.

(3) 신고전학파의 지대이론

1) 준지대

Marshall[6]이 처음 소개한 준지대(quasi-rent)는 일시적(단기적)으로 공급이 고정되어 있는 생산요소에 귀속되는 소득을 말한다. 즉, 준지대는 토지 사용에 대한 대가로 국한한 것이 아니라 공급량이 단기적으로 고정되어 있는 생산요소에 지급되는 소득이라고 할 수 있다. 예를 들어, 기계와 같은 내구설비 등은 단기적으로 공급량이 고정되어 있는 고정생산요소이다. 이 고정생산요소를 이용하여 생산한 상품의 총판매수익에서 변동비용을 차감한 나머지가 고정생산요소에 귀속되는 소득이다.

토지는 장단기를 불문하고 총공급량이 고정되어 있다. 하지만 고정생산요소는 단기에만 공급량이 고정되어 있고 장기에는 공급량이 얼마든지 변화할 수 있다. 즉, 충분한 대가가 보장된다면 장기에는 해당 고정생산요소의 공급량은 증가할 것이고 충분한 대가가 보장되지 않는다면 장기적으로 해당 고정생산요소의 공급량은 감소할 것이다. 따라서 고정생산요소에 귀속되는 소득은 단기적으로 지대의 성격을 가지지만 장기적으로는 지대의 성격을 갖지 못한다.

2) 경제지대

Marshall 이후 주류경제학인 신고전학파에서 경제지대(economic rent)를 제시하고 있다. 경제지대는 지대를 토지의 사용에 대한 대가로 한정하지 않고 모든 생산요소에 적용하여 생산요소의 공급이 가격에 대해 비탄력적이기 때문에 추가로 발생되는 소득으로 본다.

〈그림 3-1〉에서 보듯이 어떤 생산요소시장(노동, 자본 등)에서 생산요소의 공급을 제공하는 모든 사람에게 우하향 형태의 수요곡선과 우상향 형태의 공급곡선이 만나는 균형가격이 제공된다. 즉, 공급곡선에서 첫 단위를 공급에 대한 공급가격이 낮음에도 불구하고 균형가격으로 제공되고 있다.

공급곡선의 높이는 그 단위의 노동이 공급되게 하도록 하기 위하여 최소한으

---

6) Adam Smith의 보이지 않는 손으로 상징되는 고전학파를 계승한 학파로 William S. Jevons, Carl Menger, Léon Walras, Alfred Marshall, Arthur Pigou 등이 대표적인 학자이며 현재 미시경제학의 주류학파이다.

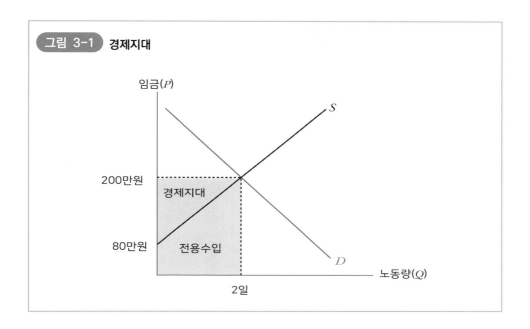

그림 3-1 경제지대

로 지불해야 하는 금액을 말한다. 예를 들어, 노동시장의 균형가격이 200만원이라고 하자. 첫 단위의 노동이 공급되게 하기 위해서는 80만원만 지불하면 된다. 따라서 현재 고용되어 있는 2일만큼의 노동을 묶어 두는 데 필요한 최소한의 금액은 공급곡선 아래 면적이라고 할 수 있다. 이 부분을 전용수입(transfer earning)이라고 한다.

즉, 우상향 형태의 공급곡선에서 첫 단위의 노동을 공급한 사람에게 임금을 균형가격 200만원보다 낮은 80만원만 줘도 되지만 이 사람을 고용하기 위해서 시장에서 적용하고 있는 균형가격인 200만원을 주게 된다. 이때 첫 단위의 노동을 공급한 사람이 얻는 80만원은 전용수입이 되고 추가로 얻은 120만원은 경제지대가 된다. 따라서 경제지대는 생산요소가 비탄력적이기 때문에 추가로 발생 되는 소득이라고 할 수 있다.

전통적인 지대는 토지와 같이 생산요소의 공급이 완전비탄력적인 경우(이때 모든 수입은 경제지대이고 전용수입은 0이다)에만 적용되는 데 비해 경제지대는 생산요소의 공급이 비탄력적이기 때문에 추가로 발생되는 소득으로 일반화시킨 것이다. 따라서 경제지대는 그 생산요소가 다른 곳에 고용되었다면 벌 수 있는 금액을 초과하여 추가로 발생되는 소득이라고 볼 수 있으므로 생산요소의 기회비용을 초과하여 추가로 지불되는 부분이라고도 볼 수 있다.

(4) 도시경제학의 지대이론

Alonso는 입찰지대(bid rent)이론을 제시함으로써 현대 도시경제학의 지대이론을 개척하였다.[7] Alonso는 Thünen의 위치지대론에서 고려하지 않은 토지개발밀도를 고려함으로써 도심에 가까울수록 왜 토지개발밀도가 높아지는가에 대해서 설명하였다. 도시경제학에서 지대는 토지소유주에게 귀속되는 토지의 위치상 이점으로 발생하는 초과이윤이라고 정의한다.

예를 들어, 제조업의 경우 생산자가 얻는 이윤은 제품의 판매액에서 생산비와 운송비 그리고 초과이윤을 차감한 나머지가 된다. 만약 시장이 경쟁적이면 장기적으로 생산자의 이윤은 0이 된다. 이때 어떤 토지를 이용하고자 하는 생산자들이 있을 경우 이 토지를 이용하기 위하여 토지소유주에게 지불하고자 하는 최대의 지대는 초과이윤이 0이 되는 수준의 지대이며, 이 지대를 입찰지대(bid rent)라고 한다. 즉, 토지의 위치가 어디냐에 따라 누가 토지를 이용하느냐 다시 말하면 토지이용을 낙찰받는 이용주체가 서로 달라지게 된다. 따라서 가장 높은 지대를 지불할 의사가 있는 용도에 따라 토지이용이 이루어지게 된다.

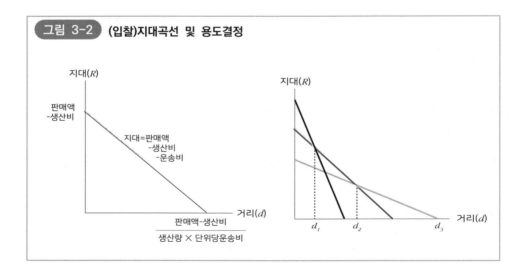

그림 3-2 (입찰)지대곡선 및 용도결정

---

7) Alonso, W., "Location and Land Use," East-West Center press, 1966.

〈그림 3-2〉의 왼쪽에는 세로축을 지대로 하고 가로축을 거리로 하여 우하향의 (입찰)지대곡선을 나타내었다. (입찰)지대곡선은 도심으로부터 도시민들이 거주하려고 하지 않는 한계지점까지 각 지점의 토지를 경매에 부쳤을 때, 토지이용자가 부를 수 있는 최고가격을 나타내는 곡선을 나타낸다.

토지는 상업용, 주택용, 공업용 중 어느 용도로 사용하느냐에 따라 지대경쟁에 의해 토지의 용도가 결정된다. 〈그림 3-2〉의 오른쪽 그림을 보면 도심으로부터 거리가 가장 짧은 d_1까지는 상업용지로 사용하는 것이 가장 높은 지대를 받을 수 있기 때문에 상업용지로 사용하고 d_1부터 d_2까지는 주택용지로 사용하며 d_2부터 d_3까지는 공업용지로 사용하게 된다. 따라서 도심에서 상업시설은 고밀도로 개발하고, 주택은 중밀도로 개발하며 도시 외각은 공업시설이 저밀도로 개발된다.[8]

---

8) 「부동산정책론」, 이태교 · 이용만 · 백성준, 법문사, 2023, pp. 99-100 참조.

제2절

도시경제

1. 부동산입지

(1) 상업입지론

1) 중심지이론

독일 지리학자 Christaller(1933)는 도시 및 상업시설 분포의 규칙성과 계층구조를 설명한 중심지이론(central place theory)을 제시하였다.[9] 중심지란 주변 배후지에 상품의 제공, 즉 상업기능을 제공하는 지역으로 시장 또는 점포 등으로 존재한다. 배후지(보완지역)는 중심지의 상권으로서 중심지로부터 상업서비스를 제공받는 지역을 말한다. 중심지가 존속하기 위해서는 손익분기점에 해당하는 최소한 고객 수 또는 상권의 범위가 필요한데 이를 최소요구치라고 하고 최소요구치 고객 또는 상권이 존재하는 범위를 최소요구치 범위라고 한다.

재화의 도달범위는 중심지가 형성한 상권으로서 중심지 기능이 주변지역에 미치는 최대한의 공간범위 또는 중심지로부터 어느 기능에 대한 수요가 0이 되는 지점까지의 거리를 말한다. 따라서 중심지가 성립하기 위해서는 최소요구치의 범위가 항상 재화의 도달범위 내에 있어야 한다. 만약 최소요구치의 범위가 재화의 도달범위보다 크면 중심지가 성립하지 않는다.

---

9) Christaller, W., "Die zentralen Orte in Süddeutschland," 1933, Gustav Fischer, Jena.

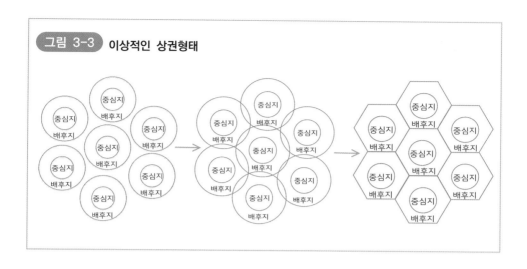

그림 3-3 이상적인 상권형태

　〈그림 3-3〉에서 보듯이 처음에 중심지와 중심지로부터 상업서비스를 제공받는 원형의 배후지가 형성된다. 이후 지역의 인구나 소득이 증가하면 중심지의 수가 점차 증가하여 여러 곳에 형성하여 중심지 사이의 간격이 좁아지면서 원형의 배후지가 중복되다가 소비자의 합리적인 이동으로 인해 중복되는 지역이 반으로 나누어져 정육각형의 배후지가 형성된다.

　따라서 단일 중심지인 경우 중심지의 상권은 원형을 이루지만, 다수의 중심지가 되면 중심지의 상권은 정육각형을 이룬다. 정육각형의 상권이 형성되면 한 지역내 거주자들은 모든 중심지로부터 최저 구입가격으로 상품을 구입할 수 있는 중심기능을 제공받을 수 있게 되고 중심지들 간에는 안정적인 시장균형을 이룰 수 있은 이상적인 상권형태가 된다.

　한편, 중심지가 제공하는 재화의 수와 중심지의 기능 수준에 따라 고차원 중심지(상위 중심지)와 저차원 중심지(하위 중심지)로 구분할 수 있다. 고차원 중심지는 육각형의 여러 곳의 저차원 중심지를 포함하여 큰 육각형의 시장면적으로 가진다. 따라서 고차원 중심지일수록 규모가 크고 다양한 중심기능을 가진다. 또한 고차(저차)원 중심지의 수는 적고(많고) 고차원 중심지 상호 간의 간격은 넓다(좁다). 따라서 저차원 중심지의 수가 제일 많고 중차원 중심지의 수는 중간이며 고차원 중심지의 수가 제일 적기 때문에 피라미드 형태의 계층적 구조를 가진다.

중심지이론은 동질 평면, 동일한 교통수단 이용, 운송비는 거리에 비례, 동일한 기호와 구매력을 갖춘 인구의 균등분포 등의 비현실적인 가정을 하기 때문에 시장, 교통, 행정 등의 요인에 따라 중심지의 수와 모형이 많은 영향을 받는다는 점을 간과하고 있고, 인구밀도가 낮은 지역에서의 상권범위가 확대되고 인구밀도가 높은 지역에서는 상권범위가 축소되는 경향에 대해서도 설명하지 못한다. 또한 상품이 혼재되어 있는 대형 쇼핑센터나 할인점의 입지도 설명하지 못하며 유사 상점이 도심지역에 인접해 있어서 소비자에게 비교할 수 있는 이점을 줄 수 있다는 점도 간과하고 있다.

2) 소매인력법칙

미국 경제학자 Reilly(1931)는 만유인력법칙을 적용하여 상권의 범위를 설명하는 모형인 소매인력법칙(law of retail gravitation) 또는 중력모형을 제시하였다.[10] 소매인력법칙은 두 중심지 사이에 위치하는 소비자에 대하여 상권이 미치는 영향력은 두 도시의 크기(인구)에 비례하고 두 도시의 분기점으로부터의 거리의 제곱에 반비례하여 형성된다는 이론이다.

즉, A도시가 C지역에서 흡입하는 상거래흡인력[11]을 B_a, B도시가 C지역에서 흡입하는 상거래흡인력을 B_b, A도시 인구 또는 상가면적을 P_a, B도시 인구 또는 상가면적을 P_b, A도시와 C지역의 거리를 D_a, B도시와 C지역의 거리를 D_b라고 할 때, 상거래흡인력(유인력)은 만유인력의 법칙을 적용하여 식(3-2)와 같이 나타낼 수 있다.[12]

$$상거래흡인력 = \frac{중심의\ 크기(인구수,\ 상가면적)}{중심\,까지\,거리^2}$$

---

10) Reilly W. J., The Law of Retail Gravitation, Pilsbury, New York, 1931, republished in 1953.
11) 상거래매출액, 상거래유인력, 쇼핑출항비율, 구매지향비율이라고 한다.

12) 만유인력의 법칙: $F = G \times \dfrac{m_1 m_2}{r^2}$ (G: 중력상수, m_1, m_2: 질량, r: 거리)

$\rightarrow$ 상거래흡인력 $= \dfrac{중심의\ 크기(인구,\ 상가면적)}{중심까지거리^2}$ $\rightarrow$ $B_a = \dfrac{P_a}{D_a^2}$, $B_b = \dfrac{P_b}{D_b^2}$

$\rightarrow$ $\dfrac{B_a}{B_b} = \dfrac{\left(\dfrac{P_a}{D_a^2}\right)}{\left(\dfrac{P_b}{D_b^2}\right)} = \dfrac{P_a}{P_b} \times \dfrac{D_b^2}{D_a^2} = \dfrac{P_a}{P_b} \times \left(\dfrac{D_b}{D_a}\right)^2$

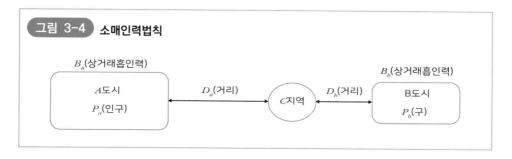

그림 3-4 소매인력법칙

B_a(상거래흡인력)

A도시
P_a(인구)

D_a(거리)

C지역

D_b(거리)

B_b(상거래흡인력)

B도시
P_b(구)

$$\rightarrow B_a = \frac{P_a}{D_a^2} \qquad B_b = \frac{P_b}{D_b^2} \qquad\qquad (3\text{-}2)$$

식(3-2)에서 두 도시의 상거래흡인력은 두 도시의 인구에 비례하고 두 도시의 분기점으로부터 거래의 제곱에 반비례함을 알 수 있다. 따라서 고차원 중심지와 저차원 중심지가 서로 마주하고 있을 때, 상권의 경계는 저차원 중심지에 가까운 곳에서 결정된다. 소매인력법칙은 인구와 거리라는 두 변수만을 사용하고 두 도시 간에 별다른 장애요인이 없다고 가정하고 있으며, 수송경로, 지형, 접근성, 구매습관 등을 반영하지 못하는 한계점이 있다.

 예제

소매인력법칙

A도시의 인구는 100만명이고 B도시의 인구는 40만명이다. A도시와 B도시 사이에 있는 10만명 인구를 가진 C지역은 A도시와는 50km 떨어져 있고 B도시와는 20km 떨어져 있다. C지역으로부터 A도시와 B도시로의 구매활동에 유인되는 인구비율과 이용인구는 각각 얼마인가?

답

$$B_a = \frac{P_a}{D_a^2} = \frac{1,000,000}{50^2} = 400\text{명}, \quad B_b = \frac{P_b}{D_b^2} = \frac{400,000}{20^2} = 1,000\text{명}$$

A도시 $= \dfrac{400}{400+1,000} = 28.57\% \rightarrow$ A도시이용인구 $= 10\text{만명} \times 28.57\% = 28,570\text{명}$

B도시 $= \dfrac{1,000}{400+1,000} = 71.43\% \rightarrow$ B도시이용인구 $= 10\text{만명} \times 71.43\% = 71,430\text{명}$

3) 분기점모형

Converse(1949)는 두 도시의 상권을 구분하는 분기점(중간지점의 정확한 위치)을 찾는 법을 제안하였다.[13) 분기점 모형은 두 도시로 정확하게 절반씩 쇼핑가는 경우를 가정하여 두 도시에 대하여 어느 도시로 쇼핑하러 가느냐에 대한 무차별적인 경합경제지점인 분기점에서의 상거래흡인력이 같다고 보고 소매인력법칙을 계산함에 따라 수정소매인력법칙이라고도 한다.[14) 식(3-3)에서 P_a는 A도시 인구, P_b는 B도시 인구, D는 A도시와 B도시 사이의 거리를 나타낸다.

$$D_a = \frac{D}{1 + \sqrt{\dfrac{P_b}{P_a}}} \qquad D_b = \frac{D}{1 + \sqrt{\dfrac{P_a}{P_b}}} \tag{3-3}$$

 예제

분기점모형

A도시의 인구는 50만명이고 B도시의 인구는 20만명이다. A도시와 B도시 사이의 거리는 40km이다. 분기점 모형에 의하여 A도시와 B도시의 상권경제지점은 A도시로부터 얼마나 떨어져 있는가?

답

$$D_a = \frac{D}{1 + \sqrt{\dfrac{P_b}{P_a}}} = \frac{40}{1 + \sqrt{\dfrac{20만명}{50만명}}} = 24.50 \text{km}$$

---

13) Converse P. D., "New laws of retail gravitation," Journal of Marketing, 14, 1949.

14) $\dfrac{B_a}{B_b} = \dfrac{P_a}{P_b} \times \left(\dfrac{D_b}{D_a}\right)^2 \rightarrow 1 = \dfrac{P_a}{P_b} \times \left(\dfrac{D_b}{D_a}\right)^2 (\because 가정: B_a = B_b) \rightarrow \sqrt{1} = \sqrt{\dfrac{P_a}{P_b} \times \left(\dfrac{D_b}{D_a}\right)^2}$

$\rightarrow 1 = \sqrt{\dfrac{P_a}{P_b}} \times \dfrac{D_b}{D_a} \rightarrow \dfrac{D_a}{D_b} = \sqrt{\dfrac{P_a}{P_b}} \rightarrow D_a = D_b\sqrt{\dfrac{P_a}{P_b}} \rightarrow D_a = (D - D_a)\sqrt{\dfrac{P_a}{P_b}} (\because D = D_a + D_b)$

$\rightarrow D_a = (D - D_a)\dfrac{\sqrt{P_a}}{\sqrt{P_b}} \rightarrow D_a \dfrac{\sqrt{P_b}}{\sqrt{P_a}} = D - D_a \rightarrow D = D_a + D_a \dfrac{\sqrt{P_b}}{\sqrt{P_a}} \rightarrow D_a = \dfrac{D}{1 + \sqrt{\dfrac{P_b}{P_a}}}$

4) 확률모형

Huff(1964)는 상권에 영향을 주는 것은 근본적으로 소비자이므로 소비자의 기호와 소득 정도, 교통의 편의성 등 소비자 행태를 고려하여 선택된 상품을 판매해야 도시 내부의 구매중심점인 상권이 형성된다는 경험적인 확률모형을 주장하였다.[15]

즉, Huff는 j지역 상업시설(상가)이 i지역의 소비자에게 주는 효용을 소매인력법칙(중력모형)으로 구하였다. 그리고 소비자가 시장지역 내 특정 상업시설(상가)을 방문할 확률 P_{ij}는 해당 상업시설(상가)이 소비자에게 주는 효용을 그 소비자가 이용하기를 고려하는 모든 상업시설(상가)들이 소비자에게 주는 효용의 합으로 나눈 비율로 계산하였다.

$$U_{ij} = \frac{S_j}{T_{ij}^{\lambda}} \qquad P_{ij} = \frac{\dfrac{S_j}{T_{ij}^{\lambda}}}{\displaystyle\sum_{j=1}^{n} \dfrac{S_j}{T_{ij}^{\lambda}}} \tag{3-4}$$

식(3-4)에서 j지역 상업시설(상가)에 대한 i지역 소비자의 효용 U_{ij}는 j지역 상업시설(상가)의 면적 S_j를 i지역 소비자와 j지역 상업시설(상가)까지의 거리 T_{ij}의 λ제곱으로 나눈 값이다. 이때 거리 T_{ij}의 승수인 λ는 상업시설(상가)을 방문하는 데 걸리는 시간이 쇼핑에 어느 정도의 영향을 주는가를 나타내는 마찰계수이다. 만약 λ가 2이면 소매인력법칙(중력모형)과 동일해진다.

소매인력법칙(중력모형)과 달리 확률모형에서는 두 중심도시 사이에 존재하는 소비자에 대한 유인력(상거래흡인력)이 반드시 거래의 제곱에 반비례하는 것이 아니고, 현실적인 장애물(마찰계수)을 고려하여 계산하고 있으며, 마찰계수는 상품의 종류나 도로교통 상황에 따라서 그 크기가 달라진다.

식(3-4)에서 n은 j지역 상업시설(상가)의 개수이고, P_{ij}는 i지역 소비자가 j지역 상업시설(상가)로 구매(쇼핑)하러 가는 확률로서 j지역의 어떤 상업시설(상가)이 주는 효용을 모든 상업시설(상가)이 주는 효용의 합으로 나누어 산출한다. 즉, 소비자가 특정 지역의 상업시설(상가)에 갈 확률은 소비자와 상업시설(상가)까지의 (시간)거리, 경쟁 상업시설(상가)의 수, 상업시설(상가)의 크기에 의해 결정된다.

---

15) Huff D. L., "Defining and estimating a trading area," Journal of Marketing, 28, 1964.

확률모형

현재 거주지는 인구 50,000명인 A지역이다. A지역에서 B지역의 상가와 C지역의 상가로 쇼핑을 갈 수 있다. B지역의 상가면적은 2,000m²이고 A지역에서 10분 걸린다. C지역의 상가면적은 1,000m²이고 A지역에서 5분 걸린다. 마찰계수가 2라고 가정하고, Huff의 확률모형에 의해서 추정된 A지역에서 B지역과 C지역의 상가 이용객 수는 각각 얼마인가?

답

B지역: $U_{ij} = \dfrac{S_j}{T_{ij}^{\lambda}} = \dfrac{2,000}{10^2} = 20$

C지역: $U_{ij} = \dfrac{S_j}{T_{ij}^{\lambda}} = \dfrac{1,000}{5^2} = 40$

B지역 $= \dfrac{20}{20+40} = 33.33\%$ → B지역 상가 이용객 수 $= 5$만명 $\times 33.33\% = 16,665$명

C지역 $= \dfrac{40}{20+40} = 66.67\%$ → C지역 상가 이용객 수 $= 5$만명 $\times 66.67\% = 33,335$명

(2) 주거입지론

1) 주택소비량 결정

합리적인 소비는 소비자가 자신의 효용을 극대화하도록 소비하는 것이다. 일반상품과 마찬가지로 모든 가구는 효용이 극대화되도록 주거입지를 결정한다. 모든 가구는 자신들의 소득에 제약이 있기 때문에 소득제약하에서 주거입지의 효용을 극대화하기 위해서는 한계효용균등의 법칙(law of equimarginal utility)이 성립해야 한다. 한계효용균등의 법칙은 식(3-5)와 같이 가격 1단위당 효용이 같도록 소비하거나 가격의 비율과 한계효용(MU: margianl utility)16)의 비율이 같도록 소비하는 것을 말한다.

---

16) 경제학에서 한계(marginal)는 추가적이라는 뜻으로 사용한다. 따라서 X재의 한계효용(MU_X)은 X재 소비량을 추가적으로 한 단위 더 소비(dX)할 때 이로 인한 소비자의 효용은 얼마나 변화(dU)하느냐를 말하며, 이를 수학적으로 $MU_X = dU/dX$로 나타낸다.

$$\frac{MU_X}{P_X} = \frac{MU_Y}{P_Y} \quad \text{또는} \quad \frac{MU_X}{MU_Y} = \frac{P_X}{P_Y} \qquad\qquad (3\text{-}5)$$

예를 들어, X재가 100원이고 Y재는 140원이라고 하자. X재가 10의 효용을 주고 Y재는 12의 효용을 줄 경우에 X재 1원당 한계효용 0.1($= MU_X/P_X = 10/100$)이 Y재 1원당 한계효용 0.086($= MU_Y/P_Y = 12/140$)보다 크기 때문에 X재를 소비한다. 따라서 X재는 더 사고 Y재는 덜 사는 소비조정을 통하여 두 재화의 최적소비는 $MU_X/P_X = MU_Y/P_Y$일 때 이루어진다. 마찬가지로 개별 가구는 자신에게 주어진 소득하에서 주택소비량의 효용극대화는 일반 재화(X재)와 주택(Y재)의 한계효용이 균등해질 때 이루어진다.

2) 최적주거입지 결정

일반적으로 주거지는 소비자의 성향에 따라 다양한 형태를 나타내지만 주거비용과 교통비용에 의해 크게 좌우된다고 본다. 주택에 거주하는 데 드는 총주거비용은 도심에 가까울수록 급격하게 증가하고 외곽으로 나갈수록 총주거비용은 감소한다. 또한 도심에서 외곽으로 나감으로 인해 나타나는 주거비용의 감소분(외곽으로 나갈수록 감소하는 단위거리당 주거비용)인 한계주거비용은 도심에 거주할수록 증가한다.

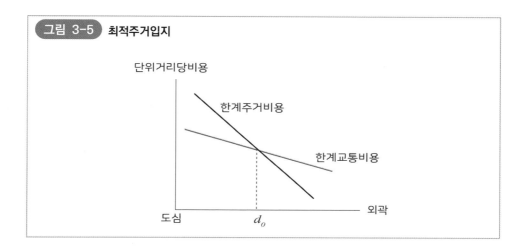

그림 3-5 최적주거입지

반면, 총교통비용은 도심에서 외곽으로 나갈수록 완만하게 증가하는 경향이 있다. 따라서 도심에서 외곽으로 나감으로 인해 나타나는 교통비용 증가분(외곽으로 나갈수록 증가하는 단위거리당 교통비용)인 한계교통비용은 외곽으로 나갈수록 감소한다.

〈그림 3-5〉에서 d_0보다 왼쪽은 한계주거비용이 한계교통비용보다 크기 때문에 외곽으로 주거를 옮김으로써 전체비용을 줄일 수 있고, d_0보다 오른쪽은 한계주거비용보다 한계교통비용이 크기 때문에 도심으로 주거를 옮김으로써 전체비용을 줄일 수 있다. 따라서 한계주거비용곡선과 한계교통비용곡선이 만나는 d_0가 최적의 주거입지가 된다.

2. 도시성장

(1) 동심원이론

시카고 대학의 사회학자인 Burgess는 1920년대 시카고지역의 도시토지이용구조에 생태학적 원리를 적용하여 최초로 도시내부구조 모형을 실증적으로 제시하였다.[17] 동심원이론은 도시의 성장구조를 설명하는 가장 오래된 모형으로서 도시가 성장함에 따라 도시의 토지 사용이 동심원상으로 그 공간구조가 확대되어 나가면서 달라진다고 보았다.

도시의 성장은 〈그림 3-6〉에서 보듯이 중심업무지역(central business district), 천이지역(zone in transition), 노동자주거지역(zone of workingmen's homes), 중상층 주거지역(residential zone), 통근자지역(commuters' zone)으로 동심원 확장과정에서 방사상으로 팽창된다고 주장하였다.

중심업무지역은 동심원의 가장 안쪽에 있는 도심지역이다. 비주거 기능을 하며 사회·문화·산업·교통의 중심이 되는 지역이다. 천이지역은 중심업무지역을 둘러싸고 있는 지역이며, 상업 및 경공업이 침입하는 과도기 지역으로 외부지역에는

---

17) Ernest W. Burgess, "The Growth of the City: An Introduction to a Research Project," Publications of the American Sociological Society, 18, 1924.

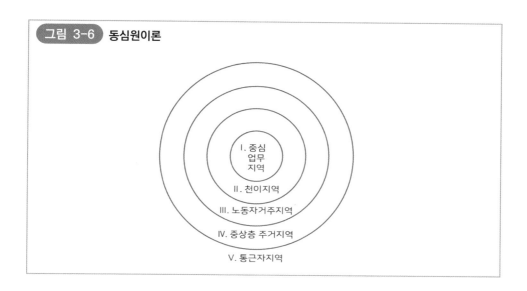

그림 3-6 동심원이론

I. 중심
업무
지역

II. 천이지역

III. 노동자거주지역

IV. 중상층 주거지역

V. 통근자지역

불량 주거지역이 형성된다. 노동자주거지역은 천이지역에서 옮겨온 노동자들이 거주하는 지역으로 자신들의 직장에 쉽게 접근할 수 있는 곳에서 살기를 원하는 사람이 이 지역에 거주한다. 중상층주거지역은 노동자주거지역 너머에 있으며 고급아파트와는 고급주거지역이다. 통근자지역은 도시경계 너머에 형성된 지대로 교외지역 또는 위성도시이며 중심업무지역까지 승용차로 30분~60분 거리에 있다.

읽을 거리

'도시확대의 길목을 노려라' '외곽순환도로' IC 주변 주목

오래된 이론 중에서 시간이 지나면서 그 의미가 더욱 빛을 발하는 경우가 있다. 도시생태학의 '동심원이론'이 좋은 예이다. 미국 도시생태학자 버제스(E. Burgess)는 1925년 도시가 중심지역으로부터 외부로 동심원을 이루며 확대되어 간다는 '동심원이론'을 주장했다. CBD(Central Business District: 중심업무지구)를 중심으로 CBD, 점이지대, 근로자 주택지, 중산층 주택지, 교외주택지로 동심원이 나란히 도시가 확장되어 간다는 이 이론은 지금 서울의 확장과정에 적용, 분석해도 의미가 있는 도시생태이론이다.

지도를 펼쳐보면 서울의 도심에서부터 3개의 링(ring: 순환도로)으로 동심원을 형성하고 있다. 첫 번째 내부순환도로, 두 번째 외곽순환도로, 세 번째 제2외곽순환도로(예정)를 따라 확장 중이며, 특히 3개의 순환도로와 주요 교통축이 만나는 지역을 중심으로 개발이 진행되고 있는 것을 알 수 있다. 내부순환도로 안쪽은 더 이상 개발되거나 확장될 수 있는 부지가 거의 없다. 기존 형성된 구도심에 대한 재건축, 재개발을 중심으로 도시재생이 추진된다. '강남 재건축, 강북 재개발'이 대표적이다.

동심원을 따라 가장 주목받고 있는 곳은 두 번째 링인 외곽순환도로에서의 접근성이 뛰어난 지역이다. 위례신도시, 미사강변도시, 마곡지구, 광명역세권 등 이들 지역 대부분은 수도권 부동산 열기를 이끌며 인기 주거지로 각광받는 지역이다. 삼송지구도 최근 개발이 본격화되면서 부동산 열기가 뜨거워지고 있다.

권역에 따라 차이점으로는, 강북 및 강서지역은 첫 번째 링과 두 번째 링 사이, 즉 내부순환도로와 외곽순환도로 사이의 광명, 마곡, 삼송지구가 집중적으로 개발되고 있으며, 강남 및 강동지역은 두 번째 링인 외곽순환도로와 세 번째 링 제2외곽순환도로 사이 미사, 위례, 판교, 광교, 동탄 등에 집중되어 있다는 것이다. 이들 지역들은 기본적으로 도심 CBD 접근성을 갖추고 있고, 두 개의 순환도로망을 이용해 도심과 외곽 지역 교통망이 우수하다.

그리고 도심지역에 비해 친환경 저밀도 개발의 특성을 보인다. 그린벨트, 보금자리지구 등으로 묶여 있다가 개발되는 경우가 많고 청계산, 수락산, 도봉산, 북한산, 관악산 등 서울을 둘러싸고 있는 수려한 경관의 산들이 순환도로를 따라 있어 친환경 입지로 뛰어나다. 내부순환도로와 외곽순환도로 사이는 시간이 갈수록 그 입지가치가 더욱 커질 가능성이 높다.

도시개발분야 전문가들은 "도시는 살아있는 유기체처럼 오랫동안 형성되고 발달되는 과정을 거치므로 그 생성과 확장과정에서 공통점을 많이 가지고 있다. 도시가 동심원을 따라 개발되는 것은 서울뿐만 아니라 북경 등 현대 대도시들에서도 공통점을 발견할 수 있다. 전통적인 도시개발이론의 통섭적인 개념을 현대 도시에 적용하면 입지가치분석이 가능할 수 있다"고 언급했다.

도시가 생성되고 성장하는 과정을 분석하는 도시 생태학적 관점에서 전통적 이론을 되돌아보고 적용해보면 도시 성장의 큰 흐름을 읽을 수 있다. 현대의 부동산시장은 여러 가지 변수가 작용하는 복합적인 행태를 띠고 있는데, 지금처럼 부동산시장 변화 예측이 힘든 시기에는 전통적 이론을 적용해보는 것이 시장변화를 읽는 데 의미가 있다.

[출처: 매일경제(www.mk.co.kr), 2015. 12. 23.]

(2) 선형이론

1939년 토지 경제학자인 Hoyt는 동심원 지대들로 도시가 형성되는 것이 아니라, 불균등하게 형성되어 다양한 경제 활동들이 집중되는 경향을 가진 선형(부채꼴 모양: sector city model)의 구역들로 만들어진다고 주장한다.[18] 즉, Hoyt는 도시

---

18) Hoyt, H., "The Structure and Growth of Residential Neighborhoods in American Cities," Federal Housing Administration, Washington, DC, 1939.

전체가 원형이지만 토지이용은 도심으로부터의 교통축(고속도로와 간선도로)에 따라 결정되고 그 결과 토지 및 임대료 가치가 달라지기 때문에 주택지대는 교통축을 따라 불규칙적으로 확장되어 원을 변형한 모양인 선형으로 도시가 성장하다고 주장하여 Burgess의 동심원이론을 개선하였다.

도시 확장으로 인해 고급주거지역은 동심원이론에서 주장한 연속적인 원형태가 아닌 도시의 한쪽에 위치한다. 즉, 고급주거지역은 도시의 동쪽 면에서 시작되며 기존 교통축을 따라 바깥쪽으로 확장되어 홍수위험이 없는 지역이나 강이나 호수 주변의 쾌적한 환경지역을 중심으로 형성하는 경향이 있다. 예를 들어, 시카고의 고급주거지역은 도심지역에서 북쪽 한계까지 호수를 따라 최대 50~60km까지 연장되어 있으며 빠른 교통수단으로 도심과 연결되어 있다.

일단 고급주거지역이 형성되면 중급주택이 고급주택 인근에 위치하고, 저급주거지역은 고급주거지역의 반대편에 위치하는 경향이 있다. 저소득층은 주로 도심 근처의 고소득이 거주했던 낡은 주택이나 도심 주변에 판자집을 짓고 거주한다. 또한 제조업지역과 고급주거지역은 상반된 지역에 입지하지만 저급주거지역과는 보완적으로 입지한다.

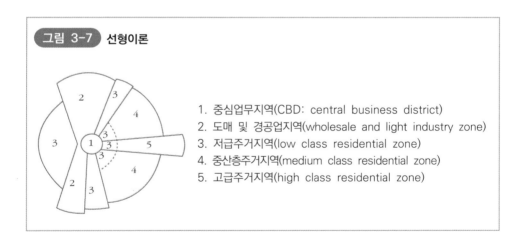

그림 3-7 선형이론

1. 중심업무지역(CBD: central business district)
2. 도매 및 경공업지역(wholesale and light industry zone)
3. 저급주거지역(low class residential zone)
4. 중산층주거지역(medium class residential zone)
5. 고급주거지역(high class residential zone)

(3) 다핵심이론

1945년 도시지리학자인 Harris와 Ulman은 도시의 토지이용은 도심의 중심업무지역이라는 핵으로 시작되지만 도시 외곽의 주거지역 근처에 짧은 통근 거리를 가지는 새로운 중심업무지역(핵)을 발달시켜 여러 개의 분리된 중심업무지역(핵)을 중심으로 성장한다는 다핵심이론(multiple nuclei model)을 제시하였다.[19]

다핵심이론에서 법원과 같이 특정입지와 시설을 필요로 하는 특정산업은 그 위치와 시설을 중심으로 핵을 형성한다. 그리고 서점이나 커피숍같이 서로 이익을 함께 할 수 있는 유사업종이나 동종업종은 집중지향성으로 함께 하여 핵을 형성하고, 공장이나 공원같이 서로 다른 업종은 분산지향성으로 인해 서로 다른 위치에 핵을 형성한다. 특히 공업지역의 경우 도심의 높은 지대를 감당할 능력이 부족하기 때문에 교외에 입지하게 된다. 따라서 업종별 지대의 지불능력차이에 따라 서로 다른 곳에 핵을 형성한다.

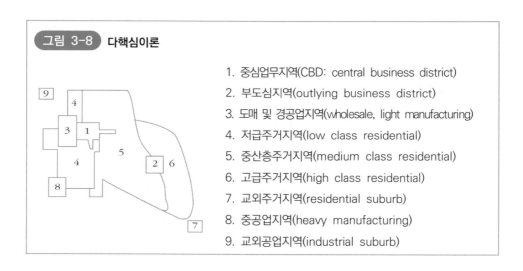

그림 3-8 다핵심이론

1. 중심업무지역(CBD: central business district)
2. 부도심지역(outlying business district)
3. 도매 및 경공업지역(wholesale, light manufacturing)
4. 저급주거지역(low class residential)
5. 중산층주거지역(medium class residential)
6. 고급주거지역(high class residential)
7. 교외주거지역(residential suburb)
8. 중공업지역(heavy manufacturing)
9. 교외공업지역(industrial suburb)

---

19) Harris C. D., Ullman E. L., "The nature of cities," Annals of the American Academy of Political and Social Science, 242, 1945.

APPENDIX. 부동산의 내재가치

일반적으로 자산의 진정한 가치인 내재가치는 그 자산으로부터 기대되는 미래 현금흐름의 현재가치로 평가된다는 현재가치의 원칙에 근거를 두고 있다. 부동산 자산의 경우 부동산으로부터 기대되는 미래현금흐름인 임대료를 현재가치로 평가하여 부동산의 내재가치를 구할 수 있다. 특히 부동산은 내구성이 있고 토지는 소멸되지 않기 때문에 부동산에서 나오는 임대료는 영속적이라고 가정할 수 있다.

부동산의 내재가치는 두 가지 방식으로 구할 수 있다. 첫째는 미래의 현금흐름인 임대료가 매년 일정한 비율로 영속적으로 성장한다는 가정하에 부동산가치를 구하는 방법(항상성장모형)이고, 둘째는 임대료[20]가 매년 동일하게 영속적으로 발생한다는 가정하에 부동산가치를 구하는 방법(제로성장모형)이다.[21]

(1) 항상성장모형

임대료가 매년 일정한 비율 g(성장률)로 성장한다는 가정하에 미래시점의 임대료를 계산한다. 예를 들어, 현재 임대료가 100만원인데 매년(기간) 10%씩 임대료가 오른다(성장한다)면 내년 임대료는 110만원($=$ 100만원 $+$ 100만원 $\times$ 0.1 $=$ 100만원 $\times (1+0.1)^1$)이 되고 후년 임대료는 121만원($=$ 110만원 $+$ 110만원 $\times$ 0.1 $=$ 110만원 $\times (1+0.1)^1 =$ 100만원 $\times (1+0.1)^1 \times (1+0.1)^1 =$ 100만원 $\times (1+0.1)^2$)이 된다. 따라서 일반적으로 임대료의 성장률을 g라 하고 올해 말에 받는 임대료를 R_1이라 하면, 내년 말에 받는 임대료 $R_2 = R_1(1+g)^1$이 되고 후년 말에 받는 임대료 $R_3 = R_2(1+g)^1 = R_1(1+g)^1(1+g)^1 = R_1(1+g)^2$가 된다.

이제, 매년(기간) 받는 임대료를 모두 현재가치로 환산하여 더하면 식(A3-1)과 같이 부동산자산의 가치가 계산된다.[22]

$$V_0 = \frac{R_1}{(1+r)^1} + \frac{R_2}{(1+r)^2} + \frac{R_3}{(1+r)^3} + \cdots \tag{A3-1}$$

---

20) 「감정평가실무기준」에서는 수익환원법에 의한 부동산 가치를 직접환원법과 할인현금흐름분석법으로 평가하는 것으로 규정하고 있고, 미래현금흐름을 순영업소득(NOI)으로 하여 계산한다.
21) 「핵심투자론」, 이재하 · 한덕희, 박영사, 2021. pp. 287-289 참조.
22) 제6장 부동산투자의 이해Ⅰ 제2절 화폐의 시간가치 참조.

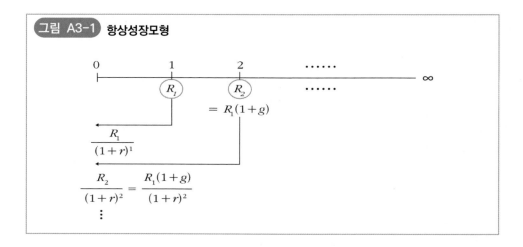

그림 A3-1 항상성장모형

식(A3-1)에 g를 고려하여 매년(기간) 받는 임대료를 대입하면 식(A3-2)가 된다.

$$V_0 = \frac{R_1}{(1+r)^1} + \frac{R_1(1+g)}{(1+r)^2} + \frac{R_1(1+g)^2}{(1+r)^3} + \cdots \tag{A3-2}$$

식(A3-2)의 좌변과 우변에 $(1+g)/(1+r)$를 곱하면 식(A3-3)이 된다.

$$\left(\frac{1+g}{1+r}\right)V_0 = \frac{R_1(1+g)}{(1+r)^2} + \frac{R_1(1+g)^2}{(1+r)^3} + \cdots \tag{A3-3}$$

식(A3-2)에서 식(A3-3)을 차감하여 정리하면 식(A3-4)의 항상성장모형(constant growth model)으로 계산되는 부동산의 내재가치가 구해진다.

$$\left[1 - \left(\frac{1+g}{1+r}\right)\right]V_0 = \frac{R_1}{1+r}$$

$$\rightarrow \quad V_0 = \frac{\dfrac{R_1}{1+r}}{1 - \dfrac{1+g}{1+r}}$$

$$\rightarrow \quad V_0 = \frac{R_1}{r-g} \quad (\text{여기서, } r > g) \tag{A3-4}$$

(2) 제로성장모형

만약 첫해 말에 받는 임대료가 R_1이고 영원히 같은 금액이 임대료로 지급된다면 항성성장모형에서 임대료 성장율 g가 0(제로)이 되어 매년 임대료가 R_1로 일정한 식(A3-5)의 제로성장모형(zero growth model)이 된다.

$$V_0 = \frac{R_1}{(1+r)^1} + \frac{R_1}{(1+r)^2} + \frac{R_1}{(1+r)^3} + \cdots \tag{A3-5}$$

식(A3-5)의 좌변과 우변에 $1/(1+r)$을 곱하면 식(A3-6)이 된다.

$$\left(\frac{1}{1+r}\right)V_0 = \frac{R_1}{(1+r)^2} + \frac{R_1}{(1+r)^3} + \cdots \tag{A3-6}$$

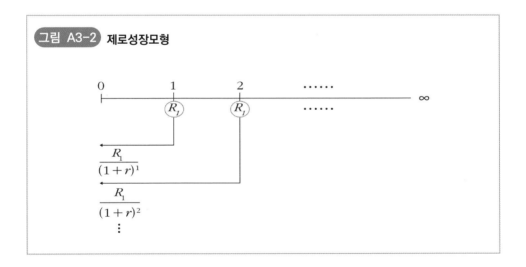

그림 A3-2 제로성장모형

식(A3-5)에서 식(A3-6)을 차감하면 식(A3-7)의 제로성장모형으로 계산되는 부동산의 내재가치가 구해진다.

$$\left[1 - \left(\frac{1}{1+r}\right)\right] V_0 = \frac{R_1}{1+r}$$

$$\rightarrow \quad V_0 = \frac{\dfrac{R_1}{1+r}}{1 - \dfrac{1}{1+r}}$$

$$\rightarrow \quad V_0 = \frac{R_1}{r} \tag{A3-7}$$

memo

Chapter 04

부동산시장의
이해

부동산시장의 개요

1. 부동산시장의 특징

일반적으로 시장은 상품의 매매가 이루어지는 장소를 넘어 거래가 이루어지는 시스템이라고 포괄적으로 정의된다. 부동산시장도 이 범주 안에 들어가지만 부동산만이 가지고 있는 고유한 특성인 부동성, 부증성, 영속성, 개별성 등으로 인해 일반상품시장과 달리 부동산시장에서만 나타나는 특징이 존재한다.

(1) 어려운 수급조절

부동산시장은 부동성 및 부증성 등으로 공급이 비탄력적이기 때문에 부동산의 즉각적인 공급이 어렵고 공급이 되더라도 시간이 많이 소요되므로 수요에 의해 가격이 좌우되는 경향이 크고 단기적으로 가격왜곡이 발생할 수 있다. 따라서 부동산은 일반상품과 달리 시장 상황에 따라 수요 및 공급의 조절이 쉽지 않다.

(2) 비표준화된 상품

일반적으로 동일한 부동산이 존재하지 않는 개별성으로 부동산의 질적인 차이가 발생하고 시장에서의 거래도 개별적으로 이루어진다. 즉, 아파트와 같은 규격화된 건물을 제외하고 상품이 비표준화되어 있기 때문에 가격결정도 시장균형가격으로 결정되기보다 거래주체와 거래대상 부동산에 따라 달라진다. 따라서 일반적인 상품거래에서 나타나는 일물일가의 원칙이 적용되지 않는다. 하지만 용도적으로 동질화된 부동산이라면 비록 이질적인 부동산이라도 동일한 부동산상품으로 보아 일물일가의 원칙이 적용된다. 예를 들어, 이질적인 주택이라도 주택이 제공하는 만족도(효용)가 동일하다면 동일한 주택으로 보아 일물일가의 원칙이 적용될 수 있다.

(3) 개별적 · 비공개 거래 및 비조직적 시장

아파트와 같은 비교적 표준화된 상품을 제외하고 부동산은 일반적으로 동일한 상품이 없기 때문에 거래가 개별적으로 이루어질 뿐만 아니라 부동산을 사고 파는 두 당사자 간의 사적인 거래이기 때문에 거래내용이 외부로 잘 알려지지 않는 비공개 경향이 크다. 이러한 거래특징 때문에 실거래가신고제도가 존재함에도 불구하고 거래가격 및 매물 등에 관한 정보탐색비용이 발생하고 부동산시장의 조직화가 어렵다.

(4) 국지적 시장

부동산은 부동성이라는 자연적 특성으로 인해 실제 거래는 추상적인 권리의 형태로 이루어져 추상적인 시장이 된다. 또한 위치나 질, 양 등 여러 측면에서 비슷한 부동산에 대해 가치가 균등해지는 특정 지역에 공간작용범위가 한정되는 국지화 경향을 보인다.

같은 지역이라고 할지라도 부동산의 위치, 용도, 규모 등에 따라 여러 개의 하위시장(부분시장)으로 나누어지기도 한다. 예를 들어, 서울의 강남지역의 부동산시장은 서울 부동산시장의 하위시장이 되고 부산 해운대지역의 부동산시장은 부산 부동산시장의 하위시장이 된다. 용도측면에서 보면 주거용 부동산시장, 상업용 부동산시장, 공업용 부동산시장이 용도별 하위시장이 된다.

(5) 규제 과다 및 불완전경쟁시장

부동산은 고가이기 때문에 자금의 유용성이 큰 제한된 시장참여자에 의해 영향을 받으며, 시장참여자들의 시장진입과 탈퇴가 자유롭지 못하다. 따라서 정부는 부동산시장에 대한 제도적 제한을 많이 하고 있고 부동산시장 또한 정부정책에 민감하게 영향을 받는다. 이러한 제한으로 인해 부동산시장의 자기조절 기능이 저하되고 부동산가격이 쉽게 왜곡되어 일반상품시장에 비해 부동산시장의 불완전성이 더욱 커진다.

 ## 2. 부동산시장의 기능

(1) 가격창조 기능

어떤 상품의 거래는 시장에서 형성된 시장균형가격으로 거래되는 것이 일반적이다. 하지만 부동산의 경우는 시장에서 형성된 시장균형가격을 받아들여 거래되는 것이 아니라 수요자의 주관적인 매수호가와 공급자의 주관적인 매도호가 간에 괴리가 발생하고, 매수호가의 상한치와 매도호가의 하한치 간의 가격협상 과정을 통해 상한치와 하한치가 서로 조정됨으로써 가격이 창조된다.

(2) 자원 및 공간의 배분 기능

부동산시장은 수요자와 공급자를 연결시켜줌으로써 효율적으로 자원과 공간을 배분하게 된다. 부동산 수요자는 공간이 필요한 사람들이고, 부동산 공급자는 자본자원이 필요한 사람들이다. 부동산시장은 부동산 수요자들에게 공간을 제공하고 이들에게 자본자원이 효율적으로 배분되도록 하여 국민경제의 생산력을 향상시킨다.

(3) 교환 기능

일반적으로 시장의 존재 이유 중 하나는 상품을 팔려는 사람과 상품을 사려는 사람이 교환을 통한 이익을 얻을 수 있기 때문이다. 부동산시장도 일반시장과 마찬가지로 부동산을 팔려는 사람(공급자)은 공간을 매도하는 것으로 높은 가격으로 공간을 팔아서 이익을 얻을 수 있고, 부동산을 사려는 사람(소비자)은 공간을 구매하여 소비함으로써 주관적인 만족감인 효용(utility)을 얻을 수 있기 때문에 시장에서 교환이 이루어진다.

(4) 정보제공 및 부동산의 양과 질의 조정 기능

부동산시장은 가격 및 거래량 등의 정보를 창출하고 있어 시장참여자들에게 필요한 정보를 제공하고 있다. 최근에는 부동산거래 및 관련 정보가 부동산114, 네이버부동산, 직방 등과 같이 온라인기술 기반으로 추상화된 시장에서 정보를 제공하고 있어 시장참여자들이 과거와 달리 컴퓨터나 모바일 앱 등을 통해 보다 쉽게 정보에 접근할 수 있게 되었다. 이처럼 기존의 부동산(property)에 IT기술(technology)을 접목한 것을 프롭테크(proptech)라고 하며, 부동산 중개 및 임대, 관리, 프로젝트 개발, 투자 및 자금조달 영역 등 다양한 분야로 확장되고 있다.

3. 부동산시장의 구조

부동산은 근본적으로 공간을 형성하고 있으며 공간을 제공하는 것이다. 「민법」에서도 토지의 소유권은 정당한 이익이 있는 범위 내에서 토지의 상하에 미친다고 규정(제212조)하여 공간을 수평공간, 공중공간, 지하공간으로 구분하고 있다.

수평공간의 경우 독점적이고 배타적으로 이용할 수 있는 권리 예를 들어, 토지에 농작물을 경작한다든지 건물을 건축하는 행위가 대표적인 수평공간 활용사례이고, 지상권 및 임차권 등은 수평공간을 활용하는 수단이 된다.

공중공간과 지하공간의 경우 이익이 있는 범위 내에서만 공중공간과 지하공간을 독점적이고 배타적으로 이용할 수 있다. 지하 또는 지상의 공간은 상하의 범위를 정하여 건물 기타 공작물을 소유하기 위한 지상권의 목적으로 할 수 있다고 규정(「민법」 제289조의2)한 구분지상권은 공중공간과 지하공간을 활용하기 위한 수단이 된다.

사회의 발전에 따라 입체적으로 분리하여 공간을 개발하고 있으며, 개발된 공간은 실물자산으로서의 역할을 한다. 공간은 생산 혹은 소비가 되며, 자산으로서의 부를 축적하는 투자대상이 되기도 한다. 공간을 소유한 사람은 공간 자체의 가치가 상승하여 자본이득을 얻거나 공간을 임대하여 임대료를 얻을 수 있기 때문에 투자의 대상이 되고 가치를 가지게 되는 것이다. 따라서 부동산시장은 공간시장과 자산시장으로 구성되어 있다고 볼 수 있다.

공간시장은 공간에 대한 수요·공급에 의해 가격이 결정되는 시장이라고 할 수 있다. 공간을 직접 소유하여 공간을 확보하고자 하는 사람은 부동산의 소유주가 되는 것이고 공간을 임차하여 공간을 확보하는 사람은 임차인이 되는 것이다. 전자를 소유주점유시장이라고 부르고 후자를 임대차시장이라고 부른다. 소유주점유시장이든 임대차시장이든 공간시장에서 결정되는 가격은 임대료이다. 임대차시장인 경우에는 수요자와 공급자 간의 수요·공급에 의해 임대료가 결정되지만 소유주점유시장에서는 명시적인 임대료가 아닌 묵시적인 임대료로 본다. 즉, 소유주는 자신이 직접 공간을 사용함으로써 시장임대료를 자기 자신에게 지불하는 기회비용이 임대료가 된다.

한편, 자산시장은 실물자산인 부동산에 대한 수요·공급에 의한 부동산자산가격이 결정되는 시장이다. 자산시장에서는 주식이나 채권과 같은 금융자산과 마찬가지로 부동산을 하나의 자산으로서 투자대상으로 본다. 이 시장에서 수요자는 부동산을 수요(매수)하여 자본이득이나 임대료 등의 수익을 얻으려고 하고 공급자도 부동산을 공급(매도)하여 수익을 얻으려고 한다.

이처럼 공간시장에서 공간에 대한 수요·공급에 의해 공간의 가격이 결정되면 자산시장에서 부동산자산에 대한 수요·공급에 의한 자산가격이 결정된다. 부동산자산가격이 결정되면 부동산을 공급하는 부동산개발시장에서의 부동산 개발규모, 즉 공급량이 결정되고 이는 다시 공간시장에 영향을 미친다. 이렇게 공간시장과 자산시장은 서로 영향을 주고 받으면서 움직이다가 결국에는 부동산가격이 더 이상 움직이지 않는 동시적 균형상태를 이루게 된다.

제2절

부동산시장 효율성 및 균형

 ## 1. 효율적 시장이론

　1953년 Maurice Kendall은 경제변수의 시간적 변화를 추적하면 경기순환과 정을 예측할 수 있을 것이라는 경제학자들의 주장을 주식가격에도 적용하여 주식 가격의 변동에서 반복적인 패턴을 찾아내려는 노력을 하였다. 하지만 Kendall은 주식가격의 움직임에서 어떠한 예측 가능한 패턴을 찾아낼 수 없다는 것을 확인하 고 매우 놀랐다. 주식가격의 움직임을 예측할 수 없다는 것은 주식가격이 무작위 적(random walk)으로 움직인다는 의미로서 주식시장이 비합리적인 시장이 아니라 매우 합리적인 시장이라는 것을 뜻한다.

　만약 주식가격의 움직임이 예측 가능하다면 정부의 재정정책 및 통화정책이나 그 기업이 속한 산업에 관한 정보, 영업성과 및 경영상태에 대한 정보 등 주식가격 을 예측하는데 사용할 수 있는 이용 가능한 모든 정보가 아직 주식가격에 다 반영 되지 않았다는 것이고, 이는 주식시장이 비효율성을 가지고 있다는 증거가 된다.

　효율적 시장과 관련하여 Paul A. Samuelson을 비롯한 여러 저명한 경제학자 들이 훌륭한 이론을 발표했지만 그 중에서도 Eugene Fama에 의해서 제시된 효 율적 시장이론(EMH: efficient market hypotheses)이 주식시장에서 주가의 움직임에 대한 종합적 이론을 발전시킨 최고의 학자로 인정받는다.

　1960년대 초부터 주식가격의 변동성을 연구하기 시작한 Fama는 특히 프랑스 의 수학자인 Benoît B. Mandelbrot의 이론에 크게 영향을 받았다. Mandelbrot

는 프랙탈 기하학의 창시자로 주식가격은 너무나 불규칙하게 움직이기 때문에 어떠한 통계적 분석도 적용할 수 없고 주식가격의 불규칙한 움직임은 저절로 강력해지는 경향이 있기 때문에 예상치 못한 주식시장의 급등락을 초래한다고 주장했다.

Fama의 박사논문인 '주식가격의 움직임(The Behavior of Stock Price)'은 1963년 The Journal of Business에 실리면서 Fama는 단번에 금융계의 주목을 받게 되었다. Fama의 주장은 단순하다. 주식시장이 너무나 효율적이기 때문에 주식가격을 예측할 수 없다는 것이다. 즉, 효율적 시장이론은 이용 가능한 모든 정보가 이미 주식가격에 모두 반영되어 있기 때문에 주식가격은 오직 새로운(new), 예측할 수 없는(unpredictable) 정보에 대해서만 반응한다. 따라서 주식가격의 변동이 무작위적이고 예측 불가능(unpredictable)하게 된다고 주장한다.

주식시장을 대상으로 연구된 효율적 시장이론은 부동산시장에도 적용할 수 있다. 즉, 효율적 시장이론에 의하면 부동산가격에는 이미 모든 정보가 반영되어 있다고 본다. 따라서 부동산가격은 새로운 그리고 예측할 수 없는 정보에 대해서만 움직이므로 부동산시장이 효율적이라면 어떤 투자자도 초과수익을 얻을 수 없다고 할 수 있다. 효율적 시장의 형태는 약형 효율적 시장, 준강형 효율적 시장, 강형 효율적 시장으로 구분한다.[1]

(1) 약형 효율적 시장

약형(weak form) 효율적 시장이론은 현재 가격에는 과거 가격변동의 양상, 거래량의 추세, 과거 이자율의 동향에 관한 정보 등 역사적 정보가 이미 완전히 반영되어 있다는 주장이다. 따라서 이 가설은 어떠한 투자자도 과거 가격변동의 형태와 시장과 관련된 자료(market-related data)를 근거로 세운 투자전략인 기술적 분석(technical analysis)으로 초과수익을 얻을 수 없다고 주장한다.

기술적 분석은 가격이 일정한 패턴을 가진다고 보고 초과수익을 얻기 위하여 과거 가격의 움직임을 파악함으로써 미래 가격의 변동추이를 예측한다든지 혹은 시장에서 나타나는 거래량 변화 등을 살펴보고 향후 가격을 예측하여 초과수익을 획득하려는 것이다. 하지만 약형 효율적 시장에서는 이러한 과거 가격이나 거래량 등의 과거 정보가 이미 현재 가격에 모두 반영되어 있기 때문에 과거 정보를 분석하여서는 초과수익을 얻을 수 없다고 본다.

---

1) 「핵심투자론」, 이재하 · 한덕희, 박영사, 2021. pp. 235-237 참조.

(2) 준강형 효율적 시장이론

준강형(semi-strong form) 효율적 시장이론은 현재의 가격은 역사적 정보뿐만 아니라 공개적으로 이용가능한 모든 정보를 완전히 반영하고 있다는 주장이다. 따라서 이 가설은 과거의 가격과 거래량뿐만 아니라 회계정보 발표 및 회계처리 방법의 변경, 부동산 관련 공시사항, 공표된 정부의 부동산정책, 경쟁업체의 공지사항, 신문 등에 발표된 모든 공시된 정보 등과 같은 공개정보에 바탕을 둔 투자전략인 기본적 분석(fundamental analysis)으로 초과수익을 얻을 수 없다고 주장한다.

(3) 강형 효율적 시장이론

강형(strong form) 효율적 시장이론은 현재 가격은 역사적 정보, 공개된 정보뿐만 아니라 공개되지 않은 사적인 정보(private information)까지 모두 반영되어 있으므로 투자자는 어떠한 정보에 의해서도 초과수익을 얻을 수 없다는 주장이다. 따라서 강형 효율적 시장이론은 내부정보를 갖고 있는 정부관료(government officials)나 기업 내부자(corporate insiders: 임원, 이사회, 대주주)들조차도 강형 효율적 시장에서는 초과수익을 얻을 수 없다고 주장한다.

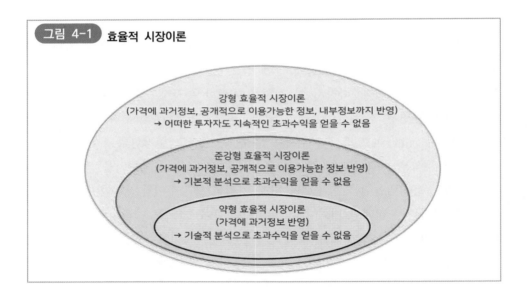

그림 4-1 **효율적 시장이론**

[알고 보면 더 재밌는 '대한민국 부동산'] 효율적 시장가설과 부동산시장

효율적 시장가설(EMH; Efficient Market Hypothesis)이라는 것이 있다. 주로 주식시장에서 주식가격의 결정원리로 응용되는 이론인데 간단히 살펴보면, 한 회사의 주식가격은 시장 상황과 전망 등에 대한 모든 정보가 이미 다 반영된 결과라는 것이다. 즉, 어떤 회사의 주식가격은 관련된 모든 정보가 실시간으로 반영되어 거래된다는 이론이다. 조금 더 자세히 보자면 정보가 가격에 반영되는 정도에 따라 약형, 준강형, 강형으로 3가지의 구분이 가능하다고 한다.

우선, 약형 효율시장(weak form efficient market)은 현재의 주가는 해당 회사의 과거 정보가 완전히 반영되어 있는 상태다. 다시 말하면 과거의 데이터는 있지만 현재와 미래에 대해서는 데이터가 아직 반영되어 있지 않은 상황을 가리킨다. 다음으로 준강형 효율시장(semi-strong form efficient market)이란 현재의 모든 정보가 신속하고 정확하게 현재의 주식가격에 반영되는 상황을 가리킨다. 과거의 주가와 거래량 변동에 대한 정보에 더해 신제품 개발 현황등 현재까지의 모든 정보가 포함된다. 앞서 보았던 약형 효율시장에 비해 정보가 더 많이 주가에 반영되지만 아직은 완전하다고 말하기는 어렵다. 기업의 비밀정보까지 포함되지는 않기 때문이다. 마지막으로 강형 효율시장(strong form efficient market)이란 현재 주가는 과거, 현재의 모든 정보분만 아니라 미래에 발표될 기업의 내부정보까지 가격에 반영된 상태를 가리킨다.

효율적 시장가설에 의하면 투자자는 주식시장에서 수익을 얻을 수 없다. 즉, 주식시장에서 큰 돈을 버는 것은 불가능하다. 왜냐하면 현재 특정 회사의 오늘 주식가격은 이미 과거, 현재는 물론이고 미래까지의 데이터가 모두 반영되어 있기 때문에 가격상승 또는 하락의 여지가 없기 때문이다. 이론에 따르면 불법적인 내부자 거래 또는 억세게 운좋은 경우를 제외하면 돈을 벌기 힘들다.

그럼에도 불구하고 주식은 가격이 변하고 거래가 이루어진다. 이는 각 개인에 따라 데이터를 분석할 때 주관이 개입되기 때문이다. 동일한 사안에 대해 어떤 투자자는 상승의 신호로 또 어떤 투자자는 하락의 신호로 받아들이게 된다. 코로나 19에 대해 미국이 비상시국을 선포한 날 미국의 나스닥은 7% 넘게 폭락하였으나 곧바로 9% 상승하는 회복세를 보이기도 했다. 코로나19에 대해 어떤 투자자는 하락의 신호로 또 어떤 투자자는 하락을 반등의 신호로 읽어냈던 것이다.

주식가격 결정에 사용되는 효율적 시장가설은 부동산에도 응용이 가능하다. A아파트의 가격은 교통, 학군 등의 데이터에 더해 개발계획 등 미래의 호재까지 다 반영되어 형성되기 때문이다. 특히 개발계획의 경우 과거와 달리 최근에는 언론과 인터넷을 통해 각 지자체의 개발계획이 실시간으로 확인되고 있어 부동산시장의 효율성이 점점 높다고 볼 수 있다. 즉 과거의 부동산가격은 약형 효율시장으로서 과거의 데이터 위주였다면 최근에는 강형 효율시장의 모습을 보이고 있다는 뜻이다. 그럼에도 주식시장처럼 부동산시장 역시 투자자의 주관에 따라 거래가 이루어진다. 정부가 부동산대책을 발표할 때마다 각 투자자들은 상승할지 하락할지 각자 다르게 판단하는 것이다.

2020년 3월 16일 새벽에는 미국이 오후에는 대한민국이 기준금리 인하를 전격 발표했다. 미국은 0.00%~0.25%로 기준금리를 발표함으로써 제로금리상황이 되었고 대한민국은 0.75%로 역사상 처음으로 제로금리 시대를 열었다. 새로운 정보가 입수된 상황이라 할 수 있는데 과연 대한민국의 부동산은 어떻게 움직일 것인가? 어떤 투자자는 낮아진 금리를 상승요인으로 볼 것이고 또 어떤 투자자는 정부의 부동산대책이 곧 발표되어 하락요인이 발생할 것으로 판단하리라 예상된다. 쉽게 예단하기 어려운 부동산시장이지만 단언할 수 있는 것은 2020년 상반기의 부동산 흐름은 정부가 부동산가격을 안정화시킬 수 있을지 아니면 시장논리에 의해 가격이 다시 상승세를 보일지 중요한 분기점이 된다는 사실이다. 이미 정보는 모두에게 공평하게 공개되어 있으니 남은 것은 시장참여자들의 주관적 판단임은 물론이고 말이다.

[출처: 이코노믹리뷰(www.econovill.com), 2020. 3. 19.]

 ## 2. 부동산시장의 균형모형

(1) 거미집모형

시장의 균형가격을 분석할 때 시간이라는 요소를 개입하면 동적(dynamic)인 모형이 된다. 거미집모형(cobweb model)[2]은 수요량에 비해 공급량의 조정속도가 매우 느릴 경우 예를 들어, 쌀이나 고추와 같은 농산물이나 부동산과 같이 공급이 제한되어 공급량의 조정속도가 느린 경우의 가격안정성을 동태적으로 분석하기에 적합한 모형이다. 거미집모형에 대해서 구체적으로 살펴보자.

먼저, 수요에 비해 공급이 제한되어 있어 공급이 비탄력적이고 수요량과 가격은 순간적인 반응이 가능하지만 공급량은 한 기(period)가 지난 다음 기에 반응할 수 있다고 가정하자. 〈그림 4-2〉에서 현재 올해 부동산 생산량이 Q_0으로 주어져 있다는 가정에서 시작하자.

---

2) Ezekiel, Mordecai, "The Cobweb Theorem," The Quarterly Journal of Economics, 52(2), 1938, pp. 255-280.

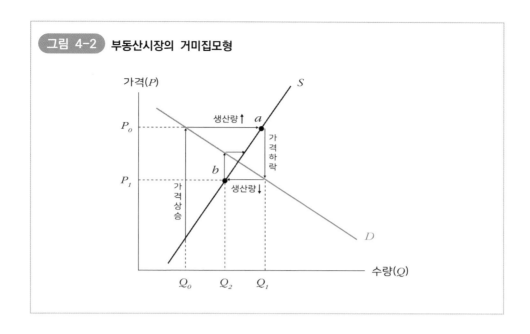

그림 4-2 부동산시장의 거미집모형

올해 한 시점에서만 부동산시장을 보면 부동산의 공급곡선은 Q_0를 지나는 수직선이라고 할 수 있다. 따라서 수요는 많고 공급은 적기 때문에 가격이 상승하여 Q_0의 공급량이 모두 팔릴 수 있는 P_0에서 올해의 부동산가격이 결정된다.

부동산을 생산하여 공급하는 사람은 P_0의 가격을 보고 다음 해의 부동산 공급량을 계획하게 되므로 공급곡선 위의 a점 수준에서 공급을 계획하여 다음 해에 Q_1만큼의 부동산이 공급된다. 다음 해에 시장에서 Q_1만큼 부동산이 공급되고 공급량이 수요량보다 많으므로 이 공급량이 다 팔리기 위한 시장가격은 P_1으로 하락한다.

이와 같은 과정이 반복되어 그 다음 해의 공급량은 Q_2가 된다. 이러한 과정이 끊임없이 움직이게 되어 시장가격이 균형가격으로 수렴하게 되는데 이를 동적 안정성이 존재한다고 말하고, 이러한 거래가 이루어지는 점이 움직여 나가는 모양이 마치 거미집과 같다고 하여 거미집모형이라고 부른다.

거미집모형에서 수요의 가격탄력성이 공급의 가격탄력성보다 크면, 즉 수요곡선의 기울기보다 공급곡선의 기울기가 가파르면 균형가격으로 수렴하여 동적 안정성을 갖는다. 하지만 수요의 가격탄력성이 공급의 가격탄력성과 같을 경우와 수요의 가격탄력성이 공급의 가격탄력성보다 작을 경우에는 〈그림 4-3〉에서 보듯이 균형가격으로 수렴하지 않는다.

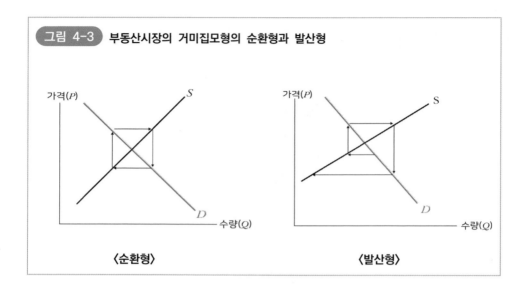

그림 4-3   부동산시장의 거미집모형의 순환형과 발산형

〈순환형〉

〈발산형〉

(2) 4분면모형

1) 4분면모형의 개요

DiPasquale와 Wheaton은 부동산시장을 공간시장, 자산시장, 개발시장 간의 동시적 균형 관계를 설명하는 4분면모형(four-quadrant diagram model)을 제시하였다.[3] 4분면모형에서 공간시장의 균형은 1사분면에, 자산시장의 균형은 2사분면에, 개발시장의 균형은 3사분면에, 재고량의 조정은 4사분면에 나타내어 각 시장 간의 동태적 균형관계를 보여준다.

1사분면에서는 단기적으로 고정되어 부동산의 공급이 완전비탄력적이라는 가정하에 공간의 단기공급곡선과 수요곡선이 만나는 점에서 균형임대료 R_0이 결정된다.

1사분면에서 균형임대료가 결정되면 2사분면에서 자산가격이 결정됨을 보여준다. 즉, 효율적 자산시장일 경우 부동산(자산)의 진정한 가치인 내재가치(intrinsic value) V_0와 부동산의 시장가격 P_0이 일치할 때 자산시장의 균형이 이루어진다. 예를 들어, 시장이 비효율적이라면 진정한 가치가 10억원인 상가 A는 시장에서

3) Dipasquale, D. and Willian C. Wheaton, Urban Economics and Real Estate Market, Prentice-Hall, 1996, pp. 7-20., 「부동산정책론」, 이태교·이용만·백성준, 법문사, 2023, pp. 68-71 참조.

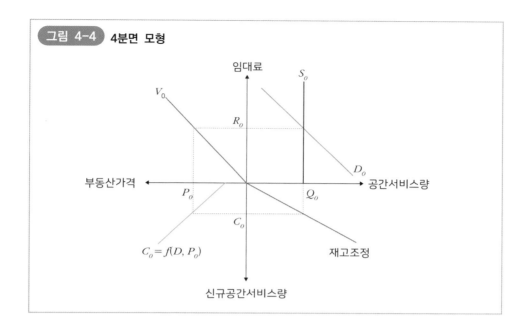

그림 4-4 4분면 모형

임대료

V_0

S_0

R_0

D_0

부동산가격 ← → 공간서비스량

P_0

Q_0

C_0

$C_0 = f(D, P_0)$

재고조정

신규공간서비스량

9억원에 거래될 수도 있고 10억원에 거래될 수도 있다. 하지만 시장이 효율적이라면 진정한 가치 10억원이 시장에서 거래되는 가격이 된다.

임대료가 매년 g로 성장한다면 부동산의 내재가치 $V_0 = R_1 / (r - g)$이 되고[4] 부동산시장이 효율적일 경우 내재가치 V_0와 시장가격 P_0이 일치하여 자산시장의 균형이 성립된다. 임대료가 올라갈수록, 즉 임대료의 성장률 g가 커질수록 부동산의 내재가치가 상승하므로 2사분면에 그려지는 부동산의 자산가치는 좌상향의 직선이 된다.

2사분면에서 부동산의 자산가격이 결정되면 3사분면에서는 이윤극대화 원리에 의해 부동산개발비용이 부동산의 시장가격과 같아지는 수준까지 신규 건설 공급량(개발량) C_0이 결정된다. 3사분면의 좌하향으로 나타나는 직선은 고정비용과 변동비용으로 구성되는 개발비용 D와 부동산가격 P_0에 의해 결정되는 신규 건설 공급량(개발량)을 나타낸다. 부동산가격이 최소한 고정비용은 넘어서야 신규개발이 이루어지므로 3사분면의 직선은 원점에서 출발하지 않는다.

---

4) 제3장 토지 및 도시경제의 이해 APPENDIX 참조.

4사분면에서는 공간시장, 자산시장, 개발시장이 재고조정을 통해 동시에 균형에 이르는 과정을 보여준다. 시장이 동시적 균형에 도달하기 위해서는 재고량의 변화가 없어야 한다. 만약 공간의 공급량(생산량)이 증가하거나 감소하여 재고량이 변하게 되면 공간시장의 균형이 무너짐에 따라 자산시장과 개발시장의 균형도 무너지게 된다. 따라서 신규개발에 의한 재고량 증가분과 기존 재고량의 소멸에 의한 재고량 감소분이 일치하여 재고량의 변화가 없을 때, 즉 3사분면에서 결정된 신규 건설 공급량(개발량) C_0과 현재의 재고량 Q_0이 일치할 때 공간시장, 자산시장, 개발시장이 동시에 균형상태를 이루게 된다.

2) 부동산시장의 변화

① 부동산정책의 변화

우리나라에서 그동안 실시해온 부동산정책은 과열된 부동산시장을 억제하기 위한 세금 및 규제강화 등을 통한 수요억제정책으로 시장을 진정시키려고 한 규제강화정책과 실수요자보호 및 규제완화 등을 통한 공급확대정책으로 경기부양을 도모한 규제완화정책이 있다.

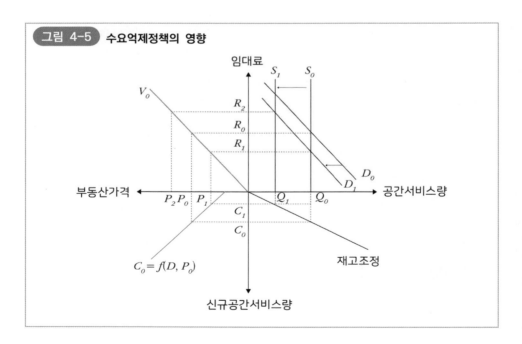

그림 4-5 수요억제정책의 영향

예를 들어, 부동산시장의 과열을 억제하기 위해 수요억제정책을 실시하였다고 하자. 이 경우 공간시장에서 수요곡선이 D_0에서 D_1로 이동하여 단기적으로 임대료가 R_0도 R_1로 하락하고 이에 따라 부동산가격 P_0도 P_1로 하락한다. 부동산가격이 하락하면 신규 건설 공급량(개발량)이 C_0에서 C_1로 감소하면서 부동산 재고량이 Q_0에서 Q_1로 감소한다. 부동산 재고량이 감소하면 공간의 단기공급곡선이 S_0에서 S_1로 이동하여 임대료가 R_2로 올라가고 부동산가격도 P_2로 올라간다. 정부규제로 인한 정책효과로 단기공급곡선이 이동정도에 따라 임대료 및 부동산가격의 상승폭이 달라진다.

② 이자율의 변화

정부가 부동산시장의 과열을 막기 위해 수요를 억제하기 위한 수단으로 이자율을 올렸다고 하자. 이자율이 오르면 2사분면에서 자산의 가치를 나타내는 직선의 기울기가 더 커진다. 왜냐하면 $V_0 = R_1/(r-g)$에서 예를 들어, g가 5%, R_1이 100만원일 때 r이 7%이면 $V_0 = R_1/(r-g) = 100$만원$/(0.07 - 0.05) = 5,000$만원이다. 만약 r이 10%로 커지면 $V_0 = 2,000$만원이 된다. 따라서 이자율이 오르면 자산의 가치가 감소하여 원점을 기준으로 직선이 우측으로 회전하여 자산가치를 나타내는 직선은 기울기가 더 커진다.

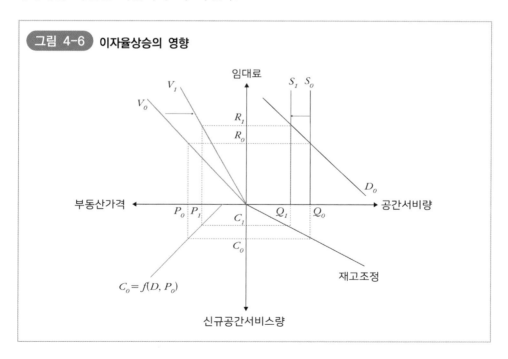

그림 4-6 이자율상승의 영향

이자율이 상승하면 단기적으로 공간시장에서 임대료는 R_0으로 변화가 없지만, 자산시장에서는 자산가치가 하락하여 부동산가격이 P_0도 P_1로 하락하게 된다. 부동산가격이 하락하면 신규 건설 공급량(개발량)이 C_0에서 C_1로 감소하면서 부동산 재고량이 Q_0에서 Q_1로 감소하여 공간의 단기공급곡선이 S_0에서 S_1로 이동하게 됨에 따라 임대료가 R_0에서 R_1로 상승한다.

제3절

부동산경기변동

1. 경기변동의 개요

사계절이 있는 자연에서 봄 여름 가을 겨울계절이 끊임없이 반복적으로 순환하듯이 경제도 경기가 총생산과 고용이 하락하여 침체되다가도 총생산과 고용이 늘어나서 경기가 회복되는 변동이 반복적으로 순환하여 나타난다. 즉, 경기변동은 경제가 저점에서 회복기를 거쳐 정점에 다다른 후 후퇴를 반복 순환하는 현상이다. 저점에서 정점까지 수직으로 연결한 높이를 진폭이라고 하고, 저점에서 다음 저점까지의 기간을 주기라고 한다.

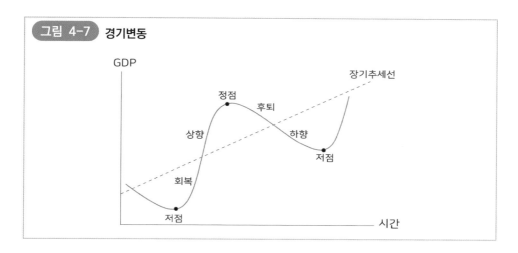

그림 4-7 경기변동

부동산경기변동은 일반적으로 주거용 부동산의 건축경기를 말하며, 여기에 상업용, 공업용 부동산과 토지경기까지 합쳐서 넓은 의미의 부동산경기라고도 한다. 부동산경기는 저점에서 경기가 살아나기 시작하는 회복시장, 회복시장이 지속되어 호황에 이르는 상향시장, 경기가 정점에서 하강하는 후퇴시장, 후퇴시장이 지속됨에 따라 불황에 이르는 하향시장의 순환을 거친다.

 ## 2. 부동산경기 순환국면

(1) 회복시장

부동산시장의 경기가 저점에서 점차 상승하지만 아직 호황에 이르지는 못한 국면이다. 이 시기에는 부동산시장의 참여자가 조금씩 증가하며 경기회복에 대한 기대감으로 건축허가 건수가 점차 증가하고 임대주택의 공실률도 적어지게 된다. 아직까지 완전히 부동산경기가 호황에 이르지 못하였기 때문에 부동산매수인보다 부동산매도인 우위의 시장이 유지되고, 과거의 사례가격이 새로운 거래가격의 하향치 또는 기준가격이 된다.

(2) 상향시장

회복시장이 계속 유지되어 부동산가격이 계속 상승하고 부동산거래가 활발해짐에 따라 부동산경기가 호황에 이르는 국면이다. 부동산경기가 정점에 이르면 후퇴할 조짐이 나타난다. 상향시장에서는 건축허가 건수가 최대가 되고 임대주택의 공실률은 최소가 된다. 또한 부동산가격이 계속 상승함에 따라 부동산매도인 우위의 시장이 유지되고, 과거의 사례가격이 새로운 거래가격의 하한치가 된다.

(3) 후퇴시장

후퇴시장은 부동산경기가 정점을 지나 하강하지만 아직 불황에는 이르지 못한 국면이다. 상향시장에서는 금리가 높아지고 건축허가 건수는 점차 감소하며 임대주택의 공실률이 점차 증가한다. 또한 부동산가격이 하락함에 따라 부동산 매수인 우위의 시장이 유지되고, 과거의 사례가격이 새로운 거래가격의 상한치 또는 기준가격이 된다. 정부의 강력한 규제가 시행되면 후퇴국면이 단기간에 나타나기도 한다.

(4) 하향시장

후퇴시장이 지속되어 부동산가격은 하락하면 금리가 매우 높아지고 거래가 저조해짐에 따라 불황에 이르는 국면이다. 이 국면에서는 건축허가 건수가 최소가 되며 임대주택의 공실률은 최대가 된다. 또한 부동산가격이 하락하고 거래가 저조해짐에 따라 부동산매수인 우위의 시장이 더 강화되고, 과거의 사례가격이 새로운 거래가격의 상한치가 된다. 이 국면에서는 대형주택이나 신개발지역의 택지 등 불황에 약한 유형의 부동산은 타격이 크다.

3. 부동산경기의 특징

국민경제 전체 측면에서의 볼 때 거시경제변수들은 서로 의존성을 갖는 경향이 뚜렷하고 비슷한 방향으로 서로 연관성을 가지고 움직인다. 따라서 일반경기가 좋으면 부동산경기도 좋다. 예를 들어, 일반경기가 호황일 때 상대적으로 수익성이 높은 상업용 부동산과 공업용 부동산에 많은 투자가 되어 이 부동산에 대한 수요가 커짐에 따라 건축경기의 활성화를 가져오게 된다.

반면 주거용 부동산은 일반경기와 반대의 움직임을 보인다. 즉, 일반경기가 호황일 경우 기업의 자금수요가 증가함에 따라 일반적으로 시장이자율이 상승하게 되어 시중자금이 부동산시장에서 이탈하여 산업자금으로 이동하여 상대적으로 주택건축경기가 침체되어 일반경기와 반대로 움직이는 모습을 보인다.

한편, 용도별 부동산시장 경기가 아닌 주거용 부동산, 상업용 부동산, 공업용 부동산을 모두 가중평균한 전체적인 부동산경기와 일반경기를 비교해 보면 부동산경기가 일반경기에 비해 시간적으로 후행하는 경향을 보인다. 또한, 부동산은 영속성과 내구성을 가지므로 일반경기변동보다 경기변동의 주기가 더 길며 경기변동의 저점이 더 낮고 정점이 더 높아 경기순환의 진폭이 더 크게 나타난다.

일반경기에 비해 부동산경기의 진폭의 경우 저점에서 정점으로는 장기에 걸쳐 나타나지만 정점에서 저점으로는 짧은 시간에 나타남에 따라 진폭이 우경사 비대칭형으로 나타난다. 이는 부동산의 경기회복은 느리고 경기후퇴는 빠르다는 것을 의미한다.

한편 부동산은 부동성으로 인해 부동산시장이 국지화·지역화되고, 개별성으로 인해 부동산 유형별로 시장이 형성된다. 따라서 각각의 지역시장별로 다른 부동산경기와 부동산 유형별로 다른 부동산경기를 보임에 따라 일반경기와 달리 일반적인 패턴을 발견하기가 쉽지 않다.

memo

Chapter 05

부동산정책의 이해

Section 01 부동산정책의 필요성

Section 02 부동산정책의 수단

부동산정책의 필요성

 1. 부동산 문제

　실물자산인 부동산은 금융자산과 달리 부동산만이 갖는 부동성, 부증성, 개별성 등의 특성으로 인해 시장의 자율적인 가격조정기능에만 맡겨 놓을 경우 부동산만이 갖는 문제가 발생한다. 예를 들어, 도시화 등으로 좁은 지역에 많은 사람들이 살고 있는 반면 토지의 공급량이 제한되어 토지가격이 비정상적으로 상승하거나 필요한 주택수요에 대한 적정한 공급의 문제 등 다양한 사회·경제적인 문제를 일으킨다.

(1) 토지부족 및 토지가격 상승

　토지의 특성 중 하나인 부증성으로 인해 토지에 대한 공급곡선은 단기적으로 완전비탄력적이 된다. 용도전환을 통한 경제적 측면의 공급을 하더라도 공급에 한계가 있기 때문에 결국 토지가격이 상승하게 된다.

　토지가격이 상승하면 물가를 상승시키고 이는 산업의 생산비용 상승으로 이어지게 된다. 토지가격의 상승은 주택가격도 상승시킴에 따라 사회 계층 간의 소득불평등도 심화시킨다. 또한 토지의 공급이 제한됨에 따라 토지자원의 집약적인 이용과 건물의 고층화가 심화 되고 광역적인 토지이용이 어렵게 됨에 따라 토지가 비효율적으로 이용될 수 있다. 근로자 입장에서도 도심에서 멀리 떨어진 외곽지역에 주거지를 두게 되어 일터와 가정이 서로 나뉘어 떨어지는 직주분리현상이 일어나게 된다.

(2) 주택 수요와 공급의 문제

인간의 가장 기본적인 의·식·주 중 아직 주택문제는 해결되지 못하고 있다. 2021년 11월 1일 현재 우리나라의 주택소유비율은 56.2%[1]로 대부분의 나라들과 마찬가지로 우리나라도 주택보급률을 높이는 것이 중요한 정책목표이다. 따라서 사람들이 필요로 하는 주택을 어떻게 공급할 것이냐 하는 공급의 문제가 발생하고 또한 공급되는 주택을 사람들이 살 능력이 있느냐 하는 소득 제고 등의 문제도 발생한다.

 ## 2. 시장실패의 수정

(1) 시장실패의 개요

자유주의경제에서 사람들은 서로 다른 욕구를 가지고 경제활동을 하고 있다. 상품을 사려고 하는 수요자와 팔려고 하는 공급자 사이에 자발적인 교환과 경쟁을 통한 가격의 자율적인 조정 기능에 의해 자원의 배분이 이루어진다. 이것을 Adam Smith는 희소한 자원을 효율적으로 배분하는 역할을 하는 가격기구라는 의미로 보이지 않는 손이라는 말로 표현하였다.

하지만 외부효과나 공공재, 시장의 불완전성 등이 존재한다면 자율적인 가격조정기능에 의해 자원을 효율적으로 배분하지 못하게 된다. 즉, 경제활동을 시장에 맡길 경우 시장이 그 기능을 제대로 발휘하지 못하여 효율적인 자원배분이나 공평한 소득분배를 실현하지 못하는 상황인 시장실패(market failure)가 부동산시장에서도 자주 일어난다.

---

1) 2022년 주택소유통계, 통계청.

(2) 시장실패의 원인

1) 외부효과

① 외부경제와 외부비경제

외부효과(externality)는 어떤 경제주체의 행위가 본인의 의도와 다르게 제3자에게 혜택이나 손해를 끼치면서도 이에 대해 어떠한 대가를 요구하거나 비용을 지불하지 않는 것을 말한다.

외부효과에는 좋은 것과 안 좋은 것이 있다. 좋은 것은 다른 사람에게 의도하지 않은 혜택을 주고도 보상받지 못하는 경우로, 꽃밭가꾸기나 생태공원 조성 또는 도로나 지하철을 신설할 경우 주거환경이 좋아지는 혜택이나 양봉업자로 인해 과수원을 운영하는 농부가 얻는 혜택과 같은 것이다. 이것을 외부경제(external economy) 또는 양(+)의 외부효과라고 한다.

외부효과에 대해서 어떠한 대가를 요구하거나 비용을 지불하지 않기 때문에 양(+)의 외부효과가 발생하면 사적 편익(benefit)보다 사회적 편익이 더 크고 사적 비용(cost)보다 사회적 비용은 더 적게 발생하게 된다. 따라서 양(+)의 외부효과를 제공하는 개인이나 기업은 외부효과를 많이 만들어낼 필요성을 느끼지 못하게 되고 결국 시장에 전적으로 맡겨 놓게 되면 양(+)의 외부효과는 적정한 양보다 더 적게 만들어지게 된다. 이것은 개인의 관점에서 계산된 시장균형이 사회적인 관점에서 볼 때 효율적인 자원배분이 되지 못하는 시장실패가 발생함을 의미한다.

한편, 다른 사람에게 의도하지 않은 손해를 입히고도 대가(비용)를 지불하지 않는 경우로, 공장과 같은 공해시설에서 배출하는 매연이나 폐수로 인한 주거환경에 미치는 부정적인 영향과 같은 것은 안 좋은 것이며, 이것을 외부비경제(external diseconomy) 또는 음(−)의 외부효과라고 한다.

음(−)의 외부효과가 발생하면 사적 편익이 사회적 편익보다 더 크고 사적 비용은 사회적 비용보다 더 적게 발생하게 된다. 따라서 음(−)의 외부효과를 제공하는 개인이나 기업은 굳이 외부효과를 줄이려고 하지 않는다. 결국 시장에 전적으로 맡겨 놓게 되면 음(−)의 외부효과는 적정한 양보다 더 많이 만들어지게 된다. 이것은 개인의 관점에서 계산된 시장균형이 사회적인 관점에서 볼 때 효율적인 자원배분이 되지 못한다.

② 외부비경제에 대한 대책

환경오염과 같은 외부비경제인 음(－)의 외부효과가 발생할 경우 정부는 환경오염 허용기준을 만들고 이를 넘지 않도록 감시하는 간접규제와 환경오염행위를 처음부터 완전히 금지하는 직접규제를 통하여 환경오염을 조절하는 방법을 사용할 수 있다. 특히 직접규제의 경우 수은 같은 오염물질의 폐기행위를 완전히 금지시키는 배출금지(discharge prohibition)와 일정구역의 토지를 특정 목적 이외의 다른 목적으로 사용하는 것을 금지하는 용도지정(zoning)이 있다. 「국토계획법」에서 전국의 토지를 합리적이고 효율적으로 이용하기 위해 도시지역, 관리지역, 농림지역, 자연환경보전지역의 4개로 구분하여 지정한 용도지역은 환경오염을 규제하는 효과도 가진다.

간접규제와 직접규제 외에도 시장유인을 통한 간접규제로는 오염배출부과금 부과, 오염정화보조금 지급, 재산권 부여하는 방법도 있다. 특히 시장실패에 대한 해결책으로 재산권 부여를 해야 한다는 것을 최초로 지적한 사람이 Ronald H. Coase[2]다. Coase는 환경오염으로 인해 손해를 보는 제3자에게 환경에 대한 사유재산권을 갖게 한다면 오염배출자가 마음대로 오염물질을 배출할 수 없기 때문에 정부의 개입 없이도 시장이 스스로 외부효과 문제를 해결할 수 있다고 하였으며 이를 코오즈 정리(Coase theorem)라고 부른다.

2) 공공재

공공재는 공공단체에 의해 제공되는 상품으로 정의하는 것이 아니고, 소비의 비경합성(non-rivalry in consumption)과 비배제성(non-excludability)을 갖춘 상품을 공공재라고 한다. 비경합성이라는 것은 소비하는 사람이 아무리 많아도 한 명이 소비할 수 있는 양에는 전혀 변함이 없어야 한다는 것을 말한다. 예를 들어, 콜라와 같은 상품(사적재)은 한 사람이 소비하면 다른 사람은 그 콜라를 먹을 수 없지만, 등대 불빛은 배 한 척이 혜택받는다고 해서 다른 배들이 혜택을 받지 못하는 것이 아니다.

비배제성은 대가를 지불하지 않고 소비하려는 소비자에게 쓰지 못하게 할 수 없는 상품을 말한다. 예를 들어, 콜라는 값을 지불하지 않는 사람은 소비하지 못하지만 국방, 외교, 소방, 경찰서비스 등은 세금을 내지 않은 사람만 제외할 수 없다.

---

2) Ronald H. Coase, "The Problem of Social Costs," Journal of Law and Economics, 3, 1960.

공공재의 생산에는 막대한 비용이 들지만 많은 사람에게 혜택을 주기 때문에 반드시 생산되어야 한다. 하지만 사람들은 아무런 대가를 지불하지 않고 소비하려고 한다. 이 때문에 아무런 비용 부담 없이 어떤 상품의 소비를 통해 혜택만 얻으려고 하는 데서 생기는 문제인 무임승차자 문제(fred-rider problem)가 발생한다.

따라서 공공재의 생산을 시장에 맡겨 놓을 경우 이윤극대화를 목적으로 하는 기업은 공공재를 생산하려고 하지 않을 것이며 결국 시장 자율적으로 생산되지 않거나 사회적으로 필요한 양보다 훨씬 적게 생산되어 시장의 실패가 발생한다.

3) 불완전시장

일반적으로 한 개의 기업이 시장을 지배하는 독점이나 몇 개의 기업이 시장을 지배하는 과점기업이 시장을 지배하는 불완전한 경쟁상태일 경우에는 시장지배력을 가진 공급자인 독점기업이나 과점기업이 상품의 가격과 수량을 마음대로 정하기 쉽다. 독점기업의 경우 스스로 높은 가격에 적은 공급량을 유지함으로써 보다 많은 이익을 얻으려고 할 것이고, 과점기업 역시 몇 개의 기업이 담합하여 높은 이익을 얻으려고 할 것이다.

불완전시장인 부동산시장도 공급자에게 가격결정력이 있기 때문에 완전경쟁시장에서 정해지는 가격보다 높은 가격을 설정하고 부동산공급은 적게 할 뿐 아니라 거래 상대방에게 불리한 거래를 강요하는 행위도 나타날 수 있다. 시장참여자들의 공정한 경쟁을 제한하는 이러한 행위는 결국 자원을 비효율적으로 배분하게 되어 시장실패를 일으킨다.

4) 불확실성과 비대칭 정보

현실경제는 불확실성과 비대칭 정보가 존재한다. 즉 소비자의 선호나 공급자들의 생산기술 등의 이유로 불확실성이 존재하고 특히 부동산시장은 정보가 투명하고 원활하게 유통되지 않는다. 어느 한쪽이 다른 한 쪽 보다 우월한 정보를 가지고 있는 비대칭 정보 상황에서 정보가 비용 없이 신속하게 유통되지 않으면 역선택(adverse selection)이나 도덕적 해이(moral hazard) 등이 발생하게 되고 결국 자원배분이 효율적이지 않게 되어 시장실패가 일어나게 된다.[3]

---

3) Joseph Stiglitz는 비대칭 정보하에서 보이지 않는 손으로 작동되는 경쟁시장이 시장실패하는 것을 마비된 손(palsied hand)이라고 하였다.

역선택은 감추어진 특성이 있는 시장에서 오히려 품질이 낮은 상품이 선택되는 현상, 즉 정보가 없는 쪽에서 볼 때 관찰할 수 없는 속성이 바람직하지 않게 작용하는 경향을 말한다. 예를 들면, 보험회사 보다 자신의 건강상태에 대한 정보를 잘 아는 사람이 보험에 가입하고자 하는 경우다. 즉, 암에 걸릴 확률이 높은 사람이 그 사실을 숨기고 암보험에 가입한다면 보험회사는 역선택을 한 것이 된다.

도덕적 해이는 계약을 한 후 자신이 해야 할 최선의 노력을 하지 않는 행동을 말한다. 즉, 불완전하게 감시를 받고 있는 사람이 부정직하거나 바람직하지 못한 행위를 하는 것으로, 미국에서 보험가입자들의 부도덕한 행위를 가리키는 말로 사용되기 시작했다. 예를 들어, 보험회사가 화재보험가입자의 화재예방노력을 완전히 감시할 수 없기 때문에 보험가입자가 화재예방에 최선을 다하지 않거나 화재예방 의무를 소홀하게 함에 따라 화재가 발생할 수 있다.

(3) 정부의 시장개입과 정부의 실패

시장실패를 보완하여 자원배분의 효율성을 높이기 위해 정부는 시장에 전적으로 맡기지 않고 경제에 개입하게 되고 이러한 경제를 혼합경제라고 한다. 예를 들어, 부동산시장의 경우 지역적으로 분리되어 있고 공급이 비탄력적이기 때문에 다른 상품시장에 비해 수요에 따라 가격변동이 크다. 따라서 단기적인 시장과열이나 시장침체를 정상시장으로 되돌리기 위해 정부는 공정경쟁이 유지되도록 법과 제도의 제정 및 운용, 사회적으로 바람직한 자원배분 유도, 개인의 능력과 노력에 따른 공정분배를 위한 불균등한 소득의 재분배, 거시경제 안정화 노력 등을 통하여 시장경제에 개입한다.[4]

하지만, 시장실패를 수정하기 위해 여러 가지 형태의 정부규제 혹은 공공규제를 하지만 규제담당자의 편견이나 불완전한 지식 및 정보, 경직적이고 근시안적인 규제, 불완전한 규제수단, 정치적 제약 등으로 인해 정부의 개입은 오히려 자원배분의 효율성을 더 저해하는 정부의 실패(government failure)가 발생할 수 있다.

---

[4] 국가는 균형 있는 국민경제의 성장 및 안정과 적정한 소득의 분배를 유지하고, 시장의 지배와 경제력의 남용을 방지하며, 경제주체 간의 조화를 통한 경제의 민주화를 위하여 경제에 관한 규제와 조정을 할 수 있다고 하여 자유시장경제원리를 일부 수정할 수 있도록 규정하고 있다(「헌법」 제119조 2항).

부동산정책의 수단

정부가 부동산시장에 개입하는 방식은 직접개입하는 정책수단과 간접개입하는 정책수단이 있다. 직접개입하는 정책수단은 정부가 직접 수요자나 공급자 역할을 하거나 가격을 통제하는 방식이다. 간접개입하는 정책수단은 금융이나 세금 등 수요나 공급에 영향을 미치는 요인을 변화시켜 간접적으로 부동산시장에 개입하는 방식이다.

1. 직접개입 정책수단

(1) 토지은행제도

토지은행제도(토지비축제; land banking system)는 부동산 소유규제에 해당하는 제도로 미래의 토지수요 증가에 대비하여 정부나 공공기관이 미리 미개발 토지를 매입하여 보유하고 있다가 토지수요가 증가할 때 해당 토지를 매각하거나 임대하여 시장가격을 안정시키는 제도이다.

우리나라는 공익사업용지의 원활한 공급과 토지시장의 안정을 위해 「공공토지의 비축에 관한 법률」에서 공공토지의 비축 및 공급에 관하여 필요한 사항을 규정하고 있으며, 공공토지의 비축 및 공급을 위하여 한국토지주택공사 고유계정과 구분되는 계정으로서 한국토지주택공사에 토지은행계정을 두어 운영하고 있다(제9조

1항). 토지비축사업을 운영하기 위해 한국토지주택공사는 토지은행기획단이라는 전담조직을 통해 토지은행계정의 운용 및 권리를 행사하고 비축사업계획수립 및 토지비축, 관리, 공급 등 실무업무를 수행하고 있으며, 토지은행 적립금으로 연간 이익금의 40%를 적립하고 있다.

한국토지주택공사가 토지은행사업으로 취득할 공공토지인 비축대상토지는 공익사업에 필요한 토지(공공개발용 토지), 토지시장 안정을 위한 수급조절용 토지(수급조절용 토지), 매립지 및 매립예정지와 그 밖에 토지비축위원회에서 필요하다고 인정하는 토지로 구분된다. 공공개발용 토지는 생활 SOC 용지, 산업용지, 주택용지 등 공공개발수요 대비 토지이며, 수급조절용 토지는 수요불안 해소를 위헌 선제적 토지확보로 시장안정과 미래 수요에 대비하는 토지이다.

공공개발용 토지 등(토지·물건 또는 권리)의 취득인 경우 한국토지주택공사는 토지 등을 강제수용할 수 있고(제16조), 공공개발용 토지로서 보상계획 공고 이전일 경우 토지의 소유자는 한국토지주택공사에 해당 토지의 매수를 청구할 수 있다(제17조). 수급조절용 토지 등의 취득인 경우 선매할 수 있다. 즉, 자치구의 구청장(시장·군수·구청장)은 토지거래계약에 관한 허가신청이 있는 경우 해당 토지에 대하여 한국토지주택공사가 매수를 원하는 때에는 한국토지주택공사가 해당 토지를 우선 협의매수하게 할 수 있다(제20조).

토지은행제도는 미개발지를 미리 싼 값에 매수하여 개발이익을 환수할 수 있을 뿐 아니라 공공시설, 산업 및 주택용지 등을 싸게 공급할 수 있으며, 개인에 의한 무계획적인 토지이용을 막을 수 있다는 장점이 있다. 하지만 토지매입을 위한 막대한 재원조달과 매입한 비축토지의 관리가 어렵다는 한계점이 있다.

(2) 용도지역제

일반적으로 토지이용규제의 수단으로 용도지역제(zoning system)를 사용한다. 용도지역제는 지역이나 지구별로 토지이용을 제한함으로써 외부불경제인 음(−)의 외부효과를 제거하거나 감소시킬 수 있다. 「국토계획법」에서는 전국 토지의 합리적 이용 및 양호한 생활환경을 조성하기 위하여 전국의 토지를 대상으로 도시지역(주거지역, 상업지역, 공업지역, 녹지지역), 관리지역(보전관리지역, 생산관리지역, 계획관리지역), 농림지역, 자연환경보전지역의 4개로 구분하여 용도지역을 지정하고 있다.

용도지역제는 법으로 용도에 따라 허용되는 용도를 정해놓았기 때문에 예측가능성이 높고 빠른 용도의 결정과 개발계획을 수립할 수 있는 장점이 있다. 따라서 용도에 맞지 않는 토지이용에 대한 불확실성이 감소하기 때문에 해당 지역의 토지수요가 증가하고 토지의 가치는 상승한다. 또한 주택가치 하락위험도 감소하여 해당지역의 주택수요가 증가하게 된다.

하지만, 빠른 도시화로 융통성 있는 토지개발 및 이용에 융통성이 필요한 상황에서 획일적인 지역지구 지정은 지역특성이 반영되지 못하는 경직성이 있으며, 지역별로 강력한 규제 지역과 다소 여유있는 규제 지역 간에 형평성 문제도 발생할 수 있다. 또한 어떤 지역이 개발 가능한 용도로 변경될 경우 기존 토지소유주들의 토지에 대한 사전적 독점 상황이 일어나게 되어 용도지역제로 인한 이득은 기존 토지소유주에게 귀속됨에 따라 특정 위치를 독점함으로써 생기는 초과이윤 문제가 발생하게 된다.

📖 읽을 거리

혁신을 막는 용도지역제, 새로운 틀이 필요하다

용도지역제의 탄생

토지를 계획적으로 이용하는 것은 인류 정착의 역사와 궤를 같이한다. 농경생활을 시작하면서 생겨난 농지와 주거지의 분리가 대표적이다. 고대 유적들을 보면 아무데나 집을 짓고 논을 만든 것이 아니라 나름의 공간 질서와 체계를 갖추고 있다. 고대인의 무덤인 고인돌도 특정 장소에 모여 있는 경우가 많은데 일종의 공동묘지를 정한 것으로 보인다. 아마도 족장이나 마을 어른들의 합의를 통해 중요한 토지이용을 결정했을 것이다.

대표적인 토지이용 규제인 용도지역제(Zoning)는 산업혁명으로 공업화가 가속화되던 1810년 독일에서 시작됐다. 라인(Rhein)강변 도시들을 '보호구역'으로 지정해 주거환경을 지키고자 했다. 석탄을 에너지원으로 사용한 이 시기의 공장들은 공해와 소음의 주범이었는데 주거지역을 이들로부터 보호할 필요가 있었다. 이후 1845년에는 「프러시아공업법」이 제정돼 용도지역제의 기초가 마련되고 1800년대 말에는 밀도와 높이도 규제하기에 이른다.

유럽에서 시작됐지만 용도지역제가 꽃을 피운 곳은 미국이었다. 캘리포니아주는 화재위험이 있고 주거지에 부정적인 영향을 준다는 이유로 중국인 세탁소를 규제하는 조례를 1885년 처음으로 통과시켰다. 가장 큰 명분은 주거환경 보호와 자산가치 하락 방지였다. 처음에는 12명의 이웃 주민으로부터 허락을 받으면 시내 주거지에서도 영업을 할 수 있었으나 이후에는 공업지역이나 시 외곽에서만 세탁소를 운영하도록 제한됐다.

점차 역할이 확대되던 용도지역제는 중대한 위기에 봉착한다. 1922년 한 부동산회사

(Ambler Realty Company)가 용도지역제 적용에 반발해 소송전을 시작한 것이다. 오하이오주에 있는 유클리드 마을 의회는 마을 전체에 용도지역제를 적용하는 과정에서 이 부동산회사 소유지 중 일부를 주택만 지을 수 있는 용도로 지정했다. 그러자 부동산회사는 토지규제로 땅값이 하락해 사유재산권을 침해당했다며 소송을 냈다. 법정 공방 끝에 1926년 미국 대법원은 공공의 이익을 위해 토지이용을 제한하는 것은 합헌이라는 결정을 내리게 된다. 이 사건은 미국에 용도지역제가 널리 퍼지는 기폭제가 됐다.

우리나라 용도지역제

우리나라에 용도지역제가 도입된 것은 일제강점기인 1934년이다. 도시계획에 관한 최초의 법령인 '조선시가지계획령'이 제정되면서 '주거, 상업, 공업' 등 3개의 용도지역과 '풍치, 방화, 미관, 풍기지구' 등 4개의 용도지구를 도입했다. 이 법은 건축물 용도에 대해서는 비교적 명확한 원칙을 밝히고 있지만 개발 규모에 대해서는 대지 안의 공지나 건축선 정도만 언급하고 있다. 아직 층고나 용적률에 대해서는 규제할 필요가 없었던 것으로 보인다. 당시 가장 높은 건물인 화신백화점이 5층이었으니 말이다.

높이를 제한하기 시작한 것은 1962년 「도시계획법」과 함께 「건축법」이 분리 제정되면서 부터다. 주거지역의 건축물 높이는 20m, 기타 지역은 35m가 허용 한계였다. 당시 「건축법」에도 용적률이 등장하지 않았는데 어차피 이때는 층마다 면적이 다른 경우가 거의 없어서일 것이다. 층별 면적이 같다면 1층 면적과 층수만 통제하면 용적률도 자동으로 통제할 수 있기 때문이다.

그로부터 약 60년이 흐른 지금, 용도지역제는 세분화되 전국의 모든 토지에 적용되고 있다. 가장 핵심적인 법인 「국토의 계획 및 이용에 관한 법률」만 보더라도 21개 용도지역, 19개 용도지구, 5개 용도구역이 등장한다. 군사시설, 문화재 보호구역 등 다른 법이나 조례에 규정된 지역이나 지구를 포함하면 무려 700개가 넘는다. 저마다 합리적인 근거를 대며 용도와 밀도에 제한을 가하고 있지만 이렇게 많은 규제가 유기적으로 연결되기는 어렵다. 그러다 보니 어떤 땅에는 과도한 규제가 가해지고 또 다른 곳에서는 허점이 나타날 수밖에 없다.

[출처: 한국일보(m.hankookilbo.com), 2022. 4. 4.]

(3) 개발권양도제

최근 토지이용규제의 수단으로 많이 거론되는 것은 개발권양도제(TDR: transfer of development rights)이다. 개발권양도제는 토지소유권으로부터 개발권을 분리하여 개발권의 사적 소유를 인정한 제도로서, 규제로 인한 손실을 시장을 통해 보상해주는 방식이다. 즉, 토지이용규제로 인해 개발이 제한된 지역의 토지소유주에게 개발이 가능한 다른 지역에 개발권을 판매할 수 있도록 하는 제도이다.

예를 들어, 모든 토지는 용적률 500%까지 개발할 수 있다고 가정하자. 제1종 전용주거지역에 토지를 소유하고 있는 A는 제1종 전용주거지역의 용적률 100%까지만 개발할 수 있으므로 A는 자신에게 주어진 500%까지 개발할 수 있는 권리(개발권)를 모두 사용하지 못하게 된다. 한편 개발예정지인 근린상업지역(용적률 900%)에 토지를 가지고 있는 B는 자신에게 주어진 500%까지 개발할 수 있는 권리(개발권)의 부족으로 용적률 900%까지 개발하지 못한다. 이 경우 A가 B에게 미사용 개발권(용적률 400%)을 매도하면 B는 용적률 900%까지 개발할 수 있게 된다.

이 제도는 정부개입에 따른 부작용 없이 시장의 자율조절기능에 의해 부동산 이용규제로 인한 손익을 상쇄시킬 수 있다는 점에서 긍정적이지만 이미 규정된 개발가능지역의 상한치 이상으로 개발하게 됨으로써 개발가능지역의 과밀 및 혼잡이 일어날 수 있다.

📖 읽을 거리

뉴타운 '개발권양도제' 시행

서울 뉴타운 등 도심 노후지역에서 개발지역의 땅을 내놓는 대가로 다른 지역의 개발권, 입주권을 보장받는 개발권양도제(TDR)가 시행된다. 건설교통부는 "광역 재개발사업을 구상 중인 서울시와 부산시가 개발권양도제 도입을 수차례 건의해 왔다"며 "오는 7월부터 시행될 「도시재개발촉진법 시행령」에 이를 반영할 계획"이라고 21일 밝혔다.

이는 주거지역과 상업지역이 어우러진 지역을 묶어 공원으로 조성될 거주지역의 용적률을 상업지역으로 옮겨 이곳의 용적률을 높인 뒤 거주지 주민들에게 상업지역 내 주상복합아파트 입주권 등을 부여하는 방식이다. 이때 입주권은 원칙적으로 다른 사람에게 양도가 가능하다.

건교부 관계자는 "이 방식으로 하면 비교적 낮은 비용으로 사업시행자가 사업 추진의 속도를 빠르게 할 수 있고 주민은 충분한 보상을 받을 수 있는 장점이 있다"면서 "제한적인 범위의 계획적 개발권양도제로 보면 된다"고 말했다.

건교부 관계자는 "재정비촉진지구 내에서 공원 등 공공시설뿐 아니라 민간개발사업에 대해서도 개발권양도를 허용하는 방안을 검토 중"이라며 "뉴타운 등 도시광역개발에 대기업 참여를 유도하기 위해 늘어난 용적률에 대한 임대주택 건설 비율 등을 우대하는 방안도 살펴보고 있다"고 설명했다. 그는 이어 "서울시도 이를 토대로 뉴타운 및 용산, 뚝섬 개발계획을 수립 중인 것으로 안다"고 덧붙였다.

[출처: 파이낸셜뉴스(www.fnnews.com), 2006. 2. 21.]

(4) 부동산가격규제와 보조금

1) 최고가격제

자유시장경제에서도 때로는 어떤 특정 목적을 달성하기 위해 정부가 직접 가격형성에 개입하는 가격통제를 하는 경우가 있다. 대표적인 가격통제 방식인 최고가격제(price ceiling)는 어떤 상품이 부족하여 물가가 치솟을 때 정부는 물가안정과 소비자 보호를 위해 가격의 상한선을 설정하고 법으로 상한가격 이상의 거래를 못하게 하는 제도이다.

시장에서 형성되는 균형가격수준이 너무 높다고 판단되기 때문에 정부가 설정하는 최고가격은 시장의 균형가격보다 낮은 수준에서 설정한다. 임대차시장에서 임대료를 대상으로 최고가격제를 실시할 수 있고 자산시장에서 부동산가격을 대상으로 최고가격제를 실시할 수 있다.

① 임대료규제

임대차시장에서 임차인의 주거비 부담을 줄여주기 위해 임대료 규제를 사용할 수 있다. 즉, 정부가 최고임대료를 시장에서 형성되는 균형임대료보다 낮은 수준에서 설정하면 최고가격이 바로 시장가격이 된다. 즉, 〈그림 5-1〉에서 보듯이 최고가격이 균형가격 P^*보다 낮은 수준인 P_D로 설정되면 최고가격 P_D 수준에서 수요량 Q_D가 공급량 Q_S를 초과하여 초과수요량이 발생한다.

임대료규제를 할 경우 임대인의 공급이 비탄력적이므로 공급량 감소가 단기적으로는 적다. 하지만 장기적으로는 공급량 감소폭이 크고 임대인의 주택에 대한 투자 기피로 임대주택이 질적으로 저하된다. 또한 임차인은 임대주택을 구하기 어려워짐에 따라 임차인의 이동이 저하되고 교통비 및 혼잡비가 증가한다. 따라서 임대료규제가 지속되는 한 시간이 지남에 따라 시장의 효율성을 악화시켜 주거생활안정이라는 본래 목적을 달성하지 못한다.

또한 임대료규제는 초과수요를 발생시키므로 임차인은 원하는 만큼을 구할 수 없기 때문에 정부의 단속을 피해 암시장(black market)이 형성된다. 즉, 암시장에서는 P_S에서 가격이 형성되어 규제가격 P_D와 암시장가격 P_S의 이중가격이 형성되며, 암시장가격 P_S를 지불할 수 없는 저소득층은 집을 구하기가 더 어려워진다.

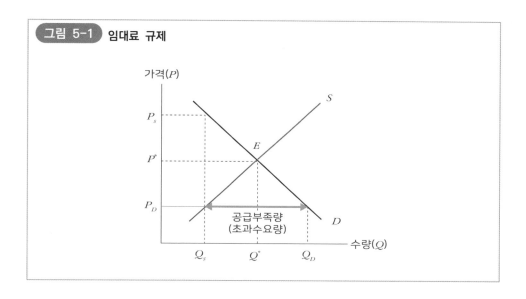

그림 5-1 임대료 규제

우리나라는 주택임대료규제와 상가임대료규제를 실시하고 있다. 주택임대료규제의 경우 「주택임대차보호법」에서 임차인이 1회에 한해 임대차 계약(2년)을 갱신할 수 있는 계약갱신권(제6조의3)과 「민간임대주택에 관한 특별법」에서 강제적으로 임대료 상승률을 5% 이내(제44조 2항)로 규제하고 있다. 만약 5% 이상 임대료를 청구한 자는 과태료 3천만원을 부과한다(제67조).

계약갱신권과 관련하여 임대인은 ① 임차인이 2기의 임대료 연체, ② 임차인이 거짓이나 그 밖의 부정한 방법으로 임차, ③ 서로 합의하여 임대인이 임차인에게 상당한 보상을 제공, ④ 임차인이 임대인의 동의 없이 목적 주택의 전부 또는 일부를 전대, ⑤ 임차인이 임차한 주택의 전부 또는 일부를 고의나 중대한 과실로 파손, ⑥ 임대인(임대인의 직계존속·직계비속 포함)이 실제 거주하려는 경우 등의 경우에는 계약갱신을 거부할 수 있다.

상가임대료에 대한 규제는 「상가건물임대차보호법」에서 규정하고 있다. 이 법에 의해 적용받는 상가는 〈표 5-1〉과 같으며, 임대차기간을 정하지 아니하거나 기간을 1년 미만으로 정한 임대차는 그 기간을 1년으로 본다. 다만, 임차인은 1년 미만으로 정한 기간이 유효함을 주장할 수 있다. 그리고 임대차가 종료한 경우에도 임차인이 보증금을 돌려받을 때까지는 임대차 관계는 존속하는 것으로 본다(제9조).

표 5-1   「상가건물임대차보호법」적용 대상 상가

지역	대상 상가
서울특별시	보증금 9억원 이하 상가
수도권 과밀억제권역 및 부산광역시	보증금 6억 9천만원 이하 상가
광역시(군지역 제외), 세종특별자치시, 파주시, 화성시, 안산시, 용인시, 김포시, 광주시	보증금 5억 4천만원 이하 상가
그 밖의 지역	보증금 3억 7천만원 이하 상가

자료: 「상가건물임대차보호법」 제2조, 「상가건물임대차보호법 시행령」 제2조

임차인의 계약갱신요구권은 최초의 임대차기간을 포함한 전체 임대차기간이 10년을 초과하지 아니하는 범위에서만 행사할 수 있다고 규정(제10조)하여 임차인은 10년간 계약을 갱신할 수 있는 계약갱신요구권을 갖고 있으며, 「상가건물임대차보호법 시행령」에서 임대료의 증액은 5% 이내에서 인상할 수 있도록 규정(제4조)함에 따라 임대인은 10년간 임대료의 인상을 연 5%로 제한받는다.

② 분양가규제

분양가규제는 주택가격 안정과 무주택자들의 신규주택구입 부담을 줄이기 위해 신규분양주택의 분양가격을 시장균형가격 이하로 규제하는 정책으로서 임대료규제와 그 성격이 동일하다. 자산시장에서 정부가 시장균형가격보다 낮은 분양가로 제한할 경우 건설사의 수익이 악화되므로 신규주택의 개발이 줄어들어 공급부족(초과수요)이 발생함에 따라 신규분양주택의 품귀현상이 발생한다.

따라서 신규분양주택의 질이 떨어지더라도 수요자는 받아들일 의사가 있을 뿐만 아니라 신규주택 공급의 감소로 인해 저소득층의 주택구입이 어려워진다. 또한 분양가규제로 인한 초과수요는 신규주택가격인 분양가격보다 중고주택의 가격이 더 높은 가격왜곡 현상을 발생시키고 시장균형가격보다 낮은 분양가격으로 인해 그 차익(전매차익)을 노린 투기적 수요가 증가한다.

우리나라의 분양가격 상한제의 경우 공공택지나 공공택지 이외의 택지에서 주택가격 상승 우려가 있어 주거정책심의위원회의 심의를 거쳐 지정하는 지역에서 공급하는 주택은 「주택법」에서 정하는 기준에 따라 산정되는 분양가격 이하로 공급(분양가상한제 적용주택)해야 한다고 규정(「주택법」 제57조)하고 있다.

2) 보조금

보조금은 특정 목적을 위해 정부가 무상으로 자금을 지급해 주는 제도로서 임차인에 대한 주거보조금 지원인 임대료보조가 가장 일반적이다. 임대료보조는 현금보조(소득보조), 현물보조(바우처제도), 가격보조(집세보조) 등의 방식이 있으며, 현금보조가 소비자 효용을 가장 크게 증가시킨다. 하지만 저소득층의 주거안정을 목적으로 하는 정부의 의도한 결과가 나타나는 데에는 가격보조가 가장 효과적이다.

〈그림 5-2〉에서 임대료보조금을 지급하면 저소득층의 실질소득을 증가시켜 보조금만큼 수요곡선이 오른쪽으로 이동한다. 단기적으로는 임대주택의 공급량이 변하지 않기(공급곡선이 완전비탄력적) 때문에 시장임대료는 원래의 임대료에 보조금만큼 더한 P_1으로 상승한다. 하지만 임차인은 임대료를 보조받았기 때문에 시장임대료가 상승하더라도 기존에 내던 임대료를 지불하게 되고 보조금은 임대주택 공급자에게 귀속된다.

하지만 장기적으로 보조금지급으로 임대료가 상승함에 따라 임대주택이 개발되므로 임대주택 공급자는 공급량이 Q_0에서 Q_1로 증가(공급곡선이 탄력적)하게 되고 시장임대료는 장기적으로 P_2에서 결정된다. 따라서 임차인이 실제로 부담하는 임대료는 시장임대료에서 보조금을 뺀 P_3이 되어 장기적으로는 임대주택의 공급량이 늘면서 임차인의 임대료 부담이 줄어들게 된다.

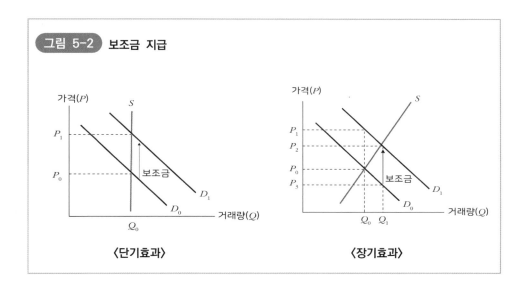

그림 5-2 보조금 지급

〈단기효과〉　　　〈장기효과〉

비싼 땅값에 하늘도 사고파는 뉴욕… 마천루 숲으로

뉴욕 맨해튼을 방문해 본 사람이라면 한 가지 특이한 현상을 발견했을 것이다. 다름 아니라 도심지 한복판임에도 불구하고 주유소를 찾기 어렵다는 점이다. 브롱크스나 브루클린에서는 그래도 군데군데 주유소를 목격할 수 있지만, 맨해튼 지역은 좀처럼 주유소를 찾기 어렵다. 땅값이 비싼 남쪽 다운타운 지역에서는 주유소를 찾기가 더 힘들다.

이러한 현상의 주범은 역시 1평당 억에 가까운 땅값 때문이다. 비싼 땅에 주유소를 짓는 것은 오히려 손해이기 때문에 많은 사람들이 기존에 위치해 있던 주유소마저 매입하여 고층 빌딩으로 개발하였다. 이 때문에 맨해튼 11번가와 51번가 인근의 경우 과거에는 30여 개의 주유소가 있었지만 지금은 3분의 1로 줄어들었다고 한다.

이러한 현상은 뉴욕이라는 도시가 얼마나 땅값이 비싼 곳인지를 단적으로 보여주는 사례다. 물론 뉴욕이 전 세계에서 땅값이 가장 비싼 도시는 아니다. 부동산 전문 업체 나이트프랭크의 웰스리포트가 얼마 전 세계 주요 도시의 땅값을 비교한 바 있다. 이때, 세계에서 가장 땅값이 비싼 도시는 모나코로 15평방미터당 100만 달러 수준에 거래되고 있다고 발표하였다. 뒤이어 홍콩, 런던, 싱가포르 등이 땅값이 비싼 도시들의 순위에 올랐으며, 뉴욕은 6위를 차지했다. 다소 변화는 있지만 뉴욕은 세계에서 땅값이 가장 비싼 도시들 중 하나로 늘 이름을 올리고 있다.

2차 세계대전 이후 줄곧 세계에서 가장 땅값이 비싼 도시였던 뉴욕은 땅이 모자라 하늘을 사고팔기 시작했다. 보다 정확히 말해 땅이나 건물 위의 하늘을 개발할 수 있는 권리인 공중권(air rights)을 거래하기 시작한 것이다. 하늘에 대한 개발권을 거래하는 방식은 이러하다. 예를 들어, 뉴욕 시내의 특정 지역에서는 건물을 20층까지만 건설하도록 제한되어 있다고 가정하자. 이 경우 해당 지역에서 25층짜리 건물을 짓기 위해서 인근의 저층 건물주로 하여금 남은 층의 건설 권리를 사들이는 것이다.

다시 말해 해당 지역에 15층짜리 건물을 소유하고 있는 사람은 추가로 5층 높이를 건설할 수 있는 권리를 갖고 있다. 따라서 이 사람으로부터 추가로 건설할 수 있는 5층에 대한 권리를 매입하여 자신이 20층 이상의 건물을 건설할 수 있는 것이다. 뉴욕은 1961년부터 이러한 공중권 거래를 합법화하였다. 이러한 이유로 뉴욕에서는 똑바로 올라가던 빌딩의 옆구리가 갑자기 툭 튀어나오는 경우를 유달리 자주 목격할 수 있다.

대표적인 예가 세계적인 보험회사인 메트라이프 빌딩이다. 메트라이프 뉴욕 빌딩은 뉴욕의 역사적 유물인 그랜드센트럴 역사 바로 옆에 있다. 1913년 완공된 그랜드센트럴 역사는 이후 비행기 등 다른 교통수단의 대두로 인해 철거 위기에 몰리게 된다.

하지만 뉴욕 시민들이 그랜드센트럴 역사의 철거를 반대하여 결국 철거를 면하게 된다. 그러자 인근 지역의 건물 소유주가 그랜드센트럴 역사의 공중권을 사들였고, 이렇게 해서 지어진 건물이 1963년 완공된 메트라이프 빌딩이다. 뉴욕 시민들이 이처럼 일찍부터 하늘을 거래했다는 사실을 통해서 뉴욕이 얼마나 땅값이 비싼 지역이었는지 쉽게 이해할 수 있다.

그런데 이처럼 땅값이 비싼 뉴욕에서 한동안 특이한 현상이 목격되었다. 부유층들이 저렴한 비용으로 아파트를 임대하여 살고 있다는 사실이다. 이는 미아 패로(Mia Farrow)법 때문이다. 미아 패로는 세계적인 코미디영화 감독이자 뉴욕의 또 다른 명물인 우디 알렌 감독과 명콤비를 이루었던 영화배우이다. 그는 90년대 후반 센트럴파크 서쪽의 방이 무려 10개나 있는 초호화 아파트를 임대하여 살고 있었다. 하지만 당시 그는 미국의 여타 도시에서 소형 아파트 한 채를 빌릴 만한 수준의 저렴한 임대료만을 내고 살고 있었다.

미아 패로가 세계에서 가장 땅값이 비싼 도시에서, 그것도 가장 주거환경이 좋은 위치에 놓인 초호화 아파트에서 저렴한 임대료를 내고 살 수 있었던 이유는 당시 미국 정부가 임대료 인상을 법으로 엄격히 통제하고 있었기 때문이다. 분만 아니라 당시 미국 정부는 집주인이 세입자들을 함부로 내보낼 수도 없게 만들었다. 따라서 한번 입주한 세입자는 누구나 저렴하게 해당 거주지에서 일정 기간 이상을 거주할 수 있었던 것이다.

이러한 정책으로 인해 당시 뉴욕에서는 초호화 아파트를 저렴한 비용으로 임대하여 거주하고 있는 세계적인 거부들이 즐비하였다. 분만 아니라 정부가 임대료 인상을 엄격히 통제하자 새로운 아파트를 지으려는 사람이 줄어들게 되었고, 이로 인해 한동안 뉴욕은 신규 아파트가 공급되지 않게 되었다. 당연히 도시의 일부 지역은 점차 황폐화되었다. 또한 기존의 아파트 소유자들은 어차피 제대로 된 임대료를 받지 못하는 상태에서 자신들이 소유한 아파트를 친지 내지 지인들을 위주로 임대해주기 시작하였다. 결국 뉴욕시의 임대료규제는 저소득층에게 혜택을 주기는커녕, 저소득층으로 하여금 오히려 교외 지역으로 거주지를 이전하게 만들고 말았다.

이상에서 설명한 바와 같이, 뉴욕이 다양한 부동산 수요가 점철되어 형성된 도시라고 해서 철저히 개인의 이기심에 기인해 형성된 도시는 아니다. 타임스스퀘어만 보더라도 쉽게 알 수 있다. 뉴욕의 타임스스퀘어는 수많은 영화관, 공연장, 호텔, 레스토랑이 모여 있는 세계적인 명소 중 하나다. 전 세계에서 전광판 광고료가 가장 비싼 곳이다. 우리나라를 비롯해서 여러 국가에서는 타임스스퀘어를 본떠 지역 명소 이름에 '타임스스퀘어'라는 이름을 붙일 정도로 이제 타임스스퀘어는 지역 명소를 대표하는 대명사가 됐다.

하지만 처음부터 뉴욕 타임스스퀘어가 관광객이 찾고 싶은 거리는 아니었다. 1980년대까지만 하더라도 타임스스퀘어는 뉴욕을 대표하는 대표적인 우범지대 중 하나였다. 대낮에도 매춘부, 강도, 소매치기가 몰려 있었다. 불법적인 총기 내지 마약이 필요할 때 타임스스퀘어에 가면 쉽게 구할 수 있다고 말할 정도였다. 당시 뉴욕시 당국은 이런 타임스스퀘어를 정화하고자 10여 년 동안 줄기차게 노력해 왔지만 별다른 성과를 거두지 못했다.

오늘날의 타임스스퀘어를 만든 것은 지역 상인들이었다. 지역 상인들은 지역의 안전과 위생 상태를 비롯하여 전반적인 상권 활성화를 도모하기 위한 상업지구개선(Business Improvement District: BID) 사업을 시작했다. BID는 TCM(Town Centre Management)이라고도 불린다. 우리로 따지면 동대문 밀리오레나 용산전자상가 같은 곳을 개선해 상권을 활성화시키기 위해 해당 지역 상인들이 주도해 설립한 관리단체라 할 수 있다.

처음 뉴욕 타임스스퀘어에서 BID가 설립됐을 때 많은 사람들이 주목한 부분은 무임승차자 문제이다. BID는 당연히 해당 지역 상인들이 출자한 금액으로 운영된다. 그런데 상인 입장에서는 자신이 굳이 돈을 지불하지 않더라도 옆에 있는 다른 상점 주인들이 출자하여 상권이 활성화되면 자신도 그 혜택을 볼 수 있는데 굳이 BID에 자금을 지원할 필요가 없다. 하지만 당시 뉴욕시 법에 따르면 누군가 BID를 조직하기 위해 해당 지역 상인들 중 60%의 동의만 받으면 나머지 사람들도 모두 BID에 요금을 내도록 강제하고 있었다. 당시 타임스스퀘어는 상인 투표 결과 84%의 찬성을 받아 BID를 설립하여 운영하게 됐다.

결과는 대성공이었다. BID 사업으로 해당 지역의 범죄 건수가 현격히 줄었고, 상권 주변의 위생 상태도 눈에 띄게 개선됐다. 지역 상권이 활성화된 것은 당연한 일이었다. 10여 년 이상 뉴욕시 당국에서 노력했지만 성공하지 못한 일을 지역 상인들이 이룬 것이다. 이처럼 공유자원의 문제를 집단 지성으로 해결하기 위해서는 반드시 정부의 도움이 있어야만 하는 것은 아니며, 이해관계자들의 견실한 참여만 유도해도 쉽게 달성 가능하다.

오늘날 우리 사회의 가장 큰 문제를 하나만 꼽으라면 단연코 부동산을 빼놓을 수 없을 것이다. 특히 최근에는 수도권 인구 과밀 문제가 더더욱 심각해지면서, 한정된 재화인 부동산을 전적으로 사적 전유물로만 여겨야 하는지, 아니면 공유자원으로 인식해 개인의 재산권을 제한해야 하는지에 대한 갑론을박도 많다. 이러한 상황에서 뉴욕의 사례는 우리에게 많은 것을 시사하는 듯하다. 도시가 아무리 더 좋은 부동산을 차지하기 위한 경쟁 속에 놓여 있다 하더라도 우리 동네를 살기 좋은 동네, 장사 잘되는 동네로 바꾸기 위한 개인들의 노력 또한 결코 무시할 수 없는 도시 개발의 원동력인 것이다.

[출처: 한국일보(www.koreatimes.com), 2021. 10. 27.]

 ## 2. 간접개입 정책수단

(1) 부동산 조세

1) 조세의 목적과 기능

조세는 국가 또는 지방자치단체가 그 경비충당을 위한 재정수입확보를 위해 법률에 규정된 과세요건을 충족한 모든 자에게 직접적인 반대급부 없이 부과·징수하는 금전급부이다. 따라서 조세는 정부의 활동에 필요한 재원조달기능이 있을 뿐 아니라 고소득층에게는 고율의 세금을 부과하고 저소득층에게는 세금을 감면하거나 저율의 세금을 부과함으로써 소득재분배의 기능도 하고 있다. 또한 부동산 경기 과열 시에는 세율을 인상하고 침체기에는 세율을 인하하여 부동산 경기를 조절하는 기능도 있다.

이외에도 조세는 특정 부동산 예를 들어, 소형주택에 대한 세금을 감면하고 호화주택에 대한 높은 세금을 부과하는 세율을 조정함으로써 호화주택을 짓기 위해 사용되는 토지의 이용을 소형주택으로 배분하는 부동산 자원배분기능을 수행한다.

하지만 조세부과는 경제적 측면에서 볼 때 자원배분의 효율성을 낮추는 경우가 일반적이다. 즉, 조세부과로 자원배분의 왜곡(경제적 순손실)을 가져오는데 이는 공급곡선이나 수요곡선이 탄력적일수록 자원배분의 왜곡이 커진다. 예를 들어, 완전비탄력적인 토지공급곡선인 경우 토지소유자에게 재산세를 부과하더라고 토지거래량에는 전혀 변함이 없으므로 자원배분의 왜곡이 일어나지 않는다.

미국의 경제학자 Henry George는 토지공급이 완전비탄력적이므로 토지세는 토지소유자가 임차인에게 조세를 전가시킬 수 없는 효율적인 조세이므로 다른 세금을 모두 없애고 토지세만 부과하여도 자원배분의 왜곡 없이 정부의 재정을 충당할 수 있다는 단일토지세(single tax)를 주장하였다.

2) 조세 전가와 귀착

조세는 원칙적으로 중립성을 갖고 부과해야 하지만 현실적으로 조세부담을 다른 경제주체에게 이전시키고자 하는 조세 전가(shifting)가 발생하며 이 경우 납세의무자와 실제로 조세를 부담하는 담세자가 달라지는 조세 부담의 귀착문제가 일어남에 따라 조세의 공평성에서 문제가 발생하게 된다.

재산에 대해 부과하는 조세인 재산세를 공급자(임대인)에게 부과할 경우에 조세전가와 귀착이 어떻게 발생하는지 살펴보자. 예를 들어, 〈그림 5-3〉과 같이 공급자(임대인)에게 공급세(재산세)를 10만큼 부과할 경우, 공급곡선이 조세만큼 위쪽으로 올라가게 되어 임대료가 50(P_0)에서 58(P_1)로 올라가고 균형수량은 10(Q_0)에서 8(Q_0)로 줄어든다고 하자.

이 경우, 공급자(임대인)는 58×8(= 464)만큼의 수입을 얻지만 세금(재산세)을 10×8(= 80)만큼 내야 하므로 세후의 실제수입은 (58 − 10)×8 = 48×8 = $P_2 \times Q_1$ (= 384)이 된다. 결국 공급자(임대인)는 50에 팔 물건을 58에 팔 수 있지만 세금을 내야 하기 때문에 실제로는 48에 팔게 되므로 수입이 $48 \times 8(= 384)$로 감소하게 된다. 수요자(임차인)는 원래 50의 가격으로 살 수 있었는데 세금부과로 58의 가격으로 사게 되므로 $(58 - 50) \times 8(= 64)$만큼의 부담이 늘었다.

결국, 공급자(임대인)가 세금을 $10 \times 8(= 80)$만큼 부담하게 되지만 실제로는 수요자(임차인)가 $(58 - 50) \times 8(= 64)$만큼 부담하고 공급자(임대인)는 $(50 - 48) \times 8(= 16)$만큼 부담하게 된다. 즉, 공급자(임대인)에게 부과된 세금의 일부가 수요자(임차인)에게 전가된다.

공급자(임대인)에게 부과된 세금의 일부가 수요자(임차인)에게 전가되는 정도는 공급곡선과 수요곡선의 탄력성에 따라 달라진다. 〈그림 5-3〉에서 수요곡선이 가파를수록(비탄력적), 수요자(임차인)의 조세 부담이 공급자(임대인)의 조세 부담보다 커진다. 만약 수요의 가격탄력성이 완전비탄력적일 때는 공급자(임대인)의 조세 부담은 0이고, 수요의 가격탄력성이 완전탄력적일 때는 수요자(임차인)의 조세 부담이 0이다. 공급의 가격탄력성이 완전비탄력적일 때는 수요자(임차인)의 조세 부담이 0이 되고, 공급의 가격탄력성이 완전탄력적일일 때는 공급자(임대인)의 조세 부담은 0이 된다.

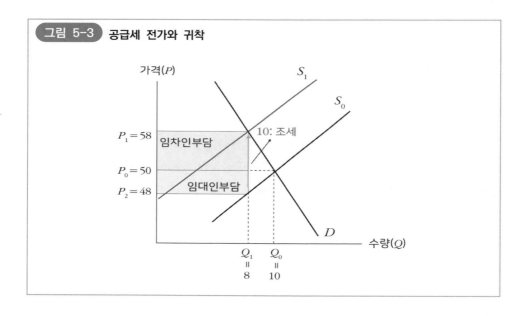

그림 5-3 공급세 전가와 귀착

(2) 우리나라의 부동산 세금

우리나라 부동산 조세는 크게 취득, 보유, 양도 시에 각각 부과되는 세금이 있다. 먼저, 부동산을 취득하면 부동산 소재지 관할 시·군·구청에 취득세, 등록세, 농어촌특별세, 지방교육세 등의 세금을 내야 한다.

① 취득단계의 부동산 조세

부동산의 취득단계에서는 매매거래가액을 기준으로 부과되는 취득세와 농어촌특별세, 지방교육세를 합산하여 일괄부과된다. 주택의 경우 주택면적 $85m^2$ 이하일 경우에는 취득세 + 지방교육세(취득세율의 10%)를 내고, 주택면적 $85m^2$ 초과할 경우에는 취득세 + 지방교육세(취득세율의 10%) + 농어촌특별세(0.2%)를 낸다.

또한 취득세는 보유 주택수에 따라 중과된다. 조정대상지역은 2주택부터 중과세되고 비조정대상지역은 3주택부터 중과세된다. 법인의 경우는 주택수에 관계없이 12%의 취득세가 부과된다. 그리고 ① 주택공시가격 1억원 이하인 주택(정비구역, 사업시행구역 소재 주택 제외), ② 노인복지주택, ③ 등록문화재주택, ④ 가정어린이집, ⑤ 농어촌주택(임대목적, 사원을 위한 전용 $60m^2$이하), ⑥ 사원용주택(전용면적 $60m^2$이하), ⑦ 저가 오피스텔(주거용으로 등록된 오피스텔 중 공시가격 1억원 이하), ⑧ 주택건설업자의 미분양주택은 취득세 계산 시 보유 주택수에서 제외된다.

② 보유단계의 부동산 조세

부동산 보유하고 있는 경우에는 재산세와 종합부동산세가 부과된다. 재산세는 지방세에 해당하며 재산세의 세율은 각 과세물건의 공시가격을 기준으로 부과되며 2024년 현재 2.1%~0.4%이다. 1가구 1주택일 경우 특례세율을 적용하여 기본세율에서 0.05% 인하된 세율로 재산세를 부과한다.[5]

---

5) 1가구 1주택일 경우 특례세율을 적용(0.05% 인하)은 주거안정을 지원하기 위해 2026년까지로 연장되었다.

표 5-2   주택의 재산세 기본세율

과세표준	세율
6천만원 이하	0.10%
6천만원 초과 1억 5천만원 이하	60,000원＋6천만원 초과금액의 0.15%
1억 5천만원 이하 초과 3억원 이하	195,000원＋1억 5천만원 초과금액의 0.25%
3억원 초과	570,000원＋3억원 초과금액의 0.40%

자료:「지방세법」제111조

　　종합부동산세는 국세에 해당하고 보유하고 있는 부동산의 공시가격을 모두 합산하여 계산하며 보유 주택에 따른 중과세율이 있다. 그리고 법인은 2주택 이하보유할 경우에는 2.7%, 3주택 이상 보유할 경우에는 5%를 일괄 적용한다.

표 5-3   주택에 대한 종합부동산 세율

과세표준	일반세율(2주택 이하 소유)	중과세율(3주택 이상 소유)
3억원 이하	0.5%	0.5%
3억원 초과 6억원 이하	150만원＋3억원 초과금액의 0.7%	150만원＋3억원 초과금액의 0.7%
6억원 초과 12억원 이하	360만원＋6억원 초과금액의 1%	360만원＋6억원 초과금액의 1%
12억원 초과 25억원 이하	960만원＋12억원 초과금액의 1.3%	960만원＋12억원 초과금액의 2%
25억원 초과 50억원 이하	2천 650만원＋25억원 초과금액의 1.5%	3천 560만원＋25억원 초과금액의 3%
50억원 초과 94억원 이하	6천 400만원＋50억원 초과금액의 2%	1억 1천 60만원 ＋50억원 초과금액의 4%
94억원 초과	1억 5천 200만원＋94억원 초과금액의 2.7%	2억 8천 660만원＋94억원 초과금액의5%

자료:「종합부동산세법」제9조

③ 양도단계의 부동산 조세

부동산을 매도하는 양도단계에서 부과하는 세금은 양도소득세이다. 양도소득세율은 6~45%이며 부동산 투기 방지를 위해 단기로 보유한 부동산과 다주택자들에게는 중과세율을 부과하고 있다. 즉 1년 미만의 단기보유 시에는 70%, 2년 미만 단기보유 시에는 60%의 중과세율을 부과하고 있고, 다주택자의 경우에도 조정지역에 2주택 보유 시에는 기본세율에 20%가 중과되어 세율이 26~65%, 3주택 이상 보유 시에는 기본세율에 30%를 중과되어 36~75%이다. 하지만 부동산 경기침체로 인해 2025년 5월 9일까지 양도소득세 중과가 유예된다.

Chapter 06

부동산투자의 이해 I

제1절

부동산투자의 개요

 1. 직접투자와 간접투자

부동산에 투자하는 가장 전통적인 방법은 빌딩이나 상가 등 부동산을 직접 분양받거나 사는 것이다. 금을 제외한다면 부동산은 투자목적으로 가장 오랫동안 지속 되어 온 자산에 해당한다. 부동산 직접투자는 부동산을 직접 사고파는 것뿐만 아니라 직접 부동산을 건설 및 개발하는 것까지 포함한다. 부동산에 직접투자할 경우 투자자가 직접 부동산의 취득, 운용, 관리, 처분 등을 모두 관리하고 모든 수익을 얻는다. 하지만, 부동산에 대한 전문적인 지식이 부족할 경우 상대적으로 투자위험이 증가할 수 있다.

부동산 간접투자는 부동산투자회사(REITs: real estate investment trusts, 이하 리츠)나 부동산 펀드(real estate fund) 등을 통한 투자를 말한다. 간접투자는 부동산에 대한 전문지식을 가진 전문기관이 다수의 투자자를 대신하여 투자자금을 모아서 운용한다. 따라서 소액으로도 대형 부동산에 대한 투자가 가능하고, 투자지역별, 부동산 형태별로 포트폴리오를 구성함으로써 분산투자 효과도 누릴 수 있다.

2. 부동산투자의 특징

레버리지 효과, 인플레이션 헷지 등의 특징을 갖는 부동산은 전통적인 금융상품인 주식, 채권, 현금성 자산 등과는 다른 위험특성을 갖는다. 따라서 부동산은 최근 주식이나 채권과 같은 기존의 투자대상이 포함되지 않는 새로운 투자대상인 대체투자(alternative investment)상품으로 주목받고 있다.

(1) 레버리지 효과

부동산투자의 대표적인 특징인 레버리지 효과(leverage effect)는 다른 사람으로부터 빌린 돈을 지렛대 삼아 자기자본에 대한 수익률을 높이는 것, 즉 타인자본(차입금) 사용으로 인해 자기자본수익률의 변동폭이 커지는 효과를 말한다. 예를 들어, 자기자본 1억원을 투자하여 2천만원의 수익을 얻으면 자기자본 수익률은 20%(= 2천만원/1억원)이다. 하지만, 자기자본 4천만원과 10% 이자(차입이자율)로 타인자본 6천만원을 합친 총 1억원을 투자하여 2천만원의 수익이 발생할 경우, 자기자본수익률은 35%(= (2천만원 − 6천만원×0.1)/4천만원)로 확대되며, 총자본수익률은 20%(= 2천만원/(4천만원 + 6천만원))이다.

따라서 타인자본(차입금)에 대한 이자비용보다 높은 수익을 얻을 것으로 예상되면 타인자본(차입금)을 조달하여 투자하는 것이 유리하다. 즉, 자기자본수익률[1]이 총자본수익률보다 크고 총자본수익률이 차입이자율[2]보다 크면 양(+)의 레버리지 효과가 나타나고 타인자본(차입금)의 사용 비중이 커질수록 레버리지의 진폭이 커진다.

다만, 부채비율이 과도하게 높아지면 금리상승으로 인한 부담이 증가하여 파산위험이 커질 수 있음에 주의해야 한다. 실제로 대출을 받아서 아파트를 구입할 경우 아파트가격상승이 차입이자율보다 높을 경우라든가 전세를 부담하면서 집을 사는 것 등이 레버리지 효과를 이용한 투자라고 할 수 있다.

---

1) 지분수익률이라고도 한다.
2) 저당수익률이라고도 한다.

(2) 인플레이션 헷지

부동산투자는 전반적인 물가가 상승하는 인플레이션을 헷지할 수 있다. 인플레이션이 발생하면 돈의 가치가 점점 떨어져서 구매력이 하락한다. 예를 들어, 오늘 10만원으로 기름 한 통 살 수 있다고 하자. 1년 후에는 화폐의 구매력이 하락하여 동일한 10만원으로 반 통 정도 밖에 못사는 경우이다. 이처럼 인플레이션이 발생할 경우 부동산과 같은 물건을 가지고 있으면 부동산가격도 상승하게 되어 인플레이션을 헷지(방어)할 수 있다.

(3) 자본이익과 임대소득

부동산은 내구재로서 장기간 부동산을 운영하여 임대료와 같은 임대소득(income gain)을 얻을 수 있다. 이는 채권보유 시 발생하는 이자소득이나 주식보유 시 발생하는 배당소득에 해당한다고 볼 수 있다. 또한 부동산을 처분할 경우에는 시세차익(양도차익, 매매차익)인 자본이익(capital gain)을 얻을 수 있다. 이와 같은 이익은 부동산에서만 발생하는 것이 아니고 모든 자산에서 공통적으로 나타난다.

제2절

화폐의 시간가치

 1. 화폐의 시간가치

1년 전 5,000원인 짜장면 한 그릇 가격이 현재 6,000원이면 짜장면을 사기 위해서 1년 전보다 1,000원을 더 줘야 한다. 이는 동일한 짜장면을 사기 위해 1년 전 지불한 5,000원의 가치와 현재 지불한 6,000원의 가치가 같다는 것을 의미한다. 그렇다면, 현재의 돈과 동일한 가치를 가지는 미래의 돈은 어떻게 구할 수 있을까? 이자를 고려하면 된다.

예를 들어, 은행에 100만원을 예금하고 1년 후에 원금 100만원과 이자 10만원을 받을 경우 오늘 100만원의 가치와 미래 110만원의 가치는 동일하며, 이자 10만원은 화폐의 1년 동안의 시간가치(time value of money)에 해당된다. 이 경우 이자율은 10%이고, 미래의 돈을 같은 가치의 현재의 돈으로 전환하거나 현재의 돈을 같은 가치의 미래의 돈으로 전환할 때 사용된다.[3] 재무의사결정을 할 때 가장 기본이 되는 개념이 화폐의 시간가치이다.

---

3) 100만원 × (1 + 10%) = 110만원 혹은 110만원 / (1 + 10%) = 100만원

2. 미래가치

　화폐의 시간가치인 이자는 일반적으로 복리(compound interest)로 계산한다. 복리는 이자가 재투자되어 매 기간마다 원금에 대한 이자뿐만 아니라 이자에 대한 이자까지 발생하는 것을 말한다. 예를 들어, 원금 100만원을 연 10% 이자로 1년간 예금할 경우 1년 후에 얼마를 받는지 물어보면 누구나 110만원이라고 대답한다. 왜 110만원을 받는가? 원금 100만원과 이자 10만원을 합쳐서 받는 것이다. 즉, $100만원 + 100만원 \times 0.1 = 100만원 \times (1+0.1)^1 = 110만원$을 받는다. 이때 현재 내 손안에 쥐고 있는 100만원은 현재시점에서의 가치에 해당하므로 현재가치(PV: present value)라고 하고, 1년 후 미래시점에서의 110만원은 미래가치(FV: future value)라고 한다.

　〈그림 6-1〉에서 현재가치 100만원 대신 PV, 미래가치 110만원 대신 FV, 이자율 10% 대신 r, 기간 1년 대신 n이라고 표시하여 일반화해보자. 110만원이 $100만원 \times (1+0.1)^1$으로 계산되었으므로, 이를 그대로 문자로 표시하면 다음과 같다.

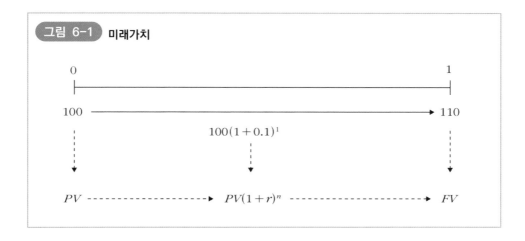

그림 6-1 미래가치

$$FV = PV(1+r)^n \tag{6-1}$$

식(6-1)에서 $(1+r)^n$은 $1 \times (1+r)^n$이므로 현재 1원이 이자율 r로 투자될 경우 n기간 후의 미래가치가 얼마인지를 나타낸다. 이를 미래가치이자요소(FVIF: future value interest factor)[4]라고 부른다. 예를 들어, 현재 1원을 연 10% 이자로 1년간 예금할 경우 1년 후에는 1.1원($=1원 \times (1+0.1)^1$)을 받는다는 의미이다. 따라서 원금이 1원이 아니라 100만원이면 1원의 100만배이므로 원금 1원일 경우의 미래가치 1.1원에 100만원(100만배)을 곱($100만원 \times (1+0.1)^1$)해서 110만원을 받는 것이다.

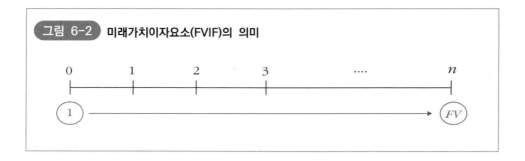

그림 6-2 미래가치이자요소(FVIF)의 의미

예제

미래가치

20X1년 상가를 건설하기 위한 총공사비가 1,000억원으로 추정되었으나 실제 공사는 3년 후인 20X4년에 시작되었다. 이자율이 연 6%라고 할 때 3년 간의 공사지연으로 20X1년에 비해 총공사비는 실제로 얼마나 증가했는가?

답

$$FV = PV(1+r)^n = (1{,}000억원)(1+0.06)^3 = 1{,}191.02억원$$

따라서 총공사비는 1,191.02억원 증가

---

4) 일시불 미래가치계수, 일시불 내가계수라고도 한다.

　현재가치는 미래시점의 화폐가치가 현재시점에서는 얼마나 가치가 있는지를 나타낸 것으로 미래가치를 현재가치로 환산한 것이다. 예를 들어, 원금 100만원을 연 10% 이자로 1년간 예금할 경우 1년 후에 받게 되는 미래가치는 원금 100만원(현재가치)과 이자 10만원($= 100$만원$\times 0.1$)을 합친 110만원($= 100$만원$\times (1+0.1)^1$)이다. 따라서 100만원으로의 환산은 110만원을 $(1+0.1)^1$으로 나눠주면 된다. 이러한 관계를 일반화하여 식(6-2)로 나타내었다.

$$PV = \frac{FV}{(1+r)^n} = FV \times \frac{1}{(1+r)^n} \tag{6-2}$$

　식(6-2)에서 $1/(1+r)^n$은 〈그림 6-3〉에서 나타낸 바와 같이 n기간 후의 1원을 매 기간당 r의 이자율로 할인한 현재가치를 의미한다. 이것을 현재가치이자요소 (PVIF: present value interest factor)[5]라고 부른다. 예를 들어, 연이자율이 10%이고, 1년 후 미래가치가 1원일 경우에 현재가치는 0.909원($= 1$원$/(1+0.1)^1$)이다.

　이처럼 현재가치이자요소(PVIF)는 미래가치가 1원일 경우를 현재가치로 환산한 값이다. 따라서 1년 후 미래가치 110만원은 1원의 110만배이므로 현재가치는 0.909원에 110만원(110만배)을 곱해서 100만원($= 110$만원$\times (1$원$/(1+0.1)^1))$이 된다.

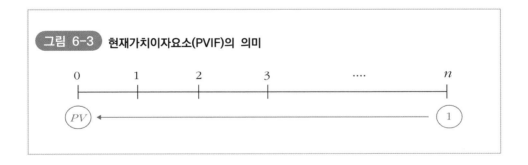

그림 6-3 **현재가치이자요소(PVIF)의 의미**

---

5) 할인계수(discount factor), 일시불 현재가치계수, 일시불 현가계수라고도 한다.

예제

현재가치

A아파트 소유자는 향후 5년 후 아파트 가격을 20억원으로 기대하고 있다. 이 아파트의 현재가치는 얼마인가? 단, 이자율은 연 5%이다.

 답

$$PV = \frac{FV}{(1+r)^n} = \frac{2,000,000,000}{(1+0.05)^5} = 1,567,052,333원$$

 4. 연금의 현재가치와 저당상수

(1) 연금의 현재가치

연금(annuity)은 일정 금액이 일정 기간 동안 계속 발생하는 현금흐름 형태를 말한다. 예를 들어, 연이자율이 10%이고, 100만원을 2년 동안 매년 받는 연금6)이 있다고 하자. 2년 동안 100만원을 연금으로 매년 받는 대신 현재 일시불로 받으면 얼마를 받을 수 있을까?

이는 1년 후에 받는 100만원의 현재가치 90.91만원(= 100만원/(1+0.1)¹)과 2년 후에 받는 100만원의 현재가치 82.64만원(= 100만원/(1+0.1)²)을 합친 173.55만원이 된다. 이것을 연금의 현재가치라고 하는데, 〈그림 6-4〉에서 나타냈듯이 2년 동안의 연금의 현재가치는 기간이 1년인 경우의 현재가치와 기간이 2년이 경우의 현재가치를 합친 것이다.

$$연금의\ 현재가치 = \frac{100}{(1+0.1)^1} + \frac{100}{(1+0.1)^2} = 173.55$$

---

6) 일반적으로 5년 이상 일정한 현금흐름이 발생하면 연금이라고 하는데, 본서에서는 설명의 편의상 연금을 2년으로 가정하여 설명한다.

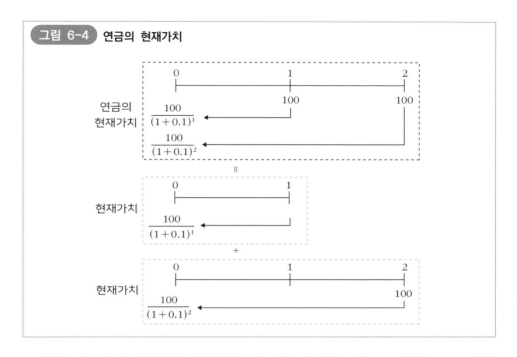

그림 6-4 연금의 현재가치

이제, 연금의 현재가치를 일반화해보자. 위의 예에서 2년(기간) 대신 n, 100만원 대신 C, 10% 대신 r이라고 표시하면, 매 기간의 현금흐름의 현재가치를 모두 더하여 식(6-3)과 같이 연금의 현재가치를 나타낼 수 있다.[7]

$$PV(연금) = \frac{C}{(1+r)^1} + \frac{C}{(1+r)^2} + \frac{C}{(1+r)^3} + \cdots + \frac{C}{(1+r)^n}$$

$$= C\left[\frac{(1+r)^n - 1}{r(1+r)^n}\right] \tag{6-3}$$

---

7)
$$PV(연금) = \frac{C}{(1+r)^1} + \frac{C}{(1+r)^2} + \frac{C}{(1+r)^3} + \cdots + \frac{C}{(1+r)^n}$$

$$-\left|\left(\frac{1}{1+r}\right)PV(연금) = \frac{C}{(1+r)^2} + \frac{C}{(1+r)^3} + \frac{C}{(1+r)^4} + \cdots + \frac{C}{(1+r)^{n+1}}\right. \quad (\because 양변에 \ 1/(1+r)을 \ 곱함)$$

$$\rightarrow \left(1 - \frac{1}{1+r}\right)PV(연금) = \frac{C}{(1+r)^1} - \frac{C}{(1+r)^{n+1}}$$

$$\rightarrow \left(1 - \frac{1}{1+r}\right)PV(연금) = \frac{C}{(1+r)}\left[1 - \frac{1}{(1+r)^n}\right]$$

$$\rightarrow PV(연금) = \frac{\frac{C}{(1+r)}\left[1 - \frac{1}{(1+r)^n}\right]}{\left(1 - \frac{1}{1+r}\right)} = \frac{\frac{C}{(1+r)}\left[\frac{(1+r)^n - 1}{(1+r)^n}\right]}{\frac{1+r-1}{1+r}} = C\left[\frac{(1+r)^n - 1}{r(1+r)^n}\right]$$

식(6-3)에서 $[(1+r)^n - 1]/[r(1+r)^n]$을 연금의 현재가치이자요소(PVIFA: present value interest factor for an annuity)[8]라고 한다. 연금의 현재가치이자요소(PVIFA)는 n기간 동안 매 기간 말에 1원씩 발생하는 연금의 현재가치를 나타낸다.

예를 들어, 연이자율이 10%이고, 2년 동안 매년 말에 1원을 받는 연금의 현재가치는 $1 \times [(1+r)^n - 1]/[r(1+r)^n] = 1 \times [(1+0.1)^2 - 1]/[0.1(1+0.1)^2] = 1.7355$원이다. 따라서 2년 동안 매 기간 말에 발생하는 100만원은 1원의 100만배이므로 1.7355원에 100만원(100만배)을 곱해서 173.55만원($=100$만원$\times 1.7355$원)이 된다.

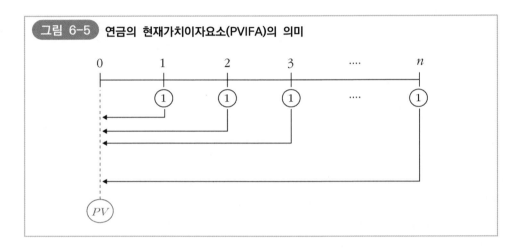

그림 6-5 연금의 현재가치이자요소(PVIFA)의 의미

📁 예제

연금의 현재가치

A상가의 소유주가 10년 동안 매년 말에 200만원씩의 상가사용료를 받을 경우 상가사용료의 현재가치는 얼마인가? 단, 이자율은 연 5%이다.

답

$$PV = C \times PVIFA_{r,n} = C\left[\frac{(1+r)^n - 1}{r(1+r)^n}\right]$$

$$= 2,000,000 \times \left[\frac{(1+0.05)^{10} - 1}{0.05(1+0.05)^{10}}\right] = 15,443,470원$$

---

8) 연금의 현재가치계수, 연금의 현가계수라고도 한다.

(2) 저당상수

저당상수(mortgage constant)는 〈그림 6-6〉에서 나타낸 것처럼 이자율 r로 현재 1원을 차입한 후 n기간 동안 매 기간말 균등하게 갚아야 하는 원금과 이자의 합을 나타낸다. 다시 말하면, n기간 동안 매 기간말에 동일한 x원(= 원금+이자)이 얼마가 되어야 이 금액들의 현재가치가 1원이 되겠는가를 의미한다. 따라서 현재 1원은 n기간 동안 동일하게 발생하는 x원을 현재가치로 계산한 가치(연금의 현재가치)이므로, 식(6-3)에 대입하여 식(6-4)와 같이 나타낼 수 있다.

$$
\begin{aligned}
1 &= \frac{x}{(1+r)^1} + \frac{x}{(1+r)^2} + \cdots + \frac{x}{(1+r)^n} \\
&= x\left[\frac{(1+r)^n - 1}{r(1+r)^n}\right]
\end{aligned}
\tag{6-4}
$$

식(6-4)를 x에 대하여 정리하면, 식(6-5)의 연금의 현재가치이자요소(PVIFA)의 역수인 저당상수가 도출된다.

$$
x = \frac{1}{\left[\dfrac{(1+r)^n - 1}{r(1+r)^n}\right]} \quad \rightarrow \quad x = \left[\frac{r(1+r)^n}{(1+r)^n - 1}\right] : \text{저당상수}
\tag{6-5}
$$

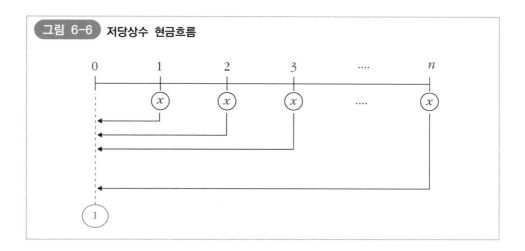

그림 6-6 저당상수 현금흐름

예제

저당상수

A는 10년 동안 매월 원리금균등상환 조건으로 연 6% 이자율로 3억원을 대출받았다. A가 매월 말 상환해야 하는 금액은 얼마인가?

답

$$\text{원리금균등액} = \text{원금} \times \text{저당상수} = (300{,}000{,}000) \left[\frac{\left(\frac{0.06}{12}\right)\left(1+\frac{0.06}{12}\right)^{120}}{\left(1+\frac{0.06}{12}\right)^{120}-1} \right]$$

$$= 3{,}330{,}615\text{원}$$

---

5. 연금의 미래가치와 감채기금계수

(1) 연금의 미래가치

연금의 미래가치는 일정 기간 동안 발생하는 현금흐름인 연금을 미래시점의 가치로 계산한 것이다. 따라서 연금의 미래가치는 매 기간 발생하는 현금흐름을 모두 미래가치로 계산하여 더해도 되지만 연금의 현재가치를 한 번에 미래가치로 계산해도 된다.

예를 들어, 할인율이 10%이고 2년 동안 매년 100만원을 받는 연금의 경우, 매년 받는 100만원을 하나씩 2년 후의 미래가치로 계산하여 모두 더해도 되고, 이 연금의 현재가치인 173.55만원을 2년 후의 미래가치로 계산해도 된다.

$$\text{연금의 미래가치} = 100(1+0.1)^1 + 100(1+0.1)^0$$

$$= 173.55(1+0.1)^2 = 210.01\text{만원}$$

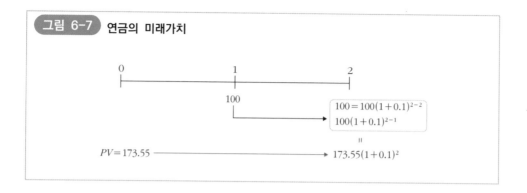

그림 6-7 연금의 미래가치

연금의 미래가치를 일반화해보자. 위의 예에서 2년(기간) 대신 n, 100만원 대신 C, 10% 대신 r이라고 표시하면, 매 기간의 현금흐름의 n시점에서의 연금의 미래가치는 매 기간 발생하는 현금흐름의 미래가치를 모두 더하여 식(6-6)과 같이 나타낼 수 있다.

$$FV(\text{연금}) = C(1+r)^{n-1} + C(1+r)^{n-2} + \cdots + C(1+r)^0 \tag{6-6}$$

식(6-6)은 연금의 현재가치 예를 들어, 173.55만원($= $ PV(연금))을 한 번에 미래가치로 계산한 것과 동일하므로 식(6-7)로 계산해도 된다. 식(6-3)의 연금의 현재가치를 식(6-7)에 대입하여 정리하면 식(6-8)의 연금의 미래가치가 도출된다.

$$FV(\text{연금}) = [PV(\text{연금})](1+r)^n \tag{6-7}$$

$$\rightarrow \quad FV(\text{연금}) = C\left[\frac{(1+r)^n - 1}{r(1+r)^n}\right](1+r)^n$$

$$\rightarrow \quad FV(\text{연금}) = C\left[\frac{(1+r)^n - 1}{r}\right] \tag{6-8}$$

식(6-8)에서 $[(1+r)^n - 1]/r$을 연금의 미래가치이자요소(FVIFA: future value interest factor for an annuity)[9]라고 한다. 연금의 미래가치이자요소(FVIFA)는 n기

---

9) 연금의 내가계수라고도 한다.

간 동안 매 기간 말에 1원씩 발생하는 연금의 미래가치를 나타낸다.

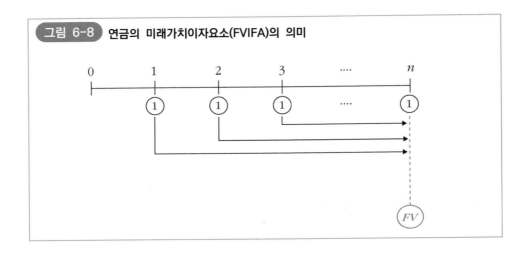

그림 6-8 연금의 미래가치이자요소(FVIFA)의 의미

 예제

연금의 미래가치

10년 동안 매년 말에 200만원씩의 상가사용료를 받을 경우 10년이 되는 시점에서 이 상가사용료의 가치는 얼마인가? 단, 연 이자율은 5%이다.

답

$$FV = C\left[\frac{(1+r)^n - 1}{r}\right] = (2,000,000)\left[\frac{(1+0.05)^{10} - 1}{0.05}\right] = 25,155,785원$$

혹은 앞의 예제에서 $PV(연금) = 15,443,470원$이므로

$$FV = [PV(연금)](1+r)^n = 15,443,470 \times (1+0.05)^{10} = 25,155,785원$$

(2) 감채기금계수

감채기금계수(Sinking fund factor)[10]는 〈그림 6-9〉에서 나타낸 것처럼 n기간 후에 1원을 만들기 위해 매 기간말 적립해야 하는 금액을 의미한다. 다시 말하면,

---

10) 상환기금률이라고도 한다.

n시점에 1원이 되기 위해서 매 기간말에 동일하게 얼마(x원)를 적립해야 하는가를 의미한다. 따라서 n기간 동안 매 기간 말에 동일하게 발생하는 x원을 적립한 값이 n시점에 1원이라는 미래가치(연금의 미래가치)가 되므로, 식(6-6)이나 식(6-8)에 대입하여 식(6-9)와 같이 나타낼 수 있다.

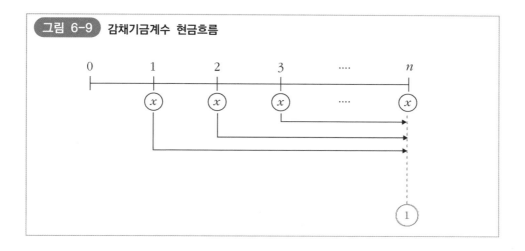

그림 6-9 감채기금계수 현금흐름

$$1 = x(1+r)^{n-1} + x(1+r)^{n-2} + \cdots + x(1+r)^0$$

$$= x\left[\frac{(1+r)^n - 1}{r}\right] \tag{6-9}$$

식(6-9)를 x에 대하여 정리하면, 식(6-10)의 연금의 미래가치이자요소(FVIFA)의 역수인 감채기금계수가 도출된다.

$$x = \frac{1}{\left[\dfrac{(1+r)^n - 1}{r}\right]} \quad \rightarrow \quad x = \left[\frac{r}{(1+r)^n - 1}\right] : \text{감채기금계수} \tag{6-10}$$

[경제 이야기] 이자에 이자가 붙어 껑충… 아인슈타인도 놀라워했죠

최근 초저금리 상태에 있던 은행 이자가 조금씩 올라가고 있다고 해요. 올해 등장한 인터넷 전문 은행들이 1년에 2%대 이자를 주는 예금을 선보이기 시작했고, 저축은행들은 이보다 더 높은 이자를 앞세우고 있죠. 금융 전문가들은 "이럴 때 복리의 힘을 빌려 저축을 하라"고 권고하고 있답니다. 오늘은 은행 이자에 대해 알아볼게요.

이자에 이자를 더하는 '복리'

은행은 보험·증권·신용카드 회사 등 여러 종류의 금융회사 가운데 우리가 가장 자주 이용하는 곳이에요. 은행을 뜻하는 영어 단어 'bank'는 중세 이탈리아 상인들이 작은 탁자(banko) 하나를 놓고 서로 돈을 빌려주던 데서 유래했어요. 한자어인 '은행(銀行)'은 옛날 중국 상인들 모임인 '행(行)'이 무역을 할 때 '은(銀)'을 사용한 것에서 비롯됐답니다.

은행은 고객의 돈을 맡아주거나(예금), 돈을 필요한 사람에게 빌려주거나(대출), 우리나라 돈을 외국 돈으로 바꿔주거나(환전), 다른 사람에게 돈을 보내주는 업무(송금) 등 여러 가지를 해요. 이 중 가장 핵심적인 기능이 예금과 대출이죠. 우리는 은행에 돈을 맡기면서 그 대가로 이자(예금이자)를 받고, 은행은 그 돈을 필요한 사람에게 빌려주면서 이자(대출이자)를 받는답니다. 이자란 돈에 대한 일종의 '사용료'인 셈이죠.

은행이 고객에게 예금 이자를 주는 방식은 크게 두 가지예요. 단리(單利)와 복리(複利)이죠. 단리는 내가 예금한 돈(원금)에 대해서만 정해진 이자를 주는 것이고, 복리는 원금에 이자를 붙여 늘어난 액수(원리금)에 또다시 이자를 주는 방식이에요. 단리는 1년을 맡기든 10년을 맡기든 매년 똑같은 이자를 제공하지만, 복리는 원리금에 이자를 붙이는 방식이 계속 반복되기 때문에 시간이 갈수록 돈이 많이 늘게 돼요.

예를 들어 볼까요? 내가 100만원을 연 10% 이자를 주는 은행에 2년 간 맡길 예정이에요. 단리를 적용하면 내가 2년 후 은행에서 찾을 수 있는 돈(원리금)은 원금 100만원에다 이자 20만원을 합친 120만 원이 돼요. 1년마다 100만원의 10%에 해당하는 이자(10만원)를 두 번 받기 때문이죠. 하지만 복리를 적용하면 첫해 100만원의 10%에 해당하는 이자(10만원)를 받고, 둘째 해에는 늘어난 돈(100만+10만 = 110만원)의 10%에 해당하는 이자(11만원)를 받아 2년 간 총 121만원을 받게 된답니다.

이런 차이는 별것 아닌 것처럼 보이지만 예금 기간이 길어질수록 기하급수적으로 늘어나요. 만약 100만원을 10년 간 예금한다고 했을 때, 단리를 적용하면 10년 후 200만원, 복리를 적용하면 259만원을 받을 수 있죠. 1만원에 불과했던 차이가 무려 59만원으로 훌쩍 커지는 거예요. 이런 복리의 위력을 두고 미국의 천재 과학자 알베르트 아인슈타인(Einstein·1879~1955)은 "복리는 지구상에서 가장 강력한 힘"이라며 경이로워했어요.

24달러로 맨해튼을 산다고?

복리의 강력한 힘을 보여주는 대표적인 사례가 있어요. 미국 뉴욕의 중심인 맨해튼 섬 이

야기인데요. 맨해튼은 세계 금융·문화의 중심지이기 때문에 전 세계적으로 땅값이 비싸기로 유명하죠.

맨해튼은 유럽 강대국들이 신대륙 발견에 나서기 전까지 인디언들의 땅이었어요. 1600년 대 초 영국 탐험가 헨리 허드슨이 맨해튼을 발견했고, 이후 이곳으로 네덜란드계 이민자들이 이주해 들어옵니다. 1626년 네덜란드 정부는 본국에서 건너온 이민자들이 살 땅을 마련하기 위해 맨해튼 섬을 원래 주인인 인디언으로부터 사들이게 돼요. 그러면서 이곳을 네덜란드 수 도인 암스테르담에서 이름을 딴 '뉴 암스테르담(New Amsterdam)'이라고 부르죠.

네덜란드 정부는 맨해튼 섬을 사면서 인디언들에게 얼만큼의 돈을 줬을까요? 네덜란드 식 민지 총독이 당시 인디언들에게 건넨 돈은 고작 60길더(24달러). 그것도 현금이 아닌 귀걸 이·목걸이 같은 장신구로 24달러 어치를 줬답니다. 아무리 돈의 가치가 현재와 달랐다 해 도 너무나 싼 값에 노른자위 땅을 넘긴 것이죠.

하지만 이 돈의 가치는 '복리'로 계산했을 때 전혀 다르게 나타나요. 미국 월스트리트에서 가장 뛰어난 투자가 중 한 사람으로 손꼽히는 존 템플턴(Templeton·1912~ 2008)은 인디 언이 당시 받은 24달러를 연 이자율 8%의 복리로 은행에 예금했다면 지금쯤 어떻게 됐을 까를 추정해봤어요. 그랬더니 불린 돈으로 현재(2006년 기준)의 맨해튼을 두 번 사고도 남 아 LA 일부 지역까지 살 수 있었을 거라는 결론을 내렸답니다.

즉, 첫해 원금 24달러에 8% 이자가 붙고 그 다음 해 불어난 돈에 또다시 8% 이자를 지급하는 방식으로 380년간 복리를 적용했더니 24달러가 5조배만큼 뛰어 125조 달러라는 천문학적 금액이 됐다는 얘기죠. 반면, 똑같은 8% 이자라 하더라도 단리로 예금했을 경우, 380년 후 받게 되는 돈은 9,771달러에 불과했답니다. 복리의 위력이 엄청나죠?

72의 법칙

미국 월스트리트의 전설적인 펀드매니저인 피터 린치(Lynch)는 금융 투자를 할 때 참고 해야 할 공식으로 '72의 법칙(The Rule of 72: 원금이 두 배 되는 데 걸리는 시간 = 72÷ 복리 이자)'을 만들었어요. 이를 활용하면 복리로 예금을 할 경우, 원금이 지금보다 두 배로 늘어나는 데 필요한 시간을 쉽게 계산할 수 있죠. 예를 들어, 복리 이자가 1년에 4%면 원 금을 두 배로 불리는 데 걸리는 시간은 72÷4 = 18, 즉 18년이 걸리는 거예요.

이 법칙은 경제성장률 계산에도 적용돼요. 매년 경제성장률을 8%로 유지할 경우, 국민 소득이 현재의 두 배가 되는 시점은 72÷8 = 9, 즉 9년 후가 되죠. 물가 상승률이 4%대로 유지된다고 가정할 때 물가 수준이 지금의 두 배가 되는 시점은 72÷4 = 18이라서 18년 후 가 된답니다.

[조선일보(www.chosun.com), 2017. 10. 13.]

수익률과 위험

1. 수익률

은행에 10만원을 예금하고 1년 후에 11만원을 받을 경우 오늘 10만원의 가치와 미래 11만원의 가치를 동일하게 만드는 1만원을 이자라 하고, 이 경우 이자율은 10%이다. 이처럼 미래가치를 현재가치로, 현재가치를 미래가치로 계산하는 과정에서 공통적으로 사용되는 이자율은 통상 미래가치를 현재가치로 계산할 때는 할인율, 현재가치를 미래가치로 계산할 때는 수익률이라고 한다.

수익률은 %로 표시되는 상대가격변화를 나타낸다. 투자를 하였을 때 얼마의 돈을 벌었는가는 수익률 외에 금액으로 표시하는 절대가격변화로 나타낼 수도 있다. 하지만 금액으로 표시하면 어떤 가격변화가 더 우수한지에 대한 구별이 어렵다.

예를 들면, 10,000원을 투자하여 12,000을 벌 경우와 50,000원을 투자하여 52,000원을 벌 경우 절대가격변화인 금액은 2,000원으로 동일한 돈을 번 것으로 판정된다. 하지만 수익률로 보면 20%(= (12,000 − 10,000)/10,000)와 4%(= (52,000 − 50,000)/50,000)로 크게 차이가 나며 수익률로 비교해야 어느 것이 더 매력적인지 정확히 판단할 수 있다.

(1) 명목이자율과 실질이자율

명목이자율은 화폐단위로 표시한 이자율을 말하며, 실질이자율은 재화단위로 표시한 이자율을 말한다. 명목이자율과 실질이자율은 어떠한 관계가 성립하는지 생각해보자.

예를 들어, 명목이자율을 10%라고 할 경우 100만원을 차입했다면 1년 후에 110만원($= 100(1+0.1)$)을 상환해야 한다. 한편, 현재 100만원인 컴퓨터가 1년 후에는 107만원이 되었다고 하자. 일반적으로 투자자는 실질적인 구매력에 관심이 있으므로 1년 후의 금액 110만원을 1년 후에 구매할 수 있는 컴퓨터(재화)의 개수로 바꿔보면 1.028개[$= 110/107 = (100(1+0.1))/107 = (1+0.028)$]가 된다. 즉, 1년 후에 110만원을 가지고 107만원짜리 컴퓨터(재화) 1개와 추가로 0.028개의 컴퓨터(재화)를 살 수 있다. 이처럼 재화단위로 표시한 이자율인 0.028을 실질이자율이라고 한다.

이제 명목이자율과 실질이자율 사이에 어떤 관계가 있는지 생각해보자. $(1+0.028) = (100(1+0.1))/107$에서 분모인 1년 후 컴퓨터 가격 107만원은 연초 100만원짜리 컴퓨터 가격이 7% 상승(물가상승률 7%)한 것이므로 $100(1+0.07)$로 나타낼 수 있다. 따라서 $(1+0.028) = (100(1+0.1))/107$ → $(1+0.028) = (100(1+0.1))/(100(1+0.07))$ → $(1+0.028) = (1+0.1)/(1+0.07)$ → $(1+0.1) = (1+0.028)(0+0.07)$이 되므로, 명목이자율과 실질이자율은 다음과 같은 관계가 성립한다.

1 + 명목이자율 = (1 + 실질이자율)(1 + 물가상승률)　　　　　　　　　　　(6-11)

그런데, 실질이자율에 물가상승률을 곱한 값은 현실적으로 매우 작은 값을 가지므로 0이라고 가정하여 (식 6-11)을 다음과 같이 간략하게 나타낼 수 있다.

명목이자율 ≈ 실질이자율 + 물가상승률　　　　　　　　　　　　　　　(6-12)

Irving Fisher(1930)[11]는 명목이자율은 실질이자율과 향후 예상되는 물가상승

---

11) Irving Fisher, The Theory of Interest: As Determined by Impatience to Spend Income and Opportunity to Invest It, Augustus M. Kelley, Publishers, New York, 1965; originally published in 1930.

률의 합과 같다고 주장하였으며, 이를 피셔효과(Fisher effect)라고 한다. 확실한 원금을 확보할 수 있는 저축의 경우에는 물가상승률을 고려한다면 실질적으로는 원금확보도 어려울 수 있다. 예를 들어, 명목이자율이 3%인데 물가상승률이 4%라면 실질이자율은 −1%가 되어, 실질적으로는 원금보다 적은 돈을 받게 됨으로써 저축의 혜택이 없게 된다.[12]

(2) 기대수익률

기대수익률(expected rate of return) $E(r_i)$는 미래에 평균적으로 예상되는 수익률이며 각 상황별로 발생 가능한 수익률에 그 상황이 발생할 확률을 곱한 다음 이를 모두 합하여 구한다.

$$E(r_i) = \sum r_i p_i \tag{6-13}$$

예를 들어, r_i라는 주머니 안에 있는 10%, 20%의 기댓값(평균)은 얼마일까? 기댓값(평균)은 관측치를 모두 합하여 이를 관측치의 개수로 나누어 얻을 수 있으므로 기댓값 $E(r_i)$는 $(10\% + 20\%)/2 = 15\%$가 된다.

이때 관측치의 개수 2로 나누어준다는 것은 주머니 안에 들어있는 10%, 20% 중에서 10%가 꺼내질 가능성(확률)이 2개 중 1개, 즉 확률이 50%라는 의미이다. 마찬가지로 20%도 2개 중 1개가 꺼내질 가능성(확률)인 50%의 확률을 갖는다. 따라서 10%, 20% 각각 발생할 확률이 $1/2(= 0.5)$이므로 평균은 $(10\% + 20\%)(0.5) = 15\% \rightarrow (r_1 + r_2)p_i = \sum r_i p_i$로 계산된다.

 2. 위험

(1) 분산과 표준편차

위험이란 미래의 불확실성으로 인해 실제수익률이 기대수익률로부터 얼마나

---

12) 「핵심투자론」, 이재하 · 한덕희, 박영사, 2021. pp. 69-70 참조.

벗어나는지를 나타내는 변동성(volatility)을 말한다. 이러한 위험의 정의를 계량화할 수 있는 척도로 식(6-14)와 식(6-15)로 정의되는 분산(σ_i^2)과 표준편차(σ)가 있다.

$$\sigma_i^2 = \sum [r_i - E(r_i)]^2 p_i \tag{6-14}$$

$$\sigma_i = \sqrt{\sigma_i^2} \tag{6-15}$$

예를 들어, r_i라는 주머니 안에 있는 10%, 20%의 기댓값이 15%일 경우 편차제곱승의 평균으로 정의되는 분산은 편차제곱승의 합을 편차의 개수 2로 나눠주면 된다. 이때 1/2은 각 관측치의 편차가 발생할 확률이 1/2(= 50%)이라는 의미이므로 분산 σ_i^2은 $[(10\% - 15\%)^2 + (20\% - 15\%)^2](0.5) = 0.25\%$ ➔ $[(r_1 - E(r_i))^2 + (r_2 - E(r_i))^2]p_i$ $= \sum [r_i - E(r_i)]^2 p_i$로 계산한다.

분산은 각 편차의 제곱으로 계산하기 때문에 원자료의 단위보다 큰 단위로 표시되지만 분산의 제곱근으로 구하게 되면 원자료의 단위로 환원되어 평균이나 다른 통계척도와 쉽게 비교할 수 있다. 분산의 제곱근을 표준편차라고 부른다.

투자의 위험과 관련해서 미래에 발생할 실제수익률과 기대수익률과의 차이가 크면 클수록 위험(표준편차)이 더 크다고 할 수 있다. 또한 동일한 기대수익률하에서는 표준편차가 높을수록 투자기회가 더 위험하다.

(2) 변동계수

두 개 이상의 자산에 대한 상대성과를 비교하는 데에는 변동계수(CV: coefficient of variation)[13]가 주로 사용된다. 변동계수란 기대수익률 한 단위당 부담하는 위험의 정도, 즉 $\sigma_i/E(r_i)$ 로 정의된다. 예를 들어, 기대수익률이 6%, 표준편차가 12%인 A투자안, 기대수익률이 6%, 표준편차가 15%인 B투자안, 기대수익률이 10%, 표준편차가 15%인 C투자안을 생각해보자. 이 중에서 어느 투자안이 가장 좋은 투자안인가?

A투자안과 B투자안을 비교해보면 기대수익률은 6%로 동일하지만 A투자안의

---

13) 변이계수라고도 한다.

위험(표준편차)이 12%로 B투자안의 위험(표준편차) 15%보다 낮아서 A투자안이 우월하다. 그리고 B투자안과 C투자안을 비교해보면 위험(표준편차)은 15%로 동일하지만 C투자안의 기대수익률 10%가 B투자안의 기대수익률 6%보다 높아서 C투자안이 우월하다.

그러면 A투자안과 C투자안 중 어느 것을 선택해야 하는가? A투자안은 C투자안에 비해 기대수익률이 낮고 위험도 낮다. 따라서 두 투자안을 직접 비교하기 어렵다. 이때 변동계수를 이용하여 위험을 1단위로 동일하게 표준화시켜 비교하면 된다. A투자안의 변동계수는 12%/6% = 2 = 2/1이고 C투자안의 변동계수는 15%/10% = 1.5 = 1.5/1이다.

따라서 A투자안은 분모인 위험(표준편차)을 1단위 부담할 경우 분자인 기대수익률이 2단위가 된다는 것을 의미한다. 마찬가지로 C투자안은 위험(표준편차)을 1단위 부담할 경우 기대수익률이 1.5단위가 됨을 의미한다. 이처럼 투자안들의 위험을 1단위로 표준화하여 동일한 위험에 대하여 벌어들이는 기대수익률을 비교해보면, 동일한 1단위의 위험하에서 A투자안이 벌어들이는 기대수익률이 더 크므로 A투자안을 선택한다.

(3) 투자자 유형

투자자가 투자의사결정을 할 때 투자안의 기대성과와 위험을 모두 고려해야 한다. 투자자는 위험에 대한 태도에 따라 위험회피형, 위험중립형, 위험선호형으로 구분한다.

1) 공정한 게임

공정한 게임(fair game)이란 기대부(expected wealth)와 확실한 부(wealth)가 동일한 게임을 말한다. 예를 들어, 현재 1,000원을 가지고 있는 A가 동전던지기를 하여 앞면이 나오면 100원을 얻고, 뒷면이면 100원을 잃는 게임을 한다고 하자. 이때 A가 현재 가지고 있는 확실한 부 1,000원과 100원을 따거나 잃을 가능성을 가진 불확실한 동전던지기 게임의 기대부(평균) 1,000원(= (1,000원 + 100원)(0.5) + (1,000원 − 100원)(0.5))은 동일하다. 하지만, 동전던지기 게임에 참여할 경우의 분산(위험)은 10,000원(= (1,100원 − 1,000원)^2(0.5) + (900원 − 1,000원)^2(0.5))으로 매우 크다.

2) 위험회피형 투자자

위험회피형 투자자(risk averse investor)는 동일한 수익률을 가진 두 투자안 중에서 위험이 더 낮은 투자안을 선택하며, 투자안의 위험이 높을수록 더 높은 수익률을 요구한다.

위험회피형 투자자의 경우 위험을 부담하면 이에 상응하는 보상인 양(+)의 위험프리미엄을 요구하기 때문에 공정한 게임에 참가하지 않는다. 왜냐하면, 동전던지기 게임에서 보듯이 게임에 참가할 경우에 벌어들일 것으로 기대되는 돈은 1,000원(기대부)으로 게임에 참가하지 않을 경우 확실하게 쥐고 있는 1,000원(확실한 부)과 동일하여 버는 돈은 없다. 하지만 위험(분산)은 10,000원어치를 부담하게 된다. 위험을 싫어하는 위험회피형 투자자는 당연히 공정한 게임에 참가하지 않는다.

또한 위험회피형 투자자는 부가 증가할수록 효용(만족도)이 증가한다. 하지만 위험회피형 투자자는 고위험에 대해서 더 높은 수익을 추구하는 투자자이므로 위험이 한 단위씩 증가함에 따른 부의 증가분에 대한 만족도는 점점 작아져서 한계효용은 체감한다.

3) 위험중립형 투자자

위험중립형 투자자(risk neutral investor)는 위험 수준과는 무관하게 기대수익률만으로 투자안을 선택하므로 기대부의 증가 없이 위험만 발생하는 공정한 게임에도 개의치 않고 참가한다.

위험중립형 투자자는 부가 증가할수록 효용은 증가한다. 위험중립형 투자자는 위험에 대해서 무관한 투자자이므로 위험이 한 단위씩 증가함에 따른 부의 증가분대한 만족도는 동일하여 한계효용은 일정하다.

4) 위험선호형 투자자

위험선호형 투자자(risk loving investor)는 동일한 수익률을 가지는 투자안 중에서 더 높은 위험을 가지는 투자안을 선택한다. 이들은 높은 수익률을 획득할 기회를 얻기 위하여 보다 큰 위험을 기꺼이 부담하려고 하는 투자자이기 때문에 공정한 게임에 참가한다.

위험선호형 투자자는 부가 증가할수록 효용은 증가한다. 그리고 위험선호형 투자자는 고위험을 추구하여 수익을 얻는 투자자이므로 위험이 한 단위씩 증가함에 따른 부의 증가분에 대한 만족도가 점점 커져 한계효용이 체증한다.

3. 포트폴리오의 기대수익률과 위험

투자자는 오직 하나의 자산에만 투자하는 것이 아니라 일반적으로는 주식, 채권, 부동산 등과 같이 여러 개의 자산에 분산투자한다. 이처럼 두 개 이상의 자산들로 구성된 조합을 포트폴리오(portfolio)라고 한다.

예를 들어, 투자자 A가 100만원을 가지고 40만원은 10%의 수익률을 얻는 1자산에 투자하고 60만원은 20%의 수익률을 얻는 2자산에 투자하여 두 자산으로 구성된 포트폴리오를 가지고 있다고 하자. 이때 1자산의 투자비중은 0.4(= 40만원/100만원)이고 2자산의 투자비중은 0.6(= 60만원/100만원)이 된다. 투자자 A가 두 자산에서 얻은 수익률은 얼마일까?

투자자 A가 두 자산에 투자한 자금의 크기가 다르기 때문에 두 자산에서 번 수익률을 단순히 15%(= (10%＋20%)/2)라고 하면 안 되고, 각 자산의 투자수익률에 투자비중을 가중치로 하여 구해야 한다. 즉, 10%의 수익률을 얻는 1자산에 투자자금 중 40%(0.4)를 투자하였고, 투자자금 중 60%(0.6)는 20%의 수익률을 얻는 2자산에 투자하였으므로 포트폴리오의 수익률은 $(0.4)(0.1)＋(0.6)(0.2) = 16\%$가 된다. 이를 일반적인 식으로 나타내면 $r_p = w_1 r_1 + w_2 r_2$이다.

(1) 포트폴리오 기대수익률

투자자의 관심은 과거의 수익률이 아니라 어떤 자산에 투자하였을 때 기대되는 미래의 기대수익률이다. 두 자산으로 구성되는 포트폴리오의 기대수익률을 생각해보자. 포트폴리오의 기대수익률 $E(r_p)$는 개별자산의 기대수익률을 투자비중(1자산 w_1, 2자산 w_2)으로 가중평균하여 계산한다.[14]

---

14) APPENDIX 1 : $r_p = w_1 r_1 + w_2 r_2$에서 $E(r_p) = E(w_1 r_1 + w_2 r_2) = E(w_1 r_1) + E(w_2 r_2) = w_1 E(r_1) + w_2 E(r_2)$

$$E(r_p) = w_1 E(r_1) + w_2 E(r_2) \tag{6-16}$$

예를 들어, A상가와 B상가에 각각 8천만원과 1억 2천만원을 투자한 H가 두 상가에서 벌어들일 수익률을 각각 20%, 30%로 기대하고 있다고 하자. H에게 두 상가에서 얼마를 벌어들일 것으로 기대하는지 물어보면, H는 총 2억원 중 A상가에 투자한 8천만원(투자비중 40%)에서 20%의 수익을 기대하고 있고, B상가에 투자한 1억 2천만원(투자비중 60%)에서는 30%의 수익을 기대하고 있다. 따라서 20%의 수익률은 40% 투자한 곳에서 발생하고 30%의 수익률은 60% 투자한 곳에서 발생하여 평균적으로 두 상가에서 $(0.4)(0.2) + (0.6)(0.3) = 0.26$, 즉 26%를 벌어들일 것으로 기대한다고 답한다.

(2) 포트폴리오 위험

두 개의 자산으로 포트폴리오를 구성할 경우 포트폴리오 위험(분산) σ_p^2은 식 (6-17)로 구할 수 있다.[15] 식(6-17)을 직관적으로 보면, 1자산의 위험부분($w_1^2 \sigma_1^2$)과 2자산의 위험부분($w_2^2 \sigma_2^2$) 그리고 1자산과 2자산 간에 서로 영향을 미치는 위험 ($2w_1 w_2 \sigma_{12}$)이 합쳐져서 포트폴리오의 위험이 됨을 알 수 있다.

$$\sigma_p^2 = w_1^2 \sigma_1^2 + w_2^2 \sigma_2^2 + 2w_1 w_2 \sigma_{12} \tag{6-17}$$

그리고 포트폴리오 위험 σ_p^2은 두 자산의 수익률이 함께 움직이는 정도를 나타내는 식(6-18)의 공분산(covariance) σ_{12}에 의해 영향을 받는다. 공분산 σ_{12}가 양 (+)의 값을 가지면 평균적으로 두 자산수익률이 서로 같은 방향으로 움직이고 음 (−)의 값을 가지면 평균적으로 두 자산수익률이 서로 다른 방향으로 움직이고 있음을 의미한다.[16] 예를 들어, 1자산의 수익률이 양수일 때 2자산의 수익률이 음수이면 두 수익률이 서로 상쇄되어 포트폴리오의 변동성이 줄어들 것이다. 포트폴리오의 분산 식(6-17)에서 공분산 σ_{12}가 작을수록 포트폴리오의 위험(분산) σ_p^2이 작아짐을 알 수 있다.

---

15) APPENDIX 1 참조.
16) APPENDIX 2 참조.

$Var(r_1) = \sigma_1^2 = E[r_1 - E(r_1)]^2 = E[(r_1 - E(r_1))(r_1 - E(r_1))] = Cov(r_1, r_1) = Cov_{11} = \sigma_{11}$

$\sigma_{12} = Cov(r_1, r_2) = E[(r_1 - E(r_1))(r_2 - E(r_2))] = E[(r_2 - E(r_2))(r_1 - E(r_1))] = Cov(r_2, r_1) = \sigma_{21}$

$$\sigma_{12} = Cov(r_1, r_2) = E\left[(r_1 - E(r_1))(r_2 - E(r_2))\right]$$

$$= \sum \left[r_1 - E(r_1)\right]\left[r_2 - E(r_2)\right]p_i \qquad (6\text{-}18)$$

하지만 공분산은 여러 값을 가지는데 이러한 값이 얼마나 큰지 작은지에 대한 상대적인 비교를 할 수 없다는 단점이 있다. 공분산 σ_{12}를 -1과 $+1$ 사이의 범위에 있도록 표준화시킨 것이 상관계수 ρ_{12}이다.[17]

$$\rho_{12} = \frac{\sigma_{12}}{\sigma_1 \sigma_2} \qquad (6\text{-}19)$$

상관계수가 $+1$일 경우는 두 자산수익률이 완전 정비례하는 직선관계를 가지며, -1일 경우는 완전 반비례하는 직선관계를 나타내고 선형적인 관계가 없는 경우는 상관관계수가 0이 된다.

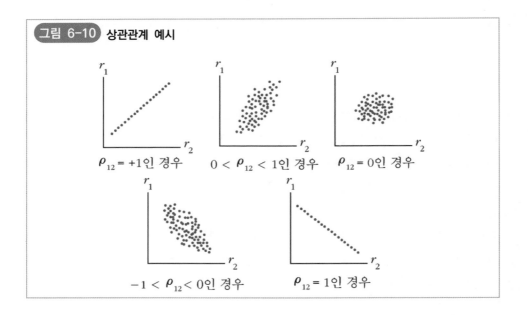

그림 6-10 상관관계 예시

$\rho_{12} = +1$인 경우 $0 < \rho_{12} < 1$인 경우 $\rho_{12} = 0$인 경우

$-1 < \rho_{12} < 0$인 경우 $\rho_{12} = 1$인 경우

---

17) 「핵심투자론」, 이재하·한덕희, 박영사, 2021. pp. 76-87 참조.

제4절

포트폴리오이론

1. 자산 3분법

투자를 할 때 가장 기본적인 위험관리 방법은 포트폴리오를 구성함으로써 분산하여 투자하는 분산투자이다. 분산투자 시에 전통적으로 안전성, 수익성, 환금성을 고려하여 투자자산을 예금, 주식, 부동산이라는 세 종류의 자산군에 배분하였다. 예금은 안전성과 환금성이 높고, 주식은 수익성과 환금성이 높으며, 부동산은 안전성과 수익성이 높다는 특징을 갖고 있기 때문에 세 종류의 자산군에 자금을 적절히 배분하여 투자한 것이며, 이것을 자산 3분법이라고 한다.

2. 포트폴리오선택이론

(1) 투자기회집합

자산 3분법과 같이 포트폴리오를 단순히 3개의 자산군인 예금, 주식, 부동산으로 구성하는 것은 투자 시에 구성 가능한 여러 포트폴리오 중 하나일 뿐이며 투자자 입자에서 최적인 포트폴리오도 아니다. 최적포트폴리오를 찾기 위해 Harry Markowitz는 1952년에 일정한 위험하에서 최대의 기대수익률을 제공하는 포트폴리오를 선택하거나 일정한 기대수익률하에서 위험을 최소화하는 효율적 포트폴리오들의 집합, 즉 효율적 투자선(efficient frontier)을 찾아내는 포트폴리오선택이론(portfolio selection theory)을 제시하였다.[18]

예를 들어, 1자산 기대수익률 10%, 표준편차 20%, 2자산 기대수익률 18%, 표준편차 28%, 두 주식의 상관계수 ρ_{12}는 25%라고 하자. 1자산에 w_1 투자하고 2자산에 $w_2 = 1 - w_1$ 투자한다고 할 경우, 두 개 주식으로 구성되는 포트폴리오(자산)의 기대수익률은 식(6-16)으로, 분산[19]은 식(6-17)로 계산한다.

〈표 6-1〉에 투자비중이 다른 6가지 경우의 포트폴리오의 기대수익률 $E(r_p)$와 표준편차 σ_p를 각각 나타내었다. 만약 투자비중을 6가지 경우보다 더 세분화하여 연속적으로 변화시킨다면 기대수익률 $E(r_p)$와 표준편차 σ_p의 조합이 연속적으로 나타나 〈그림 6-11〉의 포물선 모양의 투자기회집합(investment opportunity set)이 그려진다.

어느 자산에 얼마나 투자할지에 대한 결정(투자비중)은 투자자가 마음대로 정할 수 있다. 따라서 투자자가 정한 투자비중대로 투자할 경우 얻을 수 있는 포트폴리오의 기대수익률과 표준편차는 무수히 많으며, 이는 투자자입장에서 투자기회가 되는 것이다. 이러한 무수히 많은 기대수익률과 표준편차의 조합인 투자기회집합을 〈그림 6-11〉에 나타낸 것이다.

표 6-1   투자비중에 따른 자산(포트폴리오)의 기대수익률과 표준편차

w_1	w_2	$\rho_{12} = 0.25$일 경우	
		$E(r_p)$	σ_p
0.0	1.0	0.180	0.2800
0.2	0.8	0.164	0.2372
0.4	0.6	0.148	0.2033
0.6	0.4	0.132	0.1835
0.8	0.2	0.116	0.1822
1.0	0.0	0.100	0.2000

---

18) Harry Markowitz, "Portfolio Selection," Journal of Finance, 1952, March.

19) $\sigma_p^2 = w_1^2\sigma_1^2 + w_2^2\sigma_2^2 + 2w_1w_2\sigma_{12}$ → $\sigma_p^2 = w_1^2\sigma_1^2 + w_2^2\sigma_2^2 + 2w_1w_2\rho_{12}\sigma_1\sigma_2$ ($\because \rho_{12} = \sigma_{12}/\sigma_1\sigma_2$
→ $\sigma_{12} = \rho_{12}\sigma_1\sigma_2$). 상관계수가 0.25이면 공분산은 $(0.25)(0.20)(0.28) = 0.014$이다.

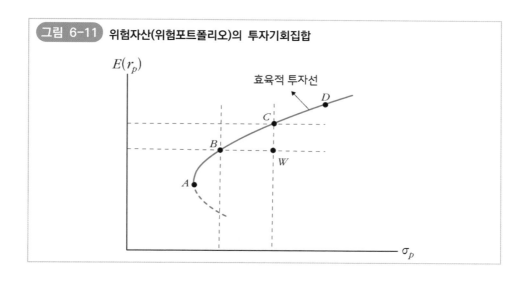

그림 6-11 위험자산(위험포트폴리오)의 투자기회집합

$E(r_p)$

효육적 투자선

D
C
B
W
A

σ_p

〈그림 6-11〉에서 포트폴리오 A, B, C, D 모두 주어진 일정한 기대수익률하에서 위험이 최소인 점 혹은 주어진 일정한 위험하에서 기대수익률이 최대인 효율적 포트폴리오들이다. 〈그림 6-11〉에서 A아래쪽의 점선부분으로 나타낸 비효율적 부분을 제외하고 A, B, C, D의 점들을 연결한 선이 효율적 투자선이 된다. 예를 들어, B와 W는 동일한 기대수익률을 갖지만 B가 W보다 위험이 작기 때문에 B가 W를 지배한다. 또한 C와 W는 동일한 위험을 갖지만 C가 W보다 기대수익률이 높기 때문에 C가 W를 지배한다.

이처럼 효율적 투자선은 동일한 위험수준에서 가장 높은 기대수익률을 갖는 자산이 선택되고, 동일한 기대수익률에서 가장 낮은 위험을 갖는 자산이 선택되는 지배원리(dominance principle)에 의해서 결정되며, 이 선상의 포트폴리오들은 모두 효율적이다. 효율적 투자선상의 포트폴리오들 간에는 기대수익률이 높으면 위험도 함께 커지므로 어느 것이 다른 것을 지배하지 못하고 모두 효율적이다.[20]

---

20) 「핵심재무관리」, 이재하 · 한덕희, 박영사, 2020. pp. 221-226 참조.

증시 대중화 이끈 Markowitz

"Harry, 수학적 논리 전개는 아무 문제 없어 보이지만 한 가지 결함이 있어. 이건 경제학 논문도, 수학 논문도, 경영학 논문도 아닐세." 박사학위 심사회에서 시카고 대학의 Milton Friedman 교수는 Harry Markowitz에게 이렇게 쏘아붙였다. 이 문제로 학위수여 여부에 대해 심사위원들 간에 논쟁이 벌어졌고 Markowitz는 밖에 나가 초조히 결과를 기다려야 했다. 마침내 문이 열리고 지도교수인 Marschak 교수가 그에게 다가와 이렇게 말했다. "축하하네. Markowitz 박사."

Harry Markowitz, 그의 논문은 박사 학위조차 받지 못할 뻔했을 정도로 어려움을 겪었다. 하지만 38년이 지난 1990년, 그는 이 논문의 내용으로 당당히 노벨경제학상을 받았다. 그가 완성시켰다는 '포트폴리오이론'을 한마디로 말하면 "계란을 한 바구니에 담지 말라"라는 것이다. 바구니를 떨어뜨렸을 때 모든 계란이 깨지는 위험을 피하기 위해서 달걀을 여러 바구니에 나눠 담아놓으라는 것이다. 양계장 주인이라면 흔히 알고 있는 평범한 진실이었지만 Markowitz는 이것을 주식투자에 적용시킨 것이다.

그런데 경제 전문 편집인 Peter J. Dougherty는 '세상을 구한 경제학자들'이라는 책에서 투자자에게 Markowitz의 '포트폴리오 선택'은 마르크스주의자에게 '공산당 선언'이 지닌 의미와도 같다고 극찬했다. 이는 교과서이자 선동서로서, 그의 "일어서라, 그리고 분산투자하라"는 메시지가 월스트리트와 세계 경제를 완전히 변화시켰다고 평가한 것이다. 왜 Markowitz에 대한 평가가 이처럼 극적인 반전을 보게 된 것일까? 그 이유는 다음 세 가지로 요약될 것이다.

첫째, Markowitz는 남이 거들떠보지 않던 시기에 주식시장을 연구하기 시작했다. 그가 주식투자를 주제로 논문을 쓰던 1952년 당시, 학계는 증권시장을 학문의 대상으로 보지 않았다. 그저 주식은 도박을 좋아하는 사람들이 하는 투기 대상 정도로 치부하던 때였다.

둘째, 1970년대 이전까지 주식에 대한 투자자의 관심은 오직 수익률이었다. 주가가 상승할 때는 괜찮지만 주가가 폭락할 때면, 수익률에 실망한 수많은 투자자는 시장을 떠났다. 그런데 Markowitz는 주식거래를 위험관리 측면에서 보아야 한다고 주장한 것이다. 이 주식투자의 새로운 접근법이 주가가 오르건 떨어지건 주식시장에 항상 관심을 기울이도록 만들었다.

셋째, 분산투자 이론은 수많은 신상품을 낳았고 시장 분위기를 대역전시키는 기폭제 역할을 했다. 위험관리를 위한 분산투자 기법으로 주가지수에 투자하는 상품, 채권과 주식을 혼합한 상품 등 다양한 펀드상품이 속속 등장했다. 이 발명품에 힘입어 자본시장은 지금까지 들어본 적이 없을 정도의 경쟁과 효율성을 경험하게 되었다.

1950년대 중반 미 증시는 대공황 이전의 최고치를 비로소 경신하지만 그 후 몇 차례 약세장을 거듭하면서 오랜 기간 약진의 발판을 찾지 못했다. 그러던 주식장세는 1980년

대와 1990년대 들어 역사상 최장의 강세장을 기록했다. 미국인들은 주식과 펀드투자에 열광하며 '1가구 1펀드'라는 펀드의 대중화 시대를 연 것이다. Markowitz의 위험관리를 위한 포트폴리오 투자기법은 일종의 사회적 발명품이다. 양계 업계의 평범한 격언을 주식투자에 적용시킨 경제학자의 작은 아이디어 하나가 세계 증권시장의 모습을 완전히 바꿔 놓은 것이다.

[파이낸셜뉴스(www.fnnews.com), 2013. 2. 13]

(2) 최적포트폴리오의 선택

위험자산들의 효율적 포트폴리오집합이 찾아지면, 투자자는 자신의 기대효용을 가장 극대화해 주는 최적포트폴리오(optimal portfolio)를 선택할 수 있다. 투자자의 무차별곡선[21]과 효율적 투자기회집합이 만나는 접점에서 투자자의 기대효용이 가장 커지고 따라서 이 접점이 최적포트폴리오가 된다. 일반적으로 투자자의 위험에 대한 태도가 모두 다르기 때문에 투자자들은 서로 다른 무차별곡선을 갖는다. 따라서 투자자는 서로 다른 최적포트폴리오를 선택한다.

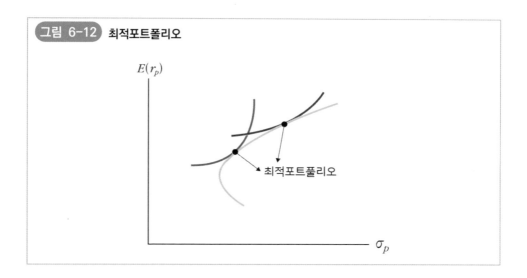

그림 6-12 최적포트폴리오

---

21) 무차별곡선은 투자자에게 동일한 효용을 주는 기대수익률과 표준편차의 조합을 말한다. 예를 들어, 어떤 투자자에게 동일한 효용을 주는 기대수익률 7%와 표준편차 12%의 조합과 기대수익률 10%와 표준편차 18%가 있을 경우 이들의 조합을 연결한 선을 무차별곡선이라고 한다.

포트폴리오가 황금률이 된 이유

디자이너나 사진작가, 일러스트레이터 등 이른바 예술 분야에서 취업이나 이직을 꿈꾸는 사람이라면 누구나 포트폴리오(portfolio)를 준비하게 된다. 이때 포트폴리오는 자신의 실력을 보여주기 위해 과거에 만든 작품이나 관련 성과물을 모아 놓은 자료철이다.

이 포트폴리오라는 단어가 금융투자업계로 넘어오면 투자대상이 되는 여러 종류의 주식이나 채권을 모아놓은 것, 즉 각종 금융자산의 명세표라는 의미로 쓰인다. 또 이렇게 포트폴리오를 구성한다는 표현 자체가 자금을 주식이나 채권 등 다양한 대상에 나눠 운용하는 '분산 투자'의 뜻을 함축하기도 한다. 그러면 대체 포트폴리오가 뭐길래 이렇게 많은 뜻을 지니게 된 걸까.

포트폴리오의 사전적 의미를 찾아보면 가장 첫 줄에 나오는 의미는 서류가방이다. 이탈리아어 포르타포글리오(portafoglio)가 유래인데, '나르다'는 뜻의 포르타와 '책의 한 페이지', '묶이지 않은 서류 한 장' 등을 의미하는 포글리오가 결합해 만들어진 단어다. 즉 낱장으로 된 종이들을 모아 나르는 물건이나 서류가방 또는 작품집이라는 뜻이다.

서류를 나르던 가방이 금융투자업계의 일상어가 된 것은 1930년대. 당시 미국 뉴욕에서는 매일 유가증권시장의 거래계약이 끝난 후 거래자 사이에 실물증권이 오갔다. 증권을 산 사람들이 대금을 지불하면 증권을 판 사람들이 종이로 된 실물증권을 전달한 것이다. 하지만 일일이 직접 만나기가 점점 귀찮아지면서 이런 실물증권 운반을 도맡아 하는 심부름꾼이 탄생했다. 이들은 여러 사람 소유의 증권을 동시에 운반함으로써 시간과 비용을 단축했는데 이때 이들 증권이 서로 섞이지 않도록 하기 위해 안에 칸막이가 된 가죽가방을 가지고 다녔다. 여러 증권을 나르던 이 가죽가방은 원뜻대로 포트폴리오라고 불렸는데 점점 여러 증권의 모음, 투자 대상의 집합이라는 뜻까지 확장됐다.

포트폴리오가 분산투자의 의미까지 갖게 된 것은 경제학자 해리 맥스 마코위츠(Harry M. Markowits) 때문이다. 그는 1955년 박사학위 논문을 쓰면서 주식투자를 할 때 왜 분산투자하는 게 유리한지에 대해 수학적 해답을 제시했는데 이 논문의 제목이 바로 '포트폴리오 선택(Portfolio Selection)'이었다. 이 포트폴리오이론은 자금을 1~2개 주식에만 몰빵하던 기존 주식시장의 투자행태를 완전히 바꿔놓게 됐는데 이 공로로 그는 1990년 노벨경제학상을 수상하게 된다.

포트폴리오 구성, 즉 분산투자와 관련해 가장 유명한 격언은 '계란을 한 바구니에 담지 마라'다. 이 말은 국경을 넘는 단기성 외화거래에 부과하는 세금인 '토빈세'로도 유명한 경제학자 제임스 토빈의 일화에서 비롯됐다. 토빈은 마코위츠의 포트폴리오이론에 기여한 공로로 1981년 노벨경제학상을 수상했는데, 수상 직후 열린 기자회견에서 이 이론을 쉽게 설명해달라는 질문을 받고 이렇게 대답했다.

"계란을 몽땅 한 바구니에 담아서는 안 됩니다. 만일 바구니를 떨어뜨리면 모든 것이 끝장나기 때문이죠." 토빈의 이 말은 다음날 세계 유수 신문의 헤드라인을 장식했고 이후

지금까지 투자의 '황금률(golden rule)'로 여겨지고 있다.

이런 포트폴리오 원칙을 지키지 않아 지금까지 많은 투자자들이 투자실패로 괴로워해야 했다. 천재물리학자 아이작 뉴턴이 그랬고 '톰소여의 모험'으로 유명한 소설가 마크 트웨인도 마찬가지였다. 뉴턴은 남해회사에, 트웨인은 광산주에 전 재산을 투자했다가 평생을 빚에 쪼들려야 했다. 물론 당시에는 포트폴리오라는 개념 자체가 없었으니 그럴 수도 있겠다 싶지만 지금은 상황이 다르다. 전문가마다 계란을 한 바구니에 담지 말 것을 강조한다.

그런데도 여전히 몰빵투자가 횡행하고 있으니 안타까운 일이다. 대표적인 사례가 가상화폐 투자다. 최근 가격이 폭락한 가상화폐 사이트에는 전 재산을 투자했다가 큰 손실을 봤다는 직장인들의 얘기가 넘쳐난다. "제 인생을 도지코인에 건 만큼 손절 않고 존버할 것" "아직 살아있나요?" "죽고 싶어요, 밥을 먹을 수가 없어요." 등등.

단순히 글만이 아니다. 이미 극단적인 선택을 한 투자자도 있고, 중국에선 투자실패를 비관한 30대 남성이 차를 몰고 횡단보도를 질주해 5명을 숨지게 하는 '묻지마 사건'까지 발생했다. 모두 포트폴리오를 무시한 비극이 아닐까 싶다.

[이코노믹리뷰(www.econovill.com), 2021. 5. 30.]

APPENDIX 1. 통계공식

① $E(r_i) = \mu = \sum r_i p_i$

② $Var(r_i) = \sigma_i^2 = \sum [r_i - E(r_i)]^2 p_i = E\big[\{r_i - E(r_i)\}^2\big] = E(r_i^2) - [E(r_i)]^2$

$$
\begin{aligned}
\rightarrow \quad Var(r_i) = \sigma_i^2 &= \sum [r_i - E(r_i)]^2 p_i \\
&= \sum \big[r_i^2 - 2r_i E(r_i) + \{E(r_i)\}^2\big] p_i \\
&= \sum r_i^2 p_i - 2E(r_i)\sum r_i p_i + \{E(r_i)\}^2 \sum p_i \\
&= E(r_i^2) - 2[E(r_i)]^2 + [E(r_i)]^2 \\
&= E(r_i^2) - [E(r_i)]^2
\end{aligned}
$$

③ $E(a) = a$

④ $E(ar_i) = aE(r_i)$

$$\rightarrow \quad E(ar_i) = \sum ar_i p_i = a\sum r_i p_i = aE(r_i)$$

⑤ $E(a + br_i) = a + bE(r_i)$

⑥ $Var(a) = 0$

⑦ $Var(ar_i) = a^2 Var(r_i)$

$$
\begin{aligned}
\rightarrow \quad Var(ar_i) &= E[\{ar_i - E(ar_i)\}^2] \\
&= E\big[a^2 r_i^2 - 2ar_i E(ar_i) + \{E(ar_i)\}^2\big] \\
&= E\big[a^2 r_i^2 - 2a^2 r_i E(r_i) + a^2\{E(r_i)\}^2\big] \\
&= a^2 E\big[r_i^2 - 2r_i E(r_i) + \{E(r_i)\}^2\big]
\end{aligned}
$$

$$= a^2 E \big[\{ r_i - E(r_i) \}^2 \big]$$
$$= a^2 \, Var(r_i)$$

⑧ $Var(a + br_i) = b^2 \, Var(r_i)$

⑨ $Cov(r_i, r_j) = \sum [r_i - E(r_i)][r_j - E(r_j)] p_i$
$$= E \big[\{ r_i - E(r_i) \} \{ r_j - E(r_j) \} \big]$$
$$= E \big[r_i r_j - r_i E(r_j) - E(r_i) r_j + E(r_i) E(r_j) \big]$$
$$= E(r_i r_j) - E(r_i) E(r_j) - E(r_i) E(r_j) + E(r_i) E(r_j)$$
$$= E(r_i r_j) - E(r_i) E(r_j)$$

⑩ $Var(r_i + r_j) = Var(r_i) + Var(r_j) + 2 \, Cov(r_i, \, r_j)$

→ $Var(r_i + r_j) = E \big[\{ (r_i + r_j) - E(r_i + r_j) \}^2 \big]$
$$= E \big[(r_i + r_j)^2 - 2(r_i + r_j) E(r_i + r_j) + \{ E(r_i) + E(r_j) \}^2 \big]$$
$$= E(r_i + r_j)^2 - 2 \big[E(r_i + r_j) \big]^2 + \big[E(r_i) + E(r_j) \big]^2$$
$$= E(r_i + r_i)^2 - 2 \big[E(r_i) + E(r_j) \big]^2 + \big[E(r_i) + E(r_j) \big]^2$$
$$= E(r_i + r_j)^2 - \big[E(r_i) + E(r_j) \big]^2$$
$$= E(r_i^2 + 2r_i r_j + r_j^2) - \big[\{ E(r_i) \}^2 + 2 E(r_i) E(r_j) + \{ E(r_j) \}^2 \big]$$
$$= \big[E(r_i^2) - \{ E(r_i) \}^2 \big] + \big[E(r_j^2) - \{ E(r_j) \}^2 \big] + 2 \big[E(r_i r_j)$$
$$\quad - E(r_i) E(r_j) \big]$$
$$= Var(r_i) + Var(r_j) + 2 \, Cov(r_i, \, r_j)$$

$\Rightarrow Var(1 \cdot r_i + 1 \cdot r_j) = 1^2 \cdot Var(r_i) + 1^2 \cdot Var(r_j) + 2 \cdot 1 \cdot 1 \cdot Cov(r_i, \, r_j)$
$$\sigma_p^2 = Var(w_1 r_1 + w_2 r_2)$$
$$= w_1^2 \, Var(r_1) + w_2^2 \, Var(r_2) + 2 w_1 w_2 \, Cov(r_1, r_2)$$
$$= w_1^2 \sigma_1^2 + w_2^2 \sigma_2^2 + 2 w_1 w_2 \sigma_{12}$$
$$= \sum_{i=1}^{2} \sum_{j=1}^{2} w_i w_j \sigma_{ij} \ \to \ \text{N종목으로 일반화:} \ \sigma_p^2 = \sum_{i=1}^{N} \sum_{j=1}^{N} w_i w_j \sigma_{ij}$$

APPENDIX 2. 공분산

X자산수익률과 Y자산수익률이 다음과 같다고 하자.

일자	X자산수익률	Y자산수익률
1일	− 0.49%	− 5.10%
2일	6.16%	9.95%
3일	2.88%	3.79%
4일	− 5.76%	− 8.60%
5일	3.59%	4.65%
6일	− 0.94%	− 6.67%
7일	6.76%	13.56%

X자산수익률과 Y자산수익률을 〈그림 A2-1〉과 같이 나타내면 두 변수(X자산수익률과 Y자산수익률)가 양(+)의 선형관계를 보이고 있음을 알 수 있다. 다시 말하면, 한 변수가 증가(감소)하는 방향으로 움직이면 다른 변수도 증가(감소)하는 방향으로 움직이고 있다. 이와 같이 두 변수 간의 함께 움직임(co-vary)을 의미하는 통계측정치를 공분산(covariance)이라고 한다.

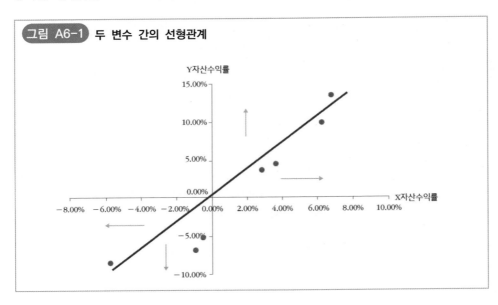

그림 A6-1 두 변수 간의 선형관계

양(+)의 공분산 값은 〈그림 A2-2〉에서 나타낸 바와 같이 두 변수가 같은 방향으로 움직임, 즉 한 변수가 증가(감소)하면 다른 변수도 증가(감소)한다는 선형관계를 의미한다. 반면, 〈그림 A2-3〉에서 나타낸 바와 같이 음(−)의 공분산 값은 두 변수가 다른 방향으로 움직임, 즉 한 변수가 증가(감소)하면 다른 변수는 감소(증가)한다는 선형관계를 의미한다.

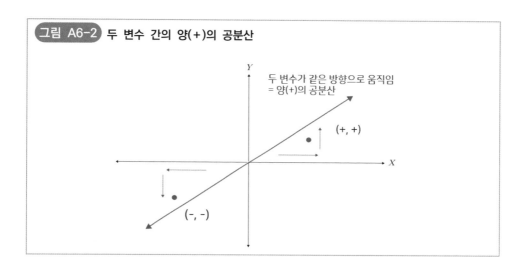

그림 A6-2 두 변수 간의 양(+)의 공분산

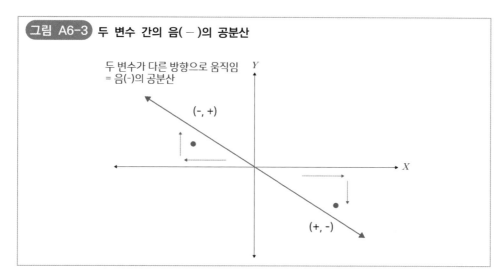

그림 A6-3 두 변수 간의 음(−)의 공분산

따라서 아래와 같이 정의된 공분산은 두 변수가 같은 방향으로 움직이는지 혹은 다른 방향으로 움직이는지를 측정할 수 있다.

$$Cov(r_X,\ r_Y) = \sum [r_X - E(r_X)][r_Y - E(r_Y)]p_i = E[(r_X - E(r_X))(r_Y - E(r_Y))]$$

$r_X > E(r_X)$, $r_Y > E(r_Y)$일 경우, $[r_X - E(r_X)] > 0$이고 $[r_Y - E(r_Y)] > 0$이므로 두 양수의 곱인 공분산은 양수($E[(r_X - E(r_X))(r_Y - E(r_Y))] > 0$)가 되어, 두 변수가 같은 방향인 상승하는 방향으로 움직이고 있다는 것을 알 수 있다. 이는 X자산수익률과 Y자산수익률 모두 자신의 평균수익률보다 크므로 두 자산 모두 수익률이 상승하고 있다는 사실과 일치한다.

$r_X < E(r_X)$, $r_Y < E(r_Y)$일 경우, $[r_X - E(r_X)] < 0$이고 $[r_Y - E(r_Y)] < 0$이므로 두 음수의 곱인 공분산은 양수($E[(r_X - E(r_X))(r_Y - E(r_Y))] > 0$)가 되어, 두 변수가 같은 방향인 하락하는 방향으로 움직이고 있다는 것을 알 수 있다. 이는 X자산수익률과 Y자산수익률 모두 자신의 평균수익률보다 작으므로 두 자산 모두 수익률이 모두 하락하고 있다는 사실과 일치한다.

$r_X > E(r_X)$, $r_Y < E(r_Y)$일 경우, $[r_X - E(r_X)] > 0$이고 $[r_Y - E(r_Y)] < 0$이므로 공분산은 음수($E[(r_X - E(r_X))(r_Y - E(r_Y))] < 0$)가 되어, 두 변수가 서로 다른 방향, 즉 X자산수익률은 상승하고 Y자산수익률은 하락하는 방향으로 움직이고 있다는 것을 알 수 있다.

$r_X < E(r_X)$, $r_Y > E(r_Y)$일 경우, $[r_X - E(r_X)] < 0$이고 $[r_Y - E(r_Y)] > 0$이므로 공분산은 음수($E[(r_X - E(r_X))(r_Y - E(r_Y))] < 0$)가 되어, 두 변수가 서로 다른 방향, 즉 X자산수익률은 하락하고 Y자산수익률은 상승하는 방향으로 움직이고 있다는 것을 알 수 있다.

이처럼 공분산은 단지 두 변수간의 움직임의 방향(direction), 즉 양(+) 혹은 음(−)의 관계만 의미하고 두 변수가 서로 얼마나 밀접하게 움직이는지에 대한 강도(strength)는 말하지 않는다. 두 변수가 얼마나 밀접하게 붙어서 움직이는가는 공분산을 표준화시킨 상관계수를 통하여 알 수 있다.

memo

Chapter 07

부동산투자의
이해 II

투자결정기준

1. 순현가(NPV)법

(1) 순현가(NPV)법의 개요

투자의사결정을 할 때 투자에 소요되는 비용은 현금유출(-)에 해당하고 투자로 벌어들이는 미래의 금액은 현금유입(+)에 해당한다. 이때 현금유입과 현금유출의 발생시점이 다르기 때문에 현금유입과 현금유출을 적절한 할인율로 할인한 현재가치로 평가해야 한다.

예를 들어, 현재 100만원을 투자하여 1년도 말에 60만원, 2년도 말에 20만원, 3년도 말에 50만원이 들어오는 투자안에 투자여부를 순현가(NPV)법으로 결정하고자 한다. 이 투자안의 할인율이 10%라고 할 때, 1년도 말에 들어오는 60만원의 현재가치는 $60/(1+0.1)^1$이고 2년도 말에 들어오는 20만원의 현재가치는 $20/(1+0.1)^2$이며, 3년도 말에 들어오는 50만원의 현재가치는 $50/(1+0.1)^3$이다. 그리고 나가는 돈(현금유출)의 현재가치는 지금 당장 투자되는 금액 100만원이다. 따라서 들어오는 돈과 나가는 돈을 현재라는 동일한 시점의 현재가치로 환산하여 모두 합산한 값이 순현재가치(NPV: net present value) 8.64만원($= 60/(1+0.1)^1 + 20/(1+0.1)^2 + 50/(1+0.1)^3 - 100$)이다.

이제, 일반화 해보자. 현재 100만원 투자 대신 C_0 투자(현금유출), 2년 대신 n년(기간), 1년도말 80만원 대신 C_1, 2년도말 30만원 대신 C_2, 3년도말 30만원 대신 n년도말 C_n으로 표시하면 식(7-1)로 나타낼 수 있다.[1]

---

1) 「핵심재무관리」, 이재하 · 한덕희, 박영사, 2020. pp. 104-128 참조.

$$NPV = PV(\text{현금유입}) + PV(\text{현금유출})$$

$$= \frac{C_1}{(1+r)} + \frac{C_2}{(1+r)^2} + \cdots + \frac{C_n}{(1+r)^n} - C_0 \qquad (7\text{-}1)$$

만일 현금유입의 현재가치가 현금유출의 현재가치보다 더 크다면 NPV가 양 (+)의 값, 즉 투자되는 돈보다 들어오는 돈이 더 많아서 돈 버는 투자안이므로 채택해야 한다.

$$NPV > 0 \rightarrow \text{투자안 채택}$$
$$NPV < 0 \rightarrow \text{투자안 기각}$$

한편, NPV계산 시 현금흐름을 할인할 때 사용하는 분모의 할인율을 요구수익률이라고 부르는데, 이는 투자자가 특정 투자안의 위험에 대해서 요구하는 할인율(discount rate)을 의미한다. 할인율은 자금의 기회비용(opportunity cost) 또는 자본비용(cost of capital)[2]이라고도 한다. 자본비용(cost of capital)은 투자를 결정하고 투자안의 가치를 평가하는데 매우 중요한 역할을 한다.

(2) 순현가(NPV)법의 특징

순현가(NPV)법의 특징은 다음과 같다. 첫째, 투자안의 모든 현금흐름을 사용한다. 둘째, 현금흐름을 자본비용으로 할인하여 화폐의 시간적 가치를 고려한다. 셋째, 자금을 재투자할 때도 자본비용으로 재투자할 수 있다고 가정한다. 넷째, 가치가산의 원칙(value additivity principle)이 성립한다.

예를 들어, 할인율이 10%일 때, A투자안(현재 100원 투자, 1년도말 50원, 2년도말 70원의 현금유입)과 B투자안(현재 100원 투자, 1년도말 80원, 2년도말 50원의 현금유입)에서의 가치가산의 원칙을 살펴보자.

---

[2] 자본비용은 새로운 투자로부터 최소한 벌어들여야 하는 수익률로서 투자자가 요구하는 요구수익률(required rate of rate of return)이라고도 한다. 또한 어떤 투자안의 경제성이 인정되자면 그 투자안의 수익률이 자본비용을 뛰어넘어야 한다는 의미에서 장애율(hurdle rate)이라고도 하고, 자본비용이 미래에 들어올 현금흐름을 할인하여 현재의 가치를 계산하는데 분모의 할인율로 사용되기 때문에 자본환원율(capitalization rate), 종합자본환원율, 종합환원율이라고도 한다.

A투자안의 NPV_A는 3.31원이고 B투자안의 NPV_B는 14.05원이다. 한편, A투자안과 B투자안을 합친 현금흐름(현재 200원 투자, 1년도말 130원, 2년도말 120원의 현금유입)의 NPV_{A+B}는 17.36원이다. 따라서 $NPV_A + NPV_B = NPV_{A+B}$가 성립하고 이를 가치가산의 원칙이라고 한다. 가치가산의 원칙이 성립하게 되면 다른 투자안과 결합하여 나타날 수 있는 수많은 투자안 조합을 검토하지 않고 개별 투자안에 근거하여 투자안을 분석할 수 있다.

 ## 2. 내부수익률(IRR)법

(1) 내부수익률(IRR)의 개요

내부수익률(IRR: internal rate of return)은 현금유입의 현재가치와 현금유출의 현재가치를 같게 만드는 할인율이다. 즉, NPV를 0으로 하는 할인율로서, 식(7-2)로 구한다.

$$NPV = 0 = \frac{C_1}{(1+IRR)^1} + \frac{C_2}{(1+IRR)^2} + \cdots + \frac{C_n}{(1+IRR)^n} - C_0 \qquad (7\text{-}2)$$

예를 들어, 현재 2,000만원을 투자하여 1차년도에 1,400만원, 2차년도에 500만원, 3차년도에 700만원을 얻을 수 있는 투자안이 있다고 하자. 이 투자안의 IRR은 아래 식을 엑셀의 'IRR(현금흐름, 추정값)함수'를 사용하여 구한다.

$$NPV = 0 \quad \rightarrow \quad \frac{1,400}{(1+할인율)^1} + \frac{500}{(1+할인율)^2} + \frac{700}{(1+할인율)^3} - 2,000 = 0$$

$$\rightarrow \quad 할인율 = IRR = 16.96\%$$

IRR함수에서 추정값(Guess)은 할인율을 의미하며 초기값은 자동으로 10%로 설정되어 있다. 추정값(Guess)에 아무것도 입력하지 않아도 자동으로 10%부터 시

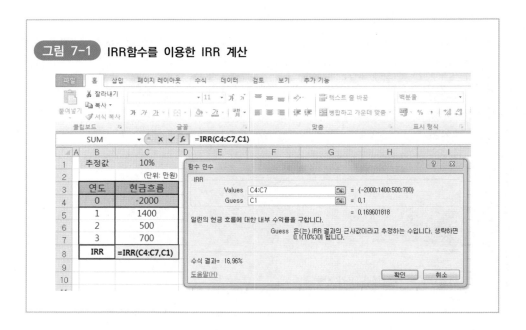

그림 7-1 IRR함수를 이용한 IRR 계산

작하여 식(7-2)의 우변을 계산한다. 이렇게 계산된 우변값이 좌변인 0과 같을 때까지 반복하여 계산하여 나오는 할인율이 IRR이다. 위의 예에서 할인율이 변하면 그에 따라 NPV도 달라진다. 예를 들어, 할인율이 0%이면 NPV는 600만원이 되고, 할인율이 10%이면 NPV는 211.9만원이 되며, 할인율이 20%이면 NPV가 −81만원이 된다.[3]

이처럼 할인율을 0%에서부터 차례로 변화시키면서 구해낸 NPV들을 연결한 선을 NPV곡선이라고 하며, 〈그림 7-2〉에 나타내었다. NPV곡선을 도출하는 수많은 할인율 중에서 NPV가 0이 되는 할인율을 특별히 IRR이라고 한다.

---

3) $NPV = \dfrac{1,400}{(1+0)^1} + \dfrac{500}{(1+0)^2} + \dfrac{700}{(1+0)^3} - 2,000 = 0 \quad \rightarrow \quad NPV = 600$

$NPV = \dfrac{1,400}{(1+0.1)^1} + \dfrac{500}{(1+0.1)^2} + \dfrac{700}{(1+0.1)^3} - 2,000 = 0 \quad \rightarrow \quad NPV = 211.9$

$NPV = \dfrac{1,400}{(1+0.2)^1} + \dfrac{500}{(1+0.2)^2} + \dfrac{700}{(1+0.2)^3} - 2,000 = 0 \quad \rightarrow \quad NPV = -81$

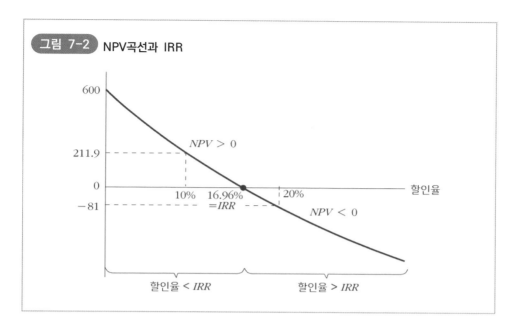

그림 7-2 NPV곡선과 IRR

〈그림 7-2〉에서는 할인율이 16.96%일 때 NPV가 0이 됨에 따라 16.96%가 IRR이 된다. 할인율이 IRR(16.96%)보다 작을 경우에는 NPV가 0보다 크기 때문에 투자안을 채택한다. 반면 할인율이 IRR(16.96%)보다 클 경우에는 NPV가 0보다 작기 때문에 투자안을 기각한다.

$$자본비용(r) < IRR\ (= NPV > 0) \to 투자안\ 채택$$
$$자본비용(r) > IRR\ (= NPV < 0) \to 투자안\ 기각$$

한편, 우하향의 NPV곡선은 현재시점에서 현금유출(−)이 발생하고 이후 투자 종료시점까지 현금유입(+)이 발생하는 투자형 투자안의 현금흐름 형태에서 나온다. 이와 같은 투자형 투자안에서의 IRR은 투자수익률을 의미한다. 예를 들어, 투자기간이 1년인 경우 현재 100원을 투자하여 1년 후에 120원의 현금유입을 기대할 수 있는 투자안의 투자수익률은 $(120 - 100)/100 = 20\%$이다. 한편, 이 투자안의 IRR은 $120/(1+IRR) = 100 \to IRR = 120/100 - 1 = 20\%$가 된다. 따라서 IRR은 그 투자안의 투자수익률을 의미함을 알 수 있다.

(2) 내부수익률(IRR)법의 특징

IRR법의 장점은 다음과 같다. 첫째, 모든 현금흐름을 고려하고 있다. 둘째, 현금흐름을 할인하기 위하여 화폐의 시간가치를 이용하고 있다. 셋째, 이해하기 쉽고 의사소통에 편리하다.

하지만 IRR법은 다음과 같은 문제점이 있다. 첫째, 복수의 IRR이 발생한다. 예를 들어, 현재 100만원이 나가고 1년 후에는 250만원이 들어오고 2년 후에는 155만원이 나가는 투자안[4]의 IRR을 계산해보자. IRR은 투자안의 NPV가 0이 되는 투자수익률이므로 13.82%와 36.18%[5]로 두 개가 구해진다. 따라서 어느 것을 기준으로 삼아 투자안을 채택해야 하는지 정할 수 없다는 문제점을 갖고 있다.

둘째, IRR법은 재투자수익률을 IRR로 재투자한다고 가정하는데 이것은 현실과 맞지 않는다. 예를 들어, 현재 2,000만원을 투자하여 1차년도에 1,400만원, 2차년도에 500만원, 3차년도에 700만원을 얻을 수 있는 투자안의 IRR은 투자수익률로서 16.96%이다. IRR법은 1년도말에 들어오는 1,400만원, 2년도말에 들어오는 500만원을 투자기간말인 3년도말까지 재투자할 경우에 IRR인 16.96%를 얻을 수 있는 곳에 투자한다고 본다.

즉, IRR법에서 투자종료기간 동안 지속적으로 초기의 높은 투자수익률인 IRR로 재투자수익률을 얻을 수 있다고 가정하는데, 이는 투자수익률이 체감하는 현실과 맞지 않다. 이보다는 투자기간 동안에는 최소한 투자수익률에 해당하는 자본비용으로 재투자된다고 가정하는 NPV법이 보다 합리적이다.

셋째, 가치가산의 원칙이 성립하지 않는다. IRR법에서는 가치가산의 원칙이 성립하지 않기 때문에 경영자는 투자안을 독립적으로 고려할 수 없는 어려움을 겪는다.

---

4) 현금유입(−)과 현금유출(+)이 섞여 있는 현금흐름 형태의 투자안을 혼합형 투자안이라고 한다.

5) $NPV = \dfrac{250}{(1+IRR)^1} + \dfrac{-155}{(1+IRR)^2} - 100 = 0$ (양변에 $(1+IRR)^2$을 곱하여 정리)

$\rightarrow 100(1+IRR)^2 - 250(1+IRR)^1 + 155 = 0$

$\rightarrow (1+IRR) = \dfrac{250 \pm \sqrt{250^2 - 4 \times 100 \times 155}}{2 \times 100}$ (근의 공식: $ax^2 + bx + c = 0 \rightarrow x = \dfrac{-b \pm \sqrt{b^2 - 4ac}}{2a}$)

3. 수익성지수(PI)법

(1) 수익성지수(PI)의 개요

수익성지수(PI: profitability index)는 현금유입의 현재가치를 현금유출의 현재가치로 나눈 비율이다. PI는 투자된 1원에 의해 창출되는 가치를 나타내므로 상대적인 수익성의 크기를 보여주는 지표가 된다. PI는 NPV와 매우 유사하다. NPV는 미래현금흐름인 현금유입의 현재가치와 최초투자액인 현금유출의 현재가치의 차이로 계산되는 반면, PI는 현금유입의 현재가치와 현금유출의 현재가치의 비율로 계산되는 점이 다르다.

$$PI = \frac{PV(\text{현금유입})}{PV(\text{현금유출})} \tag{7-3}$$

식(7-3)에서 분자인 현금유입의 현재가치와 분모인 현금유출의 현재가치가 동일하면 PI는 1의 값을 갖는다. 만약, 현금유입의 현재가치가 현금유입의 현재가치보다 더 크면 PI는 1보다 크고, 양(+)의 NPV를 갖는 투자안이 된다. 따라서 투자안의 PI가 1보다 크면 채택하고 1보다 작으면 기각한다.

$$PI > 1 (= NPV > 0) \rightarrow \text{투자안 채택}$$
$$PI < 1 (= NPV < 0) \rightarrow \text{투자안 기각}$$

(2) 수익성지수(PI)법의 특징

정부 등의 공공조직이나 기타 비영리조직의 투자성과를 측정하는 척도[6]로 자주 이용되고 있는 PI법은 첫째, 이해하기 쉽다. 둘째, 의사소통에 편하다. 셋째, 투자에 사용될 자금이 제한되어 있는 자본할당의 경우에 유용하게 사용될 수 있다는 장점이 있다.

---

6) 정부 등의 공공조직에서는 비용대비편익(BC: benefit per cost), 비용편익분석이라고 부른다.

하지만 PI법의 문제점은 다음과 같다. 첫째, 투자규모에 따른 재투자 시 PI와 같은 수익을 내는 곳에 투자한다고 가정한다. 예를 들어, 100만원을 5년간 투자한 A투자안(PI = 1.76)과 1,000만원을 5년간 투자한 B투자안(PI = 1.35)이 있다고 하자. PI법에서는 A투자안의 경우 A투자안과 B투자안의 투자규모 차이인 900만원을 추가로 더 투자할 때에 PI가 1.76인 곳에 투자한다고 가정한다. 현실적으로 투자수익이 체감하는 현실에 비추어 볼 때 나중에 추가로 투자규모만큼 더 투자해도 투자수익 개념인 초기의 높은 PI = 1.76을 얻을 수 있는 곳에 투자한다는 것은 현실과 맞지 않다. 둘째, PI법도 가치가산의 원칙이 성립하지 않는다.

 4. 회수기간법

(1) 회수기간법의 개요

실무에서는 투자된 자금이 얼마나 빨리 회수되는지에 많은 관심을 가지고 있기 때문에 회수기간(payback period)법이 사용되고 있다. 회수기간은 초기에 투자된 투자원금이 회수되는데 걸리는 기간을 말하며, 화폐의 시간적 가치를 무시할 때 투자안이 손익분기점에 도달하는 기간으로 볼 수 있다.

예를 들어, 현재 1,000만원을 투자하여 1차년도에 450만원, 2차년도에 350만원, 3차년도에 300만원, 4차년도에 300만원이 들어오는 투자안이 있다고 하자. 이 투자의 최초 투자금액은 2차년도와 3차년도 사이에 모두 회수할 수 있다. 3차년도에 300만원이 들어오기 때문에 이 금액의 2/3만 있으면 투자원금이 모두 회수된다. 따라서 투자원금의 회수기간은 2년에 3차년도 현금흐름의 2/3가 회수되는 0.67년을 더한 2.67년이 된다.

회수기간법에서는 투자안의 목표 회수기간과 실제 회수기간을 비교하여 목표 회수기간보다 실제 회수기간이 짧으면 투자원금이 목표보다 더 빨리 회수되므로 투자안을 채택하게 된다. 위의 예에서 만약 투자안의 목표 회수기간을 3년으로 정해놓았을 경우 실제 회수기간 2.67년은 목표로 정해놓은 3년의 회수기간보다 투자원금이 더 빨리 회수되므로 이 투자안을 채택한다. 회수기간법에 의한 투자안의 평가기준은 다음과 같다.

投资안의 회수기간 < 목표 회수기간 → 투자안 채택
투자안의 회수기간 > 목표 회수기간 → 투자안 기각

(2) 회수기간법의 특징

회수기간법은 간단하고 이해하기 쉽다는 단순함 때문에 예비적 판단기준으로 사용되고 있다. 하지만 회수기간법은 다음의 문제점이 있다. 첫째, 회수기간 동안의 현금흐름에 대한 화폐의 시간가치와 투자안의 위험을 무시하고 있다. 둘째, 원금이 모두 회수된 이후에도 발생할 수 있는 현금흐름을 고려하지 않는다. 셋째, 목표 회수기간의 선정이 자의적이라는 한계점이 있다. 따라서 회수기간법은 투자자 자금회수의 지표로서 투자안의 유동성을 나타낼 수 있을 뿐 수익성의 지표는 아니므로 회수기간법을 사용할 때는 투자안의 수익성을 고려할 수 있는 NPV법이나 IRR법을 병행해서 사용해야 한다.

📖 읽을거리

대구시, TK신공항·후적지 개발 사업성 '충분'

대구광역시는 17일 대구경북 통합신공항 건설 및 후적지 개발 사업성이 충분한 것으로 분석됐다고 발표했다. 대구시는 대구도시개발공사와 함께 지난달부터 10월초까지 PwC 삼일 회계법인을 통해 사업성 분석 용역을 진행하였다. 이 용역은 세계 4대 회계법인 PwC와 제휴를 맺고 있는 국내 굴지의 삼일회계법인에서 분석한 결과로, 공신력과 대외적 신뢰를 확보했다는 점에서 의미가 있다고 시는 밝혔다.

사업성 분석 주요 결과

사업성 분석결과에 따르면 순현재가치(NPV)는 최대 2.5조원, 내부수익률(IRR)은 최대 12.3%로 '사업성 충분'으로 결론이 도출됐다. 종전부지뿐만 아니라 K-2 주변지역 128만평 개발, 사업기간 단축, 시민펀드를 초기 재원으로 활용하는 내용 등을 골자로 하는 사업성 보강방안을 적용한 결과 금융비용이 4.1조원 절감되는 등 사업성이 대폭 향상됐다.

토지분양뿐만 아니라 아파트 분양 등 건축개발도 병행 추진할 경우 순현재가치 2.5조원, 내부수익률 12.3%로 사업성이 대폭 상승한다고 시는 밝혔다. 최근 부동산 경기악화와 금리

상승 등 대외 여건을 반영하여 시중금리 6.74%(BBB+ 회사채 기준), 비용 단가는 LH 기준을 적용하는 등 보수적으로 접근하면서도 사업성을 보강하여 도출된 결과이다.

사업성 보강 내역

K-2 주변지역 128만평은 사업대행자가 개발제한구역을 현재 용도인 자연녹지로 수용하고 추후 도시개발시 선개발·후분양을 추진할 방침이다. 아울러, 주거용지부터 상업·산업용지 순으로 단계적으로 개발함으로써 사업성을 더욱 확보할 예정이다. 사업기간 단축은 SPC 구성 시 메이저 기업이 그랜드 컨소시엄을 구성하고 공구 분할·동시 착공 등 종합사업관리(PM)·패스트 트랙을 활용하여 실현한다는 방침이다.

이 경우 통상적 과정보다 1년 이상 공사 기간을 단축할 수 있다. 아울러, 사업소득과 배당소득에 모두 과세되는 일반 SPC와 달리, 프로젝트금융사(PFV)로 SPC를 구성·운영하여 취·등록세 중과세율 적용을 배제하는 한편, 법인세 등 소득공제 효과를 도모할 방침이다.

초기 재원조달 시 시민참여 펀드를 공모·조성(약 5천억원 이상)함으로써 저리의 자금을 확보하여 토지보상 전 시중은행 브릿지론(10~15%)을 대체하고 토지 수용 후에는 본 PF를 통해 재원을 조달함으로써 금융비용 절감이 가능하다. 시민펀드는 블록체인을 기반으로 하는 디지털 조합 방식 등을 적용하여 일반 국민들의 투자를 유도하기로 했다. 낮은 금리로 시민펀드를 조달하면 시중권 재원조달과 상환기간 간의 갭을 최소화할 수 있고 금융조달 부담을 완화할 수 있다.

대구시는 이번 사업성 분석결과를 바탕으로 공공기관 및 금융권 등과 적극 협의하고 11월 중 투자설명회를 개최함으로써 대구경북통합신공항 사업의 수익성을 대외에 널리 알리고, 연내에 사업대행자가 될 특수목적법인(SPC)을 구성할 예정이다. 홍준표 대구광역시장은 "현재 부동산·투자 여건이 대단히 좋지 않은 상황에서도, 사업성 분석결과가 '사업성 충분'으로 도출됨에 따라 SPC로 참여를 염두에 두고 있는 공공기관들과 민간기업들에게 자신있게 SPC 참여를 권한다"며 "연내 사업대행자 선정을 통해 대구 미래 100년 번영의 토대가 될 신공항 건설 사업을 구체화하겠다"고 밝혔다.

[한국경제(hankyung.com), 2023. 10. 17.]

현금흐름 측정

부동산 투자분석 시 현금흐름을 측정하는 것이 중요하다. 현금흐름의 측정은 투자자가 대상 부동산을 운영하는 예상 보유기간에 한하여 일정기간 후에 현금유입을 얼마나 달성하는가를 예측 및 분석하는 것을 말한다. 현금유입의 예측은 운영을 통해 발생하는 영업현금흐름[7]을 계산하는 방법과 보유기간 말에 부동산을 처분하여 발생하는 지분복귀액을 계산하는 두 가지 방법이 있다.

 1. 영업현금흐름

(1) 가능총소득

「감정평가실무기준」에 의하면 보증금(전세금) 운용수익, 연간 임대료, 연간 관리비 수입, 주차수입, 광고수입, 그 밖에 대상물건의 운용에 따른 주된 수입을 합산하여 가능총소득(PGI: potential gross income)[8]을 계산한다.

---

7) 현금흐름을 수지라는 용어로도 사용한다. 따라서 영업현금흐름을 영업수지라고도 한다.
8) 가능조소득이라고도 한다.

그림 7-3   영업현금흐름의 계산

보증금(전세금) 운용수익

\+ 연간 임대료

\+ 연간 관리비 수입

\+ 주차수입, 광고수입, 기타 대상물건 운용에 따른 수입

Ⅰ. **가능총소득(PGI)**

　 － 공실손실상당액 및 대손충당금

　 \+ 기타수입

Ⅱ. **유효총소득(EGI)**

　 － 운영경비

Ⅲ. **순영업소득(NOI)**

　 － 부채상환액

Ⅳ. **세전현금흐름(BTCF)**

　 － 영업소득세

Ⅴ. **세후현금흐름(ATCF)**

1) 보증금(전세금) 운용수익

임차인이 임대인에게 임대료를 지급해야 하나, 이를 연체하거나 미지급할 수 있다. 이에 대한 대비로 입주 시에 임차인이 임대인에게 일시불로 지불하는 보증금(전세금)이 있는데, 전세계약인 경우에는 전세보증금을 의미하고 보증부 월세인 경우에는 보증금을 의미한다. 보증금(전세금) 운용수익은 보증금×보증금운용이율로 계산한다. 이때 보증금운용이율은 국공채수익률, 정기예금이자율, 요구수익률, 자본환원율 등으로 고려해서 결정한다.

2) 연간 임대료 및 연간관리비 수입

임차인이 임대인에게 지불하는 임대료는 월차임 및 관리비이다. 연간 임대료[9]

---

9) 공실이 전혀 없이 100% 임대할 경우의 최대한 가능한 임대료 수입, 즉 100% 임대 가정하에 잠재적인 예상 임대료 수입을 의미한다.

는 매월임대료×12개월(단위당 임대료×임대면적(임대단위수))로 계산한다. 만약 임대료를 매월 초에 받는 경우에는 매월임대료×(1+월운용이율)×12개월로 계산한다.

관리비의 경우, 임차인이 임대인에게 매기 관리비 명목으로 일정액을 지불하는 임대료 성격의 관리비는 총수익에 포함하여, 연간 관리비 수입을 매월관리비×12개월로 계산한다. 하지만, 임차인이 실제 소요되는 관리비를 실비로 정산하는 경우에는 총수입에 포함하지 않는다.

통상 상업용부동산은 임차인이 관리비로 실비를 부담하므로 관리비를 임대인이 따로 수취하지 않으나 실비를 부담하지 않는 오피스텔이나 업무용 부동산은 관리비로 임대인이 받는다. 한편, 부동산의 공용부분에서 발생하는 요금인 공익비를 임대인이 관리비 명목으로 받으면 관리비 성격으로 임대료에 포함한다.

3) 주차수입, 광고수입, 그 밖에 대상물건의 운용에 따른 주된 수입

임대하는 공간 이외의 공간에서 발생하는 수입이다. 주차장에서 발생하는 주차료, 광고수입, 자판기수입, 행사장 대여료 등이 여기에 해당된다.

(2) 공실손실상당액 및 대손충당금과 기타소득

가능총소득을 계산할 때 100% 임대한다는 가정은 사실 현실과 맞지 않다. 실제로 임차인이 바뀌는 과정에서 새로운 임차인에게 건물을 임대하는데 시간이 걸리며, 이 기간 동안 공실을 고려해야 한다. 따라서 평균 정도의 공실(vacancy)과 대손충당금(임차인이 임대차기간 중에 임대료를 지급하지 않을 때를 대비해 쌓은 일정액)을 비용으로 차감한다.

공실의 정도를 나타내는 공실률은 건물의 연면적에서 공실면적(임대계약이 체결되지 않아 비어 있는 공간)이 차지하는 비율, 즉 건물 전체의 면적이나 사무실 수를 기준으로 비어 있는 비율을 말한다. 한편, 영업외수입인 주차료(주차장수입), 광고판수입, 자판기수입 등의 임대료 이외의 수입은 기타소득(기타수입)에 해당한다.

(3) 유효총소득

유효총소득(EGI: effective gross income)[10]은 가능총소득에서 공실손실상당액 및 대손충당금을 차감하고 기타수입을 더하여 계산한다.

---

10) 유효조소득이라고도 한다.

(4) 운영경비

운영경비(OE: operating expense)[11]는 부동산을 운영하는데 필요한 경비로서, 용역인건비·직영인건비, 수도광열비, 수선유지비, 세금·공과금, 보험료, 대체충당금, 광고선전비 등 그 밖의 경비가 해당된다. 하지만 공실 및 불량부채 충당금(대손충당금), 부채상환액(원금+이자),[12] 부동산 관련 세금,[13] 감가상각비,[14] 자본적 지출, 소유자 급여, 개인적 업무비는 운영경비에 포함하지 않는다.

1) 용역인건비·직영인건비, 수도광열비

건물 유지관리를 위해 사용하는 용역인건비는 청소비, 쓰레기수거비, 소모품비 등을 말하고 수도광열비는 건물의 공용부분에 사용되는 비용으로 전기료, 수도료, 연료비 등을 말한다.

2) 수선유지비

수선유지비는 일반관리비와 시설유지비를 말한다. 소모품비, 비품의 감가상각비와 같이 건물 관리를 위해 통상 소요되는 관리비용을 일반관리비라고 하고, 내외벽이나 천장 및 바닥 등의 보수와 부품대체비, 엘리베이터 등에 대한 보수비 등은 시설유지비에 해당한다.

3) 세금·공과금, 보험료

부동산은 취득, 보유, 처분 시에 각각 세금을 낸다. 취득 시에는 계약서 작성할 때 내는 인지세, 상속이나 증여로 취득한 경우에는 상속세나 증여세를 내는데 이 세금은 모두 국세이다. 또한 지방세 및 관련 부가세로 취득세, 농어촌특별세, 지방교육세도 내게 된다. 부동산 취득 후 보유 시에는 매년 부동산의 가격이 일정기준금액을 초과할 때 내는 종합부동산세와 농어촌특별세를 국세로 내고 여기에 지방

---

11) 운영비용, 영업경비라고도 한다.
12) 저당지불액, 부채서비스액이라고도 한다.
13) 부동산임대소득에 대해 부과되는 세금(부동산임대소득세, 법인세 등), 부동산 취득 관련 세금(취득세, 등록세, 상속세, 증여세, 면허세 등), 부동산 양도관련 세금(양도소득세, 특별부가세 등) 등은 운영경비에 포함되지 않는다.
14) 고정경비인 감가상각비는 총수익을 감소시키는데 이를 다시 운영경비에 포함하면 총수익에서 공제되어 이중계산이 되기 때문에 운영경비에 포함하지 않는다.

세 및 관련 부가세로 재산세와 지방교육세, 지역자원시설세를 낸다. 처분 시에는 국세인 양도소득세와 지방세인 지방소득세를 내게 된다.

이러한 부동산의 세금 중에서 영업경비로 인정되는 것은 재산세뿐이며 여기에 공공시설세, 도시계획세가 영업경비로 인정된다. 공과금으로는 도로점용료, 과밀부담금, 교통유발부담금 등이 영업경비로 인정된다. 한편, 보험료는 임대부동산에 대한 화재보험료와 손해보험료를 의미하고 이 보험료 중에서도 소멸성 보험료만 인정된다.

4) 대체충당금

대체충당금은 부동산의 어떤 시설이나 기구 예를 들어, 임대하는 건물의 에어컨, 보일러, 냉장고, 가구 등을 정기적으로 대체(교체)하기 위해 매년 일정액을 영업경비로 지출하여 적립한 금액으로서, 대상 부동산의 효용이나 가치를 유지시키기 위한 지출에 해당한다. 만약 부동산의 효용이나 가치를 증가시키는 지출이라면 자본적 지출에 해당하므로 이러한 지출은 감가상각비로 처리해야 한다. 하지만 우리나라의 관행은 대체충당금의 지출을 자본적 지출로 취급하여 내용연수 동안 그 경비를 안분하여 건물부분의 감가상각비와 함께 취급하고 있다.

5) 광고선전비 등 그 밖의 경비

부동산의 임대를 제고하기 위하여 사용한 광고선전비, 임대부동산의 운영 및 유지를 위해 사용한 조세공과금에 대한 일시납입금, 종업원에 대한 일시 상여금 등(정상운전자금)에 대한 이자 등은 운영경비로 처리한다.

(5) 순영업소득

순영업소득(NOI: net operating income)은 부동산의 임대를 통해 얻어지는 순이익으로 지분투자자(자기자본 공급자) 수익과 저당투자자(타인자본 공급자) 수익의 합이다. 예를 들어, A가 5억원짜리 건물 매입 시 2억을 은행으로부터 대출받았다고 하자. 은행 대출 2억원은 은행이 2억을 건물 매입에 투자한 것으로 볼 수 있다. 만약 이 건물의 순수익이 5천만원 발생할 경우 은행에게 부채상환액(원리금상환액) 2천만원 지급하고, A는 지분수익(세전현금흐름) 3천만원을 갖는다. 만약 100% 자기자본으로 투자한 경우, 순영업소득은 모두 지분투자자의 수익이 된다.

(6) 부채상환액

부채상환액(DS: debt service)은 저당투자자에게 지급되는 원리금상환액, 즉 저당투자자의 수익을 말한다. 특별한 언급이 없을 경우 원리금균등상환을 전제로 한 원리금균등액을 말하며, 이 경우 대출금액에 저당상수를 곱하여 구한다.

(7) 세전현금흐름

세전현금흐름(BTCF: before tax cash flow)[15]은 순영업소득(NOI)에서 부채상환액을 차감하여 산출된다. 따라서 지분투자자에게 귀속되는 세금을 내기 전의 수익이 된다. 세전현금흐름(BTCF)에서 영업소득세 납부 후 지분투자자에게 귀속되는 소득은 세후현금흐름(ATCF: after tax cash flow)[16]이다.

(8) 영업소득세

영업소득세는 임대소득에 대해 부과되는 세금이다. 영업소득세를 계산하는 방법은 두 가지가 있다. 첫째, 순영업소득(NOI)에서 대체충당금을 더하고 이자와 감가상각비를 차감한 과세대상소득에서 세율을 곱하여 구할 수 있다. 둘째, 세전현금흐름(BECF)에서 대체충당금과 원금상환분을 더하고 감가상가비를 차감한 과세대상소득에서 세율을 곱하여 구할 수 있다.

이자는 세법상 비용이므로 순영업소득(NOI)에서 이자를 차감하여 과세대상소득을 구한다. 감가상각비는 영업경비(OE)로 보지 않지만, 세법에서는 비용으로 보기 때문에 과세대상소득을 구할 때 비용으로 차감해야 한다. 한편, 순영업소득(NOI)에서 부채상환액(원금＋이자)을 차감하여 세전현금흐름(BTCF)을 구하므로, 세전현금흐름(BTCF)에 원금만 더해줘야 이자만 차감된 과세대상소득이 되어 〈그림 7-4〉의 왼쪽과 오른쪽이 동일해진다.

---

15) 세전현금수지, 지분수익이라고도 한다.
16) 세후현금수지라고도 한다.

그림 7-4 영업소득세 계산

순영업소득(NOI)	세전현금흐름(BTCF)
+ 대체충당금	+ 대체충당금
− 이자지급액	+ 원금상환액
− 감가상각비	− 감가상각비
과세대상소득	과세대상소득
× 세율	× 세율
영업소득세	영업소득세

예제

현금흐름 측정

A는 임대를 목적으로 자기자본은 12억원과 차입금은 8억원(고정이자율 연 5%, 30년 만기, 원리금균등상환 조건)으로 조달한 총 20억원을 투자하여 주택(토지 14억원, 건물 6억원)을 취득하였다. 이 임대주택은 월세 90만원인 원룸 10개로 3년간 운영하다가 3년 후에 매각할 예정이다. 운영하는 동안 공실률은 10%이고, 임대료는 매년 6%씩 증가하며, 운영경비는 초년도 연간 총 가능 임대료수입의 20%이다. 임대사업을 운영하는 기간 중의 임대주택의 현금흐름을 추정하고 영업소득세를 계산하시오. 단, 건물의 내용년수는 30년이고 잔존가치는 없으며 정액법으로 감가상각한다. 소득세율은 30%이다.

답

1년 가능총소득(PGI): 월900,000×10개×12개월 = 108,000,000원

2년 가능총소득(PGI): 108,000,000원×(1+0.06) = 114,480,000원

3년 가능총소득(PGI): 114,480,000원×(1+0.06) = 121,348,800원

1년 공실: 108,000,000원×10% = 10,800,000원

2년 공실: 114,480,000원×10% = 11,480,000원

3년 공실: 121,348,800원×10% = 12,134,880원

1년 운영경비(OE): 108,000,000원×20% = 21,600,000원

2년 운영경비(OE): 114,480,000원×20% = 22,896,000원

3년 운영경비(OE): 121,348,800원 × 20% = 24,269,760원

$$부채상환액 = 원금 \times 저당상수 = (원금)\left[\frac{r(1+r)^n}{(1+r)^n - 1}\right]$$

$$= (800,000,000)\left[\frac{(0.05)(1+0.05)^{30}}{(1+0.05)^{30} - 1}\right] = 52,000,000원$$

		1년	2년	3년
	단위당 예상임대료	900,000	900,000	900,000
	× 임대단위수	10	10	10
I.	가능총소득(PGI)	108,000,000	114,480,000	121,348,800
	- 공실 및 대손충당금	10,800,000	11,448,000	12,134,880
	+ 기타수입	-	-	-
II.	유효총소득(EGI)	97,200,000	103,032,000	109,213,920
	- 운영경비(OE)	21,600,000	22,896,000	24,269,760
III.	순영업소득(NOI)	75,600,000	80,136,000	84,944,160
	- 부채상환액	52,000,000	52,000,000	52,000,000
IV.	세전현금흐름(BTCF)	23,600,000	28,136,000	32,944,160

$$감가상각비 = \frac{600,000,000}{30} = 20,000,000원$$

1년 이자지급액: 800,000,000 × 5% = 40,000,000원

1년 원금상환액: (52,000,000 - 40,000,000) = 12,000,000원

2년 이자지급액: (800,000,000 - 12,000,000) × 5% = 39,400,000원

2년 원금상환액: (52,000,000 - 39,400,000) = 12,600,000원

3년 이자지급액: (800,000,000 - 12,000,000 - 12,600,000) × 5% = 38,770,000원

3년 원금상환액: (52,000,000 - 38,770,000) = 13,230,000원

		1년	2년	3년
III.	순영업소득(NOI)	75,600,000	80,136,000	84,944,160
	+ 대체충당금	0	0	0
	- 이자지급액	40,000,000	39,400,000	38,770,000
	- 감가상각비	20,000,000	20,000,000	20,000,000
	과세대상소득	15,600,000	20,736,000	26,174,160
	- 세금(0.3)	4,680,000	6,220,800	7,852,248
V.	세후현금흐름(ATCF)	10,920,000	14,515,200	18,321,912
		1년	2년	3년
IV.	세전현금흐름(BTCF)	23,600,000	28,136,000	32,944,160
	+ 대체충당금	0	0	0
	+ 원금상환액	12,000,000	12,600,000	13,230,000
	- 감가상각비	20,000,000	20,000,000	20,000,000
	과세대상소득	15,600,000	20,736,000	26,174,160
	- 세금(0.3)	4,680,000	6,220,800	7,852,248
V.	세후현금흐름(ATCF)	10,920,000	14,515,200	18,321,912

 예제

현금흐름 측정과 세후자기자본수익률

부동산에 30억(토지 20억원, 건물 10억원)을 투자한 A는 만기 40년, 연 5%로 매년 말 연단위 이자를 지급하는 조건으로 부동산가격의 60%를 대출받았다. 순영업소득(NOI)는 연3억원이며 건물의 내용연수는 40년, 잔존가치는 없고 정액법으로 감가상각한다. A의 연간 세후 자기자본수익률은 얼마인가? 단, 영업소득세율은 20%이다.

답

순영업소득(NOI):	300,000,000원
+대체충당금:	+ 0
− 이자지급분:	− 90,000,000원(= (3,000,000,000원×0.6)×0.05)
− 감가상각비:	− 25,000,000원(= 1,000,000,000원/40년)
과세대상소득:	185,000,000원
×세율:	×0.2
영업소득세:	37,000,000원

$$
\begin{array}{ll}
\text{순영업소득(NOI):} & 300,000,000원 \\
-\text{부채상환액:} & -\ 90,000,000원(=(3,000,000,000원 \times 0.6) \times 0.05) \\
\hline
\text{세전현금흐름:} & 210,000,000원 \\
-\text{영업소득세:} & -\ 37,000,000원 \\
\hline
\text{세후현금흐름:} & 173,000,000원
\end{array}
$$

$$
\text{따라서, 세후자기자본수익률} = \frac{\text{세후현금흐름}}{\text{자기자본(지분투자액)}}
$$

$$
= \frac{173,000,000}{3,000,000,000 \times 40\%} = 14.42\%
$$

2. 지분복귀액

일정기간 동안 부동산 보유 후 처분할 경우 지분투자자에게 귀속되는 금액을 지분복귀액이라고 한다. 지분복귀액은 ① 처음 투자자가 투자한 원래지분, ② 보유기간 동안의 원리금상환분, ③ 보유기간 동안의 부동산 가치상승분으로 구성된다.

세전지분복귀액은 순매도액(= 매도가격 – 매도경비(중개수수료, 기타경비 등))에서 미상환저당잔금을 차감하여 구한다. 여기에 자본이득세를 차감하면 세후지분복귀액을 산출할 수 있다. 즉, 세후지분복귀액은 매도가격에서 경비(매도경비) 빼고, 빚(미상환저당잔금) 갚고, 세금(자본이득세)를 낸 후의 금액을 의미한다.

제3절

비율분석

세전현금흐름(BTCF)은 순영업소득(NOI)에서 부채상환액(DS)을 차감하여 계산한다. 여기서 순영업소득(NOI)은 지분투자자(자기자본 공급자)와 저당투자자(타인자본 공급자)를 합친 총자본을 투자한 부동산 전체에서 발생하는 수익이다.

따라서 수익, 비용 및 현금흐름의 대응 관점에서, 부동산에 투자된 총자본에 해당하는 부동산가격은 순영업소득(NOI)에 대응시킬 수 있다. 타인자본투자액은 저당투자자(타인자본 공급자)에게 귀속되는 몫인 부채상환액(DS)에 대응시킬수 있고, 자기자본투자액(지분투자액)은 지분투자자(자기자본 공급자)에게 귀속되는 몫인 세전현금흐름(BTCF)과 대응시킬 수 있다.

그림 7-5 **자본투자액과 현금흐름의 대응**

현금흐름		수익		비용
순영업소득(NOI)	→	부동산 전체 수익	↔	부동산가격
− 부채상환액(DS)	→	저당투자자(타인자본) 귀속분	↔	타인자본투자액
세전현금흐름(BTCF)	→	지분투자자(자기자본) 귀속분	↔	자기자본투자액

수익률법은 기본적으로 투자한 자본에 대한 수익의 비율을 파악하는 것, 즉 수익률(= 수익/투자액)을 분석하는 것을 말한다. 이때 수익과 투자액이 무엇이냐에 따라 분석의 초점이 조금씩 달라진다.

(1) 총자산회전율

총자산회전율은 총소득(조소득)을 총투자액(부동산가격)으로 나눈 비율이다. 총투자액 한 단위를 투자하여 일반 기업의 매출액 개념인 총소득을 얼마나 얻었는지를 나타낸다. 부동산가격에 비해 총소득이 많으면 총자산회전율이 높게 된다. 총자산회전율이 높다는 것은 낮은 부동산가격, 즉 적은 부동산 투자액으로 많은 총소득을 실현시키므로 부동산이라는 자산이 효율적으로 이용되고 있음을 의미한다.

예를 들어, 총소득(= 단위당 예상임대료×임대단위수)이 200억원이고, 총투자액(부동산가격)이 80억원이라고 하자. 이 경우 총자산회전율은 2.5(= 200억원/80억원)이다. 이는 1년 동안 보유한 부동산(총자산)의 2.5배만큼을 총소득으로 실현하고 있음을 의미한다.

$$총자산회전율 = \frac{총소득(조소득 : PGI)}{총투자액(부동산가격)} \tag{7-4}$$

(2) 자본환원율

총투자액(자기자본+타인자본)을 부동산에 투자(사용)한 대가로 얻은 순영업소득(NOI)을 총투자액으로 나눈 것을 자본환원율(capitalization rate)[17]이라고 한다. 순영업소득(NOI)을 자본환원율로 할인하면 부동산가격(총투자액)을 산출(환원)할 수 있다.

---

17) 종합자본환원율, 종합환원율, 자본비용이라고도 한다. 자본비용은 자본사용의 대가를 의미한다. 예를 들어, 100원의 자본사용에 대한 대가가 10원이라면 자본비용은 10%(= 10원/100원)이다 따라서 자본사용에 대한 대가 10원을 자본비용 10%로 나눠주면 사용한 자본 100원으로 되돌아(환원)간다.

$$자본환원율 = \frac{순영업소득(NOI)}{총투자액(부동산가격)} \qquad (7\text{-}5)$$

(3) 지분환원율

지분환원율은 지분투자액(자기자본 투자액)에 대한 세전현금흐름(BTCF) 비율을 말하며, 지분배당률, 세전수익률이라고도 한다.

$$지분환원율 = \frac{세전현금흐름(BTCF)}{지분투자액} \qquad (7\text{-}6)$$

(4) 세후수익률

지분투자액(자기자본 투자액)에 대한 세후현금흐름(ATCF) 비율을 세후수익률이라고 한다.

$$세후수익률 = \frac{세후현금흐름(ATCF)}{지분투자액} \qquad (7\text{-}7)$$

 2. 승수법

승수법은 수익률법의 역수를 말한다. 승수법은 투자한 자본의 회수기간을 파악, 즉 수익으로 투자금을 회수하는 데 얼마나 걸리는지 혹은 투자금이 수익의 몇 배 크기인지를 분석한다.

(1) 총소득승수

총소득승수(조소득승수)는 총투자액(부동산가격)을 총소득으로 나눈 비율을 말한다. 여기서 분모를 가능총소득(PGI)으로 나누면 가능총소득승수라고 하고 유효총소득(EGI)으로 나누면 유효총소득승수라고 부른다.

$$총소득승수 = \frac{총투자액(부동산가격)}{총소득(가능총소득/유효총소득)} \qquad (7\text{-}8)$$

총소득승수의 의미를 알아보자. 예를 들어, 위의 총자산회전율의 예에서 보유한 부동산(총자산) 규모만큼의 총소득이 실현되는 데 얼마의 기간이 필요한가? 이는 총소득 200억원을 달성하는 데 1년이 걸렸으므로 총투자액(부동산가격) 80억원을 달성(회수)하는 데 얼마의 기간이 걸리는지를 알아보면 된다. 즉, 1년 : 200억원 = x : 80억원 → x = 80억원/200억원 → x = 0.4년 × 365일 = 146일 걸린다는 의미이다. 따라서 총소득승수를 총자산회수기간이라고도 부른다.

(2) 순소득승수

순소득승수는 총투자액(부동산가격)을 순영업소득(NOI)으로 나눈 비율을 의미하며, 자본회수기간이라고도 한다.

$$순소득승수 = \frac{총투자액(부동산가격)}{순영업소득(NOI)} \qquad (7\text{-}9)$$

(3) 세전현금흐름승수

세전현금흐름승수는 지분투자액을 세전현금흐름(BTCF)으로 나눈 비율을 말한다.

$$세전현금흐름승수 = \frac{지분투자액}{세전현금흐름(BTCF)} \qquad (7\text{-}10)$$

(4) 세후현금흐름승수

세후현금흐름승수는 지분투자액을 세후현금흐름(ATCF)으로 나눈 비율을 말한다.

$$세후현금흐름승수 = \frac{지분투자액}{세후현금흐름(ATCF)} \qquad (7\text{-}11)$$

3. 대출비율(LTV)

대출비율(LTV: loan-to-value ratio)[18]은 부채(타인자본)[19]를 자기자본과 타인자본을 합인 총투자액으로 구매한 부동산가격으로 나눈 비율을 말하며, 대출비율이 높을수록 재무구조의 안정성이 약해지고, 차입자의 채무불이행위험이 높아지기 때문에 대출기관이 직면하는 잠재적 채무불이행위험을 커진다. 따라서 이 비율은 대출기관의 채무불이행위험을 나타내는 지표로 사용된다. 한편, 부동산가치가 하락하는 경우에는 대출비율이 100%를 초과할 수 있다.

$$LTV = \frac{부채(타인자본)}{부동산가격(총투자액)} \tag{7-12}$$

지분(자기자본)을 부동산가격(총투자액 = 총자본)으로 나눈 자기자본비율과 대출비율의 합은 1(100%)이다. 한편, 부채(타인자본)를 지분(자기자본)으로 나눈 것은 부채비율이라고 하는 데 대출비율(LTV)이 높을수록 부채비율도 높다.

4. 총부채상환비율(DTI)

총부채상환비율(DTI: debt-to-income)은 주택담보대출의 연간 원리금상환액과 기타대출의 연간 이자상환액의 합을 연소득으로 나눈 것으로, 채무자가 빌린 금융부채를 연소득으로 얼마나 잘 상환할 수 있는지를 판단할 수 있다.

$$DTI = \frac{주택담보대출 \ 연 \ 원리금상환액 + 기타대출 \ 연 \ 이자상환액}{연소득} \tag{7-13}$$

---

18) 대부비율, 차입비율, 담보인정비율, 융자비율이라고도 한다.
19) 저당가치, 융자금이라고도 한다.

총부채상환비율(DTI)이 낮을수록 대출에 대한 상환능력이 높은 것으로 인정된다. 하지만 연소득 대비하여 갚아야 할 총부채가 많으면, 즉 총부채 대비 소득이 충분하지 않으면 담보가치가 충분하더라도 대출받을 수 없다.

한편, 대출 시에 높은 총부채상환비율(DTI)이 적용되면 대출받을 수 있는 자금 규모가 크다. 예를 들어, 연소득 1억원에 총부채상환비율(DTI)이 60% 적용되면, 최대 6천만까지 대출이 가능하다. 그리고 상환 기간이 길수록 예를 들어, 30년 분할 상환이 10년 분할 상환보다 연간 상환해야 하는 금액이 낮아져 총부채상환비율(DTI)이 낮아지고 대출한도액은 높아진다.

 예제

대출비율(LTV)과 총부채상환비율(DTI)

기존에 1억원의 주택담보대출만 있는 A는 건물을 구입하기 위해 추가로 담보대출을 받고자 한다. 연소득 1억원인 A가 사려고 하는 부동산의 시장가치는 5억원이며 이 부동산을 담보로 추가대출 받고자 한다. 추가대출을 받을 때 대출승인 기준인 대출비율(LTV) 시장가치기준 60%와 총부채상환비율(DTI) 50%를 모두 충족해야 한다. 연간 저당상수가 0.2일 때 A가 최대로 받을 수 있는 담보대출금액은 얼마인가?

답

$$대출비율(LTV) = \frac{부채}{부동산\ 가격} = \frac{부채}{500,000,000} = 0.6 \rightarrow 부채 = 300,000,000원$$

$$총부채상환비율(DTI) = \frac{주택대출\ 연\ 원리금상환액 + 기타대출\ 연\ 이자상환액}{연소득}$$

$$= \frac{대출금 \times 저당상수 + 0}{100,000,000} = \frac{대출금 \times 0.2}{100,000,000} = 0.5$$

$$\rightarrow 대출금 = 250,000,000원$$

따라서 대출비율(LTV)과 총부채상환비율(DTI)을 모두 충족시키는 최대 대출금액은 250,000,000원이다. 그러므로 기존 대출 100,000,000원을 제외하고 추가로 대출가능한 최대금액은 150,000,000원이 된다.

5. 총부채원리금상환비율(DSR)

총부채원리금상환비율(DSR: debt service ratio)은 모든 대출, 즉 주택담보대출 원리금 외에 신용대출, 학자금대출, 신용카드결제액, 자동차 할부금, 카드론 등 모든 대출의 원금과 이자를 모두 더한 원리금 상환액을 연소득으로 나눈 비율을 말한다.

$$DSR = \frac{\text{모든 대출의 연간 원리금 상환액}}{\text{연소득}} \qquad (7\text{-}14)$$

연소득 대비 모든 대출에 대한 원리금 상환능력으로 대출상환가능성을 평가하기 때문에 금융기관의 대출심사 시 총부채상환비율(DTI)로 심사했을 때보다 대출한도가 축소된다. 일반적으로 총부채원리금상환비율(DSR)이 40까지면 적정, 70이 넘어가기 시작하면 이자 내기도 어려운 위험 차입자라고 본다.

대출비율(LTV), 총부채상환비율(DTI), 총부채원리금상환비율(DSR)은 모두 주택담보대출의 심사기준이 된다. 다만, 대출심사 시 대출비율(LTV)은 부동산에 초점을 둔 것이고, 총부채상환비율(DTI)은 금융부채상환능력에 초점을 둔 것이며, 총부채원리금상환비율(DSR)은 모든 부채상환능력에 초점을 둔 것이다.

읽을 거리

주택대출 얼마나 받을 수 있을까?…LTV·DTI·DSR 따져봐야죠

새내기 직장인의 주요 목표 중 하나는 '내 집 마련'이다. 고금리 여파로 부동산시장이 침체에 빠지면서 집값도 하락하는 추세지만 여전히 수 억원을 웃도는 아파트를 대출 없이 마련하기 쉽지 않다. 대출받으러 은행에 가면 대출 한도를 정하는 규제와 맞닥뜨리게 된다. 대출액이 크고 규제가 까다로운 주택담보대출은 더욱 그렇다. 주담대를 받기 위해선 담보인정비율(LTV)과 총부채상환비율(DTI)은 물론 대출 종류에 상관없이 적용되는 총부채원리금상환비율(DSR)까지 꼼꼼히 따져봐야 한다.

○ LTV · DTI · DSR, 어떻게 다른가

LTV · DTI · DSR 규제

LTV(담보인정비율)	• 주택소유여부 · 규제지역별로 30~70% • 생애최초 80%, 무주택 · 1주택자 50~70%
DTI(총부채상환비율)	• 주택소유여부 · 규제지역별로 40~60% • 생애최초 80%, 서민 · 실수요자 60%
DSR(총부채원리금상환비율)	• 총대출액 1억원 초과시 40% • 총대출액 1억원 미만시 70%

LTV와 DTI는 주담대 한도를 정할 때 적용된다. LTV는 주택 시세 대비 대출한도액의 비율을 뜻한다. 예를 들어, LTV 규제 비율이 50%라면 구매하려는 주택의 시세가 1억원일 때 주담대는 최대 5,000만원까지 받을 수 있다는 뜻이다.

LTV는 주택소유 여부와 규제지역 등에 따라 차등 적용되는데 금융당국은 부동산경기 침체를 반영해 작년부터 관련 규제를 완화해오고 있다. 현재 규제지역은 서울 강남 3구(강남 · 서초 · 송파)와 용산구 4개 자치구다. 생애 최초 주택 구입 시엔 규제지역 여부와 관계없이 9억원 이하 주택에 대해 LTV가 80%까지 적용된다. 무주택자와 1주택자는 LTV 한도가 규제지역은 50%, 비규제지역은 70%까지다.

지난 2일부터는 규제지역에서의 주담대가 금지되던 다주택자도 LTV의 30%까지 주택구입 목적으로 대출을 받을 수 있다. 비규제지역에선 LTV 60% 규제가 유지된다. 주택 임대 · 매매사업자의 LTV도 규제지역 0%에서 30%로, 비규제지역 0%에서 60%로 완화됐다.

DTI는 대출자의 소득을 기준으로 주담대 한도를 정하는 규제다. 매년 갚아야 하는 주담대 원리금과 기타 대출의 이자를 합친 금액을 연소득으로 나눠 계산한다. 현행 DTI 기본 규제 비율은 투기지역 · 투기과열지구에서 40%, 조정대상지역에서 50%, 그 외 수도권에서는 60%다. 투기지역은 서울 강남 3구와 용산구 등 4곳이다. 생애 최초 주택 구입자와 서민 등 실수요자는 투기지역 여부에 관계없이 DTI가 60%로 완화된다.

DTI 규제 비율 60%를 적용받는 생애 최초 주택 구입자 A씨가 주담대 3억원을 신청한다고 가정해보자. A씨는 신용대출 1,000만원(금리 연 5.5%)을 보유하고 있으며 연소득은 4,000만원이다. DTI 60%를 고려하면 A씨는 연간 주담대 원리금과 신용대출 · 카드론 등 다른 대출의 이자를 합친 금액이 2,400만원(4,000만원×60%)을 넘을 수 없다.

주담대 금리가 연 5%고 30년 원리금 균등 상환 방식이라고 가정하면 A씨가 매년 갚아야 할 원리금은 약 1,932만원이다. 연간 신용대출 이자 55만원을 합쳐도 1,987만원으로 2,400만원을 넘지 않기 때문에 A씨는 주담대 3억원을 받을 수 있다. 이처럼 DTI는 대출 한도를 대출자의 소득에 비례해서 정하는 규제인 만큼 개인의 '빚 갚을 능력'에 초점을 맞추고 있다.

○ 주담대 · 마통 중 선택해야 할 수도

DSR은 개인이 보유한 '모든 대출의 원리금'을 연소득 대비로 따져 대출 한도를 정하는 방법이다. 주담대뿐 아니라 모든 대출에 적용된다. 총 대출액이 1억원을 넘을 경우 DSR이 40%를 넘을 수 없다. 연소득이 1억원이면 모든 대출의 원리금을 합쳐 4,000만원을 넘을 수 없다는 뜻이다.

DSR은 어떻게 계산할까. 연소득 5,000만원인 직장인 B씨의 사례를 들어보자. B씨는 연 5.5% 금리로 3,000만원의 마이너스 통장을 지니고 있고, 30년 원리금균등상환 방식의 주담대 3억원(금리 연 5%)을 받으려고 한다.

마이너스통장은 DSR을 산정할 때 실제 꺼내 쓰고 있는 돈이 아니라 전체 한도를 기준으로, 만기는 5년으로 잡아 계산하기 때문에 B씨의 연간 마이너스통장 원리금 상환액은 687만원이 된다. 여기에 주담대 원리금 1,933만원을 더하면 전체 대출 원리금 상환액은 2,620만원에 달한다. 이 경우 DSR은 52.4%(2,620만원÷5,000만원)가 된다. B씨가 DSR 40% 규제하에서 대출을 받으려면 마이너스통장 한도를 줄이거나 주담대 신청액을 깎아야 한다.

DSR을 계산할 땐 보유한 대출별로 매년 내야 하는 원리금 상환액을 구하는 게 핵심이다. 주담대는 계약기간이 정해져 있지만 기타 대출은 금융사가 DSR을 따질 때 항목별로 원금을 몇 년에 나눠 갚는 것으로 산정하는지에 따라 달라진다. 신용대출은 5년으로 산정 만기가 짧기 때문에 대출액이 작아도 DSR을 끌어올리게 된다.

[한국경제(hankyung.com), 2023. 3. 21.]

 6. 부채감당률(DCR)

부채감당률(DCR: debt coverage ratio)은 순영업소득(NOI)을 부채상환액(DS)으로 나눈 값으로 갚아야 할 부채상환액에 비해 순영업소득(NOI)이 얼마나 되는가, 즉 순영업소득(NOI)이 부채상환액(원리금상환액)의 몇 배가 되는가를 나타낸다.

$$DCR = \frac{순영업소득\,(NOI)}{부채상환액\,(DS)} \qquad\qquad (7\text{-}15)$$

부채감당률(DCR)이 1이면 순영업소득(NOI)으로 부채를 모두 상환가능하고 세전현금흐름(BTCF)은 0이라는 의미이므로, 부채감당률(DCR)이 1보다 커야 차입자의 원리금 상환능력이 충분하다고 판단한다. 따라서 부채감당률(DCR)이 높을수록 채무불이행위험이 낮아진다.

 예제

대출비율(LTV)과 부채감당률(DCR)

A는 시장가격이 800,000,000원이고, 순영업소득(NOI)이 연 80,000,000원인 상가를 보유하고 있다. A는 사정상 대출비율(LTV) 시장가치기준 50% 이하와 부채감당률(DCR) 1.6 이상의 조건으로 추가 대출받고자 한다. 연간 저당상수가 0.1일 때 A가 최대로 받을 수 있는 대출금액은 얼마인가? 단, A가 보유한 상가의 기존 담보대출금은 200,000,000원이다.

답

$$대출비율 = \frac{부채}{800,000,000} \leq 0.5 \;\rightarrow\; 부채가치 \leq 400,000,000원$$

$$부채감당률 = \frac{순영업소득\,(NOI)}{부채상환액\,(DS)} = \frac{80,000,000}{대출금 \times 저당상수} \geq 1.6$$

$$\rightarrow\; 80,000,000 \geq (대출금 \times 0.1)(1.6) \;\rightarrow\; 대출금 \leq 500,000,000원$$

따라서 대출비율(LTV)과 부채감당률(DCR)을 모두 충족시키는 최대 대출금액은 400,000,000원이므로 기존 대출 200,000,000원을 제외하고 추가로 대출가능한 최대금액은 200,000,000원이다.

7. 채무불이행률

채무불이행률(default ratio)은 영업경비(OE)와 부채상환액(DS)의 합을 유효총소득(EGI)으로 나눈 비율이다. 이 비율은 재무상태의 안정성을 판단하는 지표로서 차입자가 채무불이행할 가능성을 나타내며, 채무불이행률이 클수록 채무불이행 가능성이 커진다. 채무불이행률이 1이 되면 세전현금흐름(BTCF)은 0이 되므로 이 비율을 손익분기율이라고도 부른다.

$$\text{채무불이행률} = \frac{\text{영업경비}(OE) + \text{부채상환액}(DS)}{\text{유효총소득}(EGI)} \tag{7-16}$$

 8. 영업경비비율

영업경비비율은 영업경비(OE)를 총소득으로 나눈 비율이다. 분모의 총소득은 가능총소득(PGI)으로 나눌 수도 있고 유효총소득(EGI)으로 나눌 수도 있다. 이 비율은 총소득으로 투자대상 부동산의 영업경비(OE)를 감당할 수 있는지를 파악하므로 투자대상 부동산의 재무관리 상태를 파악할 수 있다. 만약 동종부동산이나 대체부동산 또는 경쟁 부동산보다 영업경비비율이 높을 경우 당해 부동산의 영업경비에 대한 관리에 문제가 있음을 의미한다.

$$\text{영업경비비율} = \frac{\text{영업경비}(OE)}{\text{총소득}(PGI/EGI)} \tag{7-17}$$

예제

영업경비비율

A는 임대가능한 호수가 100호인 임대주택을 1년 동안 운영하였다. 호당 임대료는 연 2,000,000원이고 공실률은 20%이며 순영업소득(NOI)은 연 100,000,000원이다. 유효총소득에 대한 영업경비비율은 얼마인가?

답

단위당 예상임대료:	2,000,000원
× 임대단위수:	100호
I. 가능총소득(PGI):	200,000,000원
− 공실 및 대손충당금:	40,000,000원(= 2억원×0.2)
+기타소득:	0원
II. 유효총소득(EGI):	160,000,000원
− 운영경비(OE):	x
III. 순영업소득(NOI):	100,000,000원

$$영업경비비율 = \frac{영업경비\,(OE)}{유효총소득\,(EGI)} = \frac{60,000,000}{160,000,000} = 0.375$$

memo

Chapter 08

부동산금융의
이해 I

부동산금융

1. 부동산금융의 개요

　금융은 돈(금)의 융통을 말한다. 부동산금융은 금융의 한 분야로 부동산의 매입, 개발, 관리, 처분 등의 전 과정을 수행할 때 필요한 돈(자금)을 융통하는 것이라할 수 있다. 부동산금융은 주택금융과 토지금융으로 크게 나누어지며, 일반적으로부동산금융이라 하면 주택금융을 의미한다. 유엔(UN)에서는 주택금융을 주택수요자나 주택건설업자 자신 이외의 다른 원천에서 제공되는 자금으로 정의하고 있다.

　부동산은 전통적인 금융상품인 주식, 채권 등과는 다른 위험특성을 가지며 기존의 전통적 자산과 상관관계가 낮은 대표적인 대체투자(alternative investment)[1]상품으로서 새로운 투자수단으로 주목받고 있고, 이에 따라 부동산금융에 대한 개념도 주택구입 및 건설자금을 조달하기 위한 대출뿐만 아니라 대출채권의 유동화로 인한 자금조달 등으로 부동산금융의 개념이 확대되고 있다.

　특히, 1997년 말 외환위기 시에 발생한 고금리 및 부동산가격 폭락으로 인한금융기관의 부실자산 및 부실채권을 효율적으로 처리하기 위해 리츠(REITs), ABS등의 부동산 증권화 제도가 도입되었다. 구체적으로 1998년 「자산유동화에 관한

---

1) 대체투자는 주식 및 채권 등으로 대표되는 전통적 금융상품 이외의 다양한 유형의 투자대상을 모두 포괄하기 때문에 아직까지 통일된 분류체계는 존재하지 않지만, 일반적으로 부동산 및 사회간접자본(SOC) 등부동산 관련 자산, 헷지펀드 및 사모펀드 등이 대체투자상품으로 분류될 수 있다. 대체투자는 기존의 투자대상에 포함되지 않는 새로운 투자대상에 투자함으로써 투자수단의 다변화를 통한 포트폴리오의 효율성 제고, 전체 포트폴리오의 위험분산 및 수익률 제고, 인플레이션 헷지 효과 등의 특징이 있다.

법」을 제정하여 자산유동화를 위한 법적 근거를 마련하고, 1999년 1월에는 「주택저당채권유동화회사법」이 제정되었으며, 2001년에는 부동산투자회사(REITs)제도가 도입되고 2004년 「간접투자자산 운용업법」을 통해 부동산 펀드가 도입되었다. 이처럼 법적 기반 위에 부동산 증권화 및 유동화로 부동산시장과 금융시장 간에 연계 및 융합이 크게 강화되었다.

 ## 2. 부동산금융의 유형

(1) 재원조달목적에 따른 구분

1) 소비자금융

주택금융으로 대표되는 부동산금융은 재원조달목적(또는 행위주체)에 따라 수요자 측면에서의 금융과 공급자 측면에서의 금융으로 구분된다. 소비자금융[2]은 수요자 측면에서의 금융을 말하는 것으로, 부동산을 구매하여 소비하고자 하는 가계 등의 소비주체가 부동산을 담보로 부동산을 구매 및 조달하기 위한 금융이라 할 수 있다.

특히 실물자산인 토지에 노동 및 자본 등의 생산요소를 결합하여 아파트, 상업용 부동산 등과 같은 건물이나 시설 등을 건설하고 분양, 임대를 통하여 경제적 부가가치를 창출하는 부동산 개발사업의 결과로 건설된 주택과 같은 부동산의 수분양자(분양계약자)는 집단대출이나 잔금대출 등을 통하여 부동산 구입자금을 조달한다. 이와 같은 소비자금융은 통상적으로 낮은 이자율로 일시불로 대출되고 상환은 장기분할로 진행된다.

2) 공급자금융

공급자금융[3]은 공급자 측면에서의 금융으로, 주택의 생산 및 공급을 촉진하기 위해 부동산 공급자인 부동산개발업자나 건설업자에게 토지비 및 건설비 등 건설

---

2) 수요자금융, 주택금융, 주택수요금융이라는 용어를 사용하기도 하며, 본서에서는 소비자금융으로 통일한다.
3) 주택개발금융, 건축대부라는 용어를 사용하기도 하며, 본서에서는 공급자금융으로 통일한다.

활동에 필요한 자금을 지원하기 위한 금융이다. 건축에 수반되는 사업위험이 크기 때문에 공급자금융은 소비자금융에 비해 이자율이 높고, 대출(대부)기간은 건축기 간에 국한하여 비교적 단기로 대출된다. 대출금은 건축 공정에 따라 단계적으로 제공되고, 건축물의 완공과 동시에 일시불로 원금의 상환이 이루어진다.

(2) 자금조달방법에 따른 구분

1) 부채금융

① 주택담보대출

모기지(mortgage)는 주택을 담보로 하여 그 주택에 설정되는 저당권 또는 그 저당권을 나타내는 증서를 말하고, 주택담보대출(mortgage loan)[4]은 이러한 저당 증권을 발행하여 장기주택자금을 대출해주는 제도를 가리킨다. 즉, 주택담보대출 은 주택(담보)에 저당을 설정하고 금융기관으로부터 자금을 대출하는 것을 말한다. 주택담보대출인 경우 통상 연간 상환해야 할 원리금이 연소득의 30% 이내를 적정 한 수준의 대출로 본다.

주택담보대출과 관련하여 한국주택금융공사(KHFC, HF: Korea Housing Finance Corporation)는 보금자리론, 디딤돌대출, 적격대출 등을 취급하고 있다. 보금자리 론은 주택구입용도, 전세자금반환용도 및 기존 주택담보대출 상환용도로 신청이 가능하며, 대출받은 날부터 만기까지 안정적인 고정금리가 적용된다. 보금자리론 의 신청대상은 민법상 성년인 대한민국 국민이고, 대출한도는 최대 3.6억원(다자녀 가구·전세사기피해자 4억원, 생애최초 4.2억원)이다. 대출만기는 10년, 15년, 20년, 30년, 40년, 50년[5]이고 원리금균등상환, 원금균등상환, 체증식분할상환 중에서 선택 가 능하다.

보금자리론은 대출신청방법에 따라 U-보금자리론, 아낌e-보금자리론, t-보금 자리론으로 구분된다. U-보금자리론은 한국주택금융공사 홈페이지를 통해 신청하 고, t-보금자리론은 은행에 방문해서 직접 신청한다. 아낌e-보금자리론은 대출거 래약정 및 근저당권설정등기를 전자적으로 처리하여 U-보금자리론보다 금리가 0.1%

---

4) 부동산담보대출, 주택담보부대출, 주택저당채권, 모기지, 모기지론, 모기지대출, 저당금융(mortgage financing) 등의 용어를 혼용하고 있는데 본서에서는 주택담보대출이라고 한다.
5) 만기 40년은 만 39세 이하 또는 만 49세 이하 신혼가구, 만기 50년은 만 34세 이하 또는 만 39세 이하 신혼가구 조건을 충족해야 한다. 신혼가구는 대출신청일 기준 혼인신고일이 7년 이내인 가구를 의미한다.

저렴하다.

디딤돌대출은 주택도시기금의 생애최초주택구입자금대출과 한국주택금융공사의 우대형 보금자리론으로 이원화된 정책모기지를 2014년부터 통합 운영하기로 결정하여 출시된 장기분할상환 고정금리 주택담보대출이다. 딤디돌대출의 대상은 세대원 전원이 무주택자인 무주택 세대주(만30세 미만 단독세대주 제외)이며, 대출한도는 2억 5천만원(생애최초 주택구입자 3억원, 신혼·다자녀·2자녀가구는 4억원)이다. 대출만기 10년, 15년, 20년, 30년(거치기간은 1년 또는 비거치)이고 원리금균등상환, 원금균등상환, 체증식분할상환 중에서 선택 가능하다.

적격대출은 한국주택금융공사와 은행 간 업무협약에 의해 은행이 대출취급 후 한국주택금융공사에 양도 가능한 유동화목적부 대출상품이다. 적격대출의 상품명칭과 금리는 은행이 자율적으로 결정하여 대출한다. 대출한도는 최대 5억원이다. 대출만기는 10년 이상 50년 이하이고 원리금균등상환, 원금균등상환 중에서 선택 가능하다.

② 주택저당증권(MBS)

주택저당증권(MBS: mortgage backed securities)[6]은 주택담보대출을 근거로 발행한 증권이며, 유동화전문회사(SPC: special purpose company)가 발행한다. 우리나라는 한국주택금융공사가 은행 등 금융기관으로부터 주택담보대출을 매입하여 자기신탁을 설정한 후 이를 기초자산으로 하는 자동이전형 MBS(pass-through MBS), 모기지-MBS SWAP, 일반 MBS를 발행하고 있다.

③ 프로젝트 파이낸싱(PF)

부동산 개발사업에 투자대상이 되는 사업(프로젝트)으로부터 발생하는 미래현금흐름을 상환 재원으로 하여 해당 사업을 수행하는 데 필요한 자금을 금융기관으로부터 조달하는 금융기법을 프로젝트 파이낸싱(PF: project financing)이라고 한다.

프로젝트 파이낸싱으로 자금을 조달하는 가장 단순하고 기본적인 형태로 PF대출(PF loan)이 있다. 또한, 부동산 개발 시에 금융기관은 대출에 대한 대출채권을 기반으로 PF대출 자산유동화증권(PF ABS), 자산유동화기업어음(ABCP: asset backed commercial papers), 자산유동화회사채(ABB: asset backed bond), 자산유동화전자

---

6) MBS는 주택담보대출을 기초자산으로 발행하는 증권으로 주택저당증권, 저장담보증권, 모기지담보부증권 등의 용어로 사용되고 있으나 본서에서는 주택저당증권(MBS)이라고 한다.

단기사채(ABSTB: asset backed short term bond) 등의 유동화증권을 발행하여 대규모 자본을 조달한다.

2) 지분금융

① 부동산 신디케이트

부동산 신디케이트(real estate syndicate)는 부동산의 개발, 취득, 관리, 판매 등의 업무를 수행하기 위해 여러 명이 통상 합자회사를 결성하여 자본을 조달하는 것을 말한다. 합자회사는 무한책임사원과 유한책임사원으로 구성되는데, 개발업자는 무한책임사원이 되어 회사의 관리 및 운영의 책임과 회사채무에 대해서 전적으로 책임을 진다. 일반 소액투자자들은 유한책임사원이 되는데, 이들은 이익만 분배받고 경영에 참여하지 않는다.

② 부동산투자회사(REITs)

2001년 5월 7일 제정된 「부동산투자회사법」에서는 자산을 부동산에 투자하여 운용하는 것을 주된 목적으로 설립된 회사를 부동산투자회사로 정의하고 있다. 즉, 리츠는 다수의 투자자로부터 자금을 모아 부동산에 투자하거나, 주택저당증권(MBS), 부동산 관련 대출(mortgage loan) 등으로 운영하여 얻은 수익을 투자자들에게 배분하는 주식회사 형태의 부동산 집합투자기구를 말하며, 실무에서는 뮤추얼 펀드(mutual fund)라고 한다. 우리나라는 자기관리리츠, 위탁관리리츠, 기업구조조정리츠(CR리츠: corporate restructuring REITs)로 구분하고 있다.

③ 부동산 펀드

다수의 투자자로부터 자금을 모아 그 자금의 50% 이상을 부동산 관련 자산에 투자하여 그 수익을 나눠주는 부동산 펀드와 리츠는 비슷하다. 하지만 운용방식에서 부동산 펀드는 투자신탁(수익증권)과 투자회사(뮤추얼 펀드) 형태가 모두 가능한 반면, 리츠는 투자회사(뮤추얼 펀드) 형태를 갖는다.

제2절

주택담보대출

1. 대출금 상환 방법

(1) 원리금균등상환대출

원리금균등상환대출(CPM: constant payment mortgage)[7]은 고정이자율로 대출한다는 가정하에 대출기간 동안 매월 동일한 금액의 원리금합계액을 갚는 방식이다. 매월 갚아야할 동일한 금액의 원리금 합계액은 원금에 저당상수를 곱하여 산출한다.

원리금균등상환대출은 매 기간 말에 일정하게 지불되는 원리금지불액(저당지불액) 중에는 초기에는 이자지급액이 많고, 기간 말로 갈수록 원금상환액이 많아진다. 따라서 저당기간(상환기간)의 약 2/3 정도의 기간이 경과해야 원금의 1/2 정도를 상환하게 된다. 또한, 원금균등상환대출에 비해 초기에 원리금지불액의 부담이 더 적고 후기에 부담이 더 크며, 원금균등상환대출보다 이자를 더 많이 낸다.

---

7) 원리금균등분할상환, 균등지불저당이라고도 한다.

📁 **예제**

원리금균등상환대출

A는 5년 동안 매년 원리금균등상환 조건으로 연 5% 이자율로 10,000,000원을 대출받았다. A가 매년 말 상환해야 하는 금액은 얼마인가?

답

$$원리금균등액 = 원금 \times 저당상수 = (원금)\left[\frac{r(1+r)^n}{(1+r)^n - 1}\right]$$

$$= (10,000,000)\left[\frac{(0.05)(1+0.05)^5}{(1+0.05)^5 - 1}\right] = 2,309,748원$$

기간	①원리금지불액 (= ② + ③)	②이자지급액 (= 잔금×5%)	③원금상환액 (= ①-②)	④기말잔금 (= 전기잔금-③)
1	2,309,748	500,000	1,809,748	8,190,252
2	2,309,748	409,513	1,900,235	6,290,017
3	2,309,748	314,501	1,995,247	4,294,769
4	2,309,748	214,738	2,095,010	2,199,760
5	2,309,748	109,988	2,199,760	0

총원금상환액: 10,000,000원(= 1,809,748 + 1,900,235 + ⋯ + 2,199,760)

총이자지급액: 1,548,740원(= 500,000 + 409,513 + ⋯ + 109,988)

총원리금상환액: 11,548,740원(= 2,309,748원×5년)

(2) 원금균등상환대출

원금균등상환대출(CAM: constant amortizing mortgage)[8]은 고정이자율 가정하에 대출기간 동안 원금균등액(= 대출한 원금/납입횟수)과 이자(= 저당잔금×이자율)의 합을 상환하며, 체감식상환이라고도 한다.

상환기간(저당기간) 동안 원금상환분은 일정하고 이자는 감소하므로 기간 말로 갈수록 원리금상환액[9]이 작아진다. 원금균등상환대출은 원리금균등상환대출에 비

---

8) 원금균등분할상환, 균등상환저당이라고도 한다.

예제

원금균등상환대출

A는 5년 동안 매년 원금균등상환 조건으로 연 5% 이자율로 10,000,000원을 대출받았다. A가 매년 말 상환해야 하는 금액은 얼마인가?

답

기간	①원금상환액 (= 1천만원/5)	②이자지급액 (= 잔금×5%)	③원리금상환액 (= ①+②)	④기말잔금 (= 전기잔금-①)
1	2,000,000	500,000	2,500,000	8,000,000
2	2,000,000	400,000	2,400,000	6,000,000
3	2,000,000	300,000	2,300,000	4,000,000
4	2,000,000	200,000	2,200,000	2,000,000
5	2,000,000	100,000	2,100,000	0

총원금상환액: 10,000,000원(= 2,000,000원×5년)

총이자지급액: 1,500,000원(= 500,000+400,000+···+100,000)

총원리금상환액: 11,500,000원(= 10,000,000+1,500,000)

해 초기에 원금을 더 많이 갚게 되므로 대출자 입장에서는 원금회수가 빠르며, 저당잔금액이 가장 적게 남는다. 또한 원리금균등분할대출보다 이자를 더 적게 낸다.

(3) 체증식분할상환대출

체증식분할상환대출(GPM: graduated payment mortgage)은 원리금상환액이 대출 초기에는 작고 대출 후기로 갈수록 커지는 방식으로 상환한다. 대출초기에는 총부채상환비율(DTI)이 낮아서 차입자의 대출한도를 높일 수 있고, 미래 소득의 증가가 예상되는 젊은 급여생활자와 단기로 부동산을 보유하고자 하는 차입자에게 유리한 방법이다. 하지만, 대출한 금융기관 입장에서는 대출금 회수가 늦고 만약 차입자의 소득이나 자산증가가 상환해야 할 원리금보다 낮을 경우에는 시간이 갈수록 채무불이행위험이 커지게 된다.

---

9) 원리금지불액, 저당지불액이라고도 한다.

2. 주택담보대출의 위험

주택담보대출을 할 경우 채무불이행위험, 이자율위험, 조기상환위험 등이 발생할 수도 있다. 채무불이행위험이란 채무자가 채무를 이행할 수 없는 가능성, 즉 차입자가 원리금을 갚지 않을 가능성을 말한다. 이러한 채무불이행 가능성에 대비하여 대출자인 금융기관은 담보를 요구하기도 한다.

이자율위험은 금융기관이 고정이자율로 자금을 대출했을 때 만기 전의 기간에 경제 상황이 변하여 시장이자율이 상승하더라도 금융기관은 시장이자보다 낮은 고정이자를 받게 되어 손실이 발생할 가능성을 말한다. 따라서 금융기관은 고정이자율 대출보다 변동이자율 대출을 선호한다.

조기상환위험은 대출이자율보다 시장이자율이 낮아지는 경우 대출이 조기상환될 가능성을 말한다. 금융기관이 고정이자율로 대출했는데 이후 시장이자율이 하락하면 차입자는 조기상환의 유인이 생긴다. 이 경우 시장이자율이 충분히 하락한다면 차입자는 조기상환수수료를 지불해도 조기상환하는 것이 이익이 된다. 조기상환이 되면 금융기관은 약정한 이자수입을 얻을 기회를 상실하게 되고, 대출채권을 유동화했을 경우 주택저당증권(MBS)의 현금흐름에 문제가 발생하게 된다.

 3. 역모기지

(1) 역모기지의 개요

역모기지[10]는 주택 등의 부동산 소유자가 보유주택을 처분하지 않고 주택 등의 부동산을 담보로 하여 대출을 받는 것을 말한다. 즉, 차입자는 주택 등의 부동산을 담보로 대출기간 동안 연금(annuity)처럼 정기적으로 일정액을 대출받고 대출기간 말에 담보부동산의 매도 등에 의해 대출받은 원금과 누적이자를 일시불로 갚

---

10) 역저당이라고도 한다.

는 방식이다.

　만약 주택 등 부동산 소유자의 사망이나 이주 등 미리 약정된 상황이 발생하면 일시에 원리금을 상환해야 하고, 대출기간 말에 주택 등 부동산 담보가치가 하락하게 되면 대출한 금융기관은 손실을 볼 가능성도 있다.

　역모기지는 주택 등 부동산소유자의 사망, 이주 등의 상황이 발생하지 않는 한 차입자는 계속 자신이 보유한 주택 등의 부동산에 거주(소유)할 뿐 아니라 담보인 주택 등의 부동산가격 범위 내에서만 대출자(채권자)의 권리가 인정되고 차입자(채무자)의 다른 재산에 대해서는 그 효력이 미치지 않는다는 특징이 있다. 이에 역모기지는 고령화가 진행됨에 따라 은퇴하여 경제활동을 할 수 없지만 주택 등의 부동산을 소유하고 있는 노인층이 보유자산을 유동화하여 소득을 확보할 수 있는 수단으로 관심이 높다.

　이와 같은 역모기지는 1987년 미국 의회가 역모기지 계약의 완수를 보증하는 보험상품으로 주택지분일반대출(HECM: home equity convention mortgage)[11]프로그램을 승인하는 법률을 통과시키면서 정착되었다. 역모기지의 대출금은 미국 정부가 아닌 은행 등의 금융기관에서 조달하며, 연령(62세 이상), 신용상태, 주택종류 및 상태, 소득수준 등에 대한 요건을 충족하는 사람만을 대상으로 한다.

　우리나라에서는 1995년 국민은행이 처음 상품으로 출시한 이후 당시 신한은행, 조흥은행, 삼성생명, SK생명 등이 잇따라 판매하였으나 실적이 거의 없었다. 현재 우리나라의 공적보증형태의 역모기지제도는 한국주택금융공사에서 취급하는 주택연금과 한국농어촌공사에서 취급하는 농지연금이 있다.

(2) 우리나라의 역모기지 제도

1) 주택연금

　한국주택금융공사에서 취급하는 주택연금은 주택소유자가 보유한 주택을 담보로 금융기관으로부터 노후생활 자금을 매월 연금방식으로 지급받는 제도이다. 따라서 주택연금 가입자는 사망 시까지 본인 소유의 주택에 거주하면서 평생 연금을 받게 되며, 주택연금 가입 중에 주택가격의 변동이 있어도 연금지급액은 변동이 없이 지급된다.

---

11) home equity는 주택지분 또는 순자산이라고 하며, 현재 주택가격에서 대출금(mortgage)을 뺀 나머지를 말한다.

표 8-1   저당권방식과 신탁방식의 비교

	저당권방식	신탁방식
의미	가입자가 주택에 근저당권을 설정하여 한국주택금융공사에게 담보 제공	가입자가 한국주택금융공사에게 주택을 신탁하여 담보 제공
배우자의 연금승계	가입자 사망 시, 자녀 동의가 없으면 배우자가 주택연금을 계속 받지 못할 수 있음	가입자 사망 시, 자녀 동의가 없더라도 배우자가 주택연금을 계속 받으며 주택에 거주할 수 있음
임대차 가능여부	담보주택을 임대하는 경우 보증금 있는 임대 불가능	담보주택을 임대하는 경우 보증금 있는 임대 가능
연금수령 종료 후	주택처분 금액에서 연금대출 상환 후 남은 금액은 상속인 소유	주택처분금액에서 연금대출 상환후 남은 금액은 가입자기 지정한 귀속권리자 소유

자료: 한국주택금융공사(hf.go.kr)

　또한 주택연금 가입자가 사망한 후에도 연금의 감액없이 배우자에게 동일한 금액을 지급하며, 만약 부부 모두 사망 시에는 사후 정산 후 연금지급을 종료한다. 이때 주택을 처분한 가격으로 정산금액이 부족하면 그 부족분은 한국주택금융공사가 부담하고 주택 처분가격이 정산금액보다 많으면 남은 금액은 상속인에게 상속한다.

　주택연금의 가입조건은 부부 중 1인 이상이 대한민국 국민으로 만 55세 이상이어야 하고 부부합산 기준으로 공시가격 12억원 이하의 주택을 소유[12]하고 있어야 한다. 주택연금을 가입할 때 담보제공방식은 저당권방식과 신탁방식이 있는데 이 중 하나를 선택하여 담보를 설정하게 된다.

　저당권방식은 가입자가 주택에 근저당권을 설정하여 한국주택금융공사에게 담보를 제공하는 방식이다. 즉, 가입자가 주택에 근저당권을 설정하면 한국주택금융공사는 은행에게 보증서를 발급하고 은행은 한국주택금융공사의 보증을 바탕으로 가입자에게 연금대출을 지급하는 방식으로서, 주택의 등기상 소유자는 가입자이다.

　신탁방식은 가입자가 한국주택금융공사에 주택을 신탁하여 담보를 제공하는

---

12) 주택 공시가격 합산이 12억원 이하인 다주택자도 가입가능하고, 공시가격 12억원을 초과하는 2주택자도 비거주 1주택을 3년 내 처분하는 조건일 경우에는 가입가능하다.

방식이다. 즉, 가입자가 한국주택금융공사(수탁자겸 우선수익자)에게 주택 소유권을 신탁하면 한국주택금융공사는 은행에 보증서를 발급하고 은행은 한국주택금융공사의 보증을 바탕으로 가입자에게 연금대출을 지급하는 방식으로서, 주택의 등기상 소유자는 한국주택금융공사이다. 또한 신탁방식의 경우 주택연금을 받는 동안 주택의 등기상 소유자가 한국주택금융공사로 변경되지만 언제든 연금대출을 상환하고 소유권을 회복할 수 있으며 주택의 관리와 세금은 가입자가 부담한다.

저당권방식과 신탁방식은 배우자의 연금승계 방법, 담보주택을 임대하는 방법, 부부 모두 사망 시 주택 처분금액에서 그동안 받은 연금 상환 및 남은 금액 회수 방법에서 차이가 있다. 저당권방식은 가입자 사망 시 배우자가 주택연금을 이어받기 위해서 담보주택 전부를 상속받아야 하므로 자녀가 반대하면 연금을 이어받지 못하는 반면, 신탁방식은 자녀의 동의가 없더라도 신탁계약에 따라 주택연금을 이어받을 수 있다. 또한 저당권방식은 보증금이 없는 경우 담보주택의 남는 공간에 한하여 임대가 가능하지만 신탁방식은 보증금이 있는 경우에도 임대가 가능하다. 이 경우 보증금은 한국주택금융공사가 금융기관에 예치하여 관리하고 정기예금 수준의 운용수익을 지급하며, 보증금 있는 임대는 동시에 4건까지 가능하다. 마지막으로 연금수령 종료 후 저당권방식은 남은 금액이 상속인에게 상속되지만 신탁방식은 가입자가 지정한 귀속권리자에게 지급된다. 이때 가입자가 직접 귀속권리자를 지정하거나 자녀 전원을 귀속권리자로 포괄 지정하는 것이 가능하다.

2) 농지연금

2011년도에 한국농어촌공사가 도입한 농지연금은 공부상 지목이 논·밭·과수원으로 실제 영농에 이용되고 있는 농지와 보유기간 2년 이상이면서 담보농지가 소재하는 시·군·구 또는 직선거리 30km 이내인 농지를 소유한 만 60세 이상 고령농업인이 소유농지를 담보로 노후 생활안정자금을 매월 연금으로 받을 수 있는 공적금융상품이다. 농지연금은 만 60세 이상부터 전체 영농기간을 합산하여 5년 이상의 영농경력이 있다면 가입할 수 있다. 농지연금 가입 시 받는 월 연금액은 월 300만원 한도로 농지가격(공시지가 100% 또는 감정평가 90% 중 선택), 가입연령, 지급방식에 따라 결정된다.

제3절

주택저당증권(MBS)

 1. 자산유동화의 역사

자산유동화란 금융회사 또는 일반기업들이 보유한 비유동성 자산을 증권시장에서 판매 가능한 형태의 증권으로 변화시켜서 이를 시장을 통해 현금화하여 자금을 조달하는 것을 말한다. 자산유동화증권(ABS: asset backed securities)은 주식, 채권, 부동산, 학자금대출채권, 자동차대출채권, 주택담보대출, 매출채권 등 다양한 형태의 자산을 근거(기초자산; backed)로 발행되는 증권을 말한다. 여러 자산 중에서 주택담보대출을 기초자산으로 발행한 증권을 주택저당증권(MBS)이라고 하며, 우리나라의 경우 「자산유동화에 관한 법률」에 따라 유동화전문회사(SPC)가 자산유동화증권(ABS)을 발행하고 있다.

(1) 미국 자산유동화 시장

1930년대에 많은 미국 사람들이 주택을 소유하지 못하였고 주택을 소유하더라도 주택담보대출을 갚지 못해 집을 잃을 위험에 처해 있는 사람이 많았다. 그리고, 1930년대의 대공황 상황에서 어려운 처지에 있던 은행은 만기가 짧은 단기의 예금을 받거나 채권을 발행하여 대출에 필요한 자금을 조달하고, 이를 초장기로 대출할 유인이 없었기 때문에 적극적으로 주택담보대출을 하지 않았다.

일반적으로 은행입장에서는 빌려준 돈(자산)과 빌린 돈(부채)의 만기가 일치하는 것이 가장 이상적이다.[13] 더구나 주택 구입자금을 빌려준 은행입장에서 보면

---

13) 일반적으로 은행과 같은 금융기관의 자산은 기업이나 소비자 대출 또는 부동산대출 등으로 구성되는 장

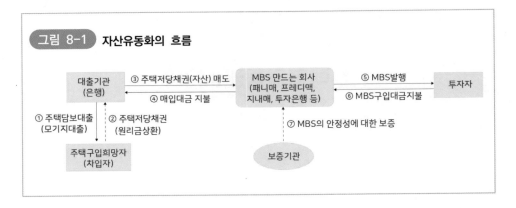

그림 8-1 자산유동화의 흐름

주택담보대출은 채권이고 자산이지만, 이 자산은 이미 대출을 한 상태이기 때문에 은행이 마음대로 쓸 수 있는 자산이 아니므로 더욱 초장기로 대출하지 않으려하였다.

이에 금융공학 전문가들이 은행 마음대로 쓸 수 없는 자산을 마음대로 쓸 수 있는 자산으로 전환할 수 있는 방법을 만들어 냈다. 즉, 은행과 별도의 독립된 회사를 만든 후, 은행이 독립된 회사에 주택담보대출을 양도(매도)하고, 독립된 회사는 은행으로부터 매수한 주택담보대출을 기초자산으로 하여 새로운 증권을 만들었다. 이 새로운 증권을 주택저당증권(MBS)이라고 부른다. 주택저당증권(MBS)을 투자자들에게 팔게 되면 궁극적으로 은행은 묶여 있던 자산을 원하는 대로 쓸 수 있는 현금으로 바뀌게 되는 셈이 된다. 이를 유동화 또는 증권화라고 한다.

구체적으로, 1930년대 대공황으로 인해 은행이 주택구입을 위한 자금을 대출하지 않으려 하자, 루즈벨트 대통령의 요청으로 미국 의회가 1938년 패니매 (Fannie Mae, FNMA: Federal Nationa Martgage Association, 연방저당공사)라는 정부 기구를 설립하였다. 패니매는 개인들에게 직접 주택담보대출을 해주는 은행과 같은 기관이 아니라, 정부보증을 받은 주택담보대출, 즉 연방주택청(Federal Housing Administration)과 재향군인회(Veterans Administration)로부터 주택담보대출을 매입하고 이를 기초자산으로 주택저당증권(MBS)을 발행하는 정부기구이다.

패니매는 정부보증을 받은 주택담보대출을 매입함으로써 주택담보대출시장에

기자산이므로 긴 듀레이션을 갖는 반면, 부채는 단기부채이므로 짧은 듀레이션을 갖는다. 이자율이 상승할 경우 자산과 부채의 가치는 모두 하락한다. 이때 자산듀레이션이 부채듀레이션보다 길기 때문에 자산의 가치가 부채의 가치보다 더 많이 하락하므로 순자산가치는 크게 하락할 수 있다. 따라서 순자산가치의 변동이 없으려면 자산듀레이션과 부채듀레이션을 같게 하면 된다.

유동성을 공급하는 중요한 역할을 하였으나, 정부의 관료주의로 인한 효율성 저하 및 당시 베트남전쟁으로 인한 재정압박완화 등의 이유로 1968년 미국 정부는 패니매를 지니매(Ginnie Mae, GNMA: Government National Mortgage Association, 정부저당공사)와 패니매(연방저당공사)로 분할하였다.

분할 설립된 지니매는 정부산하기관으로 정부보조주택에 대한 대출을 지원하고, 패니매는 주식회사형태로 만들어 민영화하고 정부후원기업(GSE: government sponsored enterprise)으로 지정(정부의 암묵적 후원 및 규제를 받음)하여 정부보증을 받은 주택담보대출뿐만 아니라 일반 주택담보대출도 매입할 수 있도록 허용하였다.

이후, 패니매의 독점으로 인한 폐해를 막고 주택담보대출을 매입하는 데 경쟁을 유도하여 주택대출자금을 추가로 공급하기 위해서 1970년에 12개의 연방주택금융은행(federal Home Loan Bank) 및 상호저축은행(savings institutions)들이 상호출자한 또 다른 정부후원기업인 프레디맥(Freddie Mac, FHLMC: Federal Home Loan Mortgage Corporation, 연방주택대출저당공사)을 설립하였다.

현재 미국에서 발행되는 주택저당증권(MBS)은 정부후원기업인 패니매, 지니매, 프레디맥이 발행하는 공적 유동화기관 MBS(agency MBS)와 일반 투자은행 등이 발행하는 MBS(non-agency MBS)로 분류된다. 이 중에서 공적 유동화기관 MBS (agency MBS) 중 하나로서, 기초자산인 주택담보대출으로부터 상환되는 원리금이 그대로 투자자에게 지급(pass-through)되는 자동이전형 MBS가 전체 MBS 시장의 약 89%를 차지할 정도로 가장 일반적인 형태로 자리 잡고 있다.

(2) 우리나라의 자산유동화 시장

우리나라는 1997년 12월 외환위기로 인해 막대한 규모의 부실채권이 발생함에 따라 부실채권을 효율적으로 처리하기 위해 1998년 「자산유동화에 관한 법률」을 제정하여 자산유동화를 위한 법적 근거를 마련하고, 1999년 1월에는 「주택저당채권유동화회사법」이 제정되어 주택저당증권(MBS) 또는 주택저당채권담보부채권(MBB)을 지속적으로 발행하고 주택저당증권(MBS) 지급보증업을 할 수 있는 유동화 전문기관을 설치할 수 있도록 함에 따라 1999년 9월에 한국주택저당채권유동화주식회사(KoMoKo: Korea Mortgage Corporation)가 설립되었다.

하지만 지급보증능력의 한계로 한국주택저당채권유동화주식회사(KoMoKo)의 추가적인 주택저당증권(MBS) 발행이 어려워지자 정부를 이 문제를 해결하는 한편 장기주택금융 및 장기채권시장을 활성화하기 위하여 한국주택저당채권유동화주식회사(KoMoKo)와 주택신용보증기금을 합하여 2004년 3월 1일 한국주택금융공사를 신설하였다.

한국주택금융공사는 주택담보대출을 가진 은행 등 금융기관으로부터 주택담보대출을 매입하여 자신의 신탁계정에 신탁(자기신탁)[14]하고 신용을 보강한 다음 수익증권[15]으로 주택저당증권(MBS)을 발행한다[16]. 신용보강에는 선순위 수익증권, 후순위 수익증권과 함께 한국주택금융공사에 의한 지급보증이 이용되고 있다.

 2. 자산유동화의 구조

(1) 1차 저당시장

1차 저당시장은 주택구입을 희망하여 대출(저당대부)을 원하는 수요자와 대출을 제공하는 금융기관 또는 일반기업인 자산보유자 사이에 이루어지는 시장을 말한다. 예를 들어, 은행은 주택을 사려는 일반수요자와 새로 부동산을 공급하고자 하는 건설업자에게 저당을 설정하고 자금을 대여(대출)한다.

---

14) 신탁계정은 금전·부동산·유가증권을 가진 사람으로부터 자산운용을 위탁받아 운용수익을 돌려주는 업무이고, 고객이 맡긴 현금으로 유가증권 등을 운용, 현금으로 수익을 배당하는 경우가 많다. 자기신탁은 위탁자가 자기 또는 제3자의 재산을 자신이 수탁자로서 보유하고 수익자를 위해 관리처분·운용한다고 선언함으로써 설정되는 신탁을 말한다.

15) 신탁계약상의 수익권을 표시하는 증권이다. 즉, 재산의 운용을 타인에게 신탁한 경우 그 수익을 받을 권리가 표시된 증권을 말한다.

16) 「자산유동화에 관한 법률」에 의하면 하나의 유동화전문회사에 하나의 유동화계획만을 수립하도록 되어 있으므로, 여러 번에 걸쳐 주택저당증권(MBS)을 발행하기 위해서 수익증권 형태로 발행하고 있다. 수익증권의 경우에는 「자본시장과 금융투자업에 관한 법률」 제81조에서 각 간접투자기구(펀드) 자산총액의 10% 이상 동일 종목 투자증권에 대해 투자하지 못하도록 하는 투자의 제약이 존재하고 있으나, 「자본시장과 금융투자업에 관한 법률 시행령」 제80조에서 한국주택금융공사가 발행하는 수익증권인 주택저당증권(MBS)에 대해서는 수익증권인 주택저당증권(MBS) 투자한도를 30%로 완화하는 특례를 인정하고 있다.

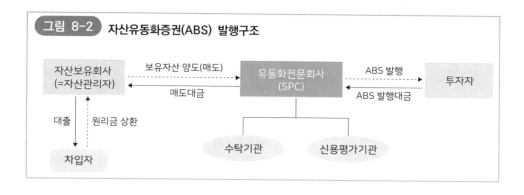

그림 8-2 자산유동화증권(ABS) 발행구조

자산보유회사
(=자산관리자)

보유자산 양도(매도)

매도대금

유동화전문회사
(SPC)

ABS 발행

ABS 발행대금

투자자

대출   원리금 상환

차입자

수탁기관   신용평가기관

(2) 2차 저당시장

자산보유회사와 다른 투자자들 사이에 유동화되는 시장을 2차 저당시장이라고 한다. 자산보유회사인 금융기관 또는 일반기업은 유동화전문회사에게 대출인 자산(채권)을 양도(매도)하게 되면 자산(채권)을 현금화할 수 있다.

유동화전문회사는 유동화를 위해 특별히 설립된 특수목적회사로서 자산보유회사로부터 자산을 매수하고 자산유동화증권(ABS)을 발행하는 서류상의 회사(paper company)이다. 즉, 자산보유회사와 유동화전문회사를 법적으로 분리하여 별도의 독립된 회사로 만듦으로써 자산보유회사의 신용위험과 자산유동화증권(ABS)의 신용위험을 완전히 분리시켜 자산보유회사가 부실하게 되더라도 유동화전문회사가 피해를 보지 않고, 자산유동화증권(ABS)의 기초자산을 안전하게 보호할 수 있게 된다.

예를 들어, 은행은 주택을 사려는 일반수요자와 새로 부동산을 공급하고자 하는 건설업자에게 저당을 설정하고 자금을 대출한다. 이때 은행이 대출하는 자금은 예금을 받거나 채권을 발행하여 조달한 단기부채이다. 따라서 단기로 조달한 자금을 사용하여 장기로 주택담보대출을 하게 되는 구조이므로 은행은 대출을 꺼리게 된다. 이 경우 대출하는 은행과 별도로 독립적 특수목적회사인 유동화전문회사를 만들어서 유동화전문회사에 주택담보대출을 매도한다.

미국의 페니매, 지니매, 프레디맥과 우리나라의 한국주택금융공사가 유동화전문회사인 특수목적회사에 해당하며, 이 회사들이 주택담보대출을 매수하고 이를 기초자산으로 주택저당증권(MBS)을 발행하면 결국 은행의 대출이 활성화된다.

한편, 자산유동화증권(ABS) 발행 시에 실체가 없는 서류상 회사에 해당하는 유동화전문회사를 대신하여 유동화의 근거가 되는 기초자산을 관리하는 자산관리자가 필요한데, 이들은 채권을 추심하여 원리금 등을 상환하는 업무를 수행한다. 일반적으로 자산보유회사가 일정한 수수료를 받고 자산관리자의 역할을 한다.

또한, 자산유동화증권(ABS) 원리금 상환에 따른 현금 및 계좌관리, 채무불이행 시 담보권 행사 등 유동화전문회사를 대신하여 세부적인 실무업무를 총괄하여 투자자의 권익보호와 자산관리업무 감시를 하는 수탁기관도 두고 있다.[17]

신용평가기관은 기초자산의 기대손실, 신용보강수준, 신용위험 등을 객관적으로 평가하여 자산유동화증권(ABS)의 신용등급을 투자자에게 제공한다. 자산유동화증권(ABS)은 다양한 기초자산 집합(pool)을 바탕으로 발행되므로 투자자가 신용위험을 정확하게 알기 어렵기 때문에 자산유동화증권(ABS)의 신용등급은 투자자에게 매우 유용한 정보이다.

 3. 주택저당증권(MBS)의 종류

(1) 주택저당채권담보부채권(MBB)

주택저당채권담보부채권(MBB: mortgage backed bond)은 최근 유럽에서 많이 발행되고 있는 커버드 본드(Covered Bond)[18]를 말하며, 은행 등의 금융회사가 주택구입자에게 주택자금을 대출한 뒤 취득한 주택담보대출을 담보로 하여 발행하는 채권을 의미한다.

우리나라의 주택저당채권담보부채권(MBB)의 발행구조를 보면, 은행 등의 금융

---

17) 일반적으로 유동화전문회사의 경우 서류상의 회사이나, 유동화전문회사에 해당하는 한국주택금융공사는 실체회사이므로 자산유동화증권 발행과정에서 자기신탁의 구조를 갖는다.
18) 금융기관이 보유한 우량 자산(주택담보대출, 국·공채)을 담보로 발행되는 담보부채권의 일종으로, 투자자가 커버드 본드 발행자에 대해 소구권(어음이나 수표의 지급이 거절됐을 경우 배서인 또는 발행인 등에게 변상을 청구할 수 있는 권리임. 어음이나 수표가 부도났을 경우 소유하고 있는 사람은 즉시 발행인이나 배서인에게 소구권을 청구하여 변상의 책임을 물을 수 있음)을 가지며 발행자가 파산할 경우 담보자산에 대한 우선변제권도 갖는다. 대출자산을 담보로 발행되는 자산유동화증권(ABS)이나 주택저당증권(MBS)과 비슷하지만, 여기에 발행 금융기관의 상환의무까지 부여해 안정성을 높인 금융상품이다. 따라서 발행은행이 파산하더라도 은행의 담보자산에 대해 우선적으로 변제받을 수 있는 권리가 부여돼 안정적이며, 일반적으로 높은 신용등급을 받을 수도 있어 조달금리(비용)가 낮다는 장점이 있다. 그래서 이중상환청구권(dual recourse)부채권이라고도 한다.

회사는 주택저당채권을 한국주택금융공사에게 양도(매도)하고, 한국주택금융공사는 자기신탁 계약을 통해 자기 자신에게 주택저당채권을 위탁한다. 즉, 수탁자로서의 한국주택금융공사가 위탁자로서의 한국주택금융공사로부터 주택저당채권을 신탁받고 주택저당채권을 기초자산으로 하여 주택저당채권담보부채권(MBB)을 발행한다.

한국주택금융공사는 자기자본의 50배까지 주택저당채권담보부채권(MBB)을 발행할 수 있으며, 투자자는 담보가 된 주택저당채권에 대하여 우선 변제권(다른 채권자보다 먼저 배당받을 수 있는 권리)을 보유한다. 또한, 한국주택금융공사는 자기신용으로 신용보강(주택저당채권담보부채권(MBB) 원본과 배당수익에 대한 적기 지급보증 제공)하고 주택저당채권담보부채권(MBB)을 발행한다.

일반적으로 MBB발행자는 투자의 안전성을 높이기 위해 초과담보를 확보하므로 주택저당채권의 총액이 주택저당채권담보부채권(MBB)의 발행액보다 크고, 주택저당채권의 원리금수취권, 저당권(또는 주택저당채권의 소유권)을 모두 보유하므로 모든 위험(조기상환위험, 원리금납입연체위험, 채무불이행위험 등)을 부담한다.

또한, MBB발행자가 주택자금차입자로부터 받는 원리금을 투자자에게 바로 이체하는 것이 아니라, 자신이 발행한 채권(MBB)에 대해 새로운 상환액(원리금)을 지급하기 때문에 주택담보대출을 받은 사람(모저당의 차입자, 저당대출자)과 투자자 사이의 현금흐름이 연결되지 않으며, 모저당인 주택담보대출의 만기와 주택저당채권담보부채권(MBB)의 만기가 서로 다른 별도의 만기를 가진다.

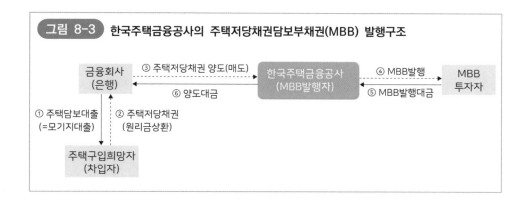

그림 8-3 한국주택금융공사의 주택저당채권담보부채권(MBB) 발행구조

한편, 일반적으로 주택담보대출을 받은 차입자가 조기상환을 요구할 경우[19] MBS발행자도 투자자에게 조기상환을 요구하게 되면 투자자의 안정적인 자금운용을 저해하여 MBS제도의 활성화가 어렵게 된다. 이에 MBB발행자의 만기 전 조기상환[20]에 대해서 투자자가 거부하도록 하는 장치(콜방어; call protection)를 투자자에게 허용함으로써 MBB발행자가 만기 전에 투자자에게 조기상환할 경우에 MBB발행자가 위약금을 부담하게 된다. 일반적으로 콜방어는 주택저당채권담보부채권(MBB)의 5년물 이상부터 허용되고 있다. 따라서 주택담보대출의 소유권을 가지지 않는 투자자는 콜방어를 할 수 있다.

(2) 자동이전형 MBS

1) 미국의 자동이전형 MBS(pass-through MBS)

자동이전형 MBS(pass-through MBS)[21]는 1970년 지니매에 의해 처음 발행되었고 1971년에 프레디맥이 발행하였으며 1981년에는 패니매도 발행하였다. 자동이전형 MBS(pass-through MBS)는 여러 주택담보대출로 풀(pool)을 구성(mortgage pool; 모기지풀, 주택저당채권 집합)하고, 이 풀을 담보(collateral)로 하여 발행하는 증권이다. 주택담보대출이 새로 발행되는 증권의 담보로 이용되므로 주택담보대출이 증권화 또는 유동화되었다고 말한다. 일반적인 자동이전형 MBS(pass-through MBS)의 발행구조는 〈그림 8-4〉와 같다.

예를 들어, 유동화전문회사가 원금 1억원인 주택담보대출 100개를 전부 매입하여 모기지풀을 구성(총원금은 100억원)하였다고 하자. 그리고 각 차입자는 매월 원리금의 현금흐름을 제공하게 되고, 이 모기지풀로부터 창출되는 현금흐름(원리금)을 담보로 주택저당증권(MBS)을 1,000개 발행하였다고 하자. 주택저당증권(MBS) 1개의 소유자는 모기지풀에서 발생하는 현금흐름의 0.1%(= 1/1,000개)에 대한 청구권을 갖는다. 이런 방식으로 설정된 주택저당증권(MBS)을 자동이전형 MBS(pass-through MBS)라고 한다.

---

19) 우리나라의 경우, MBB발행자가 매입하는 주택저당채권에서 조기상환될 경우, 즉 주택담보대출 실행 후 3년 이내에 초과된 원금을 조기상환할 경우 주택담보대출을 받은 차입자에게는 일반적으로 1.2~2%의 수수료가 부과되며, 주택담보대출 실행 후 3년이 지난 시점에서는 조기상환수수료가 없다.
20) MBS발행자가 만기 이전에 원금을 투자자에게 상환할 수 있는 권리를 콜옵션이라고 한다.
21) 자동이전형 MBS(pass-through MBS)는 MPTS(mortgage pass-through security), 주택저당이체증권, 지분형 MBS라고도 한다. 본서에서는 자동이전형 MBS(pass-through MBS)라고 한다.

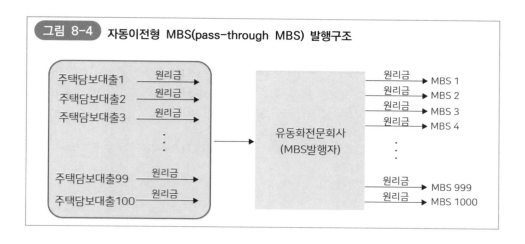

그림 8-4 자동이전형 MBS(pass-through MBS) 발행구조

자동이전형 MBS(pass-through MBS)가 설정되기 전에 투자자는 주택담보대출의 현금흐름에 투자하기 위해서는 적어도 1억원이 필요하다. 하지만 자동이전형 MBS(pass-through MBS)는 최소 1천만원(= 100억원/1,000개)만 있으면 주택담보대출의 현금흐름에 투자할 수 있으며, 100개의 주택담보대출의 조기상환위험을 모든 투자자가 1/1,000씩 분배하여 균등하게 공유한다. 즉, 주택담보대출을 유동화하여 주택저당증권(MBS)을 발행할 경우 조기상환위험이 분산되고 크기가 작아진다.

대부분의 경우 모기지풀(주택저당채권 집합)에 포함되는 주택담보대출의 이자율과 만기는 동일하지 않다. 따라서 자동이전형 MBS(pass-through MBS) 기초자산의 모기지풀에 대하여 설명하려면 가중평균담보대출이자율(WAC: weighted average coupon rate)과 가중평균만기(WAM: weighted average maturity)를 계산해야 한다.

자동이전형 MBS(pass-through MBS)는 모기지풀에서 발생하는 모든 현금흐름(차입자가 지급하는 원리금과 채무불이행으로 담보주택을 처분하여 얻은 원리금(주택저당채권의 소유권), 조기상환금액)이 그대로 투자자에게 지급(이전)된다. 따라서 발행자의 초과담보제공이 필요 없으며, 투자자는 기초자산에 발생된 수익을 투자지분만큼 얻게될 뿐 아니라, 모든 위험(조기상환위험, 이자율위험, 채무불이행위험 등)도 그대로 투자자가 부담하므로 투자자는 만기일시상환 채권보다 높은 수익(프리미엄)을 지급받는다.

예제

가중평균주택담보대출이자율과 가중평균만기

3개의 주택담보대출로 구성된 모기지풀의 각 주택담보대출의 이자율과 만기가 아래와 같다. 가중평균담보대출이자율과 가중평균만기를 구하시오.

대출	원금잔액	가중치	담보대출이자율	만기(월)
1	80,000,000	20%	4.5%	60
2	120,000,000	30%	5.6%	150
3	200,000,000	50%	6.4%	240

 답

가중평균주택담보대출이자율 $= (0.2)(0.045) + (0.3)(0.056) + (0.5)(0.064) = 5.78\%$

가중평균만기 $= (0.2)(60) + (0.3)(150) + (0.5)(240) = 177$월

또한 주택저당채권담보부채권(MBB)이 3개월이나 6개월마다 원리금이 지급되는 반면, 자동이전형 MBS(pass-through MBS)는 주택담보대출의 원리금이 매월 들어오므로 투자자는 매월 단위로 원리금을 받는다. 또한 주택저당채권의 이자율(저당대출이자율)이 시장이자율보다 커지면 만기 전 변제가 이루어지는 조기상환문제가 발생하여 자동이전형 MBS(pass-through MBS)의 투자자는 콜방어가 불가능하다.

2) 한국주택금융공사의 자동이전형 MBS(pass-through MBS)

현재 한국주택금융공사는 은행 등의 금융회사로부터 매입한 주택저당채권에 대하여 자기신탁을 설정한 후 이를 기초자산으로 하는 자동이전형 MBS(pass-through MBS), 모기지-MBS SWAP,[22] 일반 MBS라는 세 가지 종류의 수익증권인 주택저당증권(MBS)을 발행하고 있다.

즉, 한국주택금융공사가 고유계정에서 보유하고 있는 주택저당채권에 대하여

---

22) 모기지-MBS SWAP은 한국주택금융공사가 은행 등 금융기관의 주택담보대출을 매수하고 주택저당증권(MBS)을 발행하여 이를 은행 등 금융기관에 매도하는 방식이다. 모기지-MBS Swap은 일반 MBS 발행구조와 동일하다. 그런데 자산을 매도한 은행 등 금융회사가 투자자의 지위로 참여하여 매도대금으로 현금 대신 주택저당증권(MBS)를 가져간다는 점에서 차이가 있다. 은행 등 금융기관은 주택담보대출을 고수익, 무위험 자산인 MBS로 전환하여 자산규모를 유지하면서도 수익성 향상 및 자기자본비율(BIS)를 개선할 수 있다는 장점이 있다.

한국주택금융공사를 수탁자로 하는 자기신탁을 설정하고, 위탁자(한국주택금융공사)는 신탁대상자산(주택저당채권)에 대한 일체의 권리 및 그 관련 서류를 수탁자(한국주택금융공사)에게 이전 및 인도한다. 이를 기초자산으로 하여 수탁자(한국주택금융공사)는 주택저당증권(MBS: 예를 들면, KHFC MBS 2023-35))을 발행하고 투자자(수익자)로부터 받은 발행대금을 위탁자(한국주택금융공사)에게 지급한다. 주택저당증권(MBS) 발행 시 한국주택금융공사는 투자자에게 자기자본의 50배까지 지급보증을 제공한다.

2016년부터 발행되기 시작한 자동이전형 MBS(pass-through MBS)는 주택담보대출의 채무자가 상환하는 원리금을 일부 비용만 제외하고 투자자에게 모두 지급하는 방식이다. 즉, 기초자산으로부터 발생하는 조기상환금액을 전액 투자자에게 지급하는 방식의 MBS이다.

따라서 자동이전형 MBS(pass-through MBS)에는 콜옵션이 부여되지 않으며, 자동이전형 MBS(pass-through MBS)와 기초자산의 상환 속도를 일치시키는 구조를 바탕으로 미래 현금흐름에 대한 예측가능성이 크다는 장점이 있다. 투자자는 조기상환위험을 부담하는 대가로 만기일시상환 채권보다 높은 프리미엄을 지급받는다.

이와 같은 한국주택금융공사가 발행하는 자동이전형 MBS(pass-through MBS)는 선순위 수익증권으로 만기 2년, 5년, 10년, 20년의 4개와 만기 21년의 후순위 수익증권의 5개 트랜치로 만기를 구성하여 발행하고, 배당수익도 매 3개월 후급하는 등 미국의 자동이전형 MBS(pass-through MBS)와 달리 다소 차이가 있다.

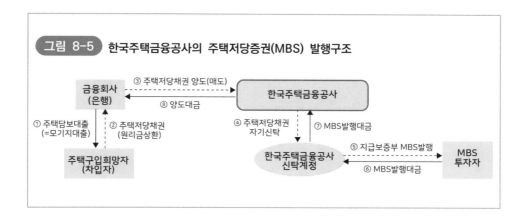

그림 8-5 한국주택금융공사의 주택저당증권(MBS) 발행구조

표 8-2　한미 자동이전형 MBS(pass-through MBS) 비교

구분	한국	미국
만기구성	• 만기 2년, 5년, 10년, 20년의 총 4개 종목(트랜치)의 선순위 수익증권과 만기 21년 1개 종목의 후순위 수익증권	• 단일 트랜치로 다양한 만기 존재 • 후순위 없는 단일 구조
배당수익 지급방법	• 매 3개월 후급	• 매월 후급
원금 지급방법	• 만기 일시상환구조 • 만기가 짧은 트랜치부터 순차적으로 원금 상환	• 채무자 약정 상환 및 조기상환 발생 시, 당월 혹은 익월 지급일에 상환
원리금 지급보증	• 한국주택금융공사가 원리금의 적시 지급 보증 • 누적손실금이 발생할 경우 정부가 보전	• 패니매, 프레디맥이 각각 직접 원리금 적시 지급 보증 • 지니매는 미국정부가 원리금 적시 지급 보증
발행금리	• 발행 당시 금리 결정 • 발행금리에 대한 특정 범위 없음	• 발행 전 금리 고지 • 2.0-8.0% 범위에서 50bp 단위로 발행

자료: 「한미 Pass-Through MBS 비교 및 시사점」, 안세륭·강수미·장윤종, HF 이슈리포트, 2018, p. 15.

(3) 원리금이전형 MBS

원리금이전형 MBS(pay-through MBS)[23]는 원리금수취권에 대한 지분권만을 투자자에게 매각하는 방식이다. 즉, 기초자산에서 발생하는 현금흐름을 기초로 하되 유동화전문회사가 별도의 현금흐름으로 투자자에게 지급하는 방식이다. 일반적으로 다양한 만기 및 원리금 지급 방식을 가지는 채권형태의 유동화 증권이다.

따라서 차입자의 주기적인 원리금 상환액이 투자자에게 이체(자동이전형 MBS(pass-through MBS) 성격)되지만, 차입자의 채무불이행 시 담보주택을 처분하여 얻은 원리금에 대한 소유권은 MBS발행자가 보유(주택저당채권담보부채권(MBB) 성격)한다. 결국, 원리금이전형 MBS(pay-through MBS)는 주택저당채권담보부채권(MBB)과 자동이체형 MBS(pass-through MBS)가 혼합된 형태의 수익증권이 된다.

---

23) 원리금이전형 MBS(pay-through MBS)는 저당대출원리금이체채권, 지불이체채권, 저당직불채권, 혼합채권형 MBS, MPTB(mortgage pay-through bond)라고도 한다. 본서에서는 원리금이전형 MBS(pay through MBS)라고 한다.

또한 투자자는 콜방어가 불가능하고 조기상환위험을 부담한다. 주택담보대출의 조기상환율은 원리금이전형 MBS(pay-through MBS)의 투자수익률에 결정적인 영향을 주게 되며, 이는 다양한 만기를 가지는 CMO가 나타나는 배경을 이룬다.

(4) CMO

1) 미국 CMO

CMO(collateralized mortgage obligations)[24]는 1983년 프레디맥에 의해 최초로 발행되었으며, 다양한 종류의 주택저당채권을 기초자산으로 하여 원금과 이자상환으로 발생하는 현금흐름을 투자자의 요구에 알맞게 세분화하여 다양한 현금흐름이 발생하도록 재구성하는 것이 특징이다. 즉, CMO는 조기상환위험에의 노출 정도를 차별화하기 위하여 기초자산이 제공하는 현금흐름(원리금)을 우선순위에 의해 여러 계층으로 분배하는 주택저당증권(MBS)이다.

따라서 자동이체형 MBS(pass-through MBS)와 달리 상환되는 모든 원금을 미리 정한 순서에 의해 분배함으로서 계층별 상환순서와 평균수명을 다르게 설정한다. CMO는 주택저당채권의 소유권을 CMO발행자가 보유(주택저당채권담보부채권(MBB) 성격)하고, 원리금만을 트랜치별로 CMO투자자에게 지급하므로 이체증권(자동이체형 MBS(pass-through MBS))의 성격도 갖는다.

특히, 각 트랜치의 우선순위가 명시되어 있어 순차적으로 원금상환이 이루어지는 CMO를 순차지급 CMO라고 한다. A트랜치(우선순위 1)의 원금이 완전히 상환되기까지는 B트랜치(우선순위 2), C트랜치(우선순위 3), D트랜치(우선순위 4) 등의 우선순위가 낮은 투자자들은 오직 이자만 받는다. A트랜치의 원금이 완전히 상환되면 B트랜치의 원금상환이 시작된다.

CMO는 트랜치의 규모와 수, 만기를 다양하게 하여 장기투자자들의 콜방어가 가능하다. 즉, CMO는 조기상환을 비롯한 현금흐름의 위험을 투자자가 부담하는 것은 원리금이전형 MBS(pay-through MBS)와 동일하다. 하지만 원리금이전형 MBS(pay-through MBS)가 1개의 트랜치를 가지는 것과 달리 CMO는 원리금이전형 MBS(pay-through MBS)가 발전하여 만기가 다양한 복수의 트랜치를 가진다.

---

24) CMO(collateralized mortgage obligations)는 다계층주택저당증권, 혼합형 MBS라고도 한다. 본서에서는 CMO라고 한다.

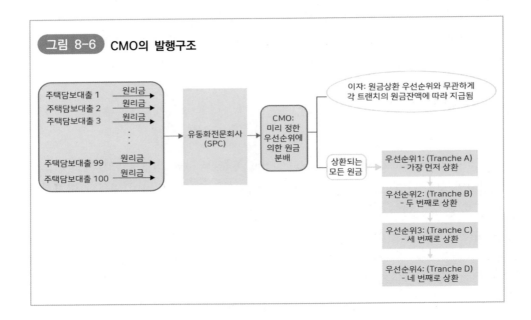

그림 8-6 CMO의 발행구조

2) 한국주택금융공사의 일반 MBS

한국주택금융공사가 발행·보증하는 일반 MBS는 자동이전형 MBS(pass-through MBS)와 마찬가지로 은행 등 금융회사가 취급한 주택저당채권을 매입하여 자기신탁을 설정한 후 신탁에서 발행되고 있으며, 한국주택금융공사가 주택저당증권(MBS) 원금과 배당수익에 대한 적기 지급보증을 제공함으로써 주택저당증권(MBS) 상환의 안정성을 담보하고 있다.

하지만, 한국주택금융공사가 발행하는 자동이전형 MBS(pass-through MBS)와 달리 주택저당증권(MBS)에 콜옵션을 부여하여 기초자산의 조기상환위험을 투자자에게 일부 전가하고 있다. 그리고 기초자산의 현금흐름을 바탕으로 하여 다양한 트랜치로 주택저당증권(MBS)을 발행하고 원금이 만기(트랜치)별 순서로 순차상환된다는 점에서는 CMO와 유사하다.

현재 한국주택금융공사가 발행하는 일반 MBS 종목은 기본적으로 만기 1년, 2년, 3년, 5년, 7년 10년, 15년, 20년, 30년의 총 9개 종목(트랜치)의 선순위 수익증권과 만기 31년 1개 종목의 후순위 수익증권으로 구성되며, 만기 5년 이상 종목에 대해서는 콜옵션이 부여된다.

표 8-3 일반 MBS 발행구조의 주요 특성

구 분	내 용
기초자산	• 주택담보대출(u-보금자리론, t-보금자리론, 디딤돌대출, 적격대출 등)
발행금액	• 약 6~10천억원(1회 기준, 변동 가능)
발행구조	• 한국주택금융공사가 선순위 수익증권의 원리금 전액 지급보증
만 기	• 만기 1, 2, 3, 5, 7, 10, 15, 20, 30년의 선순위 수익증권 9개 종목(트랜치)과 만기 31년의 후순위 수익증권 중 만기가 짧은 종목부터 순차적으로 매 3개월마다 콜옵션 행사 가능 • 만기 1~3년 종목은 만기 일시상환 구조임 • 만기 5년 이상 종목에 콜옵션을 부여함

콜옵션은 한국주택금융공사가 만기 이전에 원금을 투자자에게 상환할 수 있는 권리를 말하며, 해당 신탁의 여유자금이 충분한 때에는 만기 전 상환권리가 있는 수익증권에 대하여 증권의 만기 전에 원본 일부를 조기 상환할 수 있다. 현재 콜옵션 행사는 만기 전 상환권리가 있는 수익증권에 대하여 만기가 짧은 종목부터 순차적으로 매 3개월마다 콜옵션 행사, 즉 증권의 만기 전에 원본 일부를 조기상환하고 있다.

또한 한국주택금융공사의 콜옵션 행사는 해당 수익증권의 상환예정일 대략 2개월 전에 권리행사 여부를 결정하고 계획을 수립하여 15영업일 전까지 확정한다. 또한, 수익증권의 원본을 조기상환할 때에는 상환일로부터 최소 15영업일 이전에 한국예탁결제원에 상환내역을 통지하고 한국주택금융공사의 홈페이지(공시포털)에도 공시하고 있다.

📖 읽을 거리

화천대유 5,300억 조달 비결 '유동화증권'…관리 미비로 부실우려

대장동 개발 특혜의혹의 중심에 있는 화천대유는 개발부지의 40%를 매입하면서 5,300억원의 자금을 조달했다. 설립자본금 5천만원의 신생회사가 거액의 자금을 끌어올 수 있었던 이유는 '유동화증권'이 담보 역할을 했기 때문이다. 대장동 사업처럼 유동화증권을 지렛대로 한 거액의 프로젝트파이낸싱이 일어나고 있지만 유동화증권 발행에 신고 의무가 없어 대부분 금융당국의 관리 범위 밖에서 거래되고 있다. 이 때문에 부동산 부실대출 사태로 이어질 수 있다는 우려가 나온다.

14일 권은희 국민의당 의원실에 따르면, 프로젝트금융투자회사인 성남의뜰은 기존에 확보한 대장동 땅을 2017년 하나자산신탁에 부동산담보신탁을 한다. 하나자산신탁은 땅 소유권을 갖고 대신 성남의뜰에 수익권증서를 발행해준다. 수익권증서는 부동산개발이익을 받을 권리를 나타낸 증서다. 성남의뜰은 1순위 수익권증서를 금융회사에 7천억원대 대출 담보로 제공하고, 2순위 수익권증서는 건설사에 준공 확약을 위한 담보로 줬다.

성남의뜰은 3순위 수익권증서를 화천대유에 넘겼다. 화천대유는 이를 금융중개를 위해 세운 특수목적법인 5곳(성남대장 제1~5차)에 제공했다. 성남대장 제1~5차는 이를 바탕으로 자산유동화증권을 발행해 30개 법인 투자자로부터 5,300억원을 끌어모았다. 이 돈은 화천대유에 제공되고 화천대유는 성남의뜰이 보유한 개발부지를 수의계약으로 매입했다.

결과적으로 토지를 파는 법인(성남의뜰)이 토지를 사는 법인(화천대유)에 대출을 위한 담보를 제공한 셈이 됐고, 이 과정에 부동산담보신탁과 수익권증서, 이를 바탕으로 한 유동화증권 제도가 활용된 것이다.

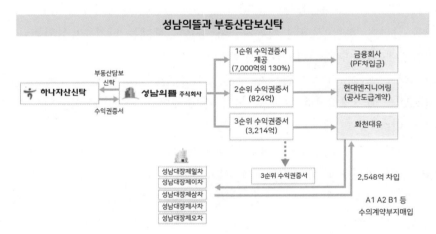

권은희 국민의당 의원실 제공

유동화증권은 자산유동화법에 따라 유동화전문회사가 발행한 등록 유동화증권과, 상법 등에 따라 특수목적법인이 발행하는 비등록 유동화증권이 있다. 금융위원회에 등록하는 유동화증권은 세제혜택 등이 있는 반면 공시 의무가 있고, 비등록 유동화증권은 공시 의무가 없다.

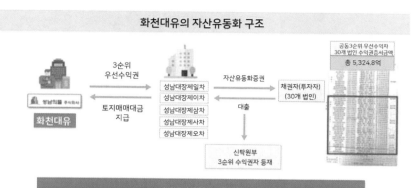

화천대유의 자산유동화 구조

성남대장제일차~제오차,
화천대유로부터 넘겨받은 제3순위 우선수익권증서를 유동화시켜 자금 조달

권은희 국민의당 의원실 제공

　권은희 의원실이 예탁결제원에서 받은 자료를 보면 올해 1월부터 10월1일까지 유동화증권 발행금액 379조 5,800억원 가운데, 등록 유동화증권은 11%(40조 7,800억원)에 불과하고, 비등록 유동화증권은 89%(338조 8천억원)에 이르렀다. 금융당국이 파악한 비등록 유동화증권은 예탁결제원에 예탁하거나 전자증권 형태로 발행한 경우인데, 증권을 문서로 주고받을 경우 이 마저도 당국이 파악하기 어렵다. 성남대장1~5차가 발행한 유동화증권도 당국에 신고하지 않은 것으로 나타났다.

　금융위는 비등록 유동화증권도 주요 정보를 공개하도록 의무화하는 내용의 법 개정안을 추진하고 있지만, 이 경우도 전자증권 형태로 발급하는 경우만 해당되 여전히 사각지대가 존재한다. 권은희 의원은 "비등록 유동화증권을 통해 금융당국의 눈을 피해 대규모 피에프 대출을 할 수 있는 구조로 시장이 운영되고 있는데, 이는 과거 부동산 피에프 부실대출을 일으킨 제2의 저축은행 사태 예고편"이라며 "비등록 유동화증권의 거래 참여자, 유동화계획 등이 제대로 공시되도록 제도를 개선해야 한다"고 말했다.

[한겨레(www.hani.co.kr), 2021. 10. 15.]

Chapter 09

부동산금융의
이해 II

프로젝트 파이낸싱(PF)

 1. 프로젝트 파이낸싱의 개요

프로젝트 파이낸싱(PF: project financing)이란 부동산개발사업 시에 투자대상이 되는 사업(프로젝트)으로부터 발생하는 미래현금흐름을 상환재원으로 하여 해당 사업을 수행하는 데 필요한 자금을 금융회사[1]로부터 조달하는 금융기법을 말한다. 즉, 아파트, 오피스텔, 물류센터, 오피스, 호텔, 주상복합 등의 짓고자 하는 부동산을 완공한 후에 분양 및 매각을 통해 미래에 예상되는 수입금을 바탕으로 자금을 조달하는 방식이다.

이러한 자금조달방식인 프로젝트 파이낸싱은 1920~1930년대 미국에서 유전개발업자들에게 은행들이 향후 유전개발로 생산되는 석유판매대금을 상환재원으로 하고 매장된 석유를 담보로 유전개발에 필요한 자금을 대출하는 방식에서 시작되었다.

이후, 프로젝트 파이낸싱은 금융시장의 발전과 더불어 지속적으로 발전하여 선진국에서 자원개발 및 부동산 개발에 활용되고 있고, 1990년대 들어서는 동남아 개발도상국가들의 사회간접자본(SOC: social overhead capital)에 프로젝트 파이낸싱 기법이 적극 활용되고 있다.

우리나라는 사회간접자본에 필요한 민간자본을 유치하기 위해 1994년 「민자유

---

[1] 은행, 보험사, 증권사, 여신전문회사, 저축은행, 상호금융(농협, 신협, 수협, 축협, 산림조합), 새마을금고 등을 의미한다.

치촉진법」제정 이후 본격화되어, 1995년 이화령터널 사업이 최초로 프로젝트 파이낸싱으로 건설되었으며 현재 시행 중인 민자유치사업의 대부분이 프로젝트 파이낸싱으로 자금조달하고 있다. 프로젝트 파이낸싱은 사업방식에 따라 BTO, BTL, BOT, BLT, BOO, ROT, ROO, RTL 등의 방식으로 진행된다.

BTO(build-transfer-operate) 방식은 사업시행자가 해당 사업(프로젝트)을 건설(build)하여 소유권을 주무관청에 양도(transfer)하고, 발주자인 정부 또는 공공기관은 사업시행자에게 일정 기간 시설관리운영권을 부여(operate)하여 시설을 운영하는 방식이다. BTO 방식은 대부분의 사회간접자본에 활용되는 방식으로, 운영권을 기초로 얻는 운영수익으로 건설비용을 회수하는 방식이 된다.

BTL(build-transfer-lease) 방식은 사업시행자가 해당 사업(프로젝트)을 건설(build)하고 소유권을 주무관청에 양도(transfer)한 후 정부나 공공기관에 임차(lease)하는 방식이다. 최근 학교, 기숙사, 도서관, 군인아파트 등의 건설에 이 방식이 많이 활용되고 있다.

BOT(build-operate-transfer) 방식은 사업시행자가 해당 사업(프로젝트)을 건설(build)하고 완공 후 직접 운영(operate)하여 얻은 수익으로 프로젝트의 투자비용을 회수하고 계약기간 종료 시에는 국가나 공공기관에 양도(transfer)하는 방식을 말한다.

BLT(build-lease-transfer) 방식은 사업시행자가 해당 사업(프로젝트)을 건설(build)하여 일정기간 동안 시설을 정부나 공공기관에 임차(lease)해 주고 임차기간이 종료되면 시설의 소유권을 정부나 공공기관에 양도(transfer)하는 방식이다.

BOO(build-own-operate) 방식은 사업시행자가 해당 사업(프로젝트)을 건설(build)하여 사업시행자가 당해 시설의 소유권(own)을 갖고 시설을 운영(operate)하는 방식을 말한다.

ROT(rehabiliate-operate-transfer) 방식은 정부나 공공기관 소유의 기존 시설을 정비(rehabiliate)한 사업시행자가 일정기간 동안 시설을 운영(operate)한 후에 정부나 공공기관에게 양도(transfer)하는 방식이다.

ROO(rehabiliate-own-operate) 방식은 정부나 공공기관 소유의 기존 시설을 정비(rehabiliate)한 사업시행자가 해당 시설의 소유권(own)을 갖고 시설을 운영(operate)하는 방식을 말한다.

RTL(rehabiliate-transfer-lease) 방식은 사회기반시설의 개량 및 보수를 시행하여 공사의 완료와 동시에 해당 시설의 소유권이 정부나 공공기관에 귀속(transfer) 되며, 사업시행자는 일정 기간 운영권(lease)을 인정받는 방식이다.

 2. 프로젝트 파이낸싱 구조의 변천

프로젝트 파이낸싱은 부동산 개발사업의 주체로서 부동산 개발사업자 또는 부동산 개발회사로 불리는 시행사(developer, 부동산 개발회사),[2] 건설을 담당하는 시공사(constructor, 건설사), 대주단(금융기관)[3], 신탁회사 등이 부동산 개발 시에 발생하는 위험분담과 이익분배를 하는 구조화 금융기법을 활용한다. 우리나라의 프로젝트 파이낸싱은 구조는 크게 세 기간에 걸쳐 변화되어 왔다.

(1) 1997년 외환위기 이전 시기

외환위기 이전에 부동산 개발사업을 할 때는 시공을 담당하는 대기업인 시공사(건설사)가 전적으로 시행과 시공을 동시에 하였다. 즉, 시공사(건설사)가 자신의 신용으로 직접 은행 등의 금융기관으로부터 대출(기업금융방식)을 받아 건설을 위한 토지를 매입하고 건설한 후 분양하는 방식으로 진행하였다. 시공사(건설사)가 단독으로 자금조달을 감당하여 부채부담이 컸지만 당시 토지가격 상승에 따른 수익을 확보할 수 있었기에 이러한 방식의 개발사업이 일반적이었다.

---

2) 부동산 개발사업 시에 토지매입, 설계, 시공, 사후관리 등의 일련의 모든 활동을 시행이라고 한다. 시행업을 영위하는 사업자를 시행주체, 시행사, 부동산 개발회사라고 하고 부동산 개발의 실질적인 추진 주체이다. 시행사는 「부동산개발업의 관리 및 육성에 관한 법률」(이하, 부동산개발업법)과 「주택법」상의 일정한 요건만 갖추면 등록 후 시행업 영위가 가능하다.

「부동산개발업법」에 의하면, 타인에게 공급할 목적으로 건축물의 연면적이 2천m² 또는 연간 5천m² 이상이거나 토지의 면적이 3천m² 또는 연간 1만m² 이상의 부동산개발업을 영위하려는 자(부동산개발업자)는 자본금 3억원(개인인 영업용자산평가액이 6억원) 이상, 부동산개발 전문인력 2명 이상 상근 조건을 갖추어 특별시장·광역시장·특별자치시장·도지사 또는 특별자치도지사에게 등록해야 한다.

「주택법」에 의하면, 연간 단독주택 20호, 공동주택 20세대, 도시형 생활주택 30세대 이상의 주택건설사업을 시행하려는 자(주택건설사업자) 또는 연간 1만m² 이상의 대지조성사업을 시행하려는 자(대지조성사업자)는 자본금 3억원(개인인 경우에는 자산평가액 6억원) 이상을 갖추어 국토교통부장관에게 등록하여야 한다.

3) 금전대차계약에서 차주는 자금을 빌리는 쪽을 의미하며 대주는 빌려주는 금융기관을 말한다. 다수의 금융기관이 대주가 될 때는 금융기관들을 묶어 대주단이라고 한다.

(2) 외환위기 이후부터 2008년 글로벌 금융위기 사이의 시기

시공사(건설사)가 단독으로 대규모 자금을 투입하여 토지매입·건설·분양을 모두 수행할 경우, 유동성 위기에 직면하게 될 수 있을 뿐 아니라 건설 후 미분양 발생 및 자산매각실패가 발생하면 시공사(건설사)의 위험이 증가하게 된다. 실제로 외환위기 당시 국가부도위기라는 초유의 사태로 시장 회사채 이자율이 연 20%를 상회할 정도로 치솟아 많은 시공사(건설사)가 이자비용조차 감당하지 못하고 부도처리되었다.

이에 기존의 방식에서 벗어나 보다 적극적인 위험관리의 필요성이 대두됨에 따라 외환위기 이후부터는 시행사(부동산 개발회사)와 시공사(건설사)가 분업화되어 분리되었다. 즉, 개발자금조달 및 토지매입과 인허가 부분은 시행사가 담당하고, 시공사(건설사)는 시행사로부터 사업발주를 받아 공사를 담당하게 되었다.

하지만, 개발자금조달을 담당하는 시행사(부동산 개발회사)는 실제로 자금여력이 부족했기에 금융기관으로부터 대출을 받기가 어려웠다. 이에 시행사(부동산 개발회사)가 대출받는 자금에 대해서 개발사업의 주도권을 유지하려고 하는 자금여력이 풍부한 시공사(건설사)가 연대보증 및 채무인수 등의 방법으로 상환능력을 보강하는 신용보강을 제공하였다.

(3) 2008년 글로벌 금융위기 이후 기간

글로벌 금융위기 시에 부동산 경기가 침체 되어 미분양이 급격히 증가함에 따라 시행사(부동산 개발회사)가 프로젝트 파이낸싱으로 대출받은 자금의 상환이 어렵게 되자 금융기관은 연대보증 등으로 신용보강을 제공한 시공사(건설사)에게 상환을 요구하였다.

상환이 어려웠던 일부 시공사(건설사)는 퇴출됨에 따라 시공사(건설사)에 위험이 집중되는 기존의 방식에서 부동산 개발사업의 위험을 실질적으로 분담하는 방식으로 시행사(부동산 개발회사)와 시공사(건설사)의 역할이 더 세분화되었다.

구체적으로, 부동산 개발사업에는 토지매입비용뿐만 아니라 공사비 등의 자금이 필요한데, 시공사(건설사)가 건설에 집중하여 책임준공을 보증한다. 책임준공이란 천재지변 등의 특별한 이유가 아니라면 공사비의 수령 여부와 무관하게 약속한 기일 안에 공사를 마무리한다는 약속으로서, 시공사(건설사)가 이를 지키지 못하면 해당 공사에서 발생하는 모든 채무 및 손해배상의무를 지게 된다.

따라서 시공사(건설사)의 책임준공 약속으로 인해 담보물로 이용할 수 있는 완성된 건물을 확실하게 확보할 수 있게 되고, 이러한 기대를 바탕으로 대출자(금융기관)는 개발자금을 대출하게 된다. 여기에 더하여 주택도시보증공사(HUG: Korea Housing and Urban Guarantee Corporation)가 2014년 6월에 일정 조건 이상의 시행사(부동산 개발회사)가 토지매입비 등으로 대출받은 대출에 대해서 원리금 상환을 책임지는 PF보증을 제공하면서 시공사(건설사)의 신용공여에 따른 부담이 완화되었다. 또한, 주택개발사업으로 국민주택규모(전용면적 $85m^2$) 이하를 대상으로 한국주택금융공사도 건설자금보증을 제공하고 있다.

따라서 과거와 달리 부동산 개발사업 추진 시 개발사업의 수익성에 대해서 엄격한 평가 및 분석이 이루어지고 미분양 발생지역에 대해서는 개발자금의 조달이 어려워짐에 따라 신규분양이 감소하는 등의 분양시장의 시장조정기능이 활성화되었다.

3. 부동산 개발단계에 따른 금융구조

공동주택을 개발하는 부동산 개발은 크게 토지매입과 인·허가 완료까지의 착공 전 단계, 개발과 분양이 시작되는 공사단계, 공사완료 및 입주가 시작되는 준공 후 단계를 거친다. 착공 전 단계에서 시행사(부동산 개발회사)가 주무관청에서 건축허가를 받을 때 단순히 건축행위만을 허가받는 경우는 거의 없고, 주택개발과 같은 수익적 행정처분에 해당할 경우에는 주무관청의 재량행위로 인식되고 있다. 따라서 부동산 개발 시에 가장 불확실한 것은 건축허가이고 건축허가 단계가 위험이 가장 높다. 이후 시공사(건설사)를 선정하고, 금융기관으로부터 공사비 등의 자금을 조달해야 공사단계로 진행된다.

일반적으로 공사단계 이전까지의 자금조달을 브릿지론(bridge loan)이라고 한다. 즉, 브릿지론은 토지매입과 착공 사이의 자금조달을 말한다. 시행사(부동산 개발회사)가 토지를 매입할 때 최소한 토지 매매계약의 계약금을 주고 나머지 잔금은

표 9-1   부동산 개발단계와 금융

	착공 전 단계	공사단계	준공 후 단계
주요활동	• 토지매입 • 인·허가 • 시공사 선정	• 개발(착공) • 분양	• 공사완료 • 입주
자금조달	• 브릿지론	• 본PF	• 집단대출(잔금 대출) • 담보대출 • 매각대금 등
PF사용	• 토지매입잔금	• 토지비 • 공사비	• 본PF 상환
PF보증	-	• 주택도시보증공사[1] • 주택금융공사	• 주택도시보증공사[2] • 주택금융공사
PF상환	• 본PF	• 집단대출(중도금대출)	• 입주자 소득 등
PF공급 금융기관	• 선순위: 저축은행, 새마을금고, 신협, P2P • 중·후순위: 증권사, 여신전문회사	• 선순위: 은행, 보험사 • 중순위: 저축은행, 증권사, 여신전문회사 • 후순위: 주관사	• 은행, 저축은행, 상호금융기관, 보험사 등

주: 1) PF 보증을 제공하여 PF 공급을 직접 지원함.
      2) 중도금 대출보증, 주택구입자금 보증 등을 통해 본PF 상환을 간접적으로 지원함.
자료: 「부동산PF위기 원인 진단과 정책적 대응방안」, 김정주, 2022, p. 9. 참조.

브릿지론을 통하여 조달한다.

    시행사(부동산 개발회사)가 브릿지론을 금융기관으로부터 대출받을 때 시행사(부동산 개발회사)는 토지매입계약금 및 각종 사무비용에 사용할 금액을 출자하여 사업장별로 특수목적회사(SPC)를 설립[4]하고 이 특수목적회사(SPC)가 차주가 되어 자금을 조달한다.

    일반적으로 브릿지론은 통상 1년 내외의 단기로 통상 연 10% 내외의 중금리 및 고금리로 대출받게 되며, 브릿지론을 대출해주는 금융기관(대주단)은 선순위, 중순위, 후순위로 참여하는 경우가 많다. 선순위는 주로 수신기능이 없거나 제1금융

---

4) 시행사(부동산 개발회사)는 시행사(부동산 개발회사)와 법적으로 절연시켜 시행사(부동산 개발회사)의 파산이나 채무재조정 문제 등을 통제할 수 있을 뿐만 아니라 여러 사업을 동시에 진행할 경우 자산 등이 섞이게 되는 등의 문제점을 해결하기 위하여 개별 사업장별로 서류상의 회사가 아닌 실체적 회사로 특수목적회사(SPC)를 설립한다.

권에 비해 경쟁력이 떨어지는 제2금융권인 새마을금고, 저축은행, 신협, P2P업체 등이 참여하고, 중순위 및 후순위는 여신전문회사나 증권사가 참여한다.

개발을 위해 매입한 토지는 시행위험을 관리하기 위해서 신탁회사에 토지담보 신탁을 설정, 즉 신탁회사에 토지를 맡기고 신탁회사는 브릿지론 대주단에게 우선 수익권을 부여하고 시행사(부동산 개발회사)에게는 차순위순익권을 부여한다.

다음으로, 공사단계에서 이용되는 부동산 개발금융은 본PF라고 부른다. 실제로 개발사업을 추진하기 위해서 필요한 공사비용 등이 필요하고 본PF를 통하여 공사 비용 등에 소요되는 자금을 조달하게 된다. 그런데 본PF에 참여하는 대주단이 돈을 빌려주고 확실하게 확보할 수 있는 담보물은 사업지 토지밖에 없기 때문에 대출을 꺼리게 된다.

이때 시공사(건설사)가 책임준공 약정을 하게 되면 담보물로 이용할 수 있는 완 성된 건물을 확실하게 확보할 수 있게 되고, 대주단은 이러한 기대를 바탕으로 자 금을 대출한다. 본PF로 조달된 자금은 최우선적으로 브릿지론을 상환하는 데 이 용된다.

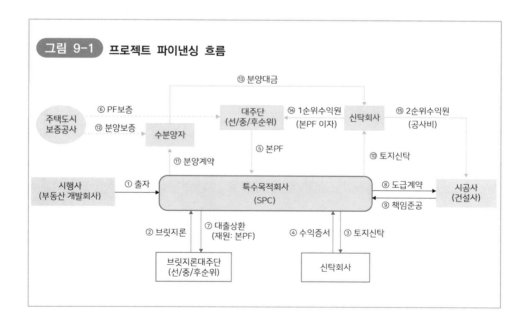

그림 9-1 프로젝트 파이낸싱 흐름

본PF의 대주단은 대출의 상환순서 및 이자율 등의 조건을 차별화하여 선순위, 중순위, 후순위로 구성된다. 선순위 대출기관은 통상적으로 전체 개발금융의 약 절반 정도의 자금을 대출한다. 이들은 상환 및 담보순위가 가장 앞서기 때문에 상대적으로 낮은 이자수익을 얻는데, 은행, 보험사 등 안정적인 자금운용을 하는 금융기관들이 주로 참여한다. 중순위 대출기관은 저축은행, 여신전문회사, 증권사 등 고수익 운용을 하는 금융기관이 참여하고 후순위 대출기관은 일반적으로 대주단을 모집을 주관하는 주관사가 담당한다.

한편, 부동산 개발회사의 시행위험에 대비해 토지를 신탁회사에 관리형 토지신탁을 하고 신탁회사는 위탁받은 부동산 개발사업에서 얻어지는 수분양자(분양계약자)의 분양대금 받아서,5) 본PF의 참여자에게 분배한다. 보통 본PF의 이자를 최우선으로 지급하고, 그 다음으로 건설사에 공사비를 지급한 후, 본PF의 원금을 상환하고 남은 현금을 사업종료 후 시공사(부동사 개발회사)에 분배한다. 만약, 미분양이 발생하여 상환재원이 부족하게 될 경우 대주단은 대출원리금을 받을 수 없고 시공사(건설사)는 공사비를 받을 수 없다.

4. 프로젝트 파이낸싱의 방식

(1) PF대출(PF loan)

프로젝트 파이낸싱으로 자금을 조달하는 가장 단순하고 기본적인 형태는 PF대출(PF loan)이다. PF대출(PF loan)은 단일 대출자 또는 최소 2개 이상의 금융기관이 채권단(syndication, 신디케이션)을 구성하여 공통의 조건으로 대출해주는 형태로 참여한다. 그리고 PF대출(PF loan)은 일반적인 부동산담보대출과 비슷하지만 상환재원이 특정 개발사업에서 미래에 발생할 것으로 기대되는 현금흐름에 한정된다는 차이가 있다.

---

5) 주택도시보증공사는 수분양자(분양계약자)에게 사업주체가 부도 등의 사유로 분양계약을 이행할 수 없는 경우 주택의 분양이행 또는 납부한 계약금 및 중도금의 환급을 책임지는 주택분양보증을 제공한다.

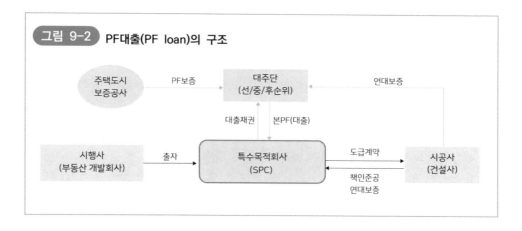

그림 9-2 PF대출(PF loan)의 구조

주택도시
보증공사 —— PF보증 →— 대주단
(선/중/후순위) ←—— 연대보증 ——

대출채권 ↑ ↓ 본PF(대출)

시행사
(부동산 개발회사) —— 출자 →— 특수목적회사
(SPC) —— 도급계약 →— 시공사
(건설사)
←—— 책인준공
연대보증 ——

따라서 대출의 상환에 대한 불확실성이 크기 때문에 금융위기 이전에는 PF대출(PF loan)의 상환에 대한 모든 책임을 시공사(건설사)가 지는 경우가 많았고, 금융위기 이후에는 건설사의 신용보강에 대한 공시가 구체화와 책임준공 약정뿐만 아니라 주택도시보증공사의 PF보증 등이 제공되었다. 주택도시보증공사가 제공하는 PF보증은 대주단이 대출한 토지비 등의 사업비를 상환받지 못할 경우에 분양사업은 총사업비의 50% 이내, 임대사업은 총사업비의 70% 이내로 보증을 제공한다.

(2) 프로젝트파이낸싱의 자산유동화증권

은행과 같은 금융기관이 부동산 개발자금으로 대출하게 되면 자산이 묶이게 되므로 이 대출을 기반으로 자산유동화증권을 발행하여 묶여 있는 자산을 유동화시킴과 동시에 자산유동화증권을 통하여 들어오는 자금으로 부채를 상환함으로써 부채비율을 낮추어 국제결제은행(BIS: Bank of International Settlement)의 자기자본비율을 제고시킬 수 있다.

또한, 부동산 개발금융시장에서 역할이 커진 증권사나 보험사는 은행보다 현금유입이 제한적이므로 대규모 자금을 일시에 대출할 여력이 부족하였기에 이러한 자금부족에 대응하기 위하여 특수목적회사(SPC)에 부동산 개발자금을 대출하고 받은 대출채권을 기반으로 유동화증권을 발행하고 있다.

현재 우리나라에서 활용되고 있는 프로젝트 파이낸싱의 유동화증권은 PF대출 자산유동화증권(PF ABS), 자산유동화기업어음(ABCP: asset backed commercial papers), 자산유동화회사채(ABB: asset backed bond), 자산유동화전자단기사채(ABSTB: asset backed short term bond)가 있다. 이와 같은 프로젝트 파이낸싱의 유동화증권 중에서 발행자입장에서 공시의무 면제라는 편리성과 투자자입장에서 위험관리 및 투자금액의 빠른 회수 등의 이유로 단기증권이 선호되어 자산유동화기업어음(ABCP)과 자산유동화전자단기사채(ABSTB)가 많이 발행되고 있다.

프로젝트 파이낸싱으로 인한 대출의 유동화 과정을 보면, 일반적으로 대주(예를 들어, 증권사)가 시행사(부동산 개발회사) 또는 특수목적회사(SPC)에 대출을 실행하고 받은 대출채권을 유동화 목적으로 설립된 특수목적회사(SPC)인 유동화전문회사에 매도한다. 유동화전문회사는 매입한 대출채권을 기초자산으로 하여 PF대출 자산유동화증권(PF ABS)이나 자산유동화기업어음(ABCP) 등을 발행하고 이를 투자자에게 매도한다.

유동화전문회사는 일반적으로 서류상의 회사이므로 실질적으로 PF대출 자산유동화증권(PF ABS)이나 자산유동화기업어음(ABCP)의 발행과 관련된 업무를 대신하는 자산관리자나 수탁기관을 둔다. 이들은 유동화 자산의 관리 및 유동화 증권의 조기상환, 여유자금 운용, 위탁자의 지급현황 및 위탁처리 업무보고, 청산업무 등을 담당한다.

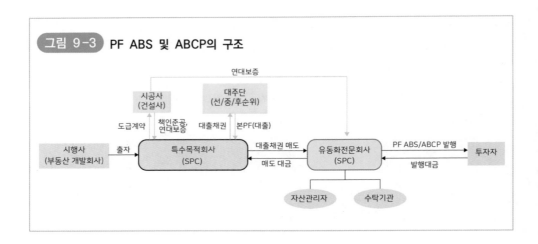

그림 9-3 PF ABS 및 ABCP의 구조

한편, PF대출 자산유동화증권(PF ABS)이나 자산유동화기업어음(ABCP)을 발행할 때 차이점이 몇 가지 있다. PF대출 자산유동화증권(PF ABS)은 「자산유동화에 관한 법률」에 근거하여 설립된 유동화전문회사에서 발행하는데, 이 법에 의해 설립된 유동화전문회사는 PF대출 자산유동화증권(PF ABS)을 한 번만 발행할 수 있다. 따라서 유동화할 때마다 별도의 유동화전문회사를 설립해야 한다. 그리고 이 유동화전문회사는 실체가 없는 서류상의 회사로서 단순히 투자자와 대주(예를 들어, 증권사)를 연결하는 것(도관체)에 불과하므로 이자소득세 및 법인세가 부과되지 않는다.

자산유동화기업어음(ABCP)은 「상법」에 근거하여 설립된 유동화전문회사에서 발행한다. 「자산유동화에 관한 법률」에 근거하여 설립된 유동화전문회사와 달리 「상법」에 근거하여 설립된 유동화전문회사는 기초자산을 유동화할 때마다 유동화전문회사를 만들 필요가 없고, 실체가 있는 회사로 취급되어 이자소득세의 원천징수 의무를 부담하고 법인세를 내야 한다.

한편, PF대출 자산유동화증권(PF ABS)은 회사채로서 공사 기간과 상환 일정이 대부분 일치하여 만기가 길기 때문에 안정적으로 공사비를 확보할 수 있다. 하지만, 이자 부담이 크고 금융감독원이 발행을 엄격하게 규제하기 때문에 발행에 시간이 소요되는 문제점이 있다.

자산유동화기업어음(ABCP)은 대출채권 등의 자산을 기초자산으로 발행하는 기업어음(CP: commercial paper)으로서 PF대출 자산유동화증권(PF ABS)의 차환발행[6]을 목적으로 도입되었다. 즉, 저금리인 단기(1~3개월) 자산유동화기업어음(ABCP)을 여러 번 발행하여 기존의 고금리인 장기 PF대출 자산유동화증권(PF ABS)을 상환한다. 자산유동화기업어음(ABCP)은 저금리로 단기자금을 여러 번 조달(발행)해서 상대적으로 고금리인 장기 PF대출 자산유동화증권(PF ABS)의 이자를 갚게 되므로 유동화전문회사가 금리 차이만큼 수익을 얻을 수 있다.[7] 또한, 자산유동화기업어음(ABCP)은 사모로만 발행되어 유가증권 신고절차가 면제되어 금융감독원의 유동화증권 발행에 대한 관리를 피할 수 있다.

---

[6] 차환이란 빌린 돈을 갚기 위해 새로 돈을 빌리는 것을 말한다. 차환발행은 이미 발행된 원금을 상환하기 위하여 새롭게 채권을 발행하는 것으로 실질적으로는 만기를 재연장하는 것이다.
[7] 자산유동화기업어음(ABCP)은 짧은 기간에 차환발행으로 인한 비용이 소요된다. 따라서 PF대출 자산유동화증권(PF ABS)보다 이자가 낮지만 차환발행비용이 소요되므로 실제로 총비용은 자산유동화기업어음(ABCP)과 PF대출 자산유동화증권(PF ABS)이 거의 비슷하다.

표 9-2   프로젝트 파이낸싱 유동화증권의 비교

구 분	내 용	특 징
PF ABS	「자산유동화에 관한 법률」에 의해 설립된 SPC에서 발행되는 회사채	• 만기가 장기(통상 3년 이상) • 유동화할 때마다 별도의 유동화전문회사 설립
ABB	「상법」에 의해 설립된 SPC에서 발행되는 회사채	• 만기가 단기(1년 미만, 통상 3년 미만) • 유동화할 때마다 SPC 설립 불필요. 반복적으로 유동화증권 발행
ABCP	「상법」에 의해 설립된 SPC에서 발행되는 기업어음	• 만기가 단기(1년 미만, 통상 6~12개월) • 유동화할 때마다 SPC 설립 불필요. 반복적으로 유동화증권 발행
ABSTB	「상법」에 의해 설립된 SPC에서 발행되는 전자단기채	• 만기가 단기(통상 3개월 이하) • 유동화할 때마다 SPC 설립 불필요. 반복적으로 유동화증권 발행

자료: 「부동산 PF 위기 원인 진단과 정책적 대응방안」, 김정주, 2022, p. 10. 참조.

하지만, 자산유동화기업어음(ABCP)은 금리변동에 노출되어 있고 1~3개월마다 계속 차환해야 하므로 만기 불일치로 인한 위험도 있다. 즉, 단기 금융시장이 경색되면 대량의 자산유동화기업어음(ABCP) 차환을 위해 단기시장금리가 크게 오르고 차환이 실패해 대주(예를 들어, 증권사)의 위험이 커질 수 있다. 경우에 따라서는 PF대출 자산유동화증권(PF ABS)이나 자산유동화기업어음(ABCP)의 유통성을 높여 대출채권을 빨리 매도하기 위해서 대주(예를 들어, 증권사)는 발행한 PF대출 자산유동화증권(PF ABS)이나 자산유동화기업어음(ABCP)에 신용을 공여하기도 한다.[8]

📖 읽을 거리

레고랜드는 어떻게 채권 시장을 흔든 트리거가 됐나

강원도가 사실상 레고랜드의 채무불이행을 선언한 이후 시장에 '돈줄'이 마르고 있다. 가뜩이나 투자심리가 냉각되고 있는 와중에 강원도가 지급 보증한 레고랜드 채권이 부도나면서 자금 경색이 심각해지고 있다. 시장에 불안이 확산되자 강원도는 "12월 15일까지 보증채무 2,050억원 전액을 상환하겠다"고 계획을 번복했지만 시장에 번진 우려는 쉽게 잠재워지

---

8) 대주단 중에서 주관사인 증권사가 신용을 공여할 경우에는 주관수수료 외에 추가적인 수수료를 받는다.

지 않았다.

정부도 '50조원＋알파' 규모의 유동성 지원책을 내놓았다. 회사채와 기업어음(CP) 등을 기관이나 투자자 대신 사들여 자금이 필요한 기업에 돈을 공급하겠다는 것이다. 새로운 사업이나 부동산 개발 등을 진행해야 하는데 자금을 조달해 주는 창구가 모두 문을 걸어 잠그고 있어 정부가 대신 자금 수혈에 나선 것이다. 한국은행이 물가를 잡기 위해 금리를 인상하며 시장에 풀린 유동성을 거두고 있는 통화정책 기조와는 상충하는 지원책이다. 기업들이 연쇄적으로 자금을 구하지 못하는 상황에 이르자 정부가 50조원에 달하는 긴급 처방을 내렸지만 한 번 흔들린 시장의 중심은 여전히 제자리를 찾지 못하고 있다. 레고랜드는 어떻게 채권 시장을 흔들었을까. 레고랜드에 얽힌 몇 가지 궁금증을 정리했다.

Q. 레고랜드와 채권이 무슨 상관인가요.

부동산을 개발하거나 특정 사업을 시작하려면 돈이 필요하다. 이때 사업을 하는 주체가 기업이라면 자금을 조달하는 방법은 크게 세 가지다. 첫째, 유상증자를 통해 주식을 발행한다. 둘째, 은행에서 돈을 빌린다(대출). 셋째, 직접 채권을 발행해 기관이나 투자자에게 돈을 빌린다. 채권은 돈을 빌려 쓸 때 발행해주는 일종의 차용증서다. 일정기간 동안 빌려 쓰고 만기가 도래하면 원금과 함께 이자를 지급한다는 내용을 담고 있다.

레고랜드도 첫 삽을 뜨기 위해서는 돈이 필요했다. 레고랜드의 사업주체는 강원도. 강원도는 춘천시에 레고랜드 조성 사업을 위해 2012년 강원도중도개발공사(GJC)라는 부동산 개발·시행·분양 회사를 설립했다. GJC가 레고랜드 프로젝트의 개발주체이고 강원도는 GJC의 지분 44%를 보유하고 있다. 레고랜드 운영사인 멀린엔터테인먼트그룹(멀린)과 증권사 등이 나머지 지분을 갖고 있다.

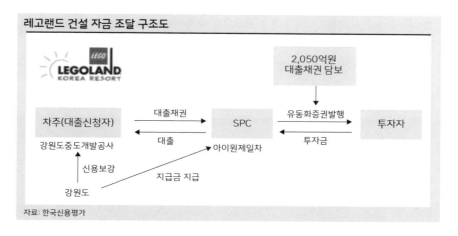

GJC는 늘어난 공사비를 충당하기 위해 특수목적법인(SPC)인 아이원제일차를 세운다. SPC는 레고랜드처럼 특정 사업이나 프로젝트를 위해 자금을 조달하거나 자산을 매각하기 위한 목적으로 세우는 법인이다. GJC는 아이원제일차에 '돈을 갚을 의무(대출채권)'를 담보로 2,050억원을 빌렸고 아이원제일차는 이 대출채권을 담보로 자산유동화기업어음(ABCP)을 발

행해 다수의 증권사에서 자금을 조달했다. 하지만 이것만으로는 충분하지 않다는 투자자들의 지적에 강원도가 ABCP에 지급보증을 섰다. 만약 GJC가 대출금을 상환하지 못하면 강원도가 대출 만기일에 대출금 상환에 필요한 지급금을 아이원제일차에 지급하겠다는 내용이다.

지난 9월 29일 이 대출채권의 만기일이 도래했다. 아이원제일차가 상환해야 하는 돈은 2,050억원이다. 하지만 강원도는 지급금을 내놓는 대신 법원에 GJC를 기업 회생 절차에 넣어 달라고 신청했다. 법정 관리 신청이다. 김진태 강원도지사는 "회생 절차를 신청한다고 했지 채무불이행이라고 한 적은 없다"고 주장하고 있다. 하지만 이 주장은 말장난에 불과하다. GJC가 채권자와 쓴 계약서에는 '기한 이익 상실 사유(EOD)'라고 해서 만기 연장이 안 되면 채무불이행으로 본다는 내용이 적시돼 있다.

Q. 강원도지사 한마디에 채권시장이 출렁였다고?

채권시장의 근간인 '신뢰'에 금이 갔다. 레고랜드의 사업 주체가 발행한 ABCP의 신용 등급은 'A1'이었다. 지급 의무를 부담하는 강원도가 국가에 준하는 지방자치단체인 만큼 강원도의 높은 신용도가 반영됐기 때문이다. 한마디로 시장은 '정부가 지급 보증한 채권이 부도났다'고 받아들였다. 지방자치단체가 보증을 서니 낮은 금리에 자금을 조달하게 해 줬는데 도지사가 바뀌면서 약속도 손바닥 뒤집듯이 뒤집었다. 김진태 지사는 강원도의 재정부담을 원인으로 들었다. 레고랜드뿐만 아니라 미시령터널·알펜시아리조트 등 전임 도지사가 벌여 놓은 사업들이 너무 많다는 이유에서다. 전임 최문순 지사의 사업을 지우려는 의도가 깔려 있었다는 분석이 나오는 배경이다.

강원도가 지급보증을 이행하지 않겠다고 하면서 신용 평가사들은 일제히 레고랜드 대출 채권의 신용 등급을 낮췄다. 'A1'이었던 ABCP의 신용등급은 9월 말 'C'로, 10월 4일에는 채무불이행을 의미하는 'D'로 강등됐다. 신용등급은 채권의 핵심이다. 돈을 빌리고 갚겠다는 약속을 기반으로 이뤄지는 시장이기 때문이다. 신용등급이 낮은 채권은 그만큼 위험이 크기 때문에 금리도 높다.

강원도의 약속을 믿고 투자한 채권자들뿐만 아니라 채권시장 전체가 경악했다. "지방 정부도 돈을 갚지 않겠다는데 시공사나 증권사는 어떻게 믿나." 레고랜드에서 시작된 공포로 투자자들의 투자심리는 더 강하게 얼어붙었다. 증권사 프로젝트 파이낸싱(PF) 관계자는 "결국 정부보증도 정치적 논리 때문에 채무불이행이 날 수 있겠구나라는 불안감을 시장에 심어 주면서 다른 채권까지 타격을 주는 도화선이 됐다"며 "이런 우려는 지자체 확약물뿐만 아니라 모든 부동산 사업 대출과 시공사 보증물, 증권사가 확약해 진행하는 채권까지 연쇄적으로 타격을 받게 됐다"고 말했다.

Q. 실제 채권 시장이 받은 영향은?

"레고랜드 사태는 채권시장이 울고 싶을 때 뺨 때려준 역할을 했다." 채권시장은 레고랜드 사태가 터지기 전에도 상황이 좋지 않았다. 금리 인상의 여파로 시중에 유동성이 얼어붙었기 때문이다. 하지만 지방정부의 ABCP 부도는 채권시장의 연쇄적인 자금경색을 확대시켰다.

시장에서는 최상위 신용을 보장하는 'AAA'급 채권마저 유찰되는 사태가 반복되고 있다.

투자은행(IB)업계에 따르면 신용 등급이 'AAA'급인 한국전력공사는 2년 만기 채권 2,000억원과 3년 만기 2,000억원에 대한 입찰을 진행했지만 3년 만기 채권은 투자자를 찾지 못했다. 2년 만기 채권도 목표 물량을 채우지 못하고 800억원어치를 발행하는 데 그쳤다. 6%에 육박하는 고금리에 안정성까지 보장하는 데도 돈은 흘러가지 않았다.

신용등급이 'AAA'급인 인천공항공사 역시 채권 만기구조를 짧게 재편하면서 목표 물량을 겨우 채웠다. 전날 'AAA'급인 한국가스공사는 목표 물량을 전부 소화하지 못한 채 2년 만기가 유찰됐다. 신용등급이 낮은 기업들은 자금조달이 더 어렵다. 초우량 등급의 채권금리가 높아진 상황에서 위험도가 더 높은 중간 등급 채권은 설 자리가 없다.

KIS채권평가에 따르면 10월 14~20일 신용등급이 우량과 비우량 사이의 경계에 있는 'A'등급인 회사채의 유통 금액은 705억원으로 집계됐다. 한 달 전인 9월 16~22일 유통된 3,655억원에 비해 무려 80.7% 감소했다. 'A'등급 회사채의 발행 감소에는 금리인상과 경기 침체가 근본적 원인으로 작용했지만 최근 레고랜드 디폴트 사태에 따른 회사채시장 경색도 영향을 줬다는 분석이다.

최근 채권시장에서는 발행 금리가 급등하고 투자 수요가 위축되면서 신규 회사채를 발행해 만기 회사채를 갚는 '차환' 발행도 급격히 줄어들고 있다. 올해 상반기 월별로 8조원 안팎이었던 회사채 발행액은 8~9월 5조 3,000억원 수준으로 줄더니 10월 들어 1조 4,000억원 수준에 머무르고 있다.

Q. 건설사들은 왜 비상이죠?

레고랜드 프로젝트처럼 부동산을 개발할 때는 대규모로 자금을 조달해야 한다. 레고랜드처럼 대규모 자금이 필요한 부동산 사업장은 프로젝트파이낸싱(PF)을 통해 돈을 빌린다. 이때 담보는 미래 수익성이다. 하지만 최근 부동산시장은 가격하락과 금리인상이 맞물린 동시에 물가상승 영향으로 건설비까지 증가하는 중이다. 이런 상황에서 건설사들이 추가로 돈을 빌리기 어려워지거나, 갑자기 돈을 갚아야 할 경우가 발생하고 있다.

대표적인 장면이 있다. 최근 단군 이후 최대 재건축 사업장이었던 서울 강동구 둔촌주공 PF가 차환에 실패했다. 발행했던 채권의 원금을 상환하기 위해 채권을 새로 발행하려고 했는데 이를 사겠다는 투자자를 구하지 못한 것이다. 자금을 구하지 못하면서 보증을 선 시공사가 보증한 사업비 7,000억원을 대신 갚기로 했다. 건설사별 보증액은 현대건설 1,960억원, HDC현대산업개발 1,750억원, 대우건설 1,645억원, 롯데건설 1,645억원이다.

건설업계에 따르면 롯데건설은 10월 18일 롯데케미칼·호텔롯데 등을 대상으로 2,000억원의 주주 배정 유상증자를 결정했다. 유상증자로 자금을 조달한 데 이어 롯데케미칼에서 5,000억원을 빌리기도 했다. 둔촌주공 상환에 필요한 자금 외에도 올해 안에 만기가 도래하는 PF ABCP가 3조 1,000억원에 달해 이에 대응하려는 움직임으로 풀이된다.

이 같은 사업장은 둔촌주공분만이 아니다. PF대출 규모는 150조원에 달한다. 내년 상반기까지 만기가 도래하는 증권사나 건설사가 지급 보증한 PF 관련 ABCP의 만기 금액은 약 90조원에 달한다. 둔촌주공 사업장처럼 한 사업의 만기가 도래했는데 상환하지 못하면 지급 보증한 증권사나 건설사가 결국 빚을 대신 갚아 줘야 한다.

업계에서는 중소형 규모의 건설사나 증권사가 먼저 타격을 받을 것으로 보고 있다. 금리 인상의 여파로 인한 부동산경기 침체와 자금 경색이 맞물려 부동산 PF가 금융시장을 다시 한 번 뒤흔들 뇌관이 될 것이라는 우려도 높아지고 있다. 이은형 대한건설정책연구원 연구위원은 "정부가 지원하기로 한 사업은 기존에 이미 벌려져 있는 부동산 PF가 대상이기 때문에 지금 이후로 새 판을 벌리려는 부동산 PF에 대해서는 엄격한 기준이 적용돼 대출이 어려워질 것"이라고 말했다.

[매거진한경(magazine.hankyung.com), 2022. 10. 29.]

(3) 프로젝트 파이낸싱의 특징

1) 비소구금융 또는 제한적 소구금융

프로젝트 파이낸싱은 사업추진을 위해 사업주체인 시행사(부동산 개발회사)와 별개의 특수목적회사(법률적 사업시행주체)를 설립하고, 특수목적회사가 사업수행 및 금융조달의 주체가 되고, 사업이 부실화되거나 사업이 도산하더라도 대주단(금융기관)의 사업주체에 대한 소구권이 제한(비소구금융)된다. 사업에 따라서는 사업주체가 일정 수준의 부담을 지는 제한적 소구금융인 경우도 있다.

2) 부외금융

프로젝트 파이낸싱으로 사업주체와 법률적으로 독립된 특수목적회사가 차입한 투자액으로 사업을 수행하므로 이 금액은 사업주체의 재무상태표에 부채로 계상되지 않아 사업주체의 재무상태표에 영향을 주지 않는 부외금융이 된다. 따라서 사업주체는 일반 대출에서 허용되는 차입금 한도를 초과하여 자금을 조달할 수 있어 채무수용능력이 높아진다.

3) 높은 금융비용

프로젝트 파이낸싱으로 자금을 대출해주는 금융기관은 대주단을 구성하여 사업성을 검토하는 등 실제로 자금을 대출하기까지 많은 시간과 비용이 발생하고 금융절차가 복잡하다. 또한, 토지매입 및 인·허가 등 사업 초기의 위험과 시공위험 및 분양 등의 사업성 위험 등 여러 발생 가능한 위험도 일반 금융에 비해 훨씬 크기 때문에 상대적으로 높은 이자와 수수료를 요구한다.

4) 특수목적회사(SPC)의 설립

시행사(부동산 개발회사)와 법적으로 절연된 특수목적회사(SPC)를 설립하고 특수목적회사(SPC)가 차주가 되어 자금을 조달한다. 시행사(부동산 개발회사)와 특수목적회사(SPC)가 각각 독립된 회사가 됨으로써 시행사(부동산 개발회사)의 파산이나 채무재조정 문제 등을 통제할 수 있고 여러 사업을 동시에 진행할 경우 자산 등이 섞이게 되는 등의 문제점 등을 해결할 수 있다.

표 9-3 프로젝트 파이낸싱과 기업금융의 비교

구 분	프로젝트 파이낸싱	기업금융
차입주체	• 특수목적회사(SPC)	• 사업주체
담보	• 해당 사업의 미래현금흐름 • 특수목적회사(SPC)의 프로젝트 자산	• 사업주체의 신용 • 사업주체가 제공하는 담보
상환재원	• 프로젝트의 현금흐름	• 기업의 전체 재원
소구권 행사	• 사업주체에 대한 소구권 제한 (비소구금융)	• 사업주체 자산에 대한 소구권 행사
채무수용 능력	• 부외금융으로 채무수용능력 제고	• 부채비율 등 기존차입에 의한 제한
대출심사 기준	• 사업성 평가(현금흐름, 자산가치)	• 담보가치, 차주의 신용도
장점	• 사업주체의 채무비율 완화 가능 • 대규모 프로젝트 추진에 적합 • 사업부실시 사업주체의 책임 제한	• 자금조달구조가 단순해 비용절감 가능 • 신속한 의사결정 가능
단점	• 복잡한 사업구조로 인한 비용 증가	• 사업주체의 채무비율 증가로 추가 차입에 제약 • 대규모 프로젝트 추진에 불리
차입기간	• 상대적으로 장기	• 상대적으로 단기
사후관리	• 참여기관에 의한 엄격한 사후관리	• 채무불이행 시 상환청구권 행사

자료: 「부동산금융론-이론과 실제」, 김범석·유한수, 2019, 청목출판사 p. 247. 및 「건설금융 실태점검과 개선방안 도출」, 김정주 외, 2021 참고.

경기침체 때마다 나타나는 PF발 위기... 극복 방법

PF가 한국에 본격 도입된 것은 IMF 외환위기 이후이다. 1998년 4월 「신탁업법」 제15조의2 제1항과 「신탁업법시행령」 제11조는 은행이 불특정금전신탁으로 모은 신탁재산으로 부동산 매입이나 개발에 활용할 수 있도록 개정되었다. 이로써 은행은 부동산신탁상품을 팔아 자금을 모집하고 이를 부동산개발 시행사에게 대출하는, 즉 초기 PF의 길을 열었다.

2000년대 초반 PF대출시장이 꿈틀거리자 역시 IMF 외환위기 이후 기업의 흑자부도를 막기 위해 도입된 자산유동화시장에 PF대출채권을 유동화하는 상품이 나타난다. PF대출을 기초자산으로 ABS를 발행하고 이후 기업어음(ABCP; ABSTB)으로 차환하는 구조가 이때부터 서서히 정착된다.

흔히 PF대출은 특정 프로젝트의 사업성, 그러니까 그 사업에서 발생할 미래의 현금흐름을 담보로 하는 대출이라고 알려져 있다. 해당 사업에 대한 대출이므로 차주의 신용도를 고려하지 않고 사업이 부실화되더라도 담보를 초과하여 대출액을 소구하지 않는(non-recourse) 선진금융이라고 교과서는 말한다. 그러나 한국의 PF는 실상 이와는 전혀 다르다는 점을 미리 일러두자.

대주들은 대출실행에 시행사나 시공사의 지급보증은 물론 시공사의 책임준공, 책임분양 등 신용보강을 요구한다. PF대출채권 유동화도 투자적격등급(BBB) 이상인 시공사의 보증(유동성보충, 매입약정 등)이 없으면 거의 불가능한 것이 현실이다. 이처럼 우리나라의 PF는 외형은 사업 자체에 대한 대출이지만 그 실질은 리스크를 보완하는 다양한 신용보강 장치와 함께 정착되어 오늘에 이르고 있다.

여기서 신용보강(credit enhencement)이란 말 그대로 채무당사자의 부족한 신용을 주로 이해관계자가 보완해주는 것인데 본질은 보증(contingent claim)이라 할 수 있다. 따라서 채무자가 채무를 불이행할 경우 신용을 공여한 보증인이 최종책임을 지게 된다. 사업성에 기한 PF대출이 여러 가지 신용보강으로 그 리스크를 헤징하면서 역으로 사업성이 아무리 좋아도 신용보강이 이루어지지 않으면 PF를 할 수 없는 것이 한국의 현실이다.

PF의 첫 번째 위기는 잘 알려진 대로 지난 2008년 금융위기 여파로 촉발된 부동산침체와 그에 따른 저축은행 사태였다. 당시 금융권 PF대출잔액 약 76.5조원 중 저축은행 잔액이 약 11.5조원이었다. 위기를 겪으면서 도급순위 100위권 이내 중견 건설사 약 20여 곳이 부도났고, 부실 저축은행 30개를 정리하는 데 약 27조원의 공적자금을 투입됐다. 2008년 위기로 부동산 경기침체가 2014년까지 이어지는 동안 PF시장은 한동안 잠잠했다.

이후 부동산경기가 풀리면서 PF시장은 새로운 플레이어를 맞이하게 된다. 바로 증권회사였다. 증권사는 저축은행 사태 이후 PF시장에 참여해 사업(자금)구조 설계, PF채권유동화(보증), 미분양담보대출 등 PF사업 진행에 필요한 다양한 사안을 조율하는 본격적인 플레이어로 활약하게 된다. 이들의 참여로 우리나라 PF개발은 본연의 취지를 완전히 탈색하고 돈 있는 자들의 쩐의 전쟁으로 변질됐다고 해도 과언이 아니다.

한은 자료에 따르면 지난 9월말 기준 우리나라 PF대출잔액이 약 122조원이고 이 중 PF 유동화 증권발행잔액이 약 40조원 정도였다. 이 중 증권사의 PF유동화 보증잔액이 약 25조원이다. 지난 2008년 위기 때 저축은행에 집중된 PF익스포저가 이번에는 증권사로 옮겨온 모양새다. 그런데 이처럼 특정 금융업권에 PF익스포저가 집중되는 것에 대해 사실 그간의 점검이 없었던 것도 아니다.

이미 저축은행 홍역을 치러본 금융당국은 그간 수시로 PF 상황을 점검하였고 지난 2019년에는 PF 집중 위험을 완화하기 위해 PF 우발채무에 대해 대손충당금 설정강화, PF 보증채무에 대한 순자본비율 계산방식 변경 등 대응조치를 강구해 왔었다. 그런데도 금리, 물가 상승에 따른 경기 침체가 가시화되자 PF는 여지없이 그 위기의 징후를 드러내고 있다. 물론 '레고랜드 사업'과 같이 일부 비상식적 결정으로 신용경색이 심화 되고 위기가 가중되는 측면이 분명히 있다. 그러나 그게 다는 아닐 것이다.

우리나라 건설부동산시장이 민간중심의 금융, 사업성, 수익성을 중심으로 변한 지 어언 20여 년이다. 경제위기 때마다 PF로 인한 특정 금융업권의 부실과 그에 따른 타 금융시스템의 전이 등을 우려해야 한다면 이제는 근본적인 해답을 고민할 때이다. 그 해답의 첫 번째 열쇠는 PF 리스크의 분산과 통제에 있을 것이다. 현행구조하에서 이해관계자를 중심으로 신용보강 장치를 완벽하게 갖출 수도 없거니와 갖춘다 하더라도 리스크 집중과 시스템리스크를 원천적으로 예방할 수 없다.

그런데 크게 보면 저축은행에서 증권사로 이어지는 특정업권의 집중은 자금동원력을 바탕으로 리스크 또는 그 반대로 수익을 독점하는 구조에서 비롯됐음을 인식해야 한다. 즉 단위사업을 진행할 수 있는 자금력을 갖춘 (기관)투자자들을 중심으로 투자되는 관행을 유지한다면 경기침체 때마다 나타나는 PF발 위기를 극복할 수 없다. 민간중심의 건설부동산 산업이 불가피하다면 그 자금조달을 소액 분절하여 다수의 국민이 참여할 수 있는 구조로 바꿔야 한다. 그에 따라 불경기에 손실이 발생한다면 그 손실도 분산하여 집중되지 않도록 해야 한다.

부동산 개발사업에 대한 정보채널을 공개적으로 운용하고 국민들이 주식투자를 하듯이 우량한 개발사업에 직접투자할 수 있는 여건을 마련해야 한다. 이 같은 과정에서 자연스레 자원배분의 효과도 발휘될 것이다. 대장동 사건에 분노한 것이 1년 전이다. 개발사업의 수익을 소수의 쩐주가 독식하다 위기 때는 공적자금으로 막아주는 구조가 아니라 다수의 국민들에게 정보를 개방하고 건전한 투자 여건을 통해 이루어 나갈 때 토지를 근간으로 하는 건설·부동산 산업의 내일이 있다고 할 것이다.

그런 면에서 부동산 펀드나 리츠 등 리스크 분산 수단으로 활용할 수 있는 제도를 보다 정밀하게 손볼 필요가 있다. 또 호경기에 쩐의 전쟁을 통해 엄청난 수익을 창출하다가 경기가 나빠지면 어김없이 유동성 지원 등 정부 대책을 요구하는 관행도 바꿔야 한다. 투자의 책임은 투자자의 몫으로 남겨야 한다.

[오마이뉴스(www.ohmynews.com), 2022. 10. 28.]

부동산투자회사(REITs)

 1. 리츠의 개요

리츠(REITs)는 1960년 미국에서 최초로 도입된 이후, 2000년 이후 유럽 및 아시아로 급속히 확산되었으며, 우리나라는 2001년 5월에 「부동산투자회사법」이 제정되면서 1997년 외환위기 이후 기업들의 보유 부동산 유동화를 통한 기업구조조정 촉진, 부동산시장의 가격안정, 외환위기로 인한 부실기업의 구조조정, 소액 투자자들에 대한 부동산 투자기회를 목적으로 국내에 처음 도입되었다. 이에 2001년 12월 21일 교보메리츠퍼스트CR리츠가 국내 1호 리츠로 설립되어 1월 30일에 주식시장에 상장되었다.

「부동산투자회사법」에서는 리츠를 자산을 부동산에 투자하여 운용하는 것을 주된 목적으로 설립된 회사로 정의하고 있다. 즉, 리츠는 다수의 투자자로부터 자금을 모아 부동산에 투자하거나, 주택저당증권(MBS), 부동산 관련 대출(mortgage loan) 등으로 운영하여 얻은 수익을 투자자들에게 배분하는 주식회사 형태의 부동산 집합투자기구, 즉 뮤추얼 펀드를 말한다.

일반적인 뮤추얼 펀드는 모집한 자금을 주식이나 채권 등에 투자하는 데 비해 리츠는 부동산에 모집한 투자자금의 70% 이상을 투자해야 하는 점이 다를 뿐 기본적인 구조는 동일하다. 이처럼 리츠는 넓은 의미에서 보면 일종의 부동산 펀드로 볼 수 있으나, 우리나라에서의 설립근거, 법적 성격, 운용 등의 측면에서 부동산 펀드와 상이한 점이 있어 리츠와 부동산 펀드를 구분하고 있다.

리츠는 「부동산투자회사법」에서 특별히 정한 경우를 제외하고 「상법」의 적용을 받으며, 상호에 부동산투자회사라는 명칭을 사용해야 하고, 부동산투자회사가 아닌 자가 부동산투자회사 또는 이와 유사한 명칭을 사용하여서는 안 된다. 또한 리츠는 발기설립의 방법으로 설립하여야 하고 현물출자에 의한 설립을 할 수 없다 (제3조, 제5조).

 ## 2. 리츠의 종류

우리나라의 리츠는 주식회사 형태의 일반리츠와 기업구조조정리츠(CR리츠: corporate restructuring REITs)로 구분하고 있고, 일반리츠는 자기관리리츠와 위탁관리리츠로 구분하고 있다.

(1) 자기관리리츠

자기관리리츠는 자산운용전문인력을 영업인가 시에 3명 이상, 영업인가 후 6개월 경과 시 5명 이상을 상근9)으로 임·직원을 둔 실체가 있는 회사로서, 상근 임·직원이 자산의 투자운용을 직접 관리하는 회사를 말한다. 자기관리리츠의 설립자본금은 5억원 이상이며, 영업인가를 받거나 등록을 한 날부터 6개월(최저자본금 준비기간)이 지난 자기관리리츠의 최저자본금은 70억원이다. 자기관리리츠를 설립하기 위해서는 국토교통부장관의 영업인가를 받아야 한다.

(2) 위탁관리리츠

위탁관리리츠는 실체가 존재하지 않는 서류상의 회사이기 때문에 상근 임·직원이 없으며 자산의 투자 및 운용은 자산관리회사에게 위탁하는 명목형 회사이다. 위탁관리리츠의 설립자본금은 3억원 이상이며, 영업인가를 받거나 등록을 한 날부터 6개월(최저자본금 준비 기간)이 지난 위탁관리리츠의 최저자본금은 50억원 이상이

---

9) 자기관리리츠는 감정평가사 또는 공인중개사로서 해당 분야에 5년 이상 종사한 사람, 부동산 관련 분야의 석사학위 이상의 소지자로서 부동산의 투자·운용과 관련된 업무에 3년 이상 종사한 사람, 그 밖에 앞의 두 종류의 전문인력에 준하는 경력이 있는 사람으로서 대통령령으로 정하는 사람을 상근으로 자산운용 전문인력으로 두어야 한다(제22조).

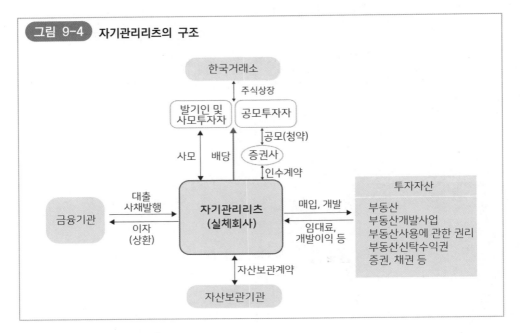

그림 9-4 자기관리리츠의 구조

자료: 국토교통부 리츠정보시스템

다. 위탁관리리츠를 설립하기 위해서는 국토교통부장관의 영업인가를 받아야 하고, 본점 외의 지점을 설치할 수 없다.

(3) 기업구조조정리츠(CR리츠)

기업구조조정리츠(CR리츠)는 서류상의 회사이기 때문에 상근 임·직원이 없으며 자산의 투자 및 운용은 자산관리회사가 위탁받아 수행한다. 기업구조조정리츠(CR리츠)의 설립자본금은 3억원 이상이며, 영업인가를 받거나 등록을 한 날부터 6개월(최저자본금 준비 기간)이 지난 기업구조조정리츠(CR리츠)의 최저자본금은 50억원 이상이다.

기업구조조정리츠(CR리츠)를 설립하기 위해서는 국토교통부장관의 영업인가를 받아야 하고, 본점 외의 지점을 설치할 수 없다. 특히, 기업구조조정리츠(CR리츠)는 기업구조조정용 부동산10)으로 투자대상을 한정한다.

---

10) ① 기업이 채권금융기관에 대한 부채 등 채무를 상환하기 위하여 매각하는 부동산, ② 채권금융기관과 재무구조 개선을 위한 약정을 체결하고 해당 약정 이행 등을 위하여 매각하는 부동산, ③「채무자 회생 및 파산에 관한 법률」에 따른 회생절차에 따라 매각하는 부동산, ④ 그 밖에 기업의 구조조정을 지원하기 위하여 금융위원회가 필요하다고 인정하는 부동산을 말한다(제49조의2의 1항).

그림 9-5 위탁관리리츠 및 기업구조조정리츠(CR기츠)의 구조

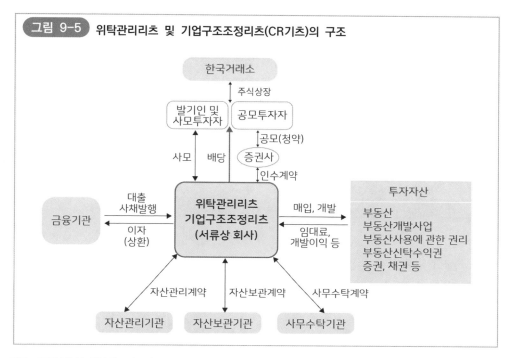

자료: 국토교통부 리츠정보시스템

3. 주식의 공모

　자기관리리츠와 일반관리리츠는 영업인가를 받거나 등록한 날부터 2년 이내에 발행하는 주식 총수의 30% 이상을 일반의 청약에 제공하여야 하고, 청약에 대한 정보공개 기간 및 방법 등 주식의 일반 청약 제공에 필요한 세부사항은 국토교통부령으로 정한다. 다만, 리츠가 영업인가를 받거나 등록을 한 날부터 2년 이내에 국민연금공단 및 공제회 등 대통령령이 정하는 주주[11]가 단독이나 공동으로 인수 또는

---

11) 지방자치단체, 국민연금공단, 공무원연금공단, 사립학교교직원연금공단, 별정우체국 연금관리단, 군인공제회, 경찰공제회, 교정공제회, 대한지방행정공제회, 한국지방재정공제회, 한국교직원공제회, 건설근로자공제회, 과학기술인공제회, 대한소방공제회, 신용협동조합중앙회(공제사업만 해당), 중소기업협동조합(공제사업만 해당), 새마을금고중앙회(공제사업만 해당), 산림조합중앙회(공제사업만 해당), 수산업협동조합중앙회(공제사업만 해당), 공제조합, 한국토지주택공사, 한국자산관리공사, 퇴직연금사업자, 국민건강보

매수한 주식의 합계가 리츠가 발행하는 주식 총수의 50% 이상인 경우와 리츠 총자산의 70% 이상을 임대주택으로 구성하는 경우는 예외로 한다(제14조의8).

하지만 기업구조조정리츠(CR리츠)는 일반의 청약을 제공할 필요가 없다. 즉, 기업구조조정리츠(CR리츠)는 주식 총수의 30% 이상을 공모하는 것이 의무사항이 아니므로 사모의 방법으로 자금을 모집할 수 있다(제49조2의 2항).

4. 주식의 분산

자기관리리츠와 위탁관리리츠의 주주 1인과 그 특별관계자는 최저자본금 준비기간이 끝난 후에는 발행주식총수의 50%(이하, 1인당 주식소유한도)를 초과하여 주식을 소유하지 못한다(제15조).

하지만 기업구조조정리츠(CR리츠)는 주식의 분산 조항(제15조)이 적용되지 않는다. 즉, 기업구조조정리츠(CR리츠)는 1인당 주식소유한도의 제한이 없다(제49조2의 2항). 또한, 국민연금공단 및 공제회 등 대통령령이 정하는 주주와 리츠 총자산의 70% 이상을 임대주택으로 구성하는 경우에는 주식의 분산 조항(제15조)이 적용되지 않는다(제16조).

5. 현물출자

리츠는 영업인가를 받거나 등록을 하고 최저자본금 이상을 갖추기 전에는 현물출자를 받는 방식으로 신주를 발행할 수 없다. 하지만 리츠의 영업인가 또는 등록 후에 현물출자 하는 재산은 ① 부동산, ② 지상권·임차권 등 부동산 사용에 관한 권리, ③ 신탁이 종료된 때에 신탁재산 전부가 수익자에게 귀속하는 부동산신탁의 수익권, ④ 부동산소유권의 이전등기청구권, ⑤ 대토보상권(공익사

험공단 등(시행령 제12조의3)

업의 시행으로 조성한 토지로 보상을 받기로 결정된 권리) 중 어느 하나에 해당하여야 한다(제19조).

6. 주식의 상장

리츠는 상장규정의 상장 요건을 갖추게 된 때에는 지체없이 주식을 상장하여야 한다. 리츠가 정당한 사유 없이 상장을 이행하지 아니하는 경우에는 국토교통부장관은 미리 금융위원회의 의견을 듣고 기간을 정하여 상장을 명할 수 있다(제20조).

7. 리츠자산의 구성

자기관리리츠와 위탁관리리츠는 최저자본금 준비기간이 끝난 후에는 매 분기 말 현재 총자산의 80% 이상을 부동산, 부동산 관련 증권 및 현금으로 구성하여야 한다. 이 경우 총자산의 70% 이상은 부동산(건축 중인 건축물을 포함)이어야 한다(제25조).

하지만 기업구조조정리츠(CR리츠)는 총자산의 70% 이상을 ① 기업이 채권금융기관에 대한 부채 등 채무를 상환하기 위하여 매각하는 부동산, ② 채권금융기관과 재무구조 개선을 위한 약정을 체결하고 해당 약정 이행 등을 하기 위하여 매각하는 부동산, ③ 「채무자 회생 및 파산에 관한 법률」에 따른 회생 절차에 따라 매각하는 부동산, ④ 그 밖에 기업의 구조조정을 지원하기 위하여 금융위원회가 필요하다고 인정하는 부동산으로 구성해야 한다(제49조2의 1항).

리츠는 그 자산을 ① 부동산, ② 부동산개발사업, ③ 지상권·임차권 등 부동산 사용에 관한 권리, ④ 신탁이 종료된 때에 신탁재산 전부가 수익자에게 귀속하는 부동산신탁 수익권, ⑤ 증권·채권, ⑥ 현금(금융기관의 예금을 포함)에 투자해야 한다. 이 자산들에 투자할 때에는 ① 취득·개발·개량 및 처분, ② 관리(시설운영을 포함), ③ 임대차 및 전대차, ④ 부동산 개발사업을 목적으로 하는 법인(리츠, 부동산 펀드 및 무동산신탁업만 영위하는 신탁업자), SOC사업시행자, 민자도로사업자 등에 대하여 부동산에 대한 담보권 설정 등 대통령령으로 정한 방법12)에 따른 대출, 예치의 방법으로 투자 및 운용하여야 한다(제21조).

자산의 투자 및 운용을 위해 자기관리리츠는 자산운용 전문인력(영업인가 시에 3명 이상, 영업인가 후 6개월 경과 시 5명 이상)을 상근으로 두어야 하지만, 위탁관리리츠 및 기업구조조정리츠(CR리츠)의 경우 자산의 투자·운용업무는 자산관리회사13)에 위탁14)하여야 하고, 주식발행업무 및 일반적인 사무는 일정한 요건을 갖춘 기관(일반사무 등 위탁기관)에게 위탁하여야 한다(제22조, 제22조의2, 제49조2의 4항). 즉, 판매회사는 투자매매업·투자중개업의 인가를 받은 자이어야 하고, 사무수탁회사는 「자본시장법」에 따른 일반사무관리회사이어야 한다.

한편, 자기관리리츠와 위탁관리리츠는 부동산을 취득한 후 5년의 범위에서 부동산을 처분해서는 안 된다. 즉, 국내에 있는 부동산 중 「주택법」에 따른 주택과 주택이 아닌 부동산은 1년(다만, 리츠가 미분양주택을 취득하는 경우에는 정관에서 정하는

---

12) 부동산에 대한 담보권 설정 등 대통령령으로 정한 방법이란 ① 정관에서 자산의 투자·운용방법으로서 대출에 관한 사항을 정하고 있을 것, ② 부동산에 대하여 담보권을 설정하거나 시공사 등으로부터 지급 보증을 받는 등 대출금을 회수하기 위한 적절한 수단을 확보할 것, ③ 대출의 한도를 리츠의 자산총액에서 부채총액을 뺀 가액으로 유지할 것, ④ 그 밖에 대출의 방법 및 절차에 관한 사항으로서 투자자 보호를 위해 국토교통부장관이 정하여 고시하는 사항을 준수할 것이라는 요건 모두를 충족하는 방법을 말한다(시행령 제17조의2의 2항).

13) 자산관리회사를 설립하려는 자는 ① 자기자본(자산총액에서 부채총액을 뺀 가액) 70억원 이상, ② 상근 으로 자산운용 전문인력을 5명 이상, ③ 자산관리회사와 투자자 간, 특정 투자자와 다른 투자자 간의 이 해상충을 방지하기 위한 체계와 대통령령으로 정하는 전산설비, 그 밖의 물적설비를 갖추어 국토교통부 장관의 인가를 받아야 한다(제22조의3).

14) 리츠의 위탁으로 그 자산의 투자·운용에 관한 자문 및 평가 등의 업무를 하려는 자(부동산투자자문회 사)는 ① 자본금이 10억원 이상, ② 상근으로 자산운용 전문인력을 3명 이상을 갖추어 국토교통부장관 에게 등록하여야 한다(제23조).

기간) 이내, 국외에 있는 부동산은 정관에서 정하는 기간 이내에는 처분해서는 안 된다(시행령 제26조 1항). 다만, ① 부동산개발사업으로 조성하거나 설치한 토지·건축물 등을 분양하는 경우와 ② 그 밖에 투자자 보호를 위하여 리츠가 합병·해산·분할 또는 분할합병을 하는 경우에는 제한없이 부동산을 처분할 수 있다(제24조 1항). 하지만 기업구조조정리츠(CR리츠)는 부동산의 처분에 대한 제한(제24조) 조항이 적용되지 아니한다(제49조 2항).

또한, 리츠는 건축물이나 그 밖의 공작물이 없는 토지는 해당 토지에 부동산 개발사업을 시행한 후가 아니면 그 토지를 처분해서는 안 된다(제24조 2항). 다만, ① 부동산개발사업을 하기 위하여 토지를 취득한 후 관련 법규의 제정·개정 또는 폐지 등으로 인하여 사업성이 현저히 저하됨으로써 부동산개발사업을 수행하는 것이 곤란하다고 객관적으로 입증되어 해당 토지의 처분이 불가피한 경우와 ② 리츠가 합병·해산·분할 또는 분할합병을 하는 경우에는 제한없이 토지를 처분할 수 있다(시행령 제26조 3항).

 ## 9. 증권에 대한 투자

리츠는 원칙적으로 다른 회사의 의결권 있는 발행주식의 10%를 초과하여 취득하여서는 아니 된다. 하지만, 예외적으로 ① 특정 부동산을 개발하기 위하여 존립기간을 정하여 설립된 회사의 주식을 취득하는 경우, ② 다른 회사와 합병하는 경우, ③ 다른 회사의 영업 전부를 양수하는 경우, ④ 리츠의 권리를 행사할 때 그 목적을 달성하기 위하여 필요한 경우, ⑤ 리츠가 소유하는 부동산 또는 부동산 관련 권리(지상권, 지역권, 전세권, 사용대차 또는 임대차에 관한 권리, 그 밖에 대통령령으로 정하는 권리)를 임차하여 해당 부동산 또는 그 시설을 관리하거나 「관광진흥법」에 따른 관광숙박업 등 대통령령으로 정하는 사업을 영위하는 회사의 주식을 취득하는 경우, ⑥ 자기관리리츠가 자산관리회사를 설립하고 해당 자산관리회사의 발행주식 전부를 취득하는 경우, ⑦ 투자자 보호나 자산의 안정적 운용을 해칠 우려가 없는 경우로서 대통령령으로 정하는 경우15)에는 10%를 초과하여 취득할 수 있다(제27조 1항).

---

15) 대통령령으로 정하는 경우란 ① 민간투자사업법인·사회기반시설의 관리운영권을 가진 회사·사회기반

만약 리츠가 위의 ②, ③, ④의 규정에 따라 다른 회사 주식을 10% 초과하여 취득하게 된 때 초과 취득한 날부터 6개월 이내에 투자한도 10%에 적합하도록 하여야 한다(제27조 2항). 또한, 리츠는 동일인이 발행한 증권을 총자산의 5%를 초과하여 취득하여서는 아니 된다. 그러나 예외적으로 국채, 지방채, 그 밖에 대통령령으로 정하는 증권은 총자산의 5%를 초과하여 취득할 수 있다.

그리고 위의 ⑤와 ⑥에 따른 주식을 취득하는 경우에는 리츠 총자산의 25%를 초과하여 취득하여서는 아니 된다(제27조 3항). 만약 리츠가 보유하고 있는 증권이 위의 동일인이 발행한 증권의 투자한도(5%, 25%)를 초과하게 된 경우에는 초과취득하게 된 날부터 6개월 이내에 투자한도(5%, 25%)에 적합하도록 하여야 한다(제27조 4항).

 10. 배당

리츠는 해당 연도 이익배당한도의 90% 이상을 주주에게 배당하여야 한다. 이 경우 이익준비금은 적립하지 아니한다. 하지만 자기관리리츠는 해당 연도 이익배당한도의 50% 이상을 주주에게 배당하여야 하고 이익준비금을 적립할 수 있다. 위탁관리리츠 및 기업구조조정리츠(CR리츠)는 이익을 초과하여 배당할 수 있으며, 초과배당금의 기준은 해당 연도 감가상각비의 범위에서 대통령령으로 정한다(제28조, 제49조2의 2항).

시설투융자회사·유료도로관리권을 가진 회사의 주식을 취득하는 경우, ② 다른 리츠 또는 부동산 펀드가 발행한 주식을 취득하는 경우, ③ 리츠의 일반적인 시설의 관리나 운영의 위탁을 위한 시설관리회사를 설립하거나 인수하기 위하여 주식을 취득하는 경우, ④ 총자산의 80% 이상이 부동산으로 구성된 법인의 발행한 주식총수의 50%을 초과하여 취득하는 경우를 말한다(시행령 제31조의 2항).

11. 차입 및 사채 발행

리츠는 영업인가를 받거나 등록을 한 후에 자산을 투자·운용하기 위하여 또는 기존 차입금 및 발행사채를 상환하기 위해서 자금을 차입하거나 사채를 발행할 수 있다. 하지만, 자금차입 및 사채발행은 자기자본의 2배를 초과할 수 없다. 다만, 주주총회의 특별결의를 한 경우에는 그 합계가 자기자본의 10배를 넘지 아니하는 범위에서 자금차입 및 사채발행을 할 수 있다(제29조).

 ## 12. 합병

리츠는 ① 다른 리츠를 흡수합병으로 합병하고, ② 합병으로 인하여 존속하는 리츠와 합병으로 인하여 소멸되는 리츠가 같은 종류의 리츠여야 하며, ③ 합병으로 존속하는 리츠와 합병으로 소멸되는 리츠 중 어느 하나의 리츠가 주식의 공모를 완료한 리츠인 경우에는 나머지 리츠도 주식의 공모를 완료하여 ①, ②, ③의 요건을 모두 갖춘 경우가 아니면 다른 회사와 합병할 수 없다(제43조).

표 9-4 리츠의 비교

종류	자기관리리츠	위탁관리리츠	기업구조조정리츠
투자대상	일반부동산/개발사업	일반부동산/개발사업	기업구조조정용 부동산
영업개시	국토교통부 영업인가(공모, CR리츠는 금융위 사전 협의)		
설립주체	발기인(발기설립)		
감독	국토교통부·금융위원회		
회사형태	실체회사 (상근 임·직원)	명목회사 (상근 없음)	명목회사 (상근 없음)
최저자본금	70억원	50억원	50억원
주식분산	1인당 50% 이내	1인당 50% 이내	제한 없음
주식공모	주식 총수의 30% 이상	주식 총수의 30% 이상	의무사항 아님
상장	요건충족 시	요건충족 시	의무사항 아님
자산구성 (매분기말)	총자산의 80% 이상이 부동산, 부동산 관련 증권 및 현금(총자산의 70% 이상은 부동산)	총자산의 80% 이상이 부동산, 부동산 관련 증권 및 현금(총자산의 70% 이상은 부동산)	총자산의 80% 이상이 부동산, 부동산 관련 증권 및 현금(총자산의 70% 이상은 기업구조조정부동산)
자산운용 전문인력	5인(리츠 상근 고용)	자산관리회사(5인)에 위탁운용	자산관리회사(5인)에 위탁운용
배당	50%이상 의무배당	90%이상 의무배당 (초과배당가능)	90%이상 의무배당 (초과배당가능)
처분제한	1년	1년	제한 없음
	부동산 개발사업 후 분양하는 경우에는 처분 제한기간 없음		
자금차입	자기자본의 2배 이내(주총 특별결의 시 10배)		

자료: 국토교통부 리츠정보시스템

부동산 펀드

1. 부동산 펀드의 개요

투자자가 투자하는 방법은 크게 직접투자와 간접투자 두 가지가 있다. 직접투자는 투자자 자신이 주식, 채권, 파생상품, 실물자산 등에 직접 위험부담을 지면서 거래하는 것이고, 간접투자는 남한테 내 돈을 맡겨서 투자하는 것을 말한다. 투자자는 수많은 자산 중 무엇을 어떻게 투자하고, 투자 후의 원금손실에 대비한 위험관리는 어떻게 할 것인가 등에 대한 어려움으로 직접투자가 쉽지 않다. 오늘날 무수히 쏟아져 나오는 다양한 투자대상은 이러한 고민을 더욱 가중시킨다.

이에 영국 및 미국 등의 선진국에서는 일찍이 경제발전과정에서 자연적으로 장기 안정적인 수익을 추구하면서 직접투자의 고민을 해결할 수 있는 간접투자가 정착되어 발전하였다. 대표적인 간접투자는 펀드(fund)라고 불리는 금융상품이다.

최초의 투자펀드는 1868년 영국에서 설립된 투자신탁(Foreign and Colonial Investment Trust)이다. 이 투자신탁은 '투자'와 '신탁'이 합쳐진 말로서 투자자가 투자자산을 펀드운용자인 수탁자에게 납입하고 펀드운용자는 투자자산을 운용하여 확정수익률을 약속하는 것이었다. 하지만 이러한 구조의 투자신탁은 약정수익률을 지급하지 못하여 쇠퇴하게 되었다. 이후 미국으로 전파된 투자펀드는 투자자산을 회수할 수 있도록 환매를 해주는 뮤추얼 펀드(mutual fund)라는 이름으로 정착되어 발전되었다.

우리나라에서는 펀드라는 명칭을 2004년에 시행된 「간접투자자산 운용업법」에서 간접투자기구라는 용어로 사용하였다가 2009년 「자본시장과 금융투자업에 관한 법률」(이하 자본시장법)이 시행되면서 집합투자기구로 변경하여 지칭하고 있다. 하지만 일반적으로 집합투자기구를 실무에서는 펀드라고 부르는 것이 보통이다.

펀드는 불특정 다수의 투자자로부터 자금을 모아 자산을 운용하는 회사가 다양한 투자상품에 분산투자하여 벌어들인 수익을 각 개별투자자에게 투자비율에 따라 배분하는 것을 말한다. 투자자산의 운용결과에 따라 높은 수익을 얻을 수도 있고 원금손실이 생길 수도 있다. 투자자의 투자자산에 원금손실이 발생하더라도 그 책임은 전적으로 투자자 자신이 지며 어느 누구도 손실을 보전해 주지 않는다. 따라서 투자자는 펀드에 투자하기 전에 펀드의 특징이나 어느 자산에 투자하는지 등에 대해서 잘 확인해야 한다.

현행 「자본시장법」에서 집합투자기구로 칭하는 펀드는 집합투자를 수행하는 기구로 정의하고 있다. 집합투자란 2인 이상의 투자자로부터 모은 금전 등을 투자자로부터 일상적인 운용지시를 받지 아니하면서 재산적 가치가 있는 투자대상을 취득·처분, 그 밖의 방법으로 운용하여 그 결과를 투자자에게 귀속시키는 것을 말한다. 특히 부동산 펀드는 집합투자재산(펀드재산)의 50% 초과하여 부동산에 투자하는 펀드로 정의하고 있다.

여기서 부동산에 투자하는 방법은 단순히 부동산을 직접 취득하여 매도하는 것뿐만 아니라 부동산의 개발, 부동산의 관리 및 개량, 부동산의 임대 및 운영, 지상권·지역권·전세권·임차권·분양권 등 부동산 관련 권리의 취득, 금전채권(부동산을 담보로 한 경우만 해당)의 취득, 부동산을 기초자산으로 한 파생상품, 부동산 개발과 관련된 법인에 대한 대출, 부동산과 관련된 증권에 투자하는 것 등으로 규정하고 있다(제229조, 시행령 제240조).

펀드를 「자본시장법」상의 법적 형태에 따라 구분하면 크게 투자신탁과 투자회사로 구분된다. 투자신탁은 계약의 형태(계약형 펀드)로, 투자회사는 회사의 형태(회사형 펀드)로 이루어진 펀드지만 펀드의 판매 및 운용 등 경제적으로는 차이가 없다. 구체적으로 펀드 투자의 대가로 투자신탁의 수익증권을 소유하여 투자결과에 따른 수익을 받는 수익자가 되는 구조가 투자신탁이다. 펀드 투자의 대가로 투자회사의 주식을 소유하여 투자결과에 따른 수익을 배분받는 주주가 되는 구조가 투자회사다. 계약형 펀드인 투자신탁은 수익증권, 회사형 펀드인 투자회사는 뮤추얼 펀드라고 부르기도 한다.

표 9-5　부동산 펀드와 리츠의 비교

구분	부동산 펀드	리츠
근거법	자본시장과 금융투자에 관한 법률	부동산투자회사법
설립	금융감독원 등록	발기설립 후 국토교통부 영업인가
법적성격	계약 / 회사	상법상 주식회사
최소자본금	제한 없음	50억원(자기관리리츠 70억원)
자산운용	부동산개발, 대출, 실물매입 및 운용 (부동산 등에 50% 이상 투자)	부동산개발, 대출, 실물매입 및 운용(부동산 등에 70% 이상 투자)
투자기간	실물 부동산 매입시 1년 이상 보유	실물 부동산 매입시 1년 이상 보유
주식분산	제한 없음	1인당 50% 이내(단, 연기금, 공제회 등의 소유지분은 제한 있음)
자금차입	순자산의 2배 이내(전문투자자형 사모펀드는 4배 이내)	자기자본의 2배 가능(주주총회의 특별결의시 10배 가능)
법인세	법인세 과세대상 아님	자기관리형리츠(법인세 부과) 위탁관리형과 CR리츠(법인세 면제)
운용보수	일반적으로 리츠보다 낮음	별도 관리조직 유지 등에 따라 다소 높음

자료: 「투자자사운용사 1」, 한국금융투자협회 금융투자교육원, 2022, 참조.

부동산 펀드는 수익증권과 뮤추얼 펀드 형태가 모두 가능하다. 하지만 뮤추얼 펀드 형태의 경우 리츠와 구분하기 위해 부동산 펀드 자산의 50% 이상 70% 이하로만 부동산에 투자할 수 있다.

부동산 펀드의 자금조달은 공모와 사모 모두 가능하다. 하지만 펀드 설정 후 만기까지 중도환매가 불가능(폐쇄형)하다. 만약 일반 펀드처럼 일정 수익이나 손실이 예상될 때 중도환매가 된다고 할 경우 해당 부동산을 중도환매를 위해 매각하는 것이 불가능하기 때문이다. 공모형태로 자금을 조달한 경우에는 펀드 설정일로부터 90일 이내에 펀드를 한국거래소에 상장해야 하지만, 투자자 입장에서는 투자금 회수에 제약이 있을 수 있다. 따라서 부동산 펀드는 소액투자를 할 수 있다는 특징이 있으나, 원금 및 수익 보장형 상품이 아니고 중도환매가 제한되어 있어 주식이나 채권보다 현금화가 어려운 단점이 있다. 이와 같은 부동산 펀드는 리츠는 비슷해 보이지만 〈표 9-5〉에 나타낸 것과 같이 근거법이 다르고 운영 주관 정부 부처도 다를 뿐 아니라 운용방식에 차이가 있다.

 ## 2. 부동산 펀드의 종류

부동산 펀드는 그 투자하는 대상에 따라 실물형 부동산 펀드, 대출형 부동산 펀드, 권리형 부동산 펀드, 증권형 부동산 펀드, 파생상품형 부동산 펀드로 구분한다. 첫째, 실물형 부동산 펀드는 부동산 펀드의 투자대상으로 가장 기본적으로 부동산 자체에 투자하여 투자한 부동산을 운용함으로써 수익을 획득한다. 매매형 부동산 펀드,[16] 임대형 부동산 펀드,[17] 개량형 부동산 펀드,[18] 경공매형 부동산 펀드,[19] 개발형 부동산 펀드[20]가 여기에 해당한다.

둘째, 대출형 부동산 펀드는 프로젝트 파이낸싱형 부동산 펀드라고도 불린다. 주로 아파트, 상가, 오피스텔 등 부동산 개발에 필요한 자금을 대출해주고 대출원리금을 상환받아 투자자에게 돌려주는 펀드이다. 일반적으로 은행예금 금리보다 더 높은 수익률을 제공한다.

셋째, 권리형 부동산 펀드는 펀드재산의 50% 이상 70% 미만을 지상권, 지역권, 전세권, 임차권, 분양권 등에 투자하거나 채권금융기관이 채권자인 부동산을 담보로 한 금전채권에 투자하는 펀드이다.

넷째, 증권형 부동산 펀드는 펀드재산의 50% 이상 70% 미만을 부동산과 관련된 증권에 투자하는 펀드이다.

---

16) 펀드재산의 50% 이상 70% 미만을 부동산에 투자하여 취득한 후 매각을 통하여 수익을 획득하는 부동산 펀드이다.
17) 펀드재산의 50% 이상 70% 미만을 부동산에 투자하여 취득한 후 임대한 한 후 매각하는 부동산 펀드이다.
18) 펀드재산의 50% 이상 70% 미만을 부동산에 투자하여 취득한 후 부동산의 개량으로 부동산 가치를 증대시켜 매각하거나 임대 후 매각하는 부동산 펀드이다.
19) 펀드재산의 50% 이상 70% 미만을 경매나 공매로 싸게 나온 부동산에 투자하여 취득한 후 매각하거나 임대 후 매각하는 부동산 펀드이다.
20) 펀드재산의 50% 이상 70% 미만을 부동산에 투자하여 취득한 후 개발사업을 통한 분양이나 매각 또는 임대 후 매각하는 부동산 펀드이다.

다섯째, 파생상품형 부동산 펀드는 펀드재산의 50% 이상 70% 미만을 부동산을 기초자산으로 하는 선물, 옵션, 스왑에 투자하는 펀드를 말한다.

부동산 펀드는 다양한 종류의 부동산에 전문가가 투자함으로써 위험을 줄이고 안정적인 수익을 기대할 수 있다. 하지만 이 경우에도 부동산 투자로 인한 위험을 완전히 제거할 수가 없다는 것을 항상 염두에 두어야 한다.

예를 들어, 임대형 부동산 펀드의 경우 공실 위험 및 임차인의 신용도의 문제, 매각 시 시장환경 변화에 따른 부동산 가치하락 등의 위험이 존재한다. 개발형 부동산 펀드의 경우 관리 부실 및 개발사업 실패로 원금의 손실을 볼 수 있다. 대출형 부동산 펀드는 부동산개발회사의 프로젝트가 원활하게 진행되지 않거나 부동산 개발회사의 지급보증력이 약화될 경우에는 자금회수가 어렵기 때문에 투자손실의 위험이 존재한다.

Chapter 10

부동산감정평가의 이해

감정평가의 개요

 1. 감정평가의 기초

(1) 도량형

도량형은 경제활동이나 조세 및 행정 등에 있어서 표준단위를 정하는 것으로 동서고금을 막론하고 인간의 공동생활을 유지하는데 매우 중시되었다. 예를 들어, 길이측정이나 면적측정에 각 나라에서 사용해온 측정단위가 있으나 현재는 과학의 발전으로 많은 나라에서 미터(meter)법으로 통일하여 사용하고 있다.

토지나 건물 등 재산에 대한 경제적 가치를 평가하는 감정평가에는 길이나 면적을 우선 알아야 평가를 시작할 수 있는바, 길이와 면적에 대해서 공식적으로 사용되는 미터법과 척관법에 의한 단위를 〈표 10-1〉, 〈표 10-2〉에 정리하였다. 예를 들어, 토지대장에 지목인 대이며 면적은 2,000m²로 기록되어 있는 경우 평으로 환산하면 약 6,611.6평(= 2,000×3.3058)이다.

표 10-1 길이 척도

미터법	km		m		cm	
	1,000m		100cm		1/100m	
척관법	리	정	장	간	자(척)	치
	3.93km (36정)	109.08m (36장)	3.03m (10자)	1.8181m (6자)	30.3cm (10치)	3.03cm

표 10-2 면적 척도

미터법	km²		ha		a		m²		cm²	
	100ha (1,000,000m²)		100a (10,000m²)		100m²		10,000cm²		1/10,000m²	

척관법	미터법	토지단위			임야 단위			
	m²	평	홉	작	정	단	무	평(보)
정		3,000	30,000	300,000	1	10	100	3,000
단		300	3,000	30,000		1	10	300
무		30	300	3,000			1	30
평(보)	3.3058m² (= 121/400)	1	10	100				1
홉			1	10				
작				1				

(2) 도로의 유형

감정평가할 때 도로는 차도와 인도까지 합친 넓이를 기준으로 대상물건의 가치 형성에 직접적인 효용 증가의 영향을 주는지 판단한다. 규모별 도로의 구분은 〈표 10-3〉과 같이 하고 있으며, 감정평가 시에는 〈표 10-4〉와 같이 도로의 유형을 판단한다. 〈표 10-4〉에서 각지는 2개 이상의 가로 각에 해당하는 부분에 접하는 획지를 말하며 자동차통행이 가능하면 (가)로 표시하고 자동차통행이 불가능하면 (불)로 표시한다. 〈표 10-3〉의 소로 3류는 감정평가 시에는 세로(가)에 해당한다.

표 10-3 도로의 규모별 구분

	1류	2류	3류
광로	폭 70미터 이상	폭 50미터 이상 70미터 미만	폭 40미터 이상 50미터 미만
대로	폭 35미터 이상 40미터 미만	폭 30미터 이상 35미터 미만	폭 25미터 이상 30미터 미만
중로	폭 20미터 이상 25미터 미만	폭 15미터 이상 20미터 미만	폭 12미터 이상 15미터 미만
소로	폭 10미터 이상 12미터 미만	폭 8미터 이상 10미터 미만	폭 8미터 미만

자료: 「도시 · 군계획시설의 결정 · 구조 및 설치에 관한 규칙」 제9조

표 10-4 감정평가상 도로의 유형

구분	기재방법	내용
광대로한면	광대한면	폭 25m 이상의 토지에 한 면이 접하고 있는 토지
광대로-광대로 광대로-중로 광대로-소로	광대소각	광대로에 한 면이 접하고 소로(폭 8m 이상 12m 미만) 이상의 도로에 한면 이상 접하고 있는 토지
광대로-세로(가)	광대세각	광대로에 한 면이 접하면서 자동차통행이 가능한 세로(가)에 한 면 이상 접하고 있는 토지
중로한면	중로한면	폭 12m 이상 25m 미만 도로에 한 면이 접하고 있는 토지
중로-중로 중로-소로 중로-세로(가)	중로각지	중로에 한 면이 접하면서 중로, 소로, 자동차통행이 가능한 세로(가)에 한면 이상 접하고 있는 토지
소로한면	소로한면	폭 8m 이상 12m 미만의 도로에 한 면이 접하고 있는 토지
소로-소로 소로-세로(가)	소로각지	소로에 한 면이 접하면서 중로, 소로, 자동차통행이 가능한 세로(가)에 한 면 이상 접하고 있는 토지
세로한면(가)	세로(가)	자동차통행이 가능한 폭 8m 미만의 도로에 한 면이 접하고 있는 토지

구분	기재방법	내용
세로(가)-세로(가)	세각(가)	자동차통행이 가능한 세로에 두면 이상이 접하고 있는 토지
세로한면(불)	세로(불)	자동차통행이 불가능하나 이륜자동차의 통행이 가능한 세로에 한 면이 접하고 있는 토지
세로(불)-세로(불)	세각(불)	자동차통행이 불가능하나 이륜자동차의 통행이 가능한 세로에 두 면이 접하고 있는 토지
맹지	맹지	이륜자동차의 통행이 불가능한 도로에 접한 토지에 도로에 접하지 아니한 토지

자료: 「S+감정평가실무」, 박문각, 2022, p. 32

📖 읽을 거리

감정평가 잘 받는 법, 내 토지의 형상이 중요하다

극단적으로 말하면 이 세상에 완벽하게 동일한 토지는 없다. 이것을 부동산학에서는 토지의 '개별성'이라고 한다. 설령 택지개발지구 내 면적(크기)과 형상(토지 모양)이 똑같은 토지가 여러 필지 존재할지라도 주된 도로변으로부터의 깊이(위치)는 각각 상이하다.

물론 개별적인 특성이 유사한 토지 간에는 가격적으로 큰 격차가 없어야 온당하다. 그러나 위치, 도로조건, 규모, 지세 등이 유사한 토지 사이에서 보상액 차이가 발생했다면 '형상'에 따른 가치의 우열이 반영됐을 가능성이 크다. 감정평가를 잘 받고 싶은 경우 토지의 형상에 대한 판별방법을 알아두었다가 활용하면 도움이 된다.

토지의 형상은 크게 분류하면 정방형과 부정형으로 나눌 수 있다. 정방형은 모양이 네모 반듯하게 잘생긴 토지를 생각하면 된다. 정방형에는 정방형, 가로장방형(가장형), 세로장방형(세장형) 그리고 때에 따라서 사다리형까지 포함되기도 한다. 어떤 형상이 있는 토지의 범주에 들어간다. 이때 형상은 인접도로 방향을 기준으로, 도로에 접한 면이 가로가 길면 가장형이고 세로로 길면 세장형으로 판단한다. 부정형은 형태의 정함이 없는 토지다. 대표적으로 삼각형, 역삼각형, 장화 모양의 자루형 토지가 있고 이외에도 일정한 형상이 없는 토지를 통틀어 부정형 토지라고 한다.

토지의 형상이 정형화돼 멋지면 시장에서 더 좋은 가격에 거래되며, 감정평가 시에도 더 높은 효용을 가진 토지로 판단하게 된다. 예를 들어, 똑같은 100평의 토지 2필지가 있는데, 둘 다 용도지역이 제2종일반주거지역이고, 건폐율이 60% 적용되며 가정의 편의상 1층만 짓는다고 해보자. 두 필지 다 100평 2개의 필지에 60평 모두를 활용할 수 있다. 근데 한 필지는 정사각형 모양이고 다른 필지는 별 모양이라면 어떻게 건축을 해야 할까.

정방형 토지에는 무리 없이 바닥면적이 60평인 건물을 지어내고 나머지 40평을 다른 용도로 알차게 활용할 수 있을 것이다. 별 모양 토지에는 60평짜리 건물을 짓기가 애매하다.

가운데에 놓으면 나머지 삐죽삐죽 튀어나온 별의 팔다리 부분을 제대로 쓸 수가 없고, 토지 모양에 맞춰 별 모양 건물을 짓자니 건축비도 훨씬 비쌀 뿐 아니라 활용성도 떨어진다. 부정형이 심할수록 토지에 부여된 건폐율을 다 활용하지 못하거나 잔여토지(공지)의 활용이 어려워지게 된다. 부동산학에서는 최유효이용 미달 토지라고 표현하며 이는 자연히 시장가치에 반영된다.

한편 토지 형상에 따른 가치는 이용 상황에 따라 우열의 격차율이 달리 적용된다. 그러나 이용 상황 여하를 불문하고 정방형이 부정형보다는 감정평가 시 유리하게 적용된다. 토지가 동일한 형상이라도 이용 상황에 따라 더 큰 가치를 갖기도 하고 별다른 가치 차이가 나지 않기도 한다.

먼저 상업용 토지의 경우, 도로에 접한 면이 길수록 토지 및 건물이 외부로 노출되는 효과가 크다. 이른바 광고효과, 유인효과, 고객포착률 측면에서 가장형이 세장형보다 유리하기 때문이다. 따라서 고객을 유인해야 하는 상업용 부동산일수록 가장형 토지가 높은 가치를 갖는다. 그러나 주거용 토지라면 사생활보호 차원, 소음 차원에서 가장형 토지보다는 오히려 정방형이나 건축에 큰 문제가 없는 수준인 사다리형을 선호할 수도 있다. 따라서 반드시 가장형이 다른 형상에 비해 엄청나게 우세하다고 볼 수 없게 된다.

[매거진한경(magazine.hankyung.com), 2023. 12. 24.]

2. 가치와 가격

1776년 Adam Smith는 자신의 저서인 국부론에서 모든 상품의 가치(value)를 사용가치(value in use)와 교환가치(value in exchange)로 구분하였다. 사용가치는 총효용을 말하고 교환가치는 두 재화의 가격비율인 상대가격을 의미한다. 예를 들어, B재화의 가격이 싼데 A재화의 가격이 비싸면 A재화의 교환가치가 크다는 의미이다.[1]

이후 Irving Fisher는 미래 기대되는 편익(benefit)을 현재가치로 환산(할인)한 값을 가치(value)라고 보았다. 예를 들어, A기계에서 1년 후에 110만원이 발생한다

---

1) 사용가치가 높은 물은 값이 싸고 사용가치가 낮은 다이아몬드는 값이 비싼 현상을 스미스의 역설(가치의 역설)이라고 부르는데, 이 현상은 1870년대에 등장한 한계효용이론에 의해서 역설적 현상이 아닌 합리적 현상이라는 것이 밝혀졌다

고 하자. A기계에서 발생하는 1년 후 110만원을 현재시점의 크기로 환산한 값이 A기계의 가치인 바, 그렇다면 현재 얼마가 1년 후에 110만원이 되겠는가? 이는 110만원을 1+이자율로 나누어 구할 수 있다. 이렇게 구한 값을 현재가치라고 한다. 부동산에서는 Fisher의 가치개념을 일반적으로 사용하고 있다.

한편, 경제학에서 가격(price)은 어떤 상품이 그 상품 한 단위와 교환되는 화폐액이라고 정의한다. 즉, 수요과 공급에 의해 시장에서 합의한 거래금액을 말하는데, 가격의 본질은 가치이며 시장의 자동조절기능에 의해 장기적으로 볼 때 가격과 가치는 같아진다고 본다.

하지만 부동산과 같은 내구재의 경우에는 미래에 기대되는 편익은 금전적인 편익과 비금전적인 편익 모두를 포함하고 있으며, 이 편익의 가치를 정확하게 반영하고 있지 않으므로 가격과 가치가 동일하지 않고 다음과 같은 관계가 있다고 보기도 한다. 첫째, 가격은 시장에서 실제로 지불된 교환의 대가로서 화폐단위로 구현된 객관적·구체적인 개념이고 가치는 미래 기대되는 편익을 현재가치로 환산한 값으로 주관적·추상적인 개념이다. 둘째, 가격은 시장에서 실제로 지불된 금액이므로 과거의 값이고 가치는 미래 기대되는 편익을 현재시점으로 환산한 값이다. 셋째, 가격의 본질은 가치이고 가격은 가치에 의해 결정된다. 하지만 부동산시장은 시장의 불완전요소로 인해 가격이 가치를 정확하기 반영하고 있다고 볼 수 없으므로 가격은 가치에 오차가 반영되어 단기적으로 가격과 가치는 일치하지 않을 수 있으나 장기적으로 볼 때 가격과 가치는 일치한다. 넷째, 가격은 시장에서의 수요와 공급에 의해 결정된 하나만 존재하는 데 비해 가치는 미래 편익을 보는 관점에 따라 다양한 가치개념이 있다.

이와 같은 다양한 측면에서의 가격 및 가치개념 외에도 투자의 귀재라고 평가받는 Warren Buffett은 "당신이 내는 돈은 가격이지만, 돈을 내고 얻는 것은 가치라고 부른다."라는 말로 가격과 가치의 차이를 구분하였다. 즉, 가격은 돈의 절대 크기(액수)이고 가치는 인플레이션을 고려한 화폐가치라는 의미이다. 따라서 은행계좌 안에 있는 돈으로 얼마나 살 수 있는지는 돈의 가격이 아니라 돈의 가치가 알려준다.

3. 시장가치와 시장가치 외의 가치

(1) 시장가치

감정평가는 토지 등[2])의 경제적 가치를 판정하여 그 결과를 가액[3])으로 표시하는 것(「감정평가 및 감정평가사에 관한 법률(이하, 감정평가법)」 제2조 2항)을 말하는데, 대상물건의 감정평가액은 시장가치와 시장가치 외의 가치를 기준으로 결정할 수 있다고 규정하고 있다(「감정평가에 관한 규칙」 제5조).

감정평가 시의 시장가치는 대상물건이 시장에서 거래를 위해 충분한 기간에 공개된 후 그 대상물건에 대해 정통한 당사자 간에 신중하고 자발적인 거래가 있을 경우 성립될 가능성이 가장 높다고 인정되는 대상물건의 가액[4])을 의미한다.

(2) 시장가치 외의 가치

시장가치 외의 가치로의 평가는 ① 법령에 다른 규정이 있는 경우 해당 법령에 따른다. 즉, 「공익사업을 위한 토지 등의 취득 및 보상에 관한 법률(이하, 토지보상법)」에 의한 보상평가[5])를 할 경우와 「부동산가격공시에 관한 법률(이하, 부동산공시법)」에 의한 적정가격[6]) 공시의 경우에는 표준지공시지가로 하고, 「감정평가실무기

---

2) 토지 등이란 ① 토지 및 그 정착물, ② 동산, ③ 저작권·산업재산권·어업권·양식업권·광업권 및 그 밖의 물권에 준하는 권리, ④ 「공장 및 광업재단 저당법」에 따른 공장재단과 광업재단, ⑤ 「입목에 관한 법률」에 따른 입목, ⑥ 자동차·건설기계·선박·항공기 등 관계 법령에 따라 등기하거나 등록하는 재산, ⑦ 유가증권과 이들에 관한 소유권 외의 권리를 말한다(「감정평가법」 제2조 1호).

3) 교환거래에서 매도자와 매입자가 상호 합의한 거래금액을 가격이라고 하는데, 감정평가에서는 실무관행에 따라 가격이라는 표현 대신 가액이라는 용어를 쓴다.

4) Richard U. Ratcliff는 부동산 시장은 불완전하기 때문에 부동산가격이 얼마라는 절대적인 확신을 갖고 얼마에 거래될 것이라고 예측하는 것은 불가능하다고 하면서 감정평가는 성립 가능한 시장가격행태를 예측하는 것, 즉 평가 대상 자산(subject property)의 거래가능가격(probable market price)을 예측하는 것이라고 하였다.

5) 협의나 재결에 의하여 취득하는 토지에 대하여는 「부동산공시법」에 따른 공시지가를 기준으로 하여 보상하되, 그 공시기준일부터 가격시점(보상액 산정의 기준이 되는 시점: 보상액의 산정은 협의에 의한 경우에는 협의 성립 당시의 가격을, 재결에 의한 경우에는 수용 또는 사용의 재결 당시의 가격을 기준으로 함(제67조))까지의 관계 법령에 따른 그 토지의 이용계획, 해당 공익사업으로 인한 지가의 영향을 받지 아니하는 지역의 대통령령으로 정하는 지가변동률, 생산자물가상승률(한국은행이 조사·발표하는 생산자물가지수에 따라 산정된 비율)과 그 밖에 그 토지의 위치·형상·환경·이용상황 등을 고려하여 평가한 적정가격으로 보상하여야 한다(제70조 1항).

6) 「토지보상법」상의 적정가격은 헌법상 정당보상(판례: 완전보상으로서 재산권의 객관적인 가치를 완전하게 보상하는 것)을 전제로 한 가격개념으로서 해당 공익사업으로 인한 개발이익만을 배제하고, 현실의 지가변동 및 해당 사업이 아닌 다른 공익사업에 의한 개발이익이 반영되는 객관적·현실적 가격개념이다.

준」에 의한 재무보고 목적의 감정평가(재무보고평가) 시에는 공정가치로 평가한다.

또한, ② 감정평가의뢰인의 요청하는 경우, ③ 평가목적이나 교회, 사찰, 학교 등과 같이 대상물건의 특성에 비추어 사회통념상 필요하다고 인정되는 경우에도 시장가치 외의 가치로 평가할 수 있다.

1) 공정가치

시장가치 외의 가치는 공정가치, 장부가치, 교환가치, 사용가치, 투자가치, 공익가치, 과세가치 등 다양하게 많다. 공정가치는 「한국채택국제회계기준」에 따라 자산 및 부채의 가치를 추정하기 위한 기본적 가치기준으로서 합리적인 판단력과 거래의사가 있는 독립된 당사자 사이의 거래에서 자산이 교환되거나 부채가 결제될 수 있는 금액을 말한다(「감정평가실무기준」).

2) 장부가치

장부가치는 대상 자산의 최초 취득가격에서 감가상각비를 차감한 후의 남은 장부상의 잔존가치로 주로 회계 및 세무 목적으로 사용한다.

3) 교환가치

교환가치는 시장에서 교환(매매)을 전제로 한 객관적인 가치이다. 최유효이용을 전제로 교환가치로서의 시장가치가 감정평가를 할 때의 기본적인 가치개념이라고 할 수 있다.

4) 사용가치

사용가치는 특정한 용도로 사용된다는 것을 전제로 사용자가 갖는 주관적인 가치이다. 예를 들어, 골동품은 사용가치는 낮지만 교환가치는 높을 수 있다.

5) 투자가치

투자가치는 특정한 투자목적에 따라 투자자가 느끼는 주관적인 가치를 말한다. 시장에서의 객관적인 가치는 시장가치인데 비해 투자자가 갖는 주관적인 가치가

반면, 「부동산공시법」상의 적정가격은 행정 목적의 법정가격, 정책적·행정적 가격, 가치지향적·규범적 가격개념이다.

투자가치이므로 투자자는 시장가치와 투자가치를 비교하여 투자의사결정을 한다.

6) 공익가치

공익가치는 보존 및 보전과 같은 공익목적의 비경제적으로 어떤 부동산을 최유효이용하는 경우에 부동산이 가지는 가치이다.

7) 과세가치

과세가치는 세금 부과 시에 기준으로서 관련 법에 의해 조정된 부동산 가치를 말한다.

 4. 가치발생요인

일반적으로 시장참여자들은 대가를 지불하고 부동산을 취득하는데 이 과정에서 합당한 부동산 가치가 생기기 위해서는 효용, 상대적 희소성, 유효수요, 이전성이 필요하며 이를 부동산의 가치발생요인이라고 한다.

(1) 효용

효용(utility)은 재화나 서비스를 소비함으로써 주관적으로 느끼는 만족을 말한다. 효용의 크기는 기수적 효용과 서수적 효용으로 측정할 수 있다.[7] 부동산의 효용은 용도의 차이에 따라 다르게 나타난다.

예를 들어, 주거용 부동산인 경우에는 주거환경의 편리성이나 쾌적성 등이 좋을 때 효용이 클 것이고, 상업용 부동산은 수익성이 높을 때 효용이 클 것이다. 또한 공업용 부동산은 생산되는 생산물이 많거나 생산비용이 낮을 때 효용성이 높다. 이와 같은 부동산의 효용은 일반 재화의 향유적인 효용과 달리 부동산의 영속

---

7) 기수적 효용은 양적으로 측정된 효용을 말한다. 예를 들어, 콜라의 효용이 1이고 사이다의 효용이 2라면 콜라의 효용은 사과의 효용보다 정확하게 2배 크다고 하는 것이 기수적 효용이다. 서수적 효용은 크기의 순서로만 측정된 효용이다. 예를 들어, 효용이 얼마나 큰지는 표시하지 않고 단지 사이다의 효용이 콜라의 효용보다 크다라고만 하는 것이 서수적 효용이다. 따라서 기수적 효용에서는 효용의 차이가 중요한 의미를 갖지만 서수적 효용에서는 아무런 의미를 갖지 못한다.

성, 다양성, 투자 및 수익성 등의 특성으로 인해 영속적 효용, 다용도적 효용, 보유적 효용을 가진다.

(2) 상대적 희소성

사회구성원의 욕구에 비하여 그 욕구를 충족시켜줄 수 있는 자원이 상대적으로 부족한 현상을 희소성이라고 한다. 자원의 희소성이 문제가 없을 경우에는 사회구성원의 욕구를 충분히 총족시켜줄 정도로 많은 상품을 생산할 수 있으므로 경제문제가 발생하지 않는다.

희소성은 상품의 수요와 공급 모두에 영향을 미치지만, 일반적으로 부동산시장의 경우 수요에 비해 공급이 상대적으로 부족하여 공급의 희소성이 크다고 할 수 있다. 특히 토지는 자연적 특성인 부증성으로 인해 공급량이 한정되어 있어 비탄력적이지만 수요는 사회의 산업화, 도시화, 인구증가 등으로 인해 일반적으로 증가하여 희소성이 심화 됨에 따라 토지가치는 더욱 커진다.

(3) 유효수요

유효수요(effective demand)는 구매력이 뒷받침되는 총수요를 말한다. 즉, 실질적으로 살 의사와 지불능력을 갖춘 구매능력이다. 부동산의 경우 일반 재화와 달리 일반적으로 고가이므로 지불능력이 없는 잠재수요는 의미가 없고 실제로 지불능력을 갖춘 유효수요가 중요하다. 따라서 유효수요는 부동산 가치에 큰 영향을 미친다.

(4) 이전성

이전성은 부동산의 소유권을 비롯한 모든 권리가 수요자에게 자유롭게 이전될 수 있어야 함을 의미한다. 부동산이 가치를 갖기 위해 경제적 측면에서 보면 효용이 있어야 하고, 상대적으로 희소해야 하며, 유효수요가 있어야 한다는 것을 알 수 있으나, 여기에 더하여 부동산을 소유했을 때 법적 측면에서 모든 권리가 이전되어야 부동산이 가치를 갖게 된다.

5. 가치형성요인

부동산의 가치형성요인이란 대상물건의 경제적 가치에 영향을 미치는 일반요인, 지역요인, 개별요인 등을 말한다(「감정평가에 관한 규칙」제2조 4호). 이러한 요인들이 부동산의 가치발생요인에 영향을 주고 서로 유기적인 상호관계를 가지면서 부동산의 가치를 형성한다.

(1) 일반요인

일반요인은 대상물건이 속한 전체 사회에서 대상물건의 이용과 가격수준 형성에 전반적으로 영향을 미치는 일반적인 요인을 말한다.(「감정평가실무기준」) 부동산의 가격수준 형성에 일반요인이 모든 지역에서 동일하게 영향을 주지는 않는다. 부동산은 지역적 특성으로 인해 지역별로 서로 다른 영향을 미치는데 이를 일반요인의 지역지향성이라고 한다.

(2) 지역요인

지역요인은 대상물건이 속한 지역의 가격수준 형성에 영향을 미치는 자연적·사회적·경제적·행정적 요인을 말한다(「감정평가실무기준」).

1) 자연적 요인

자연적 요인은 부동산가격수준 형성에 영향을 미치는 자연적 환경 및 특성을 말한다. 예를 들어, 지세, 지질, 일조, 강수, 기후, 광물 및 에너지자원 등의 자연적 환경 및 특성뿐만 아니라 교통체계, 철도, 공항, 가용수로 등의 인공환경도 포함된다.

2) 사회적 요인

사회적 요인은 부동산가격수준 형성에 영향을 미치는 사회적 환경 및 현상을 말한다. 예를 들어, 인구상태, 가족구성 및 분리상태, 교육 및 사회복지 수준, 생활양식, 정보화 수준, 건축양식, 도시형성 및 공공시설의 정비상태, 부동산 거래·사용·수익에 대한 관행 등이 있다.

3) 경제적 요인

경제적 요인은 부동산가격수준 형성에 영향을 미치는 경제적 상황을 말한다. 예를 들어, 저축·투자·소비·국제수지 정도, 물가·임대료·임금·고용수준, 기술수준·산업구조 상태, 재정·금융·세부담 수준, 교통체계의 상태 등이 있다.

4) 행정적 요인

행정적 요인은 부동산가격수준 형성에 영향을 미치는 규제 및 기타 행정적 조치를 말한다. 예를 들어, 부동산정책, 토지이용계획 및 규제, 토지제도, 공시지가제도, 부동산가격과 임대료 규제, 부동산세제 등이 있다.

(3) 개별요인

개별요인은 대상물건의 구체적 가치에 영향을 미치는 대상물건의 고유한 개별적 요인을 말한다(「감정평가실무기준」). 부동산의 가격수준에 영향을 미치는 개별요인은 토지의 개별요인과 건물의 개별요인 그리고 토지와 건물의 복합적 측면에서의 개별요인으로 나눠볼 수 있다.

예를 들어, 위치, 면적, 지세(토지의 생긴 그대로의 상태), 통풍, 접면가로와의 관계 및 구조, 공공시설 및 상업시설과의 접근성 등은 부동산가격수준에 영향을 주는 토지의 개별요인이다. 그리고, 설계, 시공의 질과 양, 구조, 면적, 높이, 환경과의 적합성, 법규의 규제 등은 건물의 개별요인이며, 건물의 배치상태, 건물용도와 부지용도의 적합성 등은 복합적인 측면에서의 개별요인이라고 볼 수 있다.

제2절

감정평가방식

1. 감정평가 3방식

　토지·건물 등과 같은 재산에 대한 경제적 가치를 판정할 때 일반적으로 시장성, 비용성, 수익성이라는 가격의 세 가지 측면에서 분석할 수 있다. 시장성은 생산된 재화가 시장에서 얼마의 가격으로 거래되고 있는지의 수요·공급 측면에서의 가격결정을 말한다. 비용성은 어떤 재화를 생산하기 위해 얼마만큼의 비용이 투입되는가, 즉 투입되는 비용의 크기에 의해 가격이 결정되는 공급 측면에서의 가격을 말한다. 수익성은 재화의 미래 기대되는 수익의 크기에 의해 가격이 결정되는 수요 측면에서의 가격을 말한다.

　일반 상품에 대해서 시장성, 비용성, 수익성 측면에서의 경제적 가치 판단의 기준은 토지·건물 등의 부동산감정평가 시에도 적용하여 비교방식(시장접근법), 원가방식(비용접근법), 수익방식(소득접근법)이라고 부른다. 이 세 가지의 감정평가방식을 감정평가의 3방식이라고 하며, 〈표 10-5〉에 정리하였다.

　감정평가의 3방식은 대상물건의 최종적인 감정평가액을 결정하기 전에 각 감정평가방법에 따라 계산된 금액인 시산가액을 계산한다. 비교방식(시장접근법)으로 산출된 거래가격의 시산가액은 비준가액(유추가액), 임대료의 시산가액은 비준임료(유추임료)라고 한다. 원가방식(비용접근법)으로 산출된 거래가격의 시산가액은 적산가액, 임대료의 시산가액은 적산임료라고 한다. 수익방식(소득접근법)으로 산출된 거래가격의 시산가액은 수익가액, 임대료의 시산가액은 수익임료라고 한다.

표 10-5 감정평가 3방식

근거	감정평가 3방식	시산가액	방법	특징
시장성	비교방식 (시장접근법)	시산가액	공시지가기준법(토지)	균형가격
		비준가액	거래사례비교법(토지, 건물)	
		비준임료	임대사례비교법	
비용성	원가방식 (비용접근법)	적산가액	원가법(토지, 건물)	공급자가격
		적산임료	적산법	
수익성	수익방식 (소득접근법)	수익가액	수익환원법(토지, 건물)	수요자가격
		수익임료	수익분석법	

(1) 비교방식

시장성의 원리에 기초한 감정평가방식을 비교방식(시장접근법)이라고 한다. 비교방식(시장접근법)에는 공시지가기준법과, 거래사례비교법 및 임대사례비교법이 있다.

공시지가기준법은 비교표준지 선정, 시점수정, 지역요인 비교, 개별요인 비교, 그 밖의 요인의 보정을 거쳐 대상토지의 가액을 산정하는 방법이다. 한편, 적정한 실거래가[8]를 기준으로 토지를 감정평가할 때에는 거래사례비교법을 적용해야 한다(「감정평가에 관한 규칙」 제14조).[9]

거래사례비교법은 대상물건과 가치형성요인이 같거나 비슷한 물건의 거래사례와 비교하여 대상물건의 현황에 맞게 사정보정, 시점수정, 가치형성요인 비교 등의 과정을 거쳐 대상물건의 가액을 산정하는 감정평가방법이다(「감정평가에 관한 규칙」 제2조 7호).

임대사례비교법은 대상물건과 가치형성요인이 같거나 비슷한 물건의 임대사례

---

8) 적정한 실거래가란 「부동산거래법」에 따라 신고된 실제 거래가격(이하, 거래가격)으로서 거래 시점이 도시지역(「국토계획법」 제36조에 따른 도시지역)은 3년 이내, 그 밖의 지역은 5년 이내인 거래가격 중에서 감정평가법인 등이 인근 지역의 지가 수준 등을 고려하여 감정평가의 기준으로 적용하기에 적정하다고 판단하는 거래가격을 말한다(「감정평가에 관한 규칙」 제2조 12호).

9) 토지를 감정평가하는 경우에는 그 토지와 이용가치가 비슷하다고 인정되는 부동산가격공시에 관한 법률에 따른 표준공시지가를 기준으로 하여야 한다. 다만, 적정한 실거래가가 있는 경우에는 이를 기준으로 할 수 있다(「감정평가법」 제3조).

와 비교하여 대상물건의 현황에 맞게 사정보정, 시점수정, 가치형성요인 비교 등의 과정을 거쳐 대상물건의 임대료를 산정하는 감정평가방법이다(「감정평가에 관한 규칙」 제2조 8호).

(2) 원가방식

비용성의 원리에 기초한 감정평가방식은 원가방식(비용접근법)이라고 한다. 원가방식(비용접근법)에는 원가법 및 적산법이 있다.

원가법은 대상물건의 재조달원가에 감가수정을 하여 대상물건의 가액을 산정하는 감정평가방법이다(「감정평가에 관한 규칙」 제2조 8호).

적산법은 대상물건의 기초가액에 기대이율을 곱하여 산정된 기대수익에 대상물건을 계속하여 임대하는 데에 필요한 경비를 더하여 대상물건의 임대료(사용료 포함)를 산정하는 감정평가방법이다(「감정평가에 관한 규칙」 제2조 6호).

(3) 수익방식

수익성의 원리에 기초한 감정평가방식은 수익방식(소득접근법)이라고 한다. 수익방식(소득접근법)에는 수익환원법 및 수익분석법이 있다.

수익환원법은 대상물건이 장래 산출할 것으로 기대되는 순수익이나 미래의 현금흐름을 환원하거나 할인하여 대상물건의 가액을 산정하는 감정평가방법이다(「감정평가에 관한 규칙」 제2조 10호).

수익분석법은 일반기업 경영에 의하여 산출된 총수익을 분석하여 대상물건이 일정한 기간에 산출할 것으로 기대되는 순수익에 대상물건을 계속하여 임대하는 데에 필요한 경비를 더하여 대상물건의 임대료를 산정하는 감정평가방법이다(「감정평가에 관한 규칙」 제2조 11호).

2. 비교방식: 공시지가기준법

(1) 공시지가기준법의 개요

공시지가기준법에 따라 토지를 감정평가할 때에는 비교표준지 선정, 시점수정, 지역요인 비교, 개별요인 비교, 그 밖의 요인 보정의 순서에 따라 식(10-1)과 같이 시산가액을 계산한다.

$$시산가액(원/m^2) = 표준지공시지가(원/m^2) \times 시점수정 \times 지역요인\ 비교$$
$$\times 개별요인\ 비교 \times 그\ 밖의\ 요인\ 비교 \qquad (10-1)$$

(2) 표준지공시지가

표준지공시지가는 토지시장에 지가정보를 제공하고 일반적인 토지거래의 지표가 되며, 국가·지방자치단체 등이 그 업무와 관련하여 지가를 산정하거나 감정평가법인 등이 개별적으로 토지를 감정평가하는 기준이 된다(「부동산공시법」 제9조).

국토교통부장관은 토지이용상황이나 주변 환경, 그 밖의 자연적·사회적 조건이 일반적으로 유사하다고 인정되는 일단의 토지 중에서 선정한 표준적인 토지인 표준지에 대하여 매년 공시기준일 현재의 단위면적당 적정가격을 조사·평가하고, 중앙부동산가격공시위원회의의 심의를 거쳐 이를 공시하여야 한다(「부동산공시법」 제3조).

여기서 적정가격은 토지, 주택 및 비주거용 부동산에 대하여 통상적인 시장에서 정상적인 거래가 이루어지는 경우 성립될 가능성이 가장 높다고 인정되는 가격 (「부동산공시법」 제2조 5항)이며, 중앙부동산가격공시위원회의 심의를 거쳐 공시된 적정가격이 표준지공시지가다.

그리고 국토교통부장관이 표준지를 선정할 때에는 일단의 토지 중에서 해당 일단의 토지를 대표할 수 있는 필지의 토지를 선정해야 하고(「부동산공시법」 제2조), 토지의 감정평가 및 개별공시지가[10]의 산정 등에 효율적으로 활용되고 일반적인

---

10) 개별공시지가란 공시지가와 토지가격비준표를 기초로 하여 지방자치단체의 공무원이 산정한 지가로서,

지가정보를 제공할 수 있도록 표준지를 선정·관리해야 한다(「표준지의 선정 및 관리 지침」제7조).

감정평가 시 비교표준지의 선정은 가치형성요인의 유사성에 초점을 둔다. 즉, 인근지역에 있는 표준지 중에서 대상토지와 용도지역, 이용상황, 주변환경 등이 같거나 비슷하여 유사한 이용가치를 지닌다고 인정되어 대상토지의 감정평가 시에 비교기준으로 선정한다.

비교표준지의 구체적인 선정기준은 ① 용도지역, 용도지구, 용도구역 등 공법상 제한사항이 같거나 비슷할 것, ② 실제 이용 상황이 같거나 비슷할 것, ③ 주변환경 등이 같거나 비슷할 것, ④ 인근지역에 위치하여 지리적으로 가능한 한 가까이 있을 것이라는 순서에 따라 선정한다. 다만, 인근지역에 적절한 표준지가 없는 경우에는 인근지역과 유사한 지역적 특성을 갖는 동일수급권 안의 유사지역에 있는 표준지를 선정할 수 있다.

📖 읽을 거리

경기도 표준지공시지가 전년 대비 1.35%↑…전국 두 번째 상승률

경기도내 7만 1천 227필지의 표준지공시지가가 지난해보다 1.35% 올랐다. 이는 전국 평균인 1.09%를 상회하는 수준으로, 전국에서 두 번째로 높은 상승률을 보였다. 25일 경기도에 따르면 국토교통부는 최근 부동산 시장의 변동성이 낮아 2024년 적용 현실화율을 전년과 동일하게 지난 2020년 수준인 65.5%로 동결했다.

국토부는 지난해 8월부터 약 5개월간 한국부동산원과 감정평가법인 소속 감정평가사 조사, 토지 소유자와 시·군·구의 의견 청취, 중앙부동산가격 공시위원회의 심의 등의 과정을 거쳐 경기도 표준지공시지가를 결정해 이날 공시했다. 표준지공시지가는 매년 1월 1일 기준의 토지에 대한 적정가격을 평가·공시해 개별공시지가 산정과 토지에 대한 감정평가의 기준, 토지시장의 지가정보 제공 등으로 활용된다.

전국 17개 시·도 평균상승률은 1.09%다. 전국에서 세종시(1.59%)가 가장 많이 올랐고, 경기도(1.35%)가 그 뒤를 이었다. 또 도내 시·군별 표준지공시지가 변동률을 보면 용인특례시 처인구(4.84%), 성남시 수정구(2.71%), 광명시(2.2%), 시흥시(2.09%), 수원

시장·군수 또는 구청장이 결정·공시하는 지가이다. 즉, 시장·군수 또는 구청장은 국세·지방세 등 각종 세금의 부과, 그 밖의 다른 법령에서 정하는 목적을 위한 지가산정에 사용되도록 하기 위하여 시·군·구 부동산가격공시위원회의 심의를 거쳐 매년 공시지가의 공시기준일 현재 관할 구역 안의 개별토지의 단위면적당 가격(개별공시지가)을 결정·공시하고, 이를 관계 행정기관 등에 제공하여야 한다(「부동산공시법」제10조.)

특례시 팔달구(2.04%), 성남시 분당구(1.87%), 평택시(1.85%) 등이 경기도 평균을 웃도는 것으로 나타났다. 주요 상승 요인으로는 반도체 클러스터 국가산업단지 조성(용인 처인), 제2판교테크노밸리 조성(성남 수정), 3기 신도시 조성(광명·시흥), 팔달10구역 재개발사업(수원 팔달) 등 개발사업 호재에 따른 것으로 확인됐다. 반면 동두천시(-0.40%), 양평군(-0.23%) 등은 하락세를 기록한 것으로 나타났다. 주요 하락 요인은 부동산 거래량이 전년 대비 약 60% 수준으로 급감하는 등 부동산 시장 침체 영향인 것으로 분석됐다.

표준지공시지가는 국토부 및 표준지 소재지 시·군·구 민원실에서 다음 달 23일까지 열람하면 된다. 같은 기간 해당 시·군·구 민원실 또는 국토부(부동산평가과)로 이의신청을 할 수 있다. 이의신청이 제출된 표준지는 감정평가사, 교수 등 전문가로 구성된 외부점검단의 심층심사 및 중앙부동산가격 공시위원회의 심의를 거쳐 변경이 필요한 경우 3월 14일 조정·공시될 예정이다.

[경기일보(www.kyeonggi.com), 2024. 1. 25.]

(3) 시점수정

대상토지의 공시지가의 거래시점(공시시점)과 대상토지의 기준시점(대상토지의 감정평가액을 결정하는 기준이 되는 날, 즉 대상토지의 가격조사를 완료한 날)이 일치하지 않을 경우 가격에 변동이 있다. 따라서 대상토지의 가격을 기준시점의 가치 수준으로 수정하는 것을 시점수정이라고 한다.

시점수정은 원칙적으로 국토교통부장관이 조사·발표하는 비교표준지가 있는 시(군·구)의 같은 용도지역 지가변동률을 적용한다. 다만, 같은 용도지역의 지가변동률 적용이 불가능하거나 적절하지 않다고 판단되면 공법상 제한이 같거나 비슷한 용도지역의 지가변동률, 이용상황별 지가변동률 또는 해당 시(군·구)의 평균지가변동률을 적용해야 한다. 그리고 지가변동률 적용이 불가능하거나 적절하지 않은 경우[11]에는 한국은행이 조사·발표하는 생산자물가지수에 따라 산정된 생산자물가상승률을 적용해야 한다. 시점수정은 식(10-2)와 같이 지수방식과 변동률적용방식이 있다.

---

11) 토지조성비용 등을 기준으로 평가하거나 그 밖에 특별한 이유가 있다고 인정되는 경우에는 생산자물가상승률을 적용하여 시점수정할 수 있다.

$$지수방식: 시점수정 = \frac{기준시점의\ 가격지수\ (대상부동산의\ 가격지수)}{거래시점의\ 가격지수\ (사례부동산의\ 가격지수)}$$

$$변동률적용방식: 시점수정 = (1 + 가격변동률)^n \tag{10-2}$$

예를 들어, 생산자물가지수가 20X3년 12월말에 130.2이고 20X4년 3월말에 132.6, 4월말에 아직 미고시되었다고 하자. 20X4년 1월 1일이 공시기준일이고, 20X5년 5월 3일이 기준시점일 때 지수방식에 의한 시점수정치 1.018(= 132.6/130.2)을 시산가액 계산 시 적용한다.

한편, 변동률적용방식으로 시점수정을 할 경우에는 유의사항이 있다. 첫째, 공시지가의 공시기준일(매년 1월 1일) 오전 0시(또는 전년도 12월 31일 24시)부터 기산하기 때문에, 공시지가의 초일과 기준시점을 모두 시점수정에 편입해야 한다. 둘째, 비교표준지가 속한 지역의 지가변동률을 적용하고, 지가변동률의 산정은 기준시점 직전 월까지의 지가변동률 누계에 기준시점 해당 월의 경과일수(해당 월의 첫날과 기준시점일을 포함) 상당의 지가변동률을 곱하는 방법(소수점 넷째 자리에서 반올림)으로 계산한다. 셋째, 공시기준일, 거래시점 등과 기준시점이 동일한 경우 하루치 지가변동률을 계산할 것을 권장한다.

예를 들어, 자연녹지 내 전(밭)의 20X4년 8월 지가변동률은 0.840%이고 20X4년 8월(누계)의 지가변동률은 3.226%이며, 20X4년 9월의 지가변동률은 미고시되었다. 공시기준일은 20X4년 1월 1일, 기준시점은 20X4년 10월 7일이라고 하자. 변동률적용방식으로 시점수정치를 계산할 경우 기준시점일까지 날짜 계산에 편입하여 1.043(= (1 + 0.03226)(1 + 0.00840 × 37/31))로 계산한다.[12]

(4) 지역요인 비교

지역요인 비교는 대상토지가 속한 지역과 거래사례가 속한 지역의 차이를 조정하는 과정이다. 즉, 지역요인 비교는 식(10-3)과 같이 기준시점을 기준[13]으로

---

12) 31일(8월) : 0.00840 = 37일(9월 + 10월) : $x \rightarrow x = 0.00840 \times \dfrac{37}{31}$

13) 「감정평가실무기준」에서는 사례(비교표준지)와 본건 모두 기준시점을 기준으로 하고 있으나, 「토지보상평가지침」에서는 사례(비교표준지)는 거래시점(공시기준일), 본건은 기준시점으로 하고 있다. 「토지보상평가지침」에 따라 비교표준지의 공시기준일을 기준으로 할 경우, 과거시점의 지역요인을 알아야 하는데 이는 현실적으로 어렵고, 인근지역 간에도 지역요인 비교가 이루어져야 하는 모순이 발생할 수 있어 실무에서는 기준시점을 기준으로 비교한다.

대상토지가 있는 지역과 거래사례(비교표준지)가 있는 지역의 표준적인 획지의 최유효이용을 비교하여 산정한 격차율을 적용한다. 만약 거래사례(비교표준지)를 인근지역으로 선정했다면 거래사례(비교표준지)는 대상토지와 같은 지역에 있음을 의미하므로 지역요인 비교는 필요 없다.

$$지역요인\ 비교 = \frac{대상\ 토지가\ 속한\ 지역의\ 표준적\ 이용획지\ 기준가격(기준시점)}{비교표준지가\ 속한\ 지역의\ 표준적\ 이용획지\ 기준가격(기준시점)} \quad (10\text{-}3)$$

예를 들어, 대상토지(본건)의 가격조사를 완료한 날(기준시점)에 대상토지가 속한 지역의 표준적 이용획지의 기준가격이 465,000원/m²이고, 동일수급권 내의 거래사례(비교표준지)가 속한 지역의 표준적 이용획지의 가격이 공시기준일에 430,000원/m², 기준시점에 450,000원/m²이라고 하자. 이 경우 지역요인 비교치는 1.033(= 465,000/450,000)이 된다.

(5) 개별요인 비교

개별요인 비교는 기준시점을 기준으로 한 대상토지의 최유효이용과 공시기준일을 기준으로 한 거래사례(비교표준지)의 최유효이용을 비교하여 산정한 격차율을 적용한다.

$$개별요인\ 비교 = \frac{대상\ 토지\ 개별요인(기준시점)}{비교표준지\ 개별요인(공시기준일)} \quad (10\text{-}4)$$

예를 들어, 토지의 형상이 자루형인 경우 개별요인 평점은 100, 세로장방형(직사각형모향)의 개별요인 평점은 102이고, 공시기준일에 거래사례(비교표준지) 토지는 자루형모양이었는데 이후 토지가 합병되어 기준시점에는 세로장방형(직사각형모향)이 되었다고 하자. 대상토지(본건)의 형상이 세로장방형일 때 획지조건에 대한 개별요인 비교치는 1.020(= 102/100)으로 산정된다.

(6) 그 밖의 요인 보정

시점수정, 지역요인 비교, 개별요인 비교까지를 반영하였음에도 불구하고 기준가치에 도달하지 못할 경우에 그 밖의 요인 보정을 한다.

3. 비교방식: 거래사례비교법

(1) 거래사례비교법의 개요

거래사례비교법이란 대상물건과 가치형성요인이 같거나 비슷한 물건의 거래사례와 비교하여 대상물건의 현황에 맞게 사정보정, 시점수정, 가치형성요인 비교 등의 과정을 거쳐 대상물건의 가액을 산정하는 감정평가방법을 말한다(「감정평가실무」). 거래사례비교법에 의한 비준가액은 식(10-5)로 계산한다.

$$비준가액 = 사례가격 \times 사정보정 \times 시점수정 \times 지역요인\ 비교$$
$$\times 개별요인\ 비교 \times 면적요인\ 비교 \qquad (10\text{-}5)$$

이 방법은 현실적이며 설득력이 있고 적절한 거래사례만 있으면 부동산 전반에 모두 적용가능하다는 장점이 있다. 하지만 거래사례가 없는 부동산이나 특수목적 부동산에는 적용이 어려울 뿐 아니라 부동산 경기가 극단적으로 변동하는 경우에는 사례가격을 신뢰하기 어렵고, 각 요인비교 시에도 감정평가주체의 주관이 개입될 수 있다. 또한 거래사례비교법은 과거에 거래된 사례가격을 조정하여 현재의 가격으로 인정하는 것이므로 미래 기대되는 편익의 현재가치가 부동산의 가치라는 이론적인 측면과도 맞지 않다는 단점이 있다.

(2) 거래사례의 선택기준

「감정평가실무기준」에서 거래사례의 선택은 ① 실제 거래가격, ② 거래사정이 정상적이라고 인정되는 사례나 정상적인 것으로 보정이 가능한 사례, ③ 기준시점으로부터 도시지역은 3년 이내, 그 밖의 지역은 5년 이내에 거래된 사례(특별한 사유가 있는 경우에는 그 기간을 초과가능), ④ 토지 및 그 지상건물이 일체로 거래된 경우에는 배분법의 적용이 합리적으로 가능한 사례의 네 가지 선정기준을 모두 충족하는 거래가격 중에서 대상토지의 감정평가에 가장 적절하다고 인정되는 거래가격을 선택하도록 규정하고 있다.

(3) 사정보정

거래사례에 특수한 사정이나 개별적 동기가 반영되어 있거나 거래당사자가 시장에 정통하지 않은 등 수집된 거래사례의 가격이 적절하지 못한 경우에는 사정보정을 통해 그러한 사정이 없었을 경우의 적절한 가격수준으로 정상화하여야 한다.

예를 들어, 상속·이민·전근 등 급매로 인한 거래, 지인이나 친척 등 인간관계로 인한 은혜적인 거래(친인척 사이의 거래), 현금등가가 필요한 경우, 이자상당액·이사비 등 비부동산 요소가 감안된 거래, 청산·공매·경매 등 특정가격으로 성립된 거래, 대출승계조건의 거래, 거래대금을 분할지급하기로 한 거래 등은 사정보정을 해야 한다. 한편, 비전형적인 거래상황에 의한 사정보정이 불가능한 거래사례는 제외하는 것이 원칙이다.

사정보정을 위해서는 시장가치로 보정하기 위한 수치인 식(10-6)의 사정보정치를 산정해야 한다. 여기서 사정보정률은 시장가치 대비 매매가격과 시장가치의 비율을 의미한다. 즉, 사정으로 거래대금이 얼마에 거래된 것인지를 나타낸 수치를 말한다.

$$\text{사 정 보 정} = \frac{\text{대 상 평 점}}{\text{사 례 평 점}} = \frac{\text{정 상 거 래 가 격}}{\text{거 래 사 정 치 (사 례)}} = \frac{100}{100 \pm \text{사 정 보 정 률}(\alpha)} \quad (10\text{-}6)$$

예를 들어, 거래사례법을 적용하기 위해 13,000원/m²으로 거래된 부동산을 거래사례로 선정하였다. 인근 부동산의 정상적인 거래금액은 10,000원/m²이라고 할 때 거래사례는 정상가격보다 30% 비싸게 거래되었으므로 사정보정률은 30%이고, 사정보정치는 0.769(= 100/(100+30))로 계산된다.

사정보정 시에 건물의 철거 및 세금의 부과가 있을 경우에도 사정보정한다. 즉, 매도자가 철거비를 부담할 경우에 적정토지 거래가격은 매매가격으로 하고, 매수자가 철거비를 부담할 경우에 적정토지 거래가격은 매매가격에서 철거비(예상치)를 더하고 잔재가격(예상치)을 차감한 가격으로 한다. 또한 거래 관련 세금이 있을 경우에는 시장가격에서 양도소득세를 차감한 값이 매매가격이 된다. 이때 매수자가 세금을 부담할 경우에 정상거래가격은 매매가격에서 양도소득세(사정의 개입 정도)를 더한 가격으로 조정한다.

예를 들어, 내용연수가 지난 건물(연면적 $1,000m^2$)을 포함한 복합부동산의 거래가격이 300,000,000원, 철거비용은 50,000원/m^2, 잔재가격은 1,000,000원으로 예상된다고 하자. 매도자가 철거비를 부담하는 조건으로 거래한다면 비준가격은 매도가격인 300,000,000원이 된다. 하지만, 매수자가 철거비와 양도소득세 15,000,000원을 부담하는 조건으로 거래할 경우에는 비준가격이 364,000,000원($= 300,000,000 + (1,000 \times 50,000 - 1,000,000) + 15,000,000$)이 된다.

한편, 일반적인 시장의 금융조건과 다른 금융조건을 전제로 거래된 경우에도 거래가액이 정상적인 거래가액과 차이가 날 수 있으므로 사정보정해야 한다. 임차보증금 인수의 경우에는 일반적으로 매매가액에서 임차보증금을 차감한 차액을 현금으로 지급하고, 임차인에 대한 임차보증금 반환의무는 매수인이 부담한다.

따라서 승계하는 임차보증금의 지연납입 시에는 현금등가(현재가치)로 조정한다. 예를 들어, 임차보증금 7억원을 승계하면서 10억원짜리 아파트를 매수하였다고 하자. 연 할인율은 5%이고 임대차 만료일까지 3년이 남았다면 매입에 따른 현금등가(현재가치)는 904,686,319원($=$ 3억원 + 7억원/$(1+0.05)^3$)으로 계산한다. 이외에도 당사자 간에 특별한 사정으로 정상적인 거래가격보다 높거나 낮게 거래되면 이를 보정한다.

(4) 시점수정

거래사례의 거래시점과 대상물건의 기준시점이 불일치하여 가격수준의 변동이 있을 경우에는 거래사례의 가격을 기준시점의 가격수준으로 시점수정하여야 한다. 만약 거래시점과 기준시점 사이에 시간적으로 불일치하더라도 가격수준에 영향을 미치는 시장환경의 변화가 없으면 시점수정은 할 필요가 없다. 좋은 사례는 사례부동산의 거래시점과 대상부동산의 기준시점 사이에 시간적 유사성이 있는 사례이며, 가능한 기준시점에 가까운 거래사례가 좋다.

시점수정은 사례물건의 가격변동률로 한다. 다만, 사례물건의 가격변동률을 구할 수 없거나 사례물건의 가격변동률로 시점수정하는 것이 적절하지 않은 경우에는 지가변동률·건축비지수·임대료지수·생산자물가지수·주택가격동향지수 등을 고려하여 가격변동률을 구할 수 있다. 거래시점의 기준일은 계약시점이다. 시점수정을 완료한 후의 가격은 사례부동산의 기준시점 가격이 된다.

4. 원가방식: 원가법

(1) 원가법의 개요

건물 감정평가 시에는 원가법을 적용해야 한다고 규정하고 있다(「감정평가에 관한 규칙」 제15조). 원가법은 식(10-7)과 같이 대상물건의 재조달원가에 감가수정을 차감하여 대상물건의 가액인 적산가액을 계산하는 방법이다.

적산가액 = 재조달원가 − 감가수정액(감가누계액)   (10-7)

(2) 재조달원가

1) 재조달원가의 개념

재조달원가란 대상물건을 기준시점[14]에 재생산하거나 재취득하는 데 필요한 적정원가의 총액(재생산원가, 재취득원가)을 말한다. 재조달원가는 대상물건을 일반적인 방법으로 생산하거나 취득하는 데 드는 비용으로 하되, 제세공과금 등과 같은 일반적인 부대비용을 포함한다.

즉, 물건의 생산이나 취득 시에 실제로 들어간 원가에는 소유자 등이 주관적으로 부여한 가치나 협상력에 따라 차이가 반영될 수 있으므로 감정평가할 때의 재조달원가는 실제로 생산이나 취득에 들어가는 원가가 아니라 일반적인 도급방식에 의하여 소요되는 표준적인 건설비와 도급인이 별도로 지불한 건설기간 중의 통상 부대비용과 개발이윤을 합한 금액이다.

재조달원가 = 표준적 건설비(직·간접 공사비, 수급인의 적정이윤)
　　　　　+도급인의 통상 부대비용(건설자금이자, 설계감리
　　　　　　비, 허가비용, 제세공과금, 등기수속비, 기타 도급
　　　　　　인 부담비용 등)+개발이윤(정상이윤)   (10-8)

---

14) 감정평가를 하는 시점, 즉 평가의 기준이 되는 시점이고 준공당시나 현재시점이 아님에 주의해야 한다.

표준적 건설비에는 건축에 소요되는 노동비용과 원자재비용뿐만 아니라 하청업자와의 계약액에 포함되어 있는 하청회사의 간접비용과 이윤도 포함한다. 그리고 도급인이 직접 부담하는 통상의 부대비용에는 소요자금이자, 노동비용과 원자재비용 외의 지출비용인 행정비용, 수수료, 세금, 마케팅비용, 비품에 대한 감가상각비, 간접비용 등이다.

2) 재조달원가의 종류

재조달원가(재생산원가)는 복제원가(재생산비용: reproduction cost)와 대체원가(대치원가: replacement cost)로 구분되는데, 물리적 측면에서 본 것은 복제원가이고 효용적 측면에서 본 것은 대체원가이다. 복제원가는 대상물건과 동일한 원자재 및 노동을 사용하여 동일한 공법으로 모양이나 구조를 같은 복제물건을 기준시점 현재 만드는데 소요되는 원가이다. 대체원가는 대상물건과 기능 및 효용 같은 물건을 기준시점 현재 만드는데 소요되는 원가이다. 따라서 복제원가는 신축부동산을 평가할 때 유리하고 대체원가는 오래된 부동산을 평가할 때 유리하다.

3) 직접법

원가법으로 감정평가할 때 물건의 재조달원가는 직접법이나 간접법으로 산정한다. 직접법은 신축건물이나 특수공법을 이용한 건물에 유용하게 적용되고 실제 투하된 건축비를 기준으로 하는 방법이다. 따라서 건물과 관련 없는 도로공사비, 옹벽공사비 등의 토지와 관련된 비용과 대문, 담장, 보도블럭, 토목공사비, 사업추진비, 조경공사비, 마감공사비 등 건물과 무관한 비용은 포함하지 않는다.

4) 간접법

간접법은 건물신축단가표[15]와 비교하거나 비슷한 물건의 신축원가 사례를 조사한 후 사정보정 및 시점수정 등을 하여 대상물건의 재조달원가를 산정하는 방법이다(「감정평가실무기준」). 실무에서는 대부분 간접법에 따라 재조달원가를 산정하며, 신축건물의 경우 실제공사원가(직접법)을 참작한다. 또한, 본건의 용도, 구조, 공법, 설비 등의 특수성이 있는 경우에는 직접법에 의한 가액을 기준으로 할 수 있다.

---

15) 한국부동산원에서 발표하는 건축신축단가표 용도별 평균값은 「건축법」 제25조 제12항 및 표준조례(안) 운영지침과 관련한 감리비용 산출 시 활용할 수 있는 면적당 공사비이다.

(3) 감가수정액(감가누계액)

감가수정은 대상물건에 대한 재조달원가를 감액하여야 할 요인이 있는 경우에 물리적 감가요인, 기능적 감가요인, 경제적 감가요인을 고려하여 각 경우에 해당하는 금액을 재조달원가에서 공제하여 기준시점에 대상물건의 가액을 적정화하는 작업을 말한다.

물리적 감가요인은 대상물건의 물리적 상태 변화에 따른 감가요인을 의미한다. 사용에 의한 마모, 파손이나 시간의 경과에 따른 노후화, 재해 등의 우발적 손상, 기타 물리적 하자 등이 여기에 해당한다. 기능적 감가요인은 대상물건의 기능적 효용 변화에 따른 감가요인을 의미한다. 건물과 부지의 부적합, 설계불량, 형식의 구식화, 능률의 저하 등이 여기에 해당한다. 경제적 감가요인은 인근지역의 경제적 상태, 주위환경, 시장상황 등 대상물건의 가치에 영향을 미치는 경제적 요소들의 변화에 따른 감가요인이다.

물리적 감가요인과 기능적 감가요인은 내부적 요인에 의해 발생하며 치유가 가능할 수도 있고 불가능할 수도 있는 감가요인 데 반해, 경제적 감가요인은 대상물건 자체와 상관없이 외부적 요인에 의해 발생하는 가치손실분이며 치유가 불가능한 감가요인이다.

감정평가 시의 감가수정은 회계학에서의 감가상각과 다소 차이가 있다. 감가수정은 재조달원가 계산을 위해 물건의 경제적 가치판단을 목적으로 하지만, 감가상각은 취득원가(장부가격)을 기초로 원가배분을 목적으로 한다. 감가수정의 감가요인은 물리적·기능적·경제적 감가요인이 모두 인정되고 토지도 상각자산으로 인정되는 경우가 있지만, 감가상각은 물리적·기능적 감가요인만 인정하고 토지의 감가상각은 인정하지 않는다.

또한 자산의 수명이라고 할 수 있는 내용연수의 경우 감가수정은 경제적 잔존 내용연수를 중시하고 만년감가(경과시점이 1년이 모두 경과해야 1년이 경과한 것으로 인정)를 기준으로 계산하는 데 비해, 감가상각은 법정 경과연수를 중시하고 실제로 사용한 기간까지의 감가상각비를 계산한다.

감가수정 시에는 경제적 내용연수를 기준으로 한 정액법, 정률법 또는 상환기금법 중에서 대상물건에 가장 적합한 방법을 적용하여야 한다. 이 방법들에 의한 감가수정이 적절하지 아니한 경우에는 물리적·기능적·경제적 감가요인을 고려하여 관찰감가 등으로 조정하거나 다른 방법에 따라 감가수정할 수 있다. 하지만 감가상각은 관찰감가법이 인정되지 않는다.

1) 정액법

정액법은 대상물건이 매년 일정하게 가치가 감소한다는 가정하에 재조달원가에서 잔존가치를 차감한 감가총액을 총내용연수로 나누어 매년 감가액을 계산하는 방법이다.

2) 정률법

정률법은 대상물건이 매년 일정률로 가치가 감소한다는 가정하에 전년 말 잔존가치에 정률(감가율)을 곱하여 매년 감가상각액을 계산하는 방법이다. 정률법에서 정률(감가율)의 산출이 중요한데 예를 들어, 정률(감가율)의 산출을 내용연수가 2년인 경우의 잔존가치(잔가)를 일반화하여 내용연수가 N년인 정률(감가율: $x\%$)을 식(10-9)로 구할 수 있다.[16]

$$정률(감가율) = 1 - \sqrt[N]{\frac{잔존가치}{재조달원가}} \tag{10-9}$$

정률(감가율)을 알게 되면 취득시점의 가치 대비 현재시점에서 물건의 가치가 얼마나 남았는지를 의미하는 잔존가치도 쉽게 구할 수 있다. 예를 들어, 2차년도의 잔존가치에서 잔가율을 도출하고 이를 일반화한 식(10-10)의 잔가율을 구할 수 있다.[17]

---

16) 1년 후 잔존가치 = 재조달원가$(1 - x\%)$,

　2년 후 잔존가치 = [재조달원가$(1 - x\%)](1 - x\%)$ → 재조달원가$(1-x\%)^2 = 잔존가치$

　→ $(1-x\%)^2 = \dfrac{잔존가치}{재조달원가}$ → $x\% = 1 - \sqrt[2]{\dfrac{잔존가치}{재조달원가}}$ → 일반화: 정률(감가율) $= 1 - \sqrt[N]{\dfrac{잔존가치}{재조달원가}}$

17) 2년 후 잔존가치(잔가) = 재조달원가$(1-x\%)^2$

　→ 2년 후 잔가율 $= \dfrac{잔존가치}{재조달원가} = \dfrac{재조달원가(1 - 감가율)^2}{재조달원가} = (1 - 감가율)^2$

　→ 일반화: n차년도 잔가율 $= \dfrac{재조달원가(1 - 감가율)^n}{재조달원가} = (1 - 감가율)^n = \left[1 - \left(1 - \sqrt[N]{\dfrac{잔존가치}{재조달원가}} \right) \right]^n$

　$= \left[\sqrt[N]{\dfrac{잔존가치}{재조달원가}} \right]^n = \left[\left(\dfrac{잔존가치}{재조달원가} \right)^{\frac{1}{N}} \right]^n = \left[\dfrac{잔존가치}{재조달원가} \right]^{\frac{n}{N}}$

$$n\text{차년도 잔가율} = \left[\frac{\text{잔존가치}}{\text{재조달원가}} \right]^{\frac{n}{N}} \tag{10-10}$$

 예제

정률법에 의한 적산가액 산출

A건물의 내용연수는 20년이고 사용 후 10년이 경과하였다. 이 건물의 현재 재조달원가는 5억원이고 최종잔가율은 15%이다. 현재 이 건물의 가격은 얼마로 감정평가할 수 있는가? 단, 감가수정은 정률법으로 한다.

답

$$10\text{차년도 잔가율} = \left[\frac{\text{잔존가치}}{\text{재조달원가}} \right]^{\frac{n}{N}} = (0.15)^{\frac{10}{20}} = 0.387$$

따라서 적산가격 $= 500,000,000$원$\times 0.387 = 193,500,000$원

3) 상환기금법

상환기금법(감채기금법)은 기준시점에서의 상태와 동일한 가치를 갖는 물건을 내용연수 만료 시에 재취득하기 위해서 매년 감가액을 외부에 축적하고 이 금액에 대한 이자도 발생한다는 가정하에 내용연수 만료 시에 감가누계총액과 이에 대한 복리이자상당액 합계액이 외부축적금액 및 이에 대한 이자 총액과 같아지도록 매년 일정액을 감가하는 방법이다.

즉, 매년 감가액을 축적이율(안정이율: 예를 들면, 예금이자율)로 재투자하는 것을 전제로, 내용연수 만료 시에 그 원리금 합계액과 감가누계총액이 같도록 매년 일정한 금액을 감가하는 방법이다. 따라서 상환기금법의 매년 감가액은 감채기금계수를 이용하여 식(10-11)로 계산한다.

매년 감가액 = 감가대상 총액 × 감채기금계수

$$= [\text{재조달원가} \times (1 - \text{최종잔가율})] \times \left[\frac{r}{(1+r)^n - 1} \right] \tag{10-11}$$

표 10-6   감가수정의 감가 크기 비교

매년 초기 감가액 크기	정률법 > 정액법 > 상환기금법
매년 후기 감가액 크기	정액법 > 상환기금법 > 정률법
감가누계액 크기	정률법 ≥ 정액법 > 상환기금법
내용연수 종료 시 감가누계액	정률법 = 정액법 > 상환기금법

정액법, 정률법, 상환기금법의 감가액의 크기를 비교해보면, 초기에는 정률법이 가장 많이 감가되어 감가액이 가장 크고 상환기금법이 가장 적게 감가되어 감가액이 가장 작다. 하지만 시간이 갈수록 정률법의 감가액의 크기가 줄어들어 세 방법 중 가장 작아진다. 따라서 감가누계액은 정률법, 정액법, 상환기금법 순으로 작아지고 내용연수 종료 시에는 정률법과 정액법의 감가누계액이 같고 두 방법의 감가누계액이 상환기금법의 감가누계액보다 크다.

4) 관찰감가법

감정평가주체가 자신의 지식과 경험을 근거로 대상물건의 전체나 구성부분을 자세하게 살펴보고 물리적·기능적·경제적 감가요인에 의한 감가액을 산식에 의하지 않고 직접적인 관찰을 통하여 구하는 방법이다. 이 방법은 감정평가주체의 폭넓은 경험과 지식에 크게 의존하기 때문에 감정평가주체의 주관이 개입될 소지가 크고 관찰을 못한 부분은 감가에 반영되지 못하므로 다른 방법과 병용하여 사용하는 것이 일반적이다.

5) 시장추출법

시장추출법은 대상물건에 대한 유사한 거래사례가 많을 때 적용하여 매매사례비교법이라고도 한다. 시장추출법은 시장에서 거래된 본건과 유사한 거래사례를 선정하여 사례건물의 거래시점 당시 경과연수와 사례건물의 거래시점 당시 재조달원가 그리고 사례건물의 거래가격을 적용하여 연간감가상각률을 추계한다. 시장추출법에 의한 연간감가상각률과 감가수정액은 식(10-12), 식(10-13)과 같다.

$$연간감가상각률 = \dfrac{\left(\dfrac{사례건물\ 재조달원가 - 사례건물거래가격}{사례건물\ 재조달원가}\right)}{사례건물\ 경과연수} \qquad (10\text{-}12)$$

$$감가수정액 = 재조달원가 \times 연간감가상각률 \times 본건의\ 경과연수 \qquad (10\text{-}13)$$

예를 들어, A건물(20X1. 4. 1. 사용승인)의 20X6. 4. 1. 재조달원가는 20억원이다. A건물의 소재지와 유사지역에 20X1. 4. 1.에 준공된 B건물(사례건물: 토지면적 600 m², 건물 연면적 400m²)이 20X6. 5. 1.에 16억원에 매매되었다. B건물의 재조달원 가는 250만원/m²이고, 토지가격은 거래시점 당시에 150만원/m²이다.

이 경우 사례건물(B건물)의 거래시점 당시 재조달원가 16억원에서 사례건물토 지가격 9억원(= 150만원 × 600m²)을 차감하면 사례건물거래가격 7억원이 계산된 다. 따라서 식(10-12)에 의해 연감가상각률은 0.06(= [{(250만원 × 400m² − 7억 원)/(250만원 × 400m²)}/5년]으로 계산된다. 그러므로 시장추출법에 의할 경우 대 상건물(A건물)의 감가수정액은 식(10-13)에서 6억원(= 20억원 × 0.06 × 5년)으로 산정된다.

5. 수익방식: 수익환원법

(1) 수익환원법의 개요

수익환원법이란 대상물건이 장래 산출할 것으로 기대되는 순수익이나 미래의 현금흐름을 환원하거나 할인하여 대상물건의 가액을 산정하는 감정평가방법을 말 한다. 수익환원법에 따라 산정된 가액을 수익가액이라고 한다.

수익을 환원하는 방법으로 직접환원법과 할인현금흐름분석법이 있다. 직접환 원법은 단일기간의 순수익을 적절한 자본환원율로 환원하여 대상물건의 가액을 산정하여 부동산 가액을 산정하는 방법이다. 할인현금흐름분석법은 대상물건의 보 유기간에 발생하는 복수기간(다기간)의 순수익(순영업소득(NOI))과 보유기간 말의 복 귀가액에 적절한 자본할인율을 적용하여 현재가치로 할인한 후 더하여 대상물건의 가액을 산정하여 부동산 가액을 산정하는 방법이다.

수익환원법으로 감정평가할 때에는 직접환원법이나 할인현금흐름분석법 중에서 감정평가 목적이나 대상물건에 적절한 방법을 선택하여 적용한다. 다만, 부동산의 증권화와 관련한 감정평가 등 매기의 순수익을 예상해야 하는 경우에는 할인현금흐름분석법을 원칙으로 하고 직접환원법으로 합리성을 검토한다(「감정평가실무기준」).

(2) 순영업현금흐름

「감정평가실무기준」에 의하면 보증금(전세금) 운용수익, 연간 임대료, 연간 관리비 수입, 주차수입, 광고수입, 그 밖에 대상물건의 운용에 따른 주된 수입을 합산한 가능총수익(PGI)에서 공실손실상당액 및 대손충당금을 공제하여 유효총수익(EGI)을 계산한다.[18]

유효총수익(EGI)에서 운영경비(용역인건비 · 직영인건비, 수도광열비, 수선유지비, 세금 · 공과금, 보험료, 대체충당금, 광고선전비 등 그 밖의 경비)를 차감하여 순수익인 순영업소득(NOI)을 산출한다. 순수익은 일반적으로 1년 단위로 산정되며 부동산의 유형에 따라 총수익이나 총지출에 포함되는 항목이 다르다.

(3) 자본환원율

자본환원율(capitalization rate)은 식(7-5)에 나타낸 바와 같이 부동산에 투자(사용)하여 얻은 대가인 순영업소득(NOI)을 총투자액(자기자본＋타인자본 ＝ 부동산가격)으로 나눈 것이다. 따라서 순영업소득(NOI)을 자본환원율로 할인하면 부동산가격(총투자액)으로 환원할 수 있다.

「감정평가 실무기준」에서는 단일기간의 순수익(순영업소득(NOI)을 자본환원율로 할인하여 부동산가치를 계산하는 직접환원법의 경우, 시장추출법(원칙), 요소구성법, 투자결합법, 유효총수익승수법, 시장이자율로 자본환원율을 구하는 것으로 규정하고 있다. 그리고 다기간의 순수익(순영업소득(NOI))을 자본환원율로 할인하여 부동산 가치를 계산하는 할인현금흐름분석법의 경우에는 투자자조사법(지분할인율), 투자결합법(종합할인율), 시장이자율로 자본환원율을 구할 수 있다고 규정하고 있다.

---

18) 제7장 부동산투자의 이해 II 참조.

1) 시장추출법

시장추출법[19]은 말 그대로 시장에서 직접 자본환원율을 추출하는 방법이다. 즉, 대상 부동산과 유사지역에 있고 내용년수 및 부동산의 상태 등이 유사한 최근의 거래사례 부동산의 순영업소득(NOI)과 거래가격을 비교하여 자본환원율을 구한다. 시장추출법으로 자본환원율을 구하는 구체적인 방법으로는 직접시장비교법과 투자시장질적(평점)비교법이 있다.

자본환원율을 구하는 여러 방법 중 시장추출법으로 결정하는 것을 원칙으로 하고 있다. 하지만 현실적으로 대상 부동산과 유사한 사례 부동산을 찾는 것이 쉽지는 않으며 이 방법으로 평가할 때 마다 사례 부동산의 순영업소득(NOI)과 거래가격 등의 관련 자료를 수집하는 것도 매우 번거롭다는 한계가 있다.

① 직접시장비교법

대상 부동산과 유사성이 높은 사례부동산을 선택하여 식(10-14)로 계산한 사례 부동산의 자본환원율을 대상 부동산의 자본환원율로 사용한다. 식(10-14)에서 사례 부동산의 순영업소득(NOI)과 거래가격은 모두 거래시점이 기준이다.

$$자본환원율 = \frac{사례\ 부동산의\ 순영업소득\ (NOI)}{사례\ 부동산의\ 거래가격} \qquad (10\text{-}14)$$

② 투자시장질적(평점)비교법

투자시장질적(평점)비교법은 대상 부동산과 사례 부동산의 일정한 항목의 평점을 비교하여 대상 부동산의 자본환원율을 구하는 방법이다. 즉, 「대상 부동산의 자본환원율 : 대상 부동산의 평점합계 = 사례 부동산의 자본환원율 : 사례 부동산의 평점합계」라는 비례식을 적용하여 대상 부동산의 자본환원율을 식(10-15)로 구한다.

$$자본환원율 = 사례\ 부동산의\ 자본환원율 \times \frac{사례부동산의\ 평점합계}{대상부동산의\ 평점합계} \quad (10\text{-}15)$$

---

19) 매매사례비교법이라고도 한다.

예제

시장추출법에 의한 자본환원율 계산

대상 부동산과 유사한 사례 부동산의 투자판단요인은 수익성(50%), 안정성(30%), 환가성(20%)으로 구성되어 있고 대상 부동산(사례 부동산)의 백분율로 나타낸 상대적 평점은 각각 90%(100%), 100%(95%), 95%(90%)로 평가되었다. 한편, 사례 부동산의 순영업소득(NOI)은 210,000,000원이고 거래가격은 2,000,000,000이었다. 직접시장비교법과 투자시장질적(평점)비교법으로 자본환원율을 계산하시오.

답

(1) 직접시장비교법

$$자본환원율 = \frac{사례\ 부동산의\ 순영업소득(NOI)}{사례\ 부동산의\ 거래가격} = \frac{210,000,000}{2,000,000,000} = 0.105$$

(2) 투자시장질적(평점)비교법

$$자본환원율 = 0.105 \times \frac{(0.5)(1)+(0.3)(0.95)+(0.2)(0.9)}{(0.5)(0.9)+(0.3)(1)+(0.2)(0.95)} = 0.1078$$

2) 요소구성법

요소구성법[20]은 대상 부동산의 위험을 위험성, 비유동성, 관리의 난이성, 자금의 불안정성 기준으로 분해하고 각 기준에 대한 위험에 따라 무위험수익률에 각 기준의 위험할증률을 더하여 자본환원율을 구한다. 이 방법은 감정평가주체의 주관이 개입될 여지가 지나치게 많고, 부채금융(mortgage financing)이 자본환원율에 미치는 영향을 전혀 고려하고 있지 않기 때문에 현재는 거의 사용되고 있지 않다.

$$자본환원율 = 무위험수익률 + 위험요소들의\ 위험할증률 \qquad (10\text{-}16)$$

3) 투자결합법

투자결합법은 물리적 측면에서 토지와 건물이 결합되어 있는 물리적 투자결합법과 금융적 측면에서 지분(자기자본)과 저당(타인자본)이 결합되어 있는 금융적 투자결합법이 있다.

---

20) 조성법, (비율)합산법이라고도 한다.

① 물리적 투자결합법

자본환원율은 토지환원율[21]과 건물환원율[22]에 각각 토지와 건물의 구성비율을 가중치로 하여 가중평균하여 구한다. 여기서 토지환원율은 감가상각이 없으므로 감가상각률[23]을 고려할 필요 없이 자본수익률로 하고, 건물환원율은 자본수익률과 감가상각률의 합으로 구한다.

$$r = r_L \left(\frac{P_L}{P_L + P_B} \right) + r_B \left(\frac{P_B}{P_L + P_B} \right) \tag{10-17}$$

여기서 r: 자본환원율, r_L: 토지환원율, r_B: 건물환원율
P_L: 토지가치, P_B: 건물가치

식(10-17)의 자본환원율 계산 시 건물환원율에서 감가상각률을 고려해야 하는 이유를 생각해보자. 예를 들어, 100만원을 은행에 예금하여 1년 후 이자가 10만원이 생기면 투자원금 100만원의 손상 없이 그대로 100만원에 대해서 10만원을 번 것, 즉 순수한 자본수익이다. 하지만, 100만원을 건물에 투자하여 1년 후에 10만원의 순영업이익이 있고, 1년 동안 20만원의 감가상각이 되었다고 하자. 이 경우 1년 동안 번 10만원은 투자원금 80만원과 감가상각비 20만원을 투자하여 번 것에 해당된다. 이때 20만원은 감가상각되어 없어지는 자본손실에 대한 대가, 즉 자본이 회수된 것이라고 볼 수 있다. 따라서 투자원금이 모두 지분(자기자본)이라고 가정하면, 순영업이익(NOI)에 대한 수익은 자본수익분과 자본회수분으로 할당된다.

 예제

물리적 투자결합법: 자본환원율 계산

건물가치 10억원(내용연수 40년, 정액법으로 감가상각, 건물환원율 10%), 토지가치 4억원(토지환원율 10%)인 부동산이 있다. 물리적 투자결합법으로 자본환원율을 계산하시오.

---

21) 토지수익률, 자본수익률이라고도 한다.
22) 건물수익률, 자본수익률이라고도 한다.
23) 건물회수율, 자본회수율이라고도 한다.

답

건물의 자본회수율(감가상각률): $\dfrac{25,000,000}{1,000,000,000} = 0.025$

건물수익: $1,000,000,000원 \times 10\% = 100,000,000원$

토지수익: $400,000,000원 \times 10\% = 40,000,000원$

자본환원율: $(0.1)\left(\dfrac{4억\,원}{4억\,원 + 10억\,원}\right) + (0.1 + 0.025)\left(\dfrac{10억\,원}{4억\,원 + 10억\,원}\right)$

$\qquad\qquad = 0.118$

② 금융적 투자결합법

(ⅰ) Ross 방법

Thurston H. Ross(1937)는 저당투자자(타인자본)의 요구수익률과 지분투자자(자기자본)의 요구수익률에 저당(타인자본)과 지분(자기자본)의 구성비율로 가중치를 주어 자본환원율을 계산하는 방식을 제시하였다.[24]

$$r = r_i\left(\frac{P_I}{P_E + P_I}\right) + r_e\left(\frac{P_E}{P_E + P_I}\right) \qquad\qquad (10\text{-}18)$$

여기서 r: 자본환원율, r_i: 저당환원율, r_e: 지분환원율

P_I: 저당가치, P_E: 지분가치

식(10-18)에서 저당환원율은 저당이자율을 사용하는데 이는 저당투자자의 자본회수는 고려하지 않는 것이 된다. 그리고 한 기간의 지분환원율은 지분배당률이라고 하며 식(10-19)로 계산하고, 다기간인 경우에는 지분수익률이라고 부르며 식(10-20)으로 구한다.

$$지분환원율(지분배당률) = \frac{한\,기간의\,세전현금흐름(BTCF)}{지분투자액} \qquad (10\text{-}19)$$

$$지분수익률 = \frac{\sum[PV(다\,기간의\,세전현금흐름(BTCF))]}{지분투자액} \qquad (10\text{-}20)$$

24) Ross, Thurston H., "Rate of Capitalization,"The Appraisal Journal, 1937, July.

예를 들어, 지분환원율이 8%이고, 은행에서 부동산 거래가격의 40%를 20년간 연 6%로 대출받아 부동산을 매입하였을 경우에 Ross 방법으로 자본환원율을 계산하면 7.2%($= 0.4 \times 0.06 + 0.6 \times 0.08$)가 된다.

(ii) Kazdin 방법

Ross 방법에서 저당환원율을 저당이자율로 사용하여 저당투자자(타인자본)의 자본회수는 고려하지 않는 것에 대하여 Edwin Kazdin(1944)은 저당이자율 대신 저당상수를 사용하여 저당투자자(타인자본)의 자본회수를 고려하고 있다.[25]

$$r = MC\left(\frac{P_I}{P_E + P_I}\right) + r_e\left(\frac{P_E}{P_E + P_I}\right) \tag{10-21}$$

여기서 r: 자본환원율, MC: 저당상수, r_e: 지분환원율
P_I: 저당가치, P_E: 지분가치

 예제

금융적 투자결합법: Kazdin 방법

A는 은행에서 부동산 거래가격의 40%를 20년간 연 6%로 매월 원리금균등상환 조건으로 대출받아 부동산을 매입하였다. 자본환원율이 연 8%일 경우에 Kazdin 방법으로 자본환원율을 구하시오.

답

$$r = MC\left(\frac{P_I}{P_E + P_I}\right) + r_e\left(\frac{P_E}{P_E + P_I}\right)$$

$$= \left(\frac{r(1+r)^n}{(1+r)^n - 1}\right)(0.4) + (0.08)(0.6)$$

$$= \left(\frac{\left(\frac{0.06}{12}\right)\left(1 + \frac{0.06}{12}\right)^{240}}{\left(1 + \frac{0.06}{12}\right)^{240} - 1}\right)(12개월)(0.4) + (0.08)(0.6) = 0.0824$$

---

25) Kazdin, S. Edwin, "Capitalization Under Present Market Conditions,"The Appraisal Journal, 1944, October

저당대부액(대출금)×저당상수는 원리금균등상환액(원금＋이자), 즉 부채지불액이므로 저당상수는 부채지불액(원금＋이자)을 저당대부액(대출금)으로 나눈 값이 된다. 따라서 저당상수는 원금상환분과 이자지급분을 포함하고 있으므로 자본회수가 고려된 것이 된다.[26]

우리나라와 같이 토지와 건물을 별개의 부동산으로 보는 경우 물리적 투자결합법이 타당성이 인정되고, 미국과 같이 대출(저당대부)가 일반화되고 자본시장이 발달한 나라에서는 금융적 투자결합법이 가장 자주 사용된다. 별다른 언급이 없이 투자결합법이라고 하면 금융적 투자결합법을 의미한다.

4) 유효총수익승수법

유효총수익승수법[27]에서는 시장에서 거래된 사례 부동산의 거래가격을 유효총수익으로 나눈 유효총수익승수를 이용하여 자본환원율을 구한다. 즉, 자본환원율은 시장에서 거래된 사례 부동산의 순이익을 거래된 사례 부동산의 거래가격으로 나눈 값으로 식(10-22)와 같이 계산한다.

$$
\begin{aligned}
자본환원율 &= \frac{사례\ 부동산의\ 순이익}{사례\ 부동산의\ 거래가격} \\[2ex]
&= \frac{유효총소득(1-운영경비비율)}{사례\ 부동산의\ 거래가격} \\[2ex]
&= \frac{(1-운영경비비율)}{\left(\dfrac{사례\ 부동산의\ 거래가격}{유효총소득}\right)} \\[2ex]
&= \frac{(1-운영경비비율)}{유효총수익승수}
\end{aligned}
\tag{10-22}
$$

---

26) 다기간인 경우에는 저당수익률이라고 부르며 다음과 같이 계산한다.

$$
저당수익률 = \frac{\sum[PV(다\ 기간의\ 부채지불액(원금+이자))]}{저당대부액}
$$

27) 총소득승수법, 조소득승수법이라고도 한다.

예제

유효총수익승수법

거래 사례 부동산의 영업현금흐름이 아래와 같다.

    Ⅰ. 가능총소득(PGI): 200,000,000원
   Ⅱ. 유효총소득(EGI): 190,000,000원
     − 운영경비   :   40,000,000원
_____

   Ⅲ. 순영업소득(NOI): 150,000,000원

사례 부동산의 거래가격은 2,000,000,000원이다. 유효총수익승수법으로 자본환원율을
계산하시오.

답

$$자본환원율 = \frac{(1 - 운영경비비율)}{유효총수익승수} = \frac{(1 - 운영경비비율)}{\left(\dfrac{사례\ 부동산의\ 거래가격}{유효총소득}\right)}$$

$$= \frac{\left(1 - \dfrac{40,000,000}{190,000,000}\right)}{\left(\dfrac{2,000,000,000}{190,000,000}\right)} = 0.075$$

(4) 부동산 가치평가

1) 직접환원법

주식과 채권 등의 금융자산에 대한 가치를 평가하기 위해 개발된 가치평가모
형을 실물자산인 부동산의 가치평가에도 적용할 수 있다. 즉, 부동산자산의 가치
도 금융자산의 가치평가와 마찬가지로 부동산자산으로부터 기대되는 미래현금흐
름의 현재가치로 평가된다는 현재가치의 원칙에 근거를 두고 있다. 다만, 부동산
자산에서 기대되는 미래현금흐름은 순영업소득(NOI)으로서, 주식에서 기대되는 미
래현금흐름인 배당금이나 채권에서 기대되는 미래현금흐름인 액면이자와 액면가
액과는 차이가 있다.

「감정평가실무기준」에서는 수익환원법에 의한 부동산 가치를 직접환원법과 할인현금흐름분석법으로 평가하는 것으로 규정하고 있다. 이러한 방법은 가치평가모형에 근거한 것인데 직접환원법은 기대되는 미래현금흐름인 순영업소득(NOI)이 영원히 계속된다는 가정하에서 다음 과정을 거쳐서 적절한 할인율(자본환원율) r로 할인(환원)한 현재가치(PV)로 부동산 가치 V를 도출한다.[28)]

$$V = \frac{NOI}{r} \qquad\qquad (10\text{-}23)$$

2) 할인현금흐름분석법

부동산에서 발행하는 미래현금흐름을 보유기간 중의 순영업소득(NOI)과 보유기간 말 시점에서의 부동산의 가치(기말 복귀가액)를 적절한 자본할인율로 할인하여 계산한 현재가치가 부동산의 가치로 계산하는 방법이다.

$$V = \frac{NOI_1}{(1+r)^1} + \frac{NOI_2}{(1+r)^2} + \cdots + \frac{NOI_n}{(1+r)^n} + \frac{V_n}{(1+r)^n} \qquad (10\text{-}24)$$

식(10-24)에서 r은 자본환원율을 나타내고, V_n은 부동산을 보유기간 말의 복귀가액을 나타낸다. 이 기말 복귀가액은 대상 부동산의 보유기간 말 시점의 재매도가치에서 매도비용 등을 차감하여 계산하는데, 이는 보유기간말 대상 부동산매도로 매도자가 얻게 되는 순매도액을 의미한다.

 6. 시산가액의 조정

부동산의 가치를 평가하는 여러 방법에 의한 시산가액은 현실적으로 일치하지 않는다. 따라서 시산가액의 조정이 필요한데 이는 여러 방식으로 구한 시산가액

---

28) 제3장 토지 및 도시경제의 이해 APPENDIX 참조.

간의 차이를 조절하여 감정평가액을 결정하는 것을 말한다. 「감정평가 실무기준」에 의하면 감정평가방법의 적용을 통하여 산정된 시산가액을 합리적으로 조정하여 대상물건이 갖는 구체적인 가치를 최종적으로 결정하고 감정평가서에 그 가액을 표시하는 절차를 통하여 감정평가액의 결정 및 표시를 하도록 정하고 있다.

시산가액의 조정은 시산가액들을 단순하게 산술평균하는 것이 아니고, 각 시산가액을 계산할 때 사용한 자료의 양이나 정확성 및 적절성 등을 고려하여 각 시산가액에 가중치를 곱하여 감정평가액을 결정한다. 예를 들어, 거래사례비교법으로 구한 시산가액이 1억원, 원가법으로 구한 시산가액은 1.4억, 수익환원법으로 구한 시산가액이 1.2억원이라고 하자. 거래사례비교법의 가중치는 50%, 원가법의 가중치는 40%, 수익환원법의 가중치 10%라고 할 경우 시산가액 조정을 한 후의 감정평가액은 1.18억원(＝1억원×0.5＋1.4억원×0.4＋1.2억원×0.1)이다.

읽을 거리

감정평가 산책 119 / 시산가액 조정

전자상가 내 매장마다 진열된 물품 가격은 대동소이하다. 현실적으로 혼자 튀는 가격에 팔 수 없다. 구획되지 않은 오픈 상가에서, 고객은 서너 걸음이면 다른 매장의 판매가를 확인할 수 있기 때문이다. 가격 경쟁을 할 수 없을 때, 공급자는 피곤하다. 괜히 오가는 손님의 옷자락을 끌어당기는 것이 아니다. 불쾌감을 표해도, 다른 마케팅 전략을 구사할 수 없는 특수성이 있다. 고객 입장은 어떨까. 최소한 천편일률적인 가격수준에 안도감이 들 수 있다. 여기저기 길을 막아서는 상인을 피해가는 게 싫지만, 모든 매장이 다른 판매가격을 내세운다면 그게 더 불안하다. 최저가는 하자가 있을 것 같고, 최고가는 품질 이상의 가격일까 두렵다. 차라리 고만고만한 가격인 게 든든하다. 독점과 과점으로 인한 가격 통제만 없다면.

10여 개의 감정평가기관에 탁상감정을 의뢰한 경우, 회신받는 '가격들'이 전자상가에서 동일한 상품의 매장별 가격분포와 같은 모습이라면 안심이다. 10여 개 평가사가 비슷한 견적가격을 내놓았기 때문이다. 공급자가 제시한 균일한 가격 못지않게 각 평가방법의 결과물이 서로 엇비슷하다면, 감정평가사도 최종 평가액을 결정하기에 주저 없다. 감정평가업자가 감정평가를 수행할 때 마지막 단계로 '감정평가액의 결정 및 표시'를 하게 된다. 바로 앞선 단계인 '감정평가방법의 선정 및 적용'과 연관돼 있다.

「감정평가에 관한 규칙」 제11조는 감정평가에 적용할 수 있는 평가방식을 열거하고 있다. 크게 원가방식, 비교방식, 수익방식으로 구분한다. 이들은 각각 비용성과 시장성, 수익성의 원리에 기초한 평가방식이다. 감정평가 최종 결과물이 가격인지 임대료인지에 따라 각

방식의 구체적 평가방법은 다시 세분된다. 원가방식에서는 원가법과 적산법으로, 비교방식에서는 거래사례비교법과 임대사례비교법, 수익방식은 수익환원법과 수익분석법이 그들이다.

「감정평가에 관한 규칙」 제12조 1항은, 감정평가를 함에 있어 이 규칙에서 대상물건별로 정한 감정평가방법("주된 방법")을 적용하여 감정평가하도록 강제하고 있다. 하나의 물건마다 하나의 주된 평가방법이 대응된다. 그러나 끝이 아니다. 2항에서 주된 평가방법의 결과물이 정말 합리적인 것인지 다른 방법으로 검토하도록 했기 때문이다. 그 내용은 다음과 같다. '제1항에 따라 어느 하나의 감정평가방법을 적용하여 산정한 가액(시산가액)을 제11조 각 호의 감정평가방식 중 다른 감정평가방식에 속하는 하나 이상의 감정평가방법으로 산출한 시산가액과 비교하여 합리성을 검토하여야 한다.' 그래서 이 과정을 시산가액 조정이라 부른다. 물론 복수의 평가방법 적용을 회피할 길은 있다. 대상물건의 특수성 또는 자료 구입의 한계를 내세워, 시산가액 조정이 곤란하다고 핑계 댈 수 있다. 예외는 인정하지만 그래도 원칙은 '한 번 더 확인'이다.

시산가액 조정과정은 감정평가서에 적시될 사항이다. 「감정평가에 관한 규칙」 제13조 1항은 '감정평가서를 의뢰인과 이해관계자가 이해할 수 있도록 명확하고 일관성 있게 작성'하도록 하고 있다. 물론, 일반인들이 보고서 전체를 보고 납득할 수 있게 쉽게 쓰기는 어렵다. 이때의 일반인은 또 다른 전문가의 조력을 받는 이해관계인으로 봐야 할 것이다. 핵심은 '명확성'과 '일관성'이다. 그런 면에서, 보고서 내에 복수의 방법으로 검토해 내린 결론이 등장하는 것이 최선이다.

시산가액을 조정하는 과정은 '감정평가액의 산출근거 및 결정 의견'에 등장한다. 「감정평가에 관한 규칙」 제13조 3항은 '적용한 감정평가방법 및 시산가액 조정 등 감정평가액 결정 과정'을 이곳에 반드시 기술하도록 했다. 시산가액 조정을 생략한 경우에는 그 사유를 기재해야 한다. 결국, 아무런 핑계도 없이 복수의 평가방법으로 산출된 시산가액이 등장하지 않으면, 해당 평가보고서는 가이드라인 미준수로 '부실한 평가보고서'로 취급될 것이다.

[법률저널(www.lec.co.kr), 2016. 1. 28.]

Chapter 11

부동산개발의
이해

Section 01 부동산개발

Section 02 부동산마케팅

제1절

부동산개발

1. 부동산개발의 개요

　건설공사의 수행 또는 형질변경의 방법으로 토지를 조성하거나 건축물을 건축·대수선·리모델링 또는 용도변경하거나 공작물을 설치하는 행위(시공을 담당하는 행위는 제외)를 부동산개발이라고 한다. 부동산개발업은 타인에게 공급할 목적으로 부동산개발을 수행하는 업을 말한다(「부동산개발업의 관리 및 육성에 관한 법률(이하, 부동산개발업법) 제2조」).

　부동산개발업을 수행하는 자를 부동산개발업자라고 하는데, 타인에게 공급할 목적으로 건축물의 연면적이 2천m² 또는 연간 5천m² 이상이거나 토지의 면적이 3천m² 또는 연간 1만m² 이상으로서 대통령령으로 정하는 규모 이상[1]의 부동산개발을 하려는 부동산개발업자는 시·도지사에게 등록하여야 한다(「부동산개발업법 제4조」).

　부동산개발은 보통 여러 단계를 거쳐 이루어지며 학자마다 다양하게 부동산개발사업의 추진단계를 정리하고 있다. 이 중 Larry E. Wofford[2]는 부동산개발을

---

1) 건축물의 경우, 주택과 주거용 외의 용도가 복합된 건축물(다수의 건축물이 연결된 하나의 건축물 포함)은 전체 연면적 중 주거용 외의 용도로 사용되는 부분의 연면적의 합계가 3천m² 또는 연간 5천m²(전체 연면적에 대하여 주거용 외의 용도로 사용되는 부분의 연면적의 합계의 비율이 30% 이상인 경우에 한정) 이상의 규모를 말하고, 이 외의 건축물은 연면적이 3천m² 또는 연간 5천m² 이상의 규모를 말한다. 토지의 경우, 면적이 5천m² 또는 연간 1만m²이상의 규모를 말한다(「부동산개발업의 관리 및 육성에 관한 법률 시행령 제3조).

2) Larry E. Wofford, Real Estate, New York: John Willey Sone, Inc, 1983.

7단계로 구분하고 있다. 1단계는 어떤 형태의 공간이 필요하고 어디에 입지해야 하며 자금조달은 어떻게 할지 등 개발에 대해 아이디어를 구상하는 단계(idea stage)이다. 2단계는 예비타당성 분석 단계(preliminary feasibility analysis stage)로서 개발비용, 임대료 수익 및 개발에 따른 시장가치 등을 평가하여 수익성이 토지구입비나 건축비 등의 비용을 초과하는지 검토한다.

예비타당성 분석 후 개발사업이 타당성이 있다고 판단되면 3단계인 부지확보 단계(gain control of site)에 들어간다. 부지가 선택된 후에는 법적인 규제분석,3) 시장분석4) 및 재정분석5) 등을 수행하는 4단계로 타당성 분석 및 디자인 단계(feasibility analysis and design)에 착수한다. 이후 택지조성 및 건설자금의 융자 등을 분석하는 금융 단계(financing stage)인 5단계를 거쳐 6단계인 공간을 창조하는 건설 단계(construction stage)를 시작한다. 건설이 완공된 후에는 판매 또는 분양을 통한 수익획득을 하는 마케팅 단계(marketing stage)를 마지막으로 수행한다.

2. 부동산개발의 위험

부동산개발의 위험은 부동산개발사업 수행 시에 미래 불확실성으로 인한 손실 발생 가능성을 말한다. 부동산개발업자가 위험을 통제할 수 있는지에 따라서 위험을 구분해 보면 부동산개발업자가 통제할 수 있는 위험과 통제할 수 없는 위험이 있다. 예를 들어, 시장이자율이나 인플레이션 등과 같이 시장에서 발생하여 부동산개발과정에 영향을 주는 요인이나 토지 조성과정에서 문화재가 발굴되는 경우에는 통제불가능한 위험에 해당된다. 하지만 부실공사로 인한 하자 발생과 같은 개발사업에서 발생하는 위험은 부동산개발업자가 통제할 수 있는 통제가능위험에 해당한다.

한편, 부동산개발업자의 위험통제여부를 떠나 부동산개발사업 시 발생가능한

---

3) 공법상 규제분석에서는 법적으로 개발할 수 있는 공간의 양이나 종류 등을 분석한다.
4) 시장분석에서는 택지면적, 택지규모, 건축면적, 방의 수, 기대되는 임대료 수익, 고객이 원하는 형태 등에 대한 정보를 분석한다.
5) 재정분석에서는 최적이윤을 가져다주는 규모 및 디자인을 분석한다.

위험으로 법적위험, 시장위험, 비용위험 등이 있다. 법적위험은 부동산개발과 관련된 각종 규제 및 법적인 측면에서의 토지이용제한이나 담보물권 설정 등의 법적인 측면에서 초래될 수 있는 위험을 말한다. 부동산개발 사업의 수익성이 높더라도 인허가가 나지 않을 경우 사업 자체가 불가능하다. 따라서 부동산개발사업에서 가장 큰 위험은 인허가가 나지 않을 법적위험이라고 할 수 있다.

장기의 거액이 들어가는 부동산개발사업은 부동산개발사업의 기간이 길수록 시장이자율 변동, 임금의 변동, 자연재해와 같은 자연환경의 변화 등의 불확실성이 커지며 이러한 시장 불확실성으로 인해 부동산개발업자가 부담이 커진다. 이를 시장위험이라 하는데, 개발사업의 완성도가 높아질수록 시장위험은 줄어들고 개발사업의 가치는 커진다.

비용위험은 장기의 부동산개발기간 동안 예상한 건축비나 금융비용 등의 비용이 증가할 가능성을 말한다. 비용위험을 줄이기 위해 부동산개발업자는 시공사와 고정건설비용(최대가격보증계약)으로 도급계약을 맺을 수 있지만 이 경우에도 시공사는 비용위험을 고려하여 개발사업비를 높게 책정하기 때문에 고정건설비용이 높아지고 이에 따라 이윤을 내기 위해 부실공사 우려가 발생한다.

3. 부동산개발의 분류

(1) 공영개발

공영개발은 주로 SOC사업, 택지개발사업, 간척사업, 시가지 조성사업, 도시개발사업, 도시재개발사업 등을 수행하는 하기 위해 정부, 지방자치단체, 한국토지주택공사 등의 공공기관 등이 개발사업의 주체가 되어 토지를 개발하는 방식으로서 공공개발 및 공급기능 강화를 위해 토지의 취득이 중요하다. 일반적으로 토지를 취득하는 방식으로 매수방식, 환지방식 혼합방식이 있다.

매수방식은 공영개발에 필요한 토지를 모두 매수하는 방식으로 토지소유주와 협의를 하여 취득하거나 협의가 어려울 경우 강제수용을 하게 된다. 매수방식은 사업을 빠르게 진행할 수 있지만 보상비용이 크다는 단점이 있다.

환지방식은 토지가 수용된 토지주에게 보상금을 지급하는 대신 개발구역 내에 조성된 땅을 주는(환지) 토지보상방법이다. 토지소유주가 토지를 매각하는 것이 아니므로 재정지출을 효율적으로 관리할 수 있고 토지소유주는 개발이익의 일부를 가져갈 수 있는 장점이 있다. 1990년대 초까지 토지구획정리사업을 통한 개발이 널리 사용되었으나 이후 토지소유주의 개발이익 독점 문제로 최근에는 가급적이면 전면매수방식에 의한 택지개발을 선호하고 있다.

혼합방식은 일부 토지는 매수방식으로 매수하고 다른 일부 토지는 환지방식을 활용하여 개발하는 것을 말한다. 도시개발사업, 대지조성사업, 단지조성사업 등에 사용한다.

이와 같은 공영개발은 토지의 계획적 이용을 통한 토지이용의 효율성을 제고 및 택지의 대량공급이 가능할 뿐만 아니라 개발이익의 사회적 환수가 가능하고 지가안정에 기여할 수 있다. 하지만 토지수용에 따른 토지소유자의 민원발생과 토지매입 및 개발에 소요되는 막대한 투자로 개발주체의 재정적 부담이 크다는 단점이 있다.

(2) 민영개발

민영개발은 일반 개인이나 법인 등 민간이 개발사업시행 주체가 되는 방식으로 주로 주택, 상가, 오피스, 오피스텔 등 주로 수익을 목적으로 하는 사업이 이에 속한다. 민간개발방식으로 자체개발방식, 등가교환방식, 사업위탁방식, 토지개발신탁방식, 컨소시엄방식 등이 있다.

1) 자체개발방식

자체개발방식은 토지소유주가 직접 자금조달을 하여 자기 소유부동산을 개발하고 개발이익을 독점하는 방식이다. 개발이 소규모인 과거에 주로 사용하던 방식으로 사업을 빠르게 추진할 수 있다.

2) 등가교환방식

토지소유주가 토지를 제공하고 개발업자가 건물은 지은 후 기여도에 따라 지분을 배분하는 방식이다. 토자소유주와 개발업자가 사업을 공동으로 수행하는 지주공동사업에 해당하는 이 방식은 불확실하고 위험도가 높은 대규모 부동산개발사업의 위험을 토지소유주와 개발업자가 분담한다.

3) 사업위탁방식

토지를 그대로 소유한 채 개발자금을 조달한 토지소유자가 개발업자에게 개발과정 전체를 위탁하는 방식이다. 토지소유주는 개발업자에게 사업대행의 대가로 수수료를 지급하며, 개발 후 분양이나 임대는 개발업자가 대행한다.

4) 토지개발신탁방식

토지개발신탁방식은 토지소유자로부터 형식적인 토지소유권을 이전받은 신탁회사가 사업주체가 되어 개발, 공급하는 방식이다. 신탁회사는 수익증권을 토지소유주에게 발행하고, 이후 금융기관으로부터 자금을 차입하여 건설회사에 공사를 발주한다. 개발이 완료되어 건물이 준공되면 수익증권 소유주는 신탁회사로부터 배당을 받는다. 신탁기간이 종료되면 토지소유주에게 토지와 건물을 반환한다.

5) 컨소시엄방식

컨소시엄방식은 대규모 개발사업을 수행하기 위해 사업자금 등을 조달할 필요에 의해 토지소유주와 컨소시엄을 구성하는 회사가 공동으로 사업을 시행하는 방식으로, 지주공동사업과 유사한 형태이다. 이 방식은 사업시행에 시간이 오래 걸리고 출자회사 간 상호 이해조정이 필요하다.

 4. 도시 및 주거환경정비사업

도시 및 주거환경정비사업은 도시기능을 회복하기 위하여 정비구역에서 정비기반시설을 정비하거나 주택 등 건축물을 개량 또는 건설하는 것으로 주거환경개선사업, 재개발사업, 재건축사업이 해당한다.

(1) 재개발

재개발사업은 정비기반시설이 열악하고 노후·불량건축물이 밀집한 지역에서 주거환경을 개선하거나 상업지역·공업지역 등에서 도시기능의 회복 및 상권활성화 등을 위하여 도시환경을 개선하기 위한 사업을 말한다. 재개발사업을 위한 정비계획수립대상이 되는 구역은 첫째 정비기반시설의 정비에 따라 토지가 대지로서의 효용을 다할 수 없게 되거나 과소토지로 되어 도시의 환경이 현저히 불량하게 될 우려가 있는 지역, 둘째 건축물이 노후·불량하여 그 기능을 다할 수 없거나 건축물이 과도하게 밀집되어 있어 그 구역 안의 토지의 합리적인 이용과 가치의 증진을 도모하기 곤란한 지역, 셋째 철거민이 50세대 이상 규모로 정착한 지역이거나 인구가 과도하게 밀집되어 있고, 넷째 기반시설의 정비가 불량하여 주거환경이 열악하고 그 개선이 시급한 지역, 정비기반시설이 현저히 부족하여 재해발생시 피난 및 구조 활동이 곤란한 지역이다.

재개발은 크게 계획단계, 시행준비단계, 시행단계, 완료단계의 순으로 진행된다. 계획단계에서는 도시·주거환경정비기본계획을 세워서 주민공람과 지방의회의 의견을 청취한 후에 확정·고시를 시작으로 정비구역을 지정한다. 시행준비단계에서는 토지, 건축물 소유자의 과반수 이상의 동의로 추진위원회 또는 주민대표회의를 구성하고 조합설립인가를 완료 후 해당 사업에 대한 사업시행인가를 받아 사업을 시행한다.

사업시행인가를 받기 위해서는 주민공람과 함께 건축심의를 통과해야 한다. 사업시행인가 고시 후 60일 이내에 개략적 부담금 내역 및 분양신청기간 등을 통지 및 공고하고 분양신청기간 종료 후 분양신청 현황을 토대로 관리처분계획을 수립하여 인가받는다. 관리처분계획이 인가되면 철거 및 착공에 들어간다. 공사가 완료되어 준공이 인가되고 분양을 실시한다. 분양받은 사람이 종전에 소유하고 있던 토지나 건축물의 가격과 분양받은 대지나 건축물의 가격과의 차액인 청산금의 정산을 완료하면 조합은 해산한다.

(2) 재건축

재건축사업은 정비기반시설은 양호하나 노후·불량건축물에 해당하는 공동주택이 밀집한 지역에서 주거환경을 개선하기 위한 사업을 말한다. 재건축사업의 대상은 정비구역 내·외에서 있는 노후·불량한 주택이 된다. 즉, 건축물의 일부가 멸실되어 붕괴 그 밖의 안전사고의 우려가 있거나 재해 등이 발생할 경우 위해의 우려가 있어 신속히 정비사업을 추진할 필요가 있는 등의 공동주택과 기존의 단독주택이 200호 이상 또는 그 부지면적이 10,000m^2 이상인 지역으로서 당해 지역 주변에 도로 등 정비기반시설이 충분히 갖추어져 추가로 설치할 필요가 없는 등의 조건을 갖춘 단독주택 등이 재건축 대상이 된다.

재건축도 재개발과 동일하게 계획단계, 시행준비단계, 시행단계, 완료단계의 순으로 진행된다. 다만, 재건축은 재개발과 달리 계획단계에서 도시·주거환경정비기본계획 수립 후 안전진단을 거친 후 정비구역을 지정한다. 이후 시행준비단계, 시행단계, 완료단계는 모두 재개발과 동일하다.

부동산마케팅

1. 부동산마케팅의 개요

　　Larry E. Wofford의 부동산개발 7단계 중 마지막 단계는 건물의 판매나 분양을 통한 수익을 획득을 목표로 하는 마케팅 단계(marketing stage)이다. 일반적으로 마케팅이 무엇인가에 대해서 현대 마케팅의 대가로 알려진 Philip Kotler는 기업의 이익 실현과 고객층의 욕구(needs)를 접목시키기 위해 기업의 자원, 정책 등 모든 관리활동을 조직화하고 체계화하는 활동으로 마케팅을 설명하고 있고, 미국마케팅학회에서는 개인과 조직의 목적을 만족시키기 위한 교환활동을 위해 수행하는 상품과 서비스의 생산, 가격결정, 경로 및 촉진 과정이 마케팅이라고 정의내리고 있다.

　　부동산마케팅도 일반적인 마케팅 활동의 일부로 볼 수 있다. 따라서 부동산기업이 기업의 목적을 달성하기 위해 소비자 만족을 위한 전사적 차원에서의 통합된 활동, 즉 부동산에 대한 소비자의 태도나 행동을 형성, 유지, 변경하기 위해 수행되는 활동을 부동산마케팅이라고 할 수 있다.

　　다만 부동산만이 가지는 특징으로 인해 마케팅의 구체적인 방법과 내용은 일반상품과 다소 달리 적용될 수 있다. 예를 들어, 부동산의 가장 대표적인 특징인 부동성으로 인해 고객이 부동산을 직접 찾아가야 하고 이에 따라 부동산마케팅의 경우 일반 마케팅기법이 아닌 현지안내라는 마케팅기법이 필요하게 된다. 또한 부동산시장의 국지성 또는 지역성으로 인해 다른 지역에 거주하는 부동산업 종사자들과 긴밀하게 협업해야 하는 협업마케팅기법이 필요하기도 하다.

 ## 2. 마케팅관리 과정

(1) 마케팅목표 설정

부동산기업이 목표를 달성할 수 있도록 수행하는 마케팅관리활동은 마케팅목표 설정-시장기회분석-STP전략 수립-마케팅믹스 개발-마케팅활동 실행의 순으로 이루어진다.

먼저 마케팅 목표로 어떤 지향점을 두느냐에 따라 실제로 전개되는 마케팅활동이 달라진다. 예를 들어, 주택지, 상업지, 공업지 등으로 지역이 구분될 경우, 각 지역이 추구하는 최유효이용의 원칙에 따라서 주택지는 쾌적성 극대화, 상업지는 수익성 극대화, 공업지는 생산성 극대화 목표를 둔 부동산마케팅전략을 수립할 수 있고 나아가 Peter F. Drucker[6]의 주장처럼 부동산에서도 항상 새로운 고객을 창조하고 개발할 수 있게 된다.

또한 마케팅목표 설정 시 마케팅 활동에 영향을 미치는 우리를 둘러싼 환경이 어떤지에 대한 검토도 필요하다. 마케팅환경 분석은 고객, 공급업자, 도소매상·유통기업·금융기관 등과 같은 마케팅중간매개상, 경쟁자, 대중 등과 같은 미시적인 마케팅 환경요인에 대한 분석과 인구 통계적 요인, 경제적 요인, 생태적 요인, 정치·법적인 요인, 사회·문화적인 요인 등과 같은 거시적 환경요인에 대한 분석이 이루어진다. 또한 당해 기업 자신의 경쟁력이나 강·약점 등에 대한 분석이 이루어진게 되는데, 구체적으로 TOWS분석을 이용할 수 있다.

TOWS분석은 문제에 중점을 둔 SWOT분석[7]을 변형하여 문제를 어떻게 해결할 것인가 찾아내는 분석 틀로 사용하여 마케팅전략을 수립한다.

---

6) Peter F. Drucker, The Practice of Management, Harper & Row, New York, 1971. p. 37.
7) 미국의 경영컨설턴트 Albert Humphrey가 개발한 기업의 내부환경과 외부환경을 분석하여 강점 (strength), 약점(weakness), 기회(opportunity), 위험(threat) 요인을 찾아내어 경영전략수립에 널리 쓰이는 경영환경분석기법이다.

표 11-1 TOWS분석에 따른 마케팅전략

	T(위협)	O(기회)
W(약점)	철수전략 상품·시장집중화전략	핵심역량강화전략 전략적 제휴전략
S(강점)	시장침투전략 상품확충전략	시장기회선점전략 시장·상품다각화전략

TW전략은 환경의 위협요인이 많고 기업의 핵심역량도 부족한 상황이므로 약점을 극복하기 위하여 상품·시장을 재구축하여 집중화하는 전략을 쓰거나 철수하는 전략을 고려하여야 한다.

TS전략은 시장의 위협요인이 있으나, 기업이 강점을 갖고 있는 경우이므로 기업의 강점을 적극 활용하여 공격적 시장침투전략을 쓰거나 상품계열을 확충하는 전략을 사용한다.

OW전략은 시장의 기회는 존재하나 기업의 핵심역량이 부족이다. 이 경우에는 기업의 핵심역량을 강화하여 시장기회를 잡는 핵심역량 강화전략을 쓰거나 시장기회를 먼저 포착하여 기업의 핵심역량을 보완하는 전략적 제휴를 선택할 수 있다.

SO전략은 시장기회가 있고, 우리 기업의 전략적 강점이 많은 매우 좋은 상황이므로 시장의 기회를 선점하는 전략이나 시장·상품의 다각화전략을 추구하는 적극 공세 전략을 사용할 수 있다.

📖 읽을 거리

[이 아침의 인물] 앨버트 험프리, 'SWOT 분석' 개발한 경영컨설턴트

기업이 의사결정 전에 내·외부 환경을 분석해 강점(strength)과 약점(weakness), 기회(opportunity)와 위협(threat) 요인을 찾아내는 'SWOT 분석'은 오늘날 경영전략 수립에 필수 요소다. 강점을 키우고 약점은 극복하며, 기회를 살리면서 위협요인은 피하는 것이다. 이런 SWOT 분석을 고안한 인물이 경영컨설턴트 앨버트 험프리다. 1926년 미국 미주리주 캔자스시티에서 태어나 일리노이대에서 화학공학을 전공한 뒤 MIT(화공학 석사)와 하버드대 경영대학원(MBA)을 거쳤다. 그가 2005년 오늘 79세를 일기로 세상을 떠났다.

험프리는 1960~1970년대 미국 스탠퍼드대에서 연구 프로젝트를 이끌면서 '사업계획이 왜 실패하는가'를 규명하는 과정에 먼저 'SOFT 분석'을 선보였다. 큰 틀에선 SWOT와 비슷하지만 강점·약점 대신 '만족(satisfaction)'과 '잘못(fault)'으로 설정했다. 이런 용어가 너무 주관적이라고 판단해 강점과 약점으로 바꾼 것이다. 'SWOT 분석'은 역량과 환경을 한눈에 파악할 수 있고 이해하기 쉬워 요즘엔 대학생들도 널리 이용한다. 기업 의사결정 시 경영자의 '감'을 논리적 근거로 대체한 공로가 있지만, 지나치게 도식화했다는 한계점도 지적된다.

[출처: 한국경제(www.hankyung.com), 2020. 10. 30.]

(2) 시장기회분석

마케팅목표를 설정한 후 현재의 시장상황을 분석함으로써 시장에 어떠한 기회가 있는지 파악한다. 시장상황에 대한 분석은 우선 마케팅정보를 수집하여 마케팅활동을 전개할 기회가 있는지 분석한다. 이때 마케팅 의사결정에 도움을 주는 정보를 의사결정자에게 제공하기 위해서 관련 자료를 수집하고 분석해야 한다. 수집할 자료는 크게 2차자료와 1차자료가 있다. 일반적으로 수집해야 할 자료가 정해지면 2차 자료를 먼저 수집한 후에 1차자료를 수집한다.

2차자료는 원래 다른 목적으로 수집되어 있어 기업 내외에 어딘가에 이미 자료화 되어 있는 자료를 말한다. 따라서 자료수집이 용이하고 시간과 비용이 절약될 뿐 아니라 새로운 시장조사에 활용될 수 있다. 예를 들어, 시장점유율, 고객 등에 대한 통계자료, 간행물 등이 여기에 해당되며 이러한 자료는 인터넷 검색을 통해 손쉽게 확보할 수 있다.

1차자료는 현재 고려 중인 특정의 조사목적을 달성하기 위해 기업이 직접 수집하거나 조사한 자료이다. 1차자료는 조사목적에 적합하므로 정확도·신뢰도가 높다는 장점이 있는 반면, 비용, 인력, 시간 등이 많이 소요된다는 단점이 있다.

(3) STP전략 수립

시장분석을 통해서 확인된 기회를 활용하기 위해서 이 단계에서는 시장을 다양한 기준으로 세분화(segmentation)하고 그 중 특정 목표시장(target market)을 선정한 후, 투입할 상품이나 서비스에 대해서 포지셔닝(positioning)한다.

시장세분화는 소비자시장을 각기 다른 욕구, 행동특성을 가진 집단으로 분류하는 과정을 말한다. 즉, 시장세분화는 하나의 시장을 특성에 따라 나누는 것으로 모든 소비자들이 상이하다는 가정을 기반으로 보다 효율적인 마케팅전략을 전개하기 위해 시장을 세분화한다.

시장을 세분화하는 데 사용되는 기준은 지리적 변수, 인구통계적 변수, 심리적 변수, 행동적 변수 등 여러 가지가 있다. 지리적 변수는 서울, 부산, 제주 등의 지역이나 지역의 규모, 인구밀도, 기후 등이 해당한다. 인구통계적 변수는 연령, 선별, 가족규모 및 형태, 소득, 직업, 교육수준, 종교 등이 해당한다. 심리적 변수는 사회계층, 생활스타일, 개성 등이 해당한다. 행동적 변수는 구매빈도나 사용자 위치, 사용정도, 상품에 대한 충성도 등이 해당한다.

예를 들어, 부동산기업은 지역에 따라 시장을 세분화하였을 경우 지역마다 상이한 고객의 요구를 충족할 것인지 아니면 지역적 요구나 선호차이를 고려하면서 전국적으로 동일한 마케팅활동을 할지 등을 결정해야 한다.

시장세분화 후에는 세분화된 시장 중에서 마케팅활동을 전개할 가장 매력적인 시장인 목표시장을 선정해야 한다. 예를 들어, 주택시장의 경우에는 일반적으로 소득이나 가구 규모, 학력, 정부정책 등과 같은 변수들이 주택소유나 주거이동 등에 영향을 미치기 때문에 이러한 변수들을 고려하여 부동산기업입장에서 주택이 가장 잘 팔릴 수 있는 시장을 선정해야 한다.

목표시장이 선정되었으면 상품을 포지션닝한다. 포지셔닝이란 소비자로 하여금 이 상품은 어떤 상품이다라는 것을 인식시키는 활동이다. 성공적인 포지셔닝이 될 경우 자사 상품이 경쟁상품에 비해 차별화를 갖게 된다. 즉, 소비자가 느끼는 자사 상품의 상대적 위치가 상품의 포지셔닝이다. 부동산기업이 의도한 대로 포지셔닝에 성공하면 그 상품은 성공할 가능성이 높기 때문에 기업들은 상품 포지셔닝에 많은 고민을 하게 된다.

예를 들어, 음식료품에 불신이 존재하는 시장에서 풀무원은 처음부터 깨끗함, 자연, 프리미엄으로 포지셔닝하였고 실제로 소비자들은 풀무원 식품에 대해서 믿을 수 있는 회사로 인식하고 있다. 이러한 일반 상품에 대한 사례뿐만 아니라 아파트 시장도 마찬가지다. 즉, 2000년대 이후부터 아파트 브랜드 경쟁은 치열해졌고, 프라이드, 앞선 생활, 고품격 등을 외치며 유명 연예인이 사는 아파트임을 강조하는 브랜드들도 있었다.

삼성물산은 2000년 3월 '미래지향적이며(來), 아름답고(美), 편안한(安) 아파트'라는 의미를 가진 래미안이라는 브랜드로 포지셔닝하여 2015년부터 미분양 제로, 국가고객만족도(NCSI) 아파트 부문 22년 연속 1위를 차지하고 있고, 대우건설은 2003년 2월에 깨끗함, 싱그러움, 산뜻함을 표현하는 푸르다라는 순우리말과 대지, 공간을 뜻하는 GEO를 합성한 프르지오라는 브랜드로 웰빙에 초점을 두었다.

(4) 마케팅믹스

마케팅믹스란 기업이 목표시장에서 기업목표를 달성하기 위하여 통제 가능한 마케팅변수인 상품(product), 가격(price), 경로(place), 촉진(promotion)의 4P를 최적으로 조합하는 것을 말하는데, 이 마케팅믹스는 마케팅전략에 의해 결정된다.

1) 상품

상품(product)은 눈에 보이는 유형재뿐만 아니라 상표, 디자인, 서비스 등 기업이 대가를 받고 소비자의 욕구충족을 위해 제공하는 모든 것을 말한다. 즉, 기업이 목표 소비자시장에게 제공하는 재화와 서비스의 조합을 말한다. 일반상품과 달리 부동산은 거래단위가 크기 때문에 상품인 부동산의 질에 따라 기업이미지가 결정되고 매출에 큰 영향을 준다.

더구나 최근 부동산시장은 과거와 달리 부동산의 용도에 따라 다양화되고 있기 때문에 다른 경쟁 기업의 상품과 차별화시키는 전략이 필요하다. 소비자의 취향에 맞게 설계부터 달리하여 새로운 상품을 개발하거나 기존 상품을 다양화 또는 고급화하는 전략이 필요하다. 상품정책으로 소비자를 확대하기 위해서는 획일적인 상품보다 개성을 중시하는 현대인의 욕구에 부합되도록 다양한 상품의 개발이 필수적이다. 즉, 흔히 말하는 상품구색을 갖춰야 한다. 상품구색은 다른 말로 상품믹스(product mix)라고 하며, 다양한 사람들의 기호에 맞출 수 있는 주택의 디자인이나 택지의 크기 등에 적용되고 있다.

2) 가격

기업이 소비자에게 상품을 제공하는 경우 소비자들은 그 상품을 구매, 소비하기 위해서 지불해야 하는 화폐액을 가격(price)이라 한다. 가격전략을 수립하고 시행할 때 가격 그 자체가 상품의 경쟁력을 결정짓는 것이 아니라는 점에 주의해야 한다. 경쟁이 심화될 경우 기업들은 가격에 지나치게 민감해져 가격할인을 하는데 이러한 대응은 브랜드 가치를 떨어뜨릴 수 있다.

일반적인 가격결정의 목표는 가격 및 이윤 폭의 안정, 목표로 한 투자자본이익률의 달성, 목표로 한 시장점유율의 달성, 경쟁에 대한 대응 및 경쟁예방, 시장침투 등 다양하다. 이와 같은 목표를 달성하기 위한 가격결정방법은 여러 가지가 있다.

① 원가가산가격결정법

원가가산가격결정법(cost plus or markup pricing)은 상품이나 서비스의 단위당 원가에 일정률의 이윤을 가산하여 가격을 결정하는 방법으로 건축업이나 조선업의 경우에는 사전에 원가파악이 곤란한 경우 사후확정원가에 일정 이윤을 부가하여 가격을 결정하고, 소매업자의 경우에는 자신의 구매원가에 일정률의 이윤을 부가하여 가격을 결정한다.

② 목표가격결정법

목표가격결정법(target pricing)은 예측된 표준생산량을 전제로 총원가를 계산하고 여기에 목표이익률을 실현시켜 줄 수 있는 가격을 계산하여 이를 상품이나 서비스의 가격으로 결정하는 방법을 말한다.

③ 가격차별법

가격차별법(price discrimination)은 상품이나 서비스에 대해 고객의 수요의 탄력성을 고려하여 둘 이상의 가격을 설정하는 신축가격정책을 말한다. 즉, 하나의 상품이 두 개 혹은 그 이상의 다른 가격으로 판매되는 것이다. 예를 들어, 같은 동의 같은 평수의 아파트일지라도 위치, 방위, 층에 따라 가격을 달리하는 방법이다. 만약, 모든 소비자에게 동일한 가격으로 제공하게 되면 단일가격정책이 되는 것이다.

④ 경쟁대응가격결정법

경쟁대응가격결정법(going rate pricing)은 경쟁자의 평균적인 가격수준에 맞추어 가격을 결정하는 방법으로 일명 시장기준가격결정법 또는 모방가격결정법이라고도 한다.

⑤ 상층흡수가격전략

스키밍전략(skimming strategy)은 신상품을 시장에 도입하는 초기에 먼저 고가격을 설정함으로써 가격에 비교적 둔감한 고소득층을 흡수하고, 그 뒤 차차 가격을 인하시킴으로써 가격에 민감한 저소득층에게 침투하고자 하는 초기 고가전략으로 상층흡수가격전략이라고도 한다. 이 가격정책은 상품도입기에 가격보다는 상품의 질을 중시하는 혁신층을 목표로 하거나, 생산비의 조기회수를 위한 경우나 수요의 가격탄력성이 작은 상품인 경우에 많이 사용된다.

구체적으로 돈이 더 들더라도 그 상품을 사겠다는 사람들의 수가 많을 때, 소량생산을 해도 대량생산을 할 경우에 비해 생산단가가 크게 오르지 않을 때, 가격이 비싸도 당분간 경쟁사가 시장에 들어올 가능성이 적을 때, 가격이 비싸면 물건도 좋을 것이라는 생각을 소비자들이 하고 있을 때 사용한다. 또한 타기업의 상품보다 자재, 설계, 시공 등이 뛰어나거나 회사의 이미지가 높은 경우에도 사용된다.

⑥ 침투가격전략

침투가격전략(penetration strategy)은 신상품을 시장에 도입하는 초기에 저가격을 설정함으로써 별다른 판매저항 없이 신속하게 시장에 침투하여 시장을 확보하고 이후 상품의 인지도가 높아지면 가격을 높게 설정하는 초기 저가전략이다. 침투가격전략은 대중적인 상품이나 수요의 가격탄력성이 큰 상품에 많이 사용한다. 구체적으로 소비자들이 가격에 아주 민감하고, 낮은 가격으로 상품을 공급하면 시장의 성장을 촉진할 때, 생산경험이 쌓일수록 생산원가가 빨리 떨어질 때, 싼 가격으로 상품을 공급함으로써 경쟁사의 시장진입을 방지하거나 늦출 수 있을 때, 부동산경기침체로 거래가 부진하거나 분양이 안 될 때, 지역구매자의 구매력이 낮을 때, 상품의 차별화정책을 하고 있을 때, 자금회수를 빨리하려고 할 때 등에 사용된다.

만약 경쟁사의 진입이 예상될 때에는 스키밍-침투전략을 쓴다. 독점기간 동안에는 스키밍전략을 쓰다가 경쟁사가 들어오기 전에 미리 가격을 떨어뜨리는 스키밍-침투전략이 선발기업의 최적가격전략이 된다. 이 전략은 독점기간 동안에 비교적 많은 단기이익을 거두고 독점이 깨지기 전에 가격을 낮추어서 시장에서의 위치를 튼튼히 함으로써 장기적으로 이윤을 확보하는, 말하자면 단기이익과 장기이익의 실현을 적절히 조화시키는 전략이다.

3) 경로

경로(place)는 기업이 소비자에게 상품과 서비스를 제공하는 경우 목표고객들

표 11-2 유통경로 선택 시 고려요인

	고려요인	직접유통경로를 선택하거나 짧은 간접유통경로를 선택함
상품	기술복잡성	클수록
	표준화 여부	표준화되지 않을수록
	부패가능성	높을수록
	부피	클수록
시장	소비자의 지리적 분산 정도	작을수록
기업	기업규모	클수록
	자금력	클수록
중간상	원하는 유형의 중간상의 이용가능성	낮을수록
경쟁업자	경쟁의 차별화	차별화를 시도할수록

자료:「생활속의 경영학」, 장영광 · 정기만, 신영사, 2001, p. 369.

에게 그 상품을 이용할 수 있도록 하기 위해 기업이 취하는 활동자취이다. 유통경로는 생산자가 생산한 상품을 소비자에게 제공하기 위해 독립적인 도매업자와 소매업자의 판매경로를 적절히 선정하고 관리하는 활동을 말한다. 유통경로관리를 결정하는 경우에는 상품, 시장, 기업, 중간상, 경쟁상황 등을 고려해야 한다.

4) 촉진

촉진(promotion)은 기업이 소비자에게 상품의 장점을 알리고 목표고객이 상품을 구입하도록 설득하기 위한 광고, 홍보, 인적판매, 판매촉진 등을 말한다. 부동산은 규모 및 가격이 크고 위치가 고정되어 있을 뿐 아니라 고객이 원하는 곳에서 상품의 제시가 어려운 점들이 있다. 따라서 광고나 홍보 등의 촉진 활동을 하지 않으면 좋은 상품이라고 하더라도 바로 판매되지 않는다. 소비자 또한 전국 혹은 지역적으로 흩어져 있는 상품에 대한 정보의 습득이 없으면 구매하기 어렵기 때문에 촉진활동의 중요성이 강조된다.

① 광고

광고(advertising)는 광고주가 광고대금을 지불하고 제품이나 서비스에 대한 정보를 비인적 매체를 통해 소비자에게 제공하는 모든 활동을 말하며, TV, 인터넷이나 대중매체를 통해 소비자에게 제공되는 경우가 많기 때문에 단시간에 동시에 많은 사람들에게 촉진할 수 있고 소비자 1인당 촉진비용이 저렴하다. 하지만 촉진대상을 구분할 수 없다는 단점이 존재한다.

광고대상을 정한 후, 소비자가 현재 어떤 상태에 있는지를 알아내어 그들을 어떤 상태로 옮겨 놓아야 하는지를 결정해야 하는데, 이때 많이 쓰여지는 모델이 AIDA모형(AIDA model)이다. 즉, AIDA모형은 상품이 있다는 것에 주의(attention)하고 그 상품에 관심(interest)을 갖게 되고 나아가서 그 제품을 갖고 싶어하게 되며(desire), 마침내는 그 제품을 사게 되는 것(action)을 말한다.

② 홍보

홍보(publicity)는 사람 이외의 매체인 인터넷, 신문, 잡지, TV, 라디오 등으로 하여금 상품이나 서비스 기업 등에 대해서 뉴스나 논설의 형태로 다루게 함으로써 소비자의 수요를 자극하는 것을 말한다. 홍보는 일반적으로 뉴스를 통해 이루어지므로 소비자의 이성에 호소함으로써 경계의식을 제거하고 진실성을 추구할 수 있고 촉진효과가 크다.

③ 인적판매

인적판매(personal selling)는 사람(판매원)이 직접 사람(소비자)과 접촉하여 직접 대화를 나누면서 잠재소비자의 욕구를 파악하고 상품이나 소비 시의 필요를 환기시킴으로써 구매를 유도하는 촉진활동이다. 가장 직접적인 촉진수단으로 비용이 많이 들지만 소비자의 반응을 직접 관찰하면서 많은 정보제공을 통한 촉진활동이 가능하다.

④ 판매촉진

판매촉진(sales promotion)은 광고, 인적판매, 그리고 홍보를 제외한 촉진활동으로 소비자의 구매를 촉진시키고 자사의 상품을 취급하는 거래점의 효율성을 자극하기 위하여 비상례적으로 수행되는 모델하우스, 경품, 하자보수, 가구제공 등의 소비자촉진이나 구매공제금, 무료상품제공의 거래촉진, 상여금, 경진대회, 판매원 집회 등의 판매원촉진 수단 등이 있다.

마케팅의 대부 필립 코틀러

필립 코틀러의 이력 중 한 가지 흥미로운 사실은 그의 학위는 마케팅으로 받은 것이 아니라는 점이다. 코틀러는 시카고 대학과 MIT 대학에서 경제학 전공으로 석사와 박사학위를 받았다. 경제학에서 소비자는 가격에 초점을 둔 합리적 의사결정 주체로 간주하는 반면, 마케팅에서 소비자는 매우 복잡한 욕구를 기반으로 때로는 비합리적인 구매 의사결정을 주체로 한다는 점을 감안하면 그의 변신은 놀랍기만 하다.

코틀러의 저서 중에서도 1967년 초판을 발행한 〈마케팅 관리론(Marketing Management)〉은 지금까지 13판이 출간되었으며, 프랑스어, 독일어, 일본어, 이탈리아어, 스페인어, 러시아어, 중국어, 한국어 등으로 번역되어 전 세계 유수 경영대학원의 필독서로 채택된 마케팅 분야의 바이블이라고 할 수 있다. 이 외에도 그는 마케팅개념을 보다 확장해서 비영리조직의 마케팅(Marketing for Nonprofit Organizations), 국가 마케팅(The Marketing of Nations), 사회적 마케팅(Social Marketing) 등 새로운 분야를 개척하기도 했다.

마케팅개념은 탄생부터 역발상에서 시작되었다. 마케팅은 미리 시장이나 고객을 충분히 조사하고 이해함으로써 제품이나 서비스가 스스로 팔리도록 만드는 것이다. 따라서 마케팅은 단순히 물건을 만들어서 판다는 판매 활동과는 차원이 다른 의미를 갖고 있다. 또한 마케팅활동은 회사가 제품을 출시하기 훨씬 이전부터 시작된다. 마케팅은 소비자의 필요를 파악하고, 그러한 필요의 범위와 강도를 측정해서, 수익을 창출할 수 있는 시장기회의 존재 여부를 판단하기 위해 수행하는 활동이다.

코틀러는 마케팅을 '고객을 찾아내는 역할을 담당하는 기능별 활동의 하나'라는 주장에 반대한다. 대신 마케팅은 '단기적으로는 기존에 존재하는 제품에 고객의 요구(wants)를 대응시키며, 장기적으로는 고객의 요구에 새로운 제품을 대응시키는 통합적 활동'이라고 역설한다. 아직도 많은 기업에서 광고나 시장조사 정도로 마케팅 활동을 좁게 인식하거나, 마케팅은 마케팅 부서만의 일이라고 오해하는 경우가 많다. 그러나 코틀러의 주장에 따르면 마케팅 활동은 R&D, 생산, 영업 등과 동등한 한 가지 기능이 아니라 통합적 관점에서 이루어지는 전사적인 활동으로 이해되어야 한다.

어떤 부서라도 고객을 대할 수 있고, 그것이 잘되느냐 잘못되느냐에 따라 고객이 그 기업을 바라보는 시각이 달라질 수 있다. 따라서 마케팅을 강조하는 선도 기업들은 모든 부서를 고객지향적으로 만들고자 노력한다. 예컨대 흔히 R&D 부서는 기술 혹은 제품 지향적이기 때문에 마케팅과 거의 관련이 없다고 착각할 수 있다. 하지만 진정으로 고객지향적인 R&D 부서는 고객들과 자주 만나고, 새로운 프로젝트를 추진할 때 다른 부서들과 긴밀하게 협력하며, 신제품 설계안이 나왔을 때도 소비자들의 반응을 적극적으로 수렴하고, 소비자들의 피드백에 근거해서 꾸준히 제품 개선활동을 진행한다. 당연히 이러한 고객지향적인 R&D 부서는 기업의 마케팅 성과에 큰 공헌을 할 수 있다. HP의 공동설립자인 데이비드 패커드(David Packard)는 '마케팅은 너무나 중요해서 마케팅 부서에만 맡길 수가 없다'는 의미심장한 말을 남기기도 했다.

코틀러는 기업 의사결정 중에서도 가장 중요하고 어려운 의사결정들 대부분이 마케팅에 관련된 것이라고 주장했다. 마케팅 의사결정은 주로 계량적 수치를 활용하는 생산, 재무 및 회계 활동과 달리 태도, 자세, 감성, 체험 등 소비자와 관련된 다양한 속성들이 영향을 미치기 때문이다. 마케팅과 관련된 매우 중요한 의사결정 중 하나는 시장을 얼마나 동질적으로 다룰 것인가 하는 문제다. 극단적으로는 기업이 전체 시장에 표준화된 제품과 서비스를 제공하는 방법도 가능하다. 코카콜라는 자신들의 인기 있는 음료수가 '모든 사람들이 팔만 뻗치면 닿을 곳'에 위치하기를 바랐다. 또한 코닥은 노란 상자에 든 자신들의 필름이 사진을 찍으려는 사람들 모두를 만족시킬 것이라고 가정했다.

하지만 이러한 대중(mass)마케팅은 경쟁자들의 틈새시장 공략에 취약하다는 약점이 있다. 또한 고객 특성이 변하면서 동질적이었던 욕구들이 다양하게 바뀔 수도 있다. 따라서 마케팅에서는 '시장세분화(market segmentation)'나 '표적시장(target market)' 개념을 강조한다. 개별 기업의 입장에서 모든 시장의 요구를 충족시켜줄 수 없기 때문에, 일견 같아 보이지만 서로 다른 특성을 가진 시장으로 구분해서 특정 시장의 요구를 충족시키는 정책을 수립하는 것이 바로 시장세분화의 핵심이다. 이때 표적시장이란 특정 마케팅 프로그램을 수행해서 욕구를 만족시키고자 하는 세분시장이나 고객 집단을 의미한다.

대부분의 기업들은 자신들이 생산하는 제품을 모든 사람에게 팔려고 하지 않는다. 질레트는 열 살도 되지 않은 어린이에게는 면도기를 팔지 않으며, 킴벌리클라크는 아이가 없는 가정에 하기스 기저귀를 판매하지 않는다. 벤츠도 메르세데스 자동차를 전체 시장이 아니라, 화려한 고성능 자동차를 원하는 부유한 소비자들에게 판매한다. P&G는 구체적으로 비듬 문제를 해결하고 싶어 하는 고객들을 위해 '헤드 앤 숄더' 샴푸를 출시했다.

이러한 시장세분화에서 한 가지 주의할 점은 세분화된 시장에서 활용할 수 있는 마케팅믹스 활동들이 다른 세분시장들과 차별적으로 적용되어야 한다는 것이다. 마케팅믹스란 소비자들에게 영향을 미칠 수 있는 기업들의 여러 가지 활동들을 의미하는데, 이 중에서도 1960년 매카시(McCarthy) 교수가 제안한 제품(product), 가격(price), 유통(place), 촉진(promotion) 등 4P를 가장 대표적인 마케팅 믹스 활동으로 설명한다. 마케터들은 표적시장의 특성에 따라 각기 서로 다른 4P 활동을 벌여야 한다.

코틀러는 1986년 하버드 비즈니스 리뷰에 발표한 〈메가마케팅(megamarketing)〉이라는 제목의 논문에서 기존의 4P 외에 두 가지 P를 추가할 것을 제안했다. 첫 번째 P는 정치적 요소(politics)다. 정치적 활동은 판매에 큰 영향을 미칠 수 있다. 만약 담배광고를 금지하는 법령이 통과되면 담배판매는 지장 받을 수밖에 없다. 또한 철강산업에 공해방지 장비를 설치하라는 법이 제정된다면 공해방지 장비의 판매량은 증가할 것이다. 따라서 마케터들은 시장 수요에 영향을 미치기 위해 로비와 정치적 활동을 사용할 수도 있다.

두 번째 P는 여론(public opinion)이다. 일반 대중의 분위기나 태도 변화는 제품이나 서비스에 대한 관심에 큰 영향을 미칠 수 있다. 역사적으로 미국 소비자들은 쇠고기나 우유 소비에 몇 번이나 등을 돌린 적이 있다. 쇠고기나 우유를 판매하는 기업들도 그냥 보고만 있을 수 없었다. 그들은 소비자들이 안심하고 제품을 소비할 수 있도록 관련 캠페인에 자금을 지원했다. 물론 4P냐 6P냐가 중요하지는 않다. 진짜 핵심은 어떤 분석틀이 마케팅활동을 설계하는 데 유용한가 하는 것이다.

[출처: 이코노미조선(economychosun.com), 2010. 10. 07.]

색인

한덕희

성균관대학교 경상대학 회계학과 경영학사
성균관대학교 일반대학원 경영학과 경영학석사
성균관대학교 일반대학원 경영학과 경영학박사
인디애나대학교 Visiting Scholar
한국금융공학회 상임이사 / 한국재무관리학회 상임이사
한국기업경영학회 이사 / 한국전문경영인학회 이사
한국파생상품학회 이사 / 한국재무관리학회 학술위원
국민연금공단 국민연금연구원 부연구위원
부산광역시 출자·출연기관 경영평가단 평가위원 / 공사·공단(이)사장 평가단 평가위원
부산광역시시 민간위탁 성과평가단 평가위원 / 정책연구용역심의위원회 제8기 위원
거제시 출자·출연기관 운영심의위원회 위원
김해시 도시재생위원회 위원
한국예탁결제원 자산운용인프라 자문위원회 위원
한국주택금융공사 자금운용성과평가위원회 평가위원
한국자산관리공사 공매 자문위원
한국철도공사 사업개발분야 전문심의평가위원
한국산업단지공단 부동산개발 자문평가위원
LH한국토지주택공사 제15기/제16기 기술심사평가위원
부산도시공사 경영자문위원회 위원 / 오시리아관광단지 투자유치심의위원회 위원
LG연암학원 투자자문 심의위원
부산문화재단 기본재산운용관리위원회 위원
부산항만공사 기술자문위원회 제7기 위원
국가공무원 5급, 7급, 9급 공채 면접시험 선정위원
공인노무사 제1차 국가자격시험 출제위원
2016년, 2018년, 2019년 Marquis Who's Who 등재
지역산업연구 최우수논문상
동아대학교 교육혁신원 교육성과관리센터장
동아대학교 사회과학대학 부학장
동아대학교 경영대학원 부원장
현 동아대학교 금융학과 학과장 및 부동산금융학과(박사과정) 책임교수

저서 및 주요논문

핵심재무관리-The Core of Corporate Finance(2020)
핵심투자론-The Core of Investments(1판: 2014, 2판: 2018, 3판: 2021)
핵심파생상품론-The Core of Derivatives(2021)
새내기를 위한 금융-Understanding Finance(1판: 2018, 2판: 2021)
재무관리-Essentials of Corporate Finance(1판: 2016, 2판: 2022)
투자론-Essentials of Investments(1판: 2015, 2판: 2023)
국채선물을 이용한 헤지전략
국채선물을 이용한 차익거래전략
KOSPI200 옵션시장에서의 박스스프레드 차익거래 수익성성
차익거래 수익성 분석을 통한 스타지수선물 및 현물시장 효율성
KOSPI200 현물 및 옵션시장에서의 수익률과 거래량 간의 선도-지연관계
국채현·선물시장에서의 장·단기 가격발견 효율성 분석
통화현·선물시장간의 정보전달 분석

사회책임투자의 가격예시에 관한 연구
1980-2004년 동안의 증시부양정책 및 증시규제정책의 실효성
부동산정책, 부동산시장, 주식시장 간의 인과성 연구
부동산정책 발표에 대한 주식시장의 반응에 관한 연구
부동산정책과 부동산시장가격 사이의 단기 인과성에 관한 실증연구
경제심리가 부동산직·간접투자시장에 미치는 단기적 영향에 관한 연구 등 금융공학연구
기업경영연구, 산업경제연구, 선물연구, 증권학회지, 재무관리연구, 주택도시금융연구 외 다수

부동산학개론

초판발행	2024년 7월 25일
지은이	한덕희
펴낸이	안종만·안상준
편 집	전채린
기획/마케팅	박부하
표지디자인	Ben Story
제 작	고철민·김원표
펴낸곳	㈜ 박영사
	서울특별시 금천구 가산디지털2로 53, 210호(가산동, 한라시그마밸리)
	등록 1959. 3. 11. 제300-1959-1호(倫)
전 화	02)733-6771
f a x	02)736-4818
e-mail	pys@pybook.co.kr
homepage	www.pybook.co.kr
ISBN	979-11-303-2084-7 93320

정 가   26,000원